예비교사와 현직교사를 위한

수학 문제해결 교수 학습법

남승인 · 류성림 · 이종학 지음

KM 경문사

머리말

일상의 상황에서 우리는 매순간 수많은 문제에 부딪히게 되는데, 그 문제들 중에는 직접적이든 간접적이든 이전에 경험한 익숙한 상황이어서 쉽게 해결할 수 있는 것이 있는가 하면, 낯설고 생소하여 접근하는 데 어려움을 겪는 문제도 있다. 또한, 스스로의 힘으로 해결 가능한 문제들이 있는가하면, 다른 사람의 도움을 받아서 해결의 실마리를 찾아야 하는 문제들도 있다. 이러한 모습들은 일상에서뿐만 아니라 학생들과 함께 수학을 가르치고 배우는 교실 상황에서도 손쉽게 매일매일 찾아 볼 수 있는 현상이다.

어떤 문제가 일상에서 발생했든 또는 수학적 상황에서 일어났든 우리는 해결해야 할 문제를 접하게 되면, 그 문제와 관련하여 '무엇을 해야 할지', 그리고 '어떻게 해야 할지'를 결정하기 위해 주어진 정보나 조건을 면밀하게 수집·분석하고, 문제의 요구 사항을 충족시키기 위해 이미 학습한 지식이나 경험을 활용하여 효율적이고 합리적인 해결 방안을 수립하여 실제로 적용하게 된다. 이렇게 문제를 해결하는 과정에서 일반적으로 당면한 문제들이 수학적 지식과 기능을 직접적으로 적용하는 문제는 아닐지라도 대부분의 문제 상황들은 수량이나 공간 등과 같은 수학적 사실들의 적용과 관련이 깊은 것 또한 사실이다. 따라서 문제해결자들이 이러한 문제들을 논리적이고 합리적으로 해결하기 위해서는 문제와 관련된 수학적 사실들에 대한 기본적인 이해와 함께 수학적 사고력, 즉 이치에 따라 조리있게 해결하는 능력이 뒷받침되어야 하는데 이러한 능력은 교실 수업에서 학생들과 함께 수행하는 수학 교육을 통해서 신장될 수 있다.

NCTM(1980)에서

"모든 수준에서 수학적 교수 · 학습활동의 중심은 문제해결이 되어야 한다."

고 권고한 이후, 최근에 이르기까지 세계 각국과 우리의 수학교육은 학생들의 문제해결력 신장에 초점을 맞추고 있는 추세이다. 성공적인 문제해결 능력은 현 시대를 살고 있는 사람들에게 그들의 개인적 삶의 요구에 대처하는 방안이고, 생산적인 직업인이 되는 길이며, 그리고 유능한 시민 생활을 영위하는 데 따른 복잡한 사실들을 이해하는 것을 가능하게 해 줄 수 있기 때문이다. 또한 같은 이유로 수학적인 문제를 해결할 수 있는 사람만이

21세기 지식기반 사회에서 생산적이고 풍부한 삶을 영위하는 것이 가능할 수 있기 때문이다.

우리나라의 2009 개정 수학과 교육과정에서도 이러한 세계적 추세에 발맞추어 수학과 목표를 아래와 같이 설정하고 있는데, 요약하자면 2009 개정 수학과 교육과정의 궁극적인 목표는 '**바람직한 인성과 창의성을 갖춘 수준 높은 문제해결자**'가 되도록 하는 데 있음을 알 수 있다.

수학적 개념, 원리, 법칙을 이해하고, 수학적으로 사고하고 의사소통하는 능력을 길러, 여러 가지 현상과 문제를 수학적으로 고찰함으로써 합리적이고 창의적으로 해결하며, 수학 학습자로서 바람직한 인성과 태도를 기른다.

가. 생활 주변이나 사회 및 자연 현상을 수학적으로 관찰, 분석, 조직, 표현하는 경험을 통하여 수학의 기본적인 기능과 개념, 원리, 법칙과 이들 사이의 관계를 이해하는 능력을 기른다.

나. 수학적으로 사고하고 의사소통하는 능력을 길러, 생활 주변이나 사회 및 자연의 수학적 현상에서 파악된 문제를 합리적이고 창의적으로 해결하는 능력을 기른다.

다. 수학에 대하여 관심과 흥미를 가지고, 수학의 가치를 이해하며, 수학 학습자로서 바람직한 인성과 태도를 기른다.

2009 개정 수학과 교육과정이 요구하는 바와 같이 학교 현장에서 수학 학습의 목표가 학습자의 문제해결력을 신장하는 것이라면, 이를 위한 교수 활동의 초점은 학생들에게 문제를 해결하는 과정을 경험하게 하고 이 과정에서 문제를 해결할 수 있는 다양한 전략을 탐구하고 이해하며 숙달할 수 있는 기회와 교육적 환경을 제공해 주는 일에 두어야 할 것이다. 이에 본서는 학교 현장에서 학생들에게 문제해결을 지도하거나 문제해결을 연구하는 일선 교사들과 앞으로 학교현장에서 학생들을 지도할 예비 교사들이 문제해결에 대해서 알아야 할 이론적 근거들을 제공하기 위해 문제해결의 의미와 문제해결 전략 및 지도, 문제해결 기반 교수-학습에 대한 실제적이고 일반론적인 내용들 등을 아래와 같이 분류하여 다루고 있다.

제1장에서는 문제와 문제해결의 의미, 문제해결이 강조되게 된 배경과 문제의 유형에 대해서 다룬다.

제2장에서는 문제해결 학습의 심리학적 측면에 대해서 다룬다.

제3장에서는 태도와 문제해결, 문제해결 전략 및 과정, 메타인지와 문제해결, 정의적

요인과 문제해결, 문제해결 행동의 기본 요소, 문제해결 지도에서 교사의 역할에 대해서 개괄적으로 언급한다.

제4장에서는 Polya의 문제해결 단계, 문제해결 전략과 그 지도에 대해서 다룬다.

제5장에서는 메타인지를 통한 문제해결력 신장에 대해서 다룬다.

제6장에서는 문제설정 활동과 문제해결의 관계에 대해 다룬다.

제7장에서는 창의성을 기를 수 있는 개방형 교수법에 대해 다룬다.

제8장에서는 실세계에서의 문제 상황을 해결하기 위한 방법인 수학적 모델링에 대해서 다룬다.

제9장에서는 구성주의 관점에서 문제 중심 학습을 통한 문제해결 지도에 대해서 다룬다.

제10장에서는 2009 개정 수학과 교육과정을 반영한 문제해결의 평가 방법에 대해 다루고 있다.

최근의 문제해결과 관련된 연구 결과들과 이론들을 좀 더 자세하고 세심하게 다루려고 노력하였지만, 지면의 한정과 저자의 능력으로 인해 첨가하지 못한 내용이나 부족한 부분이 있을 수 있음을 양지하기 바라면서, 끝으로 본서를 출판하는 데 도움을 주신 도서출판 경문사의 관계자 여러 분들에게 감사의 말씀을 전하고자 한다.

2014년 상록 동산에서 저자 일동

차례

제1장 | 문제와 문제해결

제2장 | 학습심리학과 문제해결

제3장 | 문제해결 지도

제4장 ▌문제해결 전략 지도

제5장 ▌메타인지와 문제해결

제6장 ▌문제설정과 문제해결

제7장 ▌개방형 교수법

제 1 장

문제와 문제해결

일상에서 우리는 해결해야 할 어떠한 문제 장면에 부딪혔을 때 그 문제를 해결하기 위하여 여러 가지 해결 방안을 구상하고, 그 중에서 가장 합리적이고 효율적인 방법을 선택하여 문제를 해결한다. 마찬가지로 수학 학습에서 우리는 제시된 문제를 해결하기 위하여 여러 가지 방법을 구상하고, 그 중에서 적용이 간단하고 해에 이르는 길이 효율적인 방법을 선정하여 문제를 해결하려고 한다.

이때 말하는 문제해결이란 주어진 상황에서 문제해결자가 무엇을 어떻게 해야 할지를 분명히 판단할 수 없을 경우에 행해지는 활동이다. 즉, 문제해결이란 해는 존재하지만 해에 이르는 길을 바로 찾지 못하는 상태에서 이루어지는 활동이다.

1 문제

문제(Problem)에 대한 정의는 학자에 따라 다양하므로 문제의 의미를 정확하게 정의한다는 것은 수월하지 않다. 국어사전은 문제를 '해답을 요구하는 물음', '연구에 의하여 해결해야 할 사항' 등으로 정의하며, 영어 사전의 어원을 살펴보면 pro(앞으로)와 ballein(던지다)이 합쳐진 단어로서 '명료하지 않다.', '모른다.', '알고 싶다', '해결하고 싶다.' 등의 뜻을 내포하고 있다.

한편, 레스터(Lester, 1978)는 문제란 '개인이나 집단이 해결하려는 과제로서 해결을 위한 구체적이거나 확실한 방법을 쉽게 얻을 수 없는 어떤 상황'으로 정의한다. 또한 크루릭과 루드닉(Krulik & Rudnick, 1984)은 문제란 '어떤 해답을 요구하는 상황으로서, 그 상황은 물음의 형태로 학생들에게 받아들여져야 하며 학생들이 곧바로 해에 이르는 올바른 길(solution path)을 찾지 못하고 당황하거나 어떤 장벽을 느껴야 하고, 학생들이 새로운 풀이 방법을 고안하여 시행함으로써 탐구하는 과정으로 들어가야 한다.'고 하였다.

따라서 문제는 학습자 개개인이 갖고 있는 수학적 지식이나 이해력, 인지 능력이나 과거의 경험 등의 차이로 인해 모든 학습자들의 수준에서 공통적으로 정의될 수 없기 때문에 동일한 장면에 대해서도 학습자의 능력 수준에 따라 다음 세 가지의 의미를 갖는다고 볼 수 있다.

① 질문(Question): 이미 학습한 내용, 즉 과거에 학습한 내용을 회상함으로써 해결할 수 있는 장면으로 질문의 주된 목적은 이미 학습한 내용을 올바르게 이해·기억하고 있는지를 확인하기 위해 제공되는 장면이다.

② 연습(Exercises): 이미 학습한 기능이나 알고리즘을 보다 강화하기 위해 반복 연습(Drill)과 실제 장면에의 적용(Practice)을 위해 제공되는 장면이다. 연습의 주된 목적은 학습된 지식을 보다 확실하게 정착시키기 위한 것으로, 일반적으로 답에 도달하기 위해 정해진 순서(알고리즘 및 원리)를 따른다. 수학을 배우는 데 있어 연습문제(Exercise)를 해결해 보는 것은 매우 중요하고 가치 있는 것이다. 연습은 개념, 원리, 기능 등을 이해한 후, 이를 기억하게 하여 또 다른 장면의 문제를 해결하는 데 활용·응용할 수 있을 뿐만 아니라, 연습을 통해 숙달된 기능을 활용하여 주어진 문제를 능숙하고 신속·정확하게 해결할 수 있기 때문이다.

③ 문제(Problem): 당면한 과제를 해결하기 위해 이미 학습한 지식의 종합과 깊은 사고가 요구되는 장면이다. 즉 문제는 그 해결 방안이 뚜렷이 떠오르지 않는 장면으로서 해결해야 할 과제가 학습자에게 생소하므로 주어진 과제를 해결하기 위하여 여러 가지 정보의 수집·분석과 해결 방법의 탐색 및 깊은 사고가 요구되며, 문제를 풀기 위해서는 주저하고 심사숙고하며 이전에 사용한 적이 없는 독창적인 단계를 밟아나가야 한다.

기본적으로 질문과 연습, 문제의 구분은 문제를 풀고자 하는 학생의 학습 경험과 능력에 의존한다. 예를 들어, 7×8=□에서 □ 안에 들어갈 알맞은 수를 구하는 경우에, 곱셈을 아직 배우지 않은 초등학교 2학년 학생들에게는 □ 안에 들어 갈 수가 얼마이고 어떻게 구하는지를 즉각 알 수 없으므로 문제(Problem)로 분류할 수 있지만, 2학년에서 '곱하기'를 학습한 직후에 이 문제가 제시되었다면 그것은 연습(Exercise)으로 분류할 수 있으며, 곱셈구구를 이미 학습한 3학년 학생에게 이 문제는 이미 어떻게 구하는지를 알고 있으므로 질문(Question)으로 분류할 수 있을 것이다. 그러나 3학년 학생의 경우에도 어떠한 원인에 의해 곱셈구구를 이해하지 못하였거나 망각하여 그 답을 구하는 방법이나 답을 구하지 못할 경우는 그 학생에게 문제(Problem)로 분류될 수 있을 것이다. 이와 같이 어떤 사태가 문제인지 아닌지는 개개인이 갖고 있는 경험이나 지식의 양과 질에 따라 달리 인식되며, 문제를 해결하려는 개인의 성취 의욕과 집념의 강도에 따라서 성공 여부가 결정된다.

문제해결을 지도하기 위해서는 먼저 연습(Exercises)과 문제(problem)를 구별할 필요성이 있음을 제기한 렌츠너(Lenchner, 1983)는 연습이란 해결 방법이 이미 알려진 작업의 수행, 다시 말해 연습은 계산 과정상의 한 가지 또는 그 이상의 알고리즘을 적용하면 곧바로 문제의 해에 이르게 되는 장면이며, 문제란 해결을 위한 전략이 즉각적으로 명백히 드러나지 않기 때문에 해에 이르는 길이 복잡하므로 해에 이르기 위해서는 문제해결자의 창조적이고 독창적인 어떤 차원의 아이디어가 요구되는 장면으로 말하고 있다.

예를 들어, 다음 문제에서 ①, ②, ③은 간단한 조사나 계산 알고리즘에 의해서 해결할 수 있는 문제로 이러한 유형의 문제를 일반적으로 연습문제로 분류하는 반면에, ④, ⑤, ⑥은 비형식적인 해결 절차가 적용되는 문제로 문제해결을 수행하기에 앞서서 해결을 위한 적절한 전략을 선택해야 하므로 이런 유형의 질문을 문제로 분류할 수 있다. 따라서 앞으로 본서에서는 ④, ⑤, ⑥과 같은 유형의 문제에 초점을 두어 내용을 전개해 나갈 것이다.

> 영수는 10원짜리 동전을 13개, 50원짜리 동전을 5개, 100원짜리 동전을 3개 가지고 있다.
>
> ① 영수가 가지고 있는 동전은 모두 몇 개인가?
>
> ② 영수가 가지고 있는 돈은 모두 얼마인가?
>
> ③ 두 개의 동전으로 살 수 있는 가장 비싼 물건의 값은 얼마이고, 가장 싼 물건의 값은 얼마인가?
>
> ④ 한 종류의 동전으로 살 수 있는 물건을 다른 동전을 사용하여 사는 방법은 몇 가지인가?
>
> ⑤ 세 종류의 동전을 골고루 이용하여 살 수 있는 물건 값은 몇 가지인가?
>
> ⑥ 한 개 또는 그 이상의 동전을 사용하여 값이 다른 물건을 몇 가지나 살 수 있을까?

2 문제의 유형

수학 문제의 유형은 기본적으로 계산 문제, 문장제, 응용문제로 구분할 수 있지만, 최근 들어 여러 학자들에 의해 다양하게 분류되고 있다. 그 중 몇 가지를 살펴보면 다음과 같다.

(1) Holmes의 분류: 정형 문제와 비정형 문제

수학에서 다루는 문제의 유형은 크게 정형 문제(routine problem)와 비정형 문제(non-routine problem)로 구분할 수 있다. 정형 문제는 교과서에 제시된 유형의 문제로 수와 연산, 도형, 측정, 규칙성, 확률과 통계 등의 영역에서 학습한 수학적 개념, 원리, 법칙을 적용하여 이미 알려진 절차에 따라 해결할 수 있는 유형의 문제를 말한다. 또한 비정형 문제는 교과서를 통해 학습한 수학적 개념, 원리·법칙 등 수학적 지식이 뒷받침이 되어야 하지만 이들을 단편적으로 적용하는 것이 아니라 이들 중에서 몇 가지를 복합적으로 적용하여 해결하되 이미 알려진 절차뿐만 아니라 학습자의 창의적인 아이디어가 요구되는 유형의 문제로 학습자 스스로 해결 방법을 고안해야 하며, 해답을 찾는 일뿐만 아니라 해답을 찾기 위한 방법을 계획해야 한다. 정형 문제를 해결하는 데 있어서는 연습과 실습이 직접적인 도움을 줄 수 있으나, 비정형 문제를 해결하는 데 있어서는 특수한 전략을 고안하는 사고기능이 필요하기 때문에 연습과 실습이 유용하지 않을 수 있다.

정형 문제는 이미 알려진 방법에 의해 해결할 수 있는 것으로, 정형 문제를 해결하기 위하여 학습자들은 그들이 배웠던 지식이나 과정을 적용한다. 정형 문제의 예는 다음과 같다.

1. 한 자루에 150원짜리 지우개를 5개 사고 1000원을 지불하였다면 거스름돈을 얼마를 받아야 하는가?
2. 8을 4배한 수보다 3 작은 수는 얼마인가?
3. 반지름이 7.5cm인 원의 둘레와 넓이는 각각 얼마인가?
4. 현재 시각이 3시 25분이다. 시침과 분침이 이루는 각도는 몇 도인가?

일반적으로 비정형 문제는 다양한 방법으로 해결의 실마리를 찾아서 해결할 수 있다. 예컨대, 그림을 그리거나 표를 만들고, 규칙성을 이용하는 등 여러 가지 방법이 있을 수 있지만 최적화된 방법을 찾을 수 있으며, 문제에 따라서는 풀이 과정과 답이 여러 개일 수도 있다. 비정형 문제는 정형 문제와 같이 정답을 구하는 활동을 중요시하지만, 상대적으로 문제해결 과정에서 학습자의 창의적이고 고차적인 사고력을 기르는 데 좀 더 비중 있는 역할을 한다. 비정형 문제의 예는 다음과 같다.

1. 나와 절친한 친구 6명이 한 달 만에 만나서 반갑게 서로 한 번씩 악수를 하였다. 이들이 악수를 한 횟수는 모두 몇 번이나 될까? 만약 10명이라면 악수를 모두 몇 번 해야 하는가? 그리고 100명, n명이라면 어떻게 될까?
2. 매점에서 판매하는 학용품의 단가는 다음과 같다.

연필: 90원	지우개: 85원	미술지: 45원	색종이: 99원
연필심: 75원	볼펜심: 50원	칼: 35원	클립: 35원

   연희는 2000원으로 될 수 있는 한 여러 가지 학용품을 사려고 한다. 연희가 살 수 있는 학용품을 모두 말하여라.
3. 각 자리에 있는 숫자의 합이 8인 60보다 작은 홀수는 어떤 수인가?
4. 우리 마을의 인구는 1990년에는 21,000명, 2000년에는 24,000명, 2010년에는 27,000명이었다. 같은 비율로 계속 늘어난다면 2050년에 우리 마을의 인구는 몇 명이겠는가?

위에서 살펴 본 정형 문제와 비정형 문제의 구분은 학습자의 능력에 따라 다르다. 다시 말해 어떤 문제가 6학년에게는 정형화된 문제로 제시될 수 있는 반면에 1학년에게는 비정형화된 문제가 될 수도 있기 때문이다.

(2) Butts의 분류(NCTM, 1980)

① 기억 확인 문제(또는 개념 문제, Recognition Exercises): 특별한 사실, 용어, 정의, 법칙, 정리 등에 대해 기억하고 이해하고 있는지 확인하는 문제이다.

문제 삼각형의 한 꼭짓점과 대응하는 변의 중점을 연결하는 선분을 무엇이라고 하는가?
답 중선

② 계산 연습 문제(Algorithmic Exercises): 단계적 과정(Algorithm)을 거치거나 산술적 계산을 통하여 문제를 해결할 수 있는 문제이다.

문제 다음에 주어진 원의 중심과 반지름을 구하시오.

$$x^2 - 2x + y^2 + 4y = 4$$

답 중심: $(1,\ -2)$, 반지름: 1

③ 응용 문제(Application Problem): 문장제를 포함하여 수학적인 지식이나 계산을 적용·활용하는 유형의 문제이다. 문제를 기호화로 형식화할 수 있고, 그 후에 기호를 다양한 계산 법칙에 따라 해결할 수 있다.

문제 직사각형의 가로와 세로의 길이가 각각 20%씩 증가한다면, 넓이는 몇 % 증가할까요?

답 가로와 세로의 길이를 각각 x, y라고 하면, 넓이는 xy이므로

$x\left(\dfrac{120}{100}\right)y\left(\dfrac{120}{100}\right) = xy\left(\dfrac{144}{100}\right)$이므로 넓이는 44% 증가한다.

④ 탐구 문제(Open-search Problem): 주어진 조건에 따라 다양한 답을 산출할 수 있는 유형의 문제이다. 문제의 진술에 해결 전략을 포함하고 있지는 않다. '다음을 증명하시오.', '다음을 만족하는 것을 모두 찾으시오.', '…을 위하여 …이 필요하다.' 등과 같이 표현되는 유형의 문제이다.

문제 평균이 50인 숫자 8개를 차례대로 말하시오.

답 49, 51, 49, 51, 49, 51, 49, 51; 45, 55, 42, 58, 40, 60, 70, 30 등 다양하다.

⑤ 문제 상황(Problem Situation): '이것이 문제이다. 이것을 풀어라.'가 아니라 '이런 상황이 있다. 이에 대해 생각해 보아라.'와 같은 유형의 문제이다. 또한, 이 유형에는 상황을 보여주고 문제를 설정(problem posing)하는 형태도 포함된다.

문제 다음을 고려하여 주차장을 만들려고 한다. 어떤 방법이 있는가?

㉠ 각각의 공간의 넓이는 얼마로 할까?

㉡ 각 공간은 어떤 각도로 위치시킬까?

㉢ 시간당 얼마의 주차료를 받아야 10%의 이득을 남길까?

답 생각하기에 따라 …, 조건에 따라 … 등 많은 해가 존재할 것이다.

(3) Fredericksen(1984)의 분류

① 잘 구조화된 문제(Well-structured Problems): 명백히 형성되고, 잘 알려진 알고리즘의 적용에 의해 해결되고, 정답의 정확성을 검증하기 위해 적합한 기준을 가지고 있는 문제이다.

> **문제** 삼각형 ABC에서 세 변의 길이가 각각 3, 4, 5일 때, 삼각형 ABC의 넓이를 구하시오.

② 생산적인 사고를 요구하는 구조적인 문제(Structured Problems Requiring Productive Thinking): 잘 구조화된 문제와 유사하지만, 문제해결자가 해결 절차 전체 또는 부분을 궁리해야 하는 문제이다.

> **문제** 만약 사각형에서 한 쌍의 평행하는 마주보는 변의 길이가 같다면, 다른 한 쌍의 변의 길이 또한 같음을 증명하시오.
>
> **설명** 주어지지 않은 대각선을 도입하여 그 대각선의 다양한 상황을 궁리하고, 증명과정에서 정해진 알고리즘을 따르지 않을 수도 있다.

③ 잘 구조화되지 못한 문제(Ill-structured Problems): 해결이 보장되는 절차, 해결에 결정적인 기준, 정확한 형식화 등이 부족한 문제이다.

> **문제** 집에서 학교까지 갈 수 있는 모든 경우를 찾아보시오.

(4) Charles와 Lester(1982)의 분류

① 반복 문제(Drill Exercise): 알고리즘을 사용하여 반복연습의 기회를 주는 문제로 주로 학생의 계산력을 신장시키는 데 도움이 되는 문제이다.

② 간단한 번역 문제(Simple Translation Problem): 문제 장면을 사칙연산(덧셈, 뺄셈, 곱셈, 나눗셈) 중 어느 하나를 포함하는 수식으로 번안하여 해를 구할 수 있는 문장제를 말하며, 수학적인 지식 이해의 강화와 계산력의 신장에 도움이 되는 문제이다. 이 문제를 일 단계(one-step problem)라고도 한다.

③ 복잡한 번역 문제(Complex Translation Problem): 문제 장면을 사칙연산 중 2개 이상을 포함하는 수식으로 번안하여 해를 구할 수 있는 문장제를 말하며, 간단한 번역 문제

보다 더 복잡한 계산을 이용하여 수학적 지식의 이해의 강화, 알고리즘의 습득 및 계산력과 사고력을 신장시키는 데 도움이 되는 문제이다. 이 문제를 다 단계(multi-step problem)라고도 한다.

④ 과정 문제 (Process Problem): 단계적으로 사고하는 과정이 중시된 문제로서 몇 개의 연산을 이용하여서는 해결할 수 없고, 구체적 해결 전략을 이용하여야만 해결할 수 있어서 단계적인 사고를 하는 데 도움이 되는 문제이다.

⑤ 응용 문제(Applied Problem): 수학적인 지식과 사고력을 활용할 기회를 학생에게 주는 문제로서, 일상생활의 문제 장면 해결에서 수학의 가치와 유용성을 느끼게 한다.

⑥ 퍼즐 문제(Puzzle Problem): 단편적이거나 지엽적인 수학적 지식이나 경험만이 아닌 통합된 수학적 지식과 경험을 활용하여 해결해야 하는 유형의 문제이다. 오락적인 문제나 퍼즐문제의 해결에서는 사고의 유연성이 중시되며 교육적으로도 여러 가지 관점에서 고찰해 볼 가치가 있는 문제이다.

(5) Trabers의 분류

① 산술 문제: 초등학교 수준의 대수문제, 기하문제를 포함한다.

② 응용 문제: 논리적인 추론 능력이나 수학적인 사고를 길러 주면서 실생활에 응용하거나 물리, 화학, 공업, 인구문제 등에 활용하는 문제이다.

③ 추상 문제: 논리적인 추론 능력이나 수학적인 사고를 길러주면서도 실생활의 응용 여부와는 관계가 없는 문제이다.

④ 프로젝트(Project): 장기간에 걸쳐 해결되는 것으로서 응용문제가 될 수도 있고 추상 문제가 될 수도 있다.

⑤ 증명 문제: 기호를 사용한 추론과정을 통해서 논리적 사고를 길러주는 문제이다.

2.1. 좋은 문제의 특징

교실수업에서 활용 가능한 좋은 문제의 특징을 정리하면 다음과 같다.

첫째, 좋은 문제는 수학적으로 의미 있는 것이어야 한다.

수학적 사고를 발달시키기 위한 수단으로서 문제 상황은 이미 학습한 수학적 지식과 경험과 기능을 복합적으로 활용하여 또 다른 수학적 개념·원리·법칙 등 새로운 수학적 지식과 기능을 터득하고, 이를 이전의 지식이나 기능과 통합하는 의미 있는 경험을 할 수 있어야 하며, 타학문이나 일상에서 당면할 수 있는 여러 문제들 중에서 특별한 상황의 문제해결에 도움을 줄 수 있어야 한다.

둘째, 문제가 발생되는 상황은 반드시 실제적인 사실이나 구체물이나 그 모형을 사용해야 한다.

좋은 문제는 아이들이 이해할 수 있어야 하고 그들의 물리적·정신적 경험 및 실생활과 관련짓기 쉬워야 하며, 학생 수준에서 상상할 수 있는 범위를 벗어나지 말아야 한다. 전혀 생소한 장면의 문제 상황은 학습자들을 당황하거나 불안하게 만들 수 있다.

셋째, 문제 상황은 아이들의 관심과 흥미를 끌어야 한다.

성공적인 문제해결을 위해서는 제시되는 문제 상황 그 자체가 학생들에게 흥미와 관심을 일으켜야 한다. 학생들이 문제를 풀어보려는 호기심과 학습 동기 및 탐구 의욕을 갖도록 하기 위해서는 문제 상황이 학생들의 실생활과 관련이 있어야 한다. 일반적으로 학생들은 일상의 경험과 관련된 문제나 퍼즐, 수수께끼처럼 고정된 알고리즘을 적용하지 않는 문제에 대해 호기심을 가지며, 그러한 장면에서 풀고자 하는 동기를 갖는다.

넷째, 좋은 문제는 아이들로 하여금 사고를 수정하거나 자료를 옮기고 변환·수정하게 하는 활동이 필요하다.

아동의 학습에서 활동의 역할을 지나치게 강조하는 것은 어렵다. 그러나 물리·조작적 모델을 조작함으로써 물리적 상황으로부터 수학적 상황과 해결 방안을 보다 쉽게 표상할 수 있을 것이다.

다섯째, 좋은 문제는 문제해결에 있어 다양한 수준에서 사고할 기회를 제공해야 한다.

만약 문제가 아이들로 하여금 문제 상황으로부터 수학적 구조(대수식이나 기호적 표현, 등)로 바로 표현하기를 요구한다면 그것은 좋은 문제가 아니다. 문제의 특성에 따라서는 유일한 해법만 존재하는 문제일수도 있으나 좋은 문제는 학습자의 지식수준이나 경험의 정도 등 학습자의 능력에 따라 다양한 해법이나 전략의 적용이 가능해야 한다. 예컨대, 학습 능력이 부족한 학습자는 1~2가지의 전략으로 문제를 해결하지만 뛰어난 문제해결자는 3~4가지 이상의 전략을 활용하여 해결할 수 있을 것이다.

여섯째, 문제 상황은 구체적으로 형상화할 수 있어야 한다.

문제해결력을 기르기 위한 특별한 수단으로서 어떤 문제가 선정되었든 간에 똑같은 수학적 구조를 갖는 또 다른 상황의 문제를 만들어 낼 수 있어야 한다. 이때 학생들은 문제가 이전의 자신의 경험과 연결시킬 수 있는 구체적인 다양한 상황으로 제시된다면 그 문제를 잘 해결할 수 있을 것이다.

일곱째, 아이들은 자기가 문제를 풀 수 있다는 확신과 함께 문제를 풀었던 때를 기억하고 있어야 한다.

만약 그들이 어떻게 하든 문제 상황에 쓰인 요소들과 상호작용하고 이들을 변환시킨다면, 그 문제가 기준을 충족시키는지 않는지를 판단하는 일은 쉬워진다.

여덟째, 문제는 일반화로 이끌 수 있는 것이어야 한다.

각각의 문제는 독특한 구조와 현상을 가지고 있다. 좋은 문제는 문제해결 과정에서 얻어진 지식과 경험이 또 다른 유형의 문제해결에 전이가 가능하고 도움을 줄 수 있어야 한다. 문제를 해결한 후에 새로운 문제 장면을 연상할 수 있게 하거나 유사한 전략을 적용하여 과거에 푼 문제를 회상할 수 있게 하는 것은 학생들에게 가치 있는 경험이다.

아홉째, 학생들의 능력 수준에 적절해야 한다.

문제해결을 수행하기 전에 문제해결에 필요한 전략을 결정하는 것은 문제해결에서 중요한 요소의 하나이다. 학생들에게 문제를 해결하는 능력뿐만 아니라 문제를 접했을 때 풀 수 있다는 자신감을 갖게 하는 것도 중요하다. 진술되는 용어나 장면은 학생들 수준에서 이해가 가능해야 하며, 그들이 갖고 있는 수학적 지식을 활용할 수 있는 정도이어야 한다. 지나치게 쉽다든지 지나치게 어려울 경우 학생들은 문제 자체를 기피하는 현상을 보일 것이다

열째, 다양한 방법을 통해서 접근할 수 있는 문제이어야 한다.

학생 개개인이 갖고 있는 관점은 서로 다르기 때문에 주어진 문제에 접근하는 방법은 차이가 있을 것이다. 주어진 문제에 대해 자신의 관점에 따라 다양한 접근 방법을 생각하는 것은 폭넓은 사고의 기회 제공을 가능하게 하는 동시에 가장 유효하고 간편한 해결 전략을 선택하는 데 도움을 줄 수 있다.

3 문제해결

크루릭과 레이스(Krulik & Reys, 1980)는 학교 수학교육의 초점은 '문제해결'에 있다고 주장하면서, 아래와 같이 교실 수업에서 문제해결을 강조한다.

> 문제해결은 학생들이 학교에서, 그리고 학교를 떠난 후에도 일생을 살아가는 동안에 계속해서 필요로 하는 기초 기능들 중의 하나이므로 학교현장에서 문제해결을 가르치고 배우는 데 있어 우려되는 부분들이 적지 않음에도 문제해결은 반드시 지도되어야만 한다.

그렇지만 학교 수학교육에서 지도되어야 할 문제해결에 대한 정의는 앞서 제시한 문제와 같이 학자들에 따라 아래의 [표 1]과 같이 다양하게 제시된다.

[표 1] 문제해결의 정의

학자	문제해결
Thorndike	• 복합적이고 다양한 행동
Davis	• 배움의 모든 범주에서 스스로의 능력으로 획득한 명성
Polya	• 어떠한 것을 명확하게 인식하기 위해, 당면한 어려움으로부터 벗어나기 위해, 장애를 극복할 수 있는 미지의 방법을 찾기 위해, 그리고 학습자가 원하는 목적을 성취하기 위해 적절한 방법을 찾는 것 • 즉각적으로 해결되는 것이 아닌 점진적으로 어떤 새로운 방법을 찾는 것

일반적으로 수학교육에서 문제해결은 다음과 같이 약속된다.

첫째, 과정인 동시에 수학 지도의 한 방법

둘째, 학습자가 생소한 장면에서 부딪치는 장애를 극복하기 위해 이미 학습한 수학적 지식과 경험과 기능을 활용하여 새로운 해결 방법을 고안·적용함으로써 정확한 해에 도달하는 과정

셋째, 주어진 상황에서 학습자가 무엇을 어떻게 해야 할지를 분명히 판단할 수 없을 경우에 행해지는 활동

넷째, 해는 존재하지만 해에 이르는 길이 봉쇄되어 있는 상태에서 이루어지는 활동

살펴본 바와 같이 문제해결은 심도 있는 사고와 정확성, 신속성, 적용성이 요구되며 학습자 스스로 문제를 풀어보는 탐구 활동이라고 말할 수 있다. 따라서 문제해결력이란 학습자가 문제를 해결하는 과정에서 작용하는 문제 이해 능력, 주어진 조건과 구하려는 것 사이의 관계를 파악하여 해결 계획을 수립하는 능력, 연산 능력, 검증 능력, 일반화 능력 및 수학의 개념과 원리·법칙을 발견하고 이를 이용하여 응용문제를 창의적으로 해결하는 능력 등의 포괄적인 의미를 포함한다.

문제해결력과 관련하여 미국의 수학교육 자문위원회(NACOME)는 정책적으로 문제해결력을 수학의 기능 중에서 중요한 기본 기능으로 정해야 함을 주장하고 있는데, 이것은 주어진 어떤 문제를 이치에 맞도록 현명하고 명료하며 간단한 방법으로 해결해 나갈 수 있는 힘인 문제해결력이야말로 수학의 가장 기본적인 능력이라고 NACOME은 보고 있는 것이다.

3.1. 문제해결 과정

어떤 사태가 문제인지 아닌지는 개개인이 갖고 있는 경험이나 지식의 양과 질에 따라 다르게 인식되며, 또한 문제를 해결하려는 개인의 성취 의욕과 집념의 강도에 따라서 문제해결의 성공 여부가 결정된다. 일반적으로 어떤 사람이 문제를 해결하고자 할 때에, 그 사람이 가진 과거의 경험이나 이미 학습한 지식 등이 문제에 곧바로 적용되는 경우는 드물다.

문제해결을 '현재의 상태와 목표의 상태 사이의 격차를 메우기 위해서 기존의 지식과 경험을 총체적으로 활용하여, 조리 있고 이치에 맞는 사고 과정을 거쳐서 목표 상태에 이르도록 하는 것'으로 이해할 때, 수학교육에서 문제해결은 크게 2가지 입장(소극적/적극적인 입장)으로 파악해 볼 수 있다.

(1) 소극적인 입장에서 수학적 문제해결과 그 과정

소극적으로 받아들이는 입장(좁은 의미의 문제해결)에서 문제해결이란 어떤 주어진 수학적 문제를 해결하는 것을 의미한다. 다시 말해 좁은 의미의 문제해결은 수학적 문제해결의 과정을 서술한 것으로 폴리아의 문제해결 4단계, 즉 「① 문제를 이해하기 → ② 해결 계획을 세우기 → ③ 계획을 실행하기 → ④ 해결 결과를 돌이켜 보기」의 과정을 거치면서 문제를 해결하는 것을 의미한다. 폴리아는 위 4단계에서 유효한 각각의 하부 전략을 제시하는데, 예를 들면 ① 단계에서 가능한 전략으로 '문제 이해 단계에서는 미지의 것은 무엇인가?', '주어진 정보나 조건은 무엇인가?', '문제 장면을 그림으로 나타내어라?', 그리고 ② 단계에서 가능한 전략으로 '해결 계획 수립 단계에서는 전에 이와 유사한 문제를 풀어 본 적이 있는가?', '이와 비슷한 문제를 알고 있는가?' 등이 있다. 1980년대 이후의 수학교육에서 문제해결에 관한 대부분의 이론적 연구와 현장 적용은 이러한 Polya의 문제해결 과정과 전략을 기본으로 하여 행해져 왔다.

(2) 적극적인 입장에서 수학적 문제해결과 그 과정

적극적으로 받아들이는 입장(넓은 의미의 문제해결)에서 수학적 문제해결이란 어떤 현실적 상태에서의 문제를 수학적으로 해결하는 것으로 여겨진다. 넓은 의미의 수학적 문제해결 과정으로 커와 마키(Kerr & Maki, 1979)는 다음과 같은 6단계를 제시하고 있다.

① 현실 문제를 파악하는 단계: 현실 세계에서의 사실이나 현상과 문제에 대하여 잘 알지 못한다거나 해결해 보려고 하는 등의 문제의식을 가지고 그 문제를 파악한다.

② 현실적 모델을 만드는 단계: 현실 세계의 문제를 그대로 수학적으로 처리하는 것은 너무나 복잡하고 어려운 것이 많다. 따라서 이를 이상화하거나 단순화하여 앞 단계에서 받아들인 문제를 적당하고 정확하며 간결하게 서술한 현실적 모델(기술적 모델)을 만든다.

③ 수학적 모델을 만드는 단계: 현실적 모델의 기술에 이용되고 있는 언어와 개념을 수와 기하적인 도형 등의 수학적 용어와 개념과 그 기호, 혹은 그것들을 관계지은 표, 그래프, 방정식 등의 표현으로 바꿔 놓는 것에 의해 수학적 모델을 만든다.

④ 결과를 얻는 단계: 앞 단계에서 만든 수학적 모델에 수학적인 도구와 기법을 적용하여, 그것을 순수하게 수학적으로 해결하고 결과를 얻는다.

⑤ 얻어진 결과를 현실 세계에 비추어 검토하는 단계: 앞 단계에서 얻어진 결과를 그것이 현실세계에서의 문제에 대한 풀이로써 타당한지 수학적 모델이 유효한지를 검토한다.

⑥ 모델을 수정하고 개선하는 단계: 앞 단계에서의 검토한 결과나 풀이가 타당하지 않거나 수학적 모델이 유효하지 않다는 것을 알았을 경우에는 지금까지의 각 단계를 되돌아보고 검토해 본다.

커와 마키(1979)의 각 단계를 다음 [그림 1]과 같이 나타낼 수 있다.

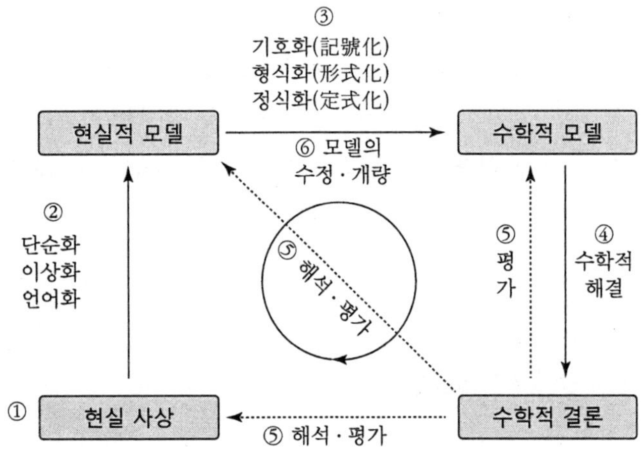

[그림 1] 수학적 모델 구성에 따른 문제해결 과정

3.2. 넓은 의미의 문제해결

앞의 [그림 1]에서 오른쪽의 수학적 세계에 따른 수학적 모델에서 수학적 결론을 이끌어 내는 것(단계 ④)이 좁은 의미로서의 수학적 문제해결이라고 볼 때, 넓은 의미와 좁은 의미의 2가지로 문제해결을 구분하는 큰 기준은 '해결해야 할 문제를 의식하고 수학적 문제를 만드는 것(문제 설정)에 학생 스스로가 적극적으로 관여하는가' 하는 것으로 볼 수 있다. 최근에는 문제해결을 넓은 의미(적극적 의미)로 해석하려는 경향이 있는데, 넓은 의미의 문제해결은 현실 세계에서 수학적 문제를 만드는 것뿐만 아니라, 수학적 세계에 있어서 해결한 문제를 토대로 하여 그것과 유사한 문제 또는 보다 일반적인 수학적 문제 등을 만드는 것('문제에서 문제로'와 같은 문제 설정)을 포함하는 것이 있다. 따라서 수학교육에서 중요시해야할 문제해결이란 학생 스스로가 해결해야만 하는 문제를 발견하고 설정하는 것을 포함한 넓은 의미의 문제해결이라고 말할 수 있으며, 그 과정은 다음과 같이 정리할 수 있을 것이다.

① 문제의식을 가진다.
② 해결해야 할 문제를 발견하고 설정한다.
③ 문제를 해결한다.
④ 문제의 해결 방법과 해답을 검토한다.
⑤ 새로운 문제의식을 갖는다.

이와 같은 넓은 의미의 문제해결을 받아들인다면 학교 현장에서 이루어지는 문제해결 교육은 그 과정에서 학생이 스스로 자신이 해결해야 할 과제를 알고, 탐구하며 행동하고, 보다 문제를 잘 해결하는 자질과 능력을 육성하는 것을 중요한 수학교육의 목표로 여겨야 할 것이다.

4 문제해결 강조의 배경

학교 교육의 궁극적인 목적 중의 하나는 그 시대의 사회·문화적 배경과 밀접한 관계를 유지하면서 현재뿐만 아니라 미래 사회의 요구에 능동적으로 대처할 수 있는 능력과 자질을 기르는데 있다. 첨단 과학기술 문명의 발달로 인하여 사회 구조가 원시·농경사회로부터 산업화 시대를 거쳐 정보화의 시대로 변모하면서 정치, 경제, 문화, 교육 등 사회 각 분야에서 급격한 변화가 일어남에 따라 학교 교육에 있어서도 과거와는 다른 방향에서 교육이 이루어져야 할 것이다.

특히 언어적으로 읽고 쓰는 능력과 마찬가지로 일상생활에서 수량이나 형(形)과 관련된 의사소통의 도구인 동시에 현대인들이 갖추어야 할 기본적인 소양이며, 모든 학문의 기본적인 도구인 동시에 과학 기술 발달의 원동력인 수학도 내용적인 면에서뿐만 아니라 방법적인 면에서도 새로운 변화가 요구되고 있다. 학교 수학에서 문제해결에 대한 관심은 그 동안의 학교 수학에서 강조되어 온 학습 내용 및 방법에 대한 반성에서부터 출발한다고 보겠다. 대략적으로 지금까지 이루어진 학교 수학의 실태를 통해 수학교육에서 문제해결력을 강조하게 된 이유를 살펴보면 다음과 같다.

첫째, 학교 수학에서 개념이나 기능 숙달이 지나치게 강조되었다.

이는 수학적 개념이나 기능을 지도하면 학생들은 실생활에서 그들이 당면한 문제해결 도구로 적절하게 사용할 것이라는 소박한 믿음에서부터 출발한 것으로 생각된다. 그러나 일상생활에서 당면하는 문제해결을 위한 도구로 학교 수학에서 배운 내용을 직접적으로 사용하게 되는 경우는 흔치 않을 뿐만 아니라 그런 상황이 발생하더라도 교과서적인 지식이나 기능만으로는 부족한 실정이다. 우리는 일상생활을 영위하는 과정에서 부딪히는 문제를 해결하는 능력을 기르기 위해서 일상생활과 수학적 지식 및 기능을 연결시키는 또 다른 경험이 필요한데 이것이 바로 문제해결이다.

둘째, 학교에서 배우는 수많은 수학적 지식과 기능들이 서로 연결·통합되어 있지 않다.

학교 수학을 통해 학습된 수많은 수학적 지식과 기능들이 서로 분리된 채 단편적인 지식과 기능으로 존재함으로써, 도구 교과로서 수학의 가치와 유용성에 대한 학생들의 믿음이 어느 정도 부정적인 것이 사실이다. 따라서 학생들에게 그들이 학습한 지식과 기능을 종합·적용할 수 있는 기회와 환경을 만들어 주어야 할 것이다. 이는 탈교과적이 아니라 통합교과적, 즉 교과와 교과, 교과 내의 각 영역, 교과 내용과 실생활 장면에서 학습한 내용을 연결·통합시켜 주는 것을 의미하는데, 이는 문제해결을 통해 가능하다.

셋째, 교육과정 및 교과서 내용 구성이 수학 교육의 궁극적인 목적을 충분히 반영하지 못하고 있다.

수학교육의 궁극적인 목적은 당면한 문제를 합리적이고 효율적으로 해결하는 능력, 자신의 사고를 명확히 전달하고 다른 사람의 의견을 합리적으로 비판하는 의사소통력, 미지의 상황에 대해 현명한 판단을 내릴 수 있는 논리적인 사고력과 추론력, 정보를 간단·명료·정확하게 표현하는 능력, 수학에 대해 자신감을 갖고 수학의 가치와 유용성을 올바르게 인식하는 수학적 성향 및 신념 등 수학적인 힘의 육성을 요구하고 있다. 그러나 지금까지의 학교 수학은 이러한 포괄적이고 거시적인 학습 목표보다는 교과 영역을 수와 연산, 측정, 도형, … 등으로 나누고, 각 영역별 개념, 원리, 법칙 등 단편적이고 지엽적인 지식과 기능 위주, 즉 국소지향적이고 미시적인 학습 목표에 집착함으로 해서 수학교육의 본질적인 목적이 축소·왜곡되었다. 이러한 문제점을 해소할 수 있는 방안이 문제해결이다.

넷째, 학교 수학의 내용에 대해 많은 학생들이 수학에 대한 두려움과 부정적인 태도를 갖고 있다.

본질적으로 모든 어린이들은 수학을 좋아하며, 형식적인 학교 수학을 배우기 이전에 그들은 당면한 문제를 해결하기 위하여 수학을 이용해 왔으며, 또한 비록 비형식적일지라도 상당한 양의 수학적 지식을 갖고 학교에 들어온다. 새로운 지식은 이전에 획득된 지식 및 경험을 바탕으로 획득되기도 한다. 이러한 과정을 역으로 추적해 본다면 수학적인 개념은 궁극적으로 학생의 초기 경험에 의존한다고 볼 수 있다. 그러나 학교 수학에 접하면서부터 그들은 그들의 이전의 경험은 무시된 채 형식적인 계산과 원리·법칙에 대한 기계적인 학습과 정확, 신속, 기억이라는 외압적인 기준에 의해 지배되는 딱딱한 학문 체계로 인식하게 된다. 이러한 수학에 대한 부정적 태도를 변화시킬 수 있는 방안이 학생들의 이전의 지식과 경험과 호기심을 바탕을 둔 문제해결을 통한 학습과 문제해결을 위한 학습이다.

다섯째, 교사 및 학생들이 문제해결의 본질과 의미를 잘못 이해하고 있다. 문제해결을 가르치는 부적절한 프로그램들은 학생들의 문제해결력을 떨어뜨리는 데 적지 않은 책임이 있다(Zweng, 1979). 문제해결에 대해 연구한 많은 교육자들은 교과서에 제시된 문장제(word problem)를 문제해결력을 기르기 위한 적절한 문제로 분류하지 않으려는 경향이 있다. 왜냐하면 교과서에 제시된 문장제를 해결하기 위해서는 다양한 사고력과 전략이 요구되기보다는 특별한 기술이나 이미 학습한 알고리즘을 적용하면 해결할 수 있는 연습문제의 성격이 강하기 때문이다. 그렇지만 아직도 일선 학교에서는 문제해결력은 문장제를 해결하는 경험을 통해 길러지는 것으로 오해하고 있으며, 문제해결력을 신장시키는 지름길은 해당 단원에서 이미 학습한 알고리즘을 적용하여 교과서에 제시된 문장제를 정확·신속하게 해결하도록 하는 것으로 인식하고 학생들에게 문제해결을 지도하고 있으며, 이로 인해 많은 학생들은 문제 장면을 제대로 읽지도 않고 단순히 숫자를 적절히 결합·배열하는 기술이나 알고리즘을 적용하여 정답만을 찾으려고 노력한다. 물론 일선 현장에서 성취도 평가, 대학수학능력시험 등과 같은 현실적인 여건으로 인해 문제해결의 본질과 의미가 다소 변질된 측면도 있지만, 앞에서 서술한 바와 같이 일선 현장에서 가지고 있는 문제해결에 대한 잘못된 인식을 바꾸어야 할 필요성이 대두됨으로 인해 다시금 학교 수학교육에서 문제해결을 강조하게 되었다.

5 문제해결의 변천

초·중등 교육에서 대부분의 교과들처럼 수학 과목 역시 사회적 요구에 어느 정도 부응하는 차원에서 교육의 강조점들이 변해 왔다. 수학교육의 역사를 살펴보면 1960년대 수학교육의 주제는 '새수학 운동(new math)'이었고, 1970년대의 주제는 '기본으로 돌아가기(back to basics)'였으며, 1980년대는 '문제해결(Problem Solving)'이라는 주제를 수학교육의 슬로건으로 선정하였다. NCTM은 1977년 1월에 수학 교육에서 요구되는 10가지의 기초 기능을 제시하였는데 그 중에서 문제해결력을 첫 번째 능력으로 뽑았으며, 1980년 4월에 출판된 '활동을 위한 의제(An Agenda for Action): 1980년대 학교수학을 위한 권고 사항'에서 1980년대 학교 수학에서 강조해야 할 내용으로 다음과 같은 8가지를 제시하였다.

① 문제해결은 1980년대 학교 수학의 초점이 되어야 한다.

② 수학에서 기본 계산 기능에 대한 개념은 계산 능력 이상의 것을 포함해야 한다.

③ 수학 프로그램은 모든 학년에서 계산기와 컴퓨터의 이점을 최대한 활용해야 한다.

④ 효율성과 효과성 모두에 대한 엄중한 규준들이 수학 교육에 적용되어야 한다.

⑤ 수학 프로그램과 학생들의 학습의 성공은 전통적인 시험보다 넓은 범위의 방법에 의해 평가되어야 한다.

⑥ 모든 학생들에게 보다 많은 수학 학습이 필요하고, 보다 넓은 범위의 선택권을 보유한 융통성 있는 교육과정이 학생들의 다양한 요구를 수용하기 위해 만들어져야 한다.

⑦ 수학 교사들은 스스로나 동료들에게 높은 수준의 전문성을 요구하여야 한다.

⑧ 수학 교육을 위한 대중의 지원은 개인과 사회에 대한 수학적 이해의 중요성과 같은 수준으로 높여야 한다.

NCTM(1980)은 학교 수학에서 강조해야 할 8가지 내용 중에서 첫 번째로 '문제해결'을 제시하였으며, 1980년에는 '학교 수학에서 문제해결(problem solving in school mathematics)'이라는 제목으로 연보를 발간하였고, 그 외에 문제해결을 강조하는 다양한 수준의 책들을 출판했다. NCTM의 연보(1980)는 문제해결이라는 주제에 대해서 집중적으로 조명하고 있는데, 연보 서문의 편집자인 크루릭(Krulik)은 60 · 70년대의 '새수학'과 '기본으로 돌아가기'는 이제 과거 속으로 사라졌고 1980년대 수학 교육의 초점은 '문제해결'에 있을 것이라고 주장하면서, 수학교육자들에게 문제해결에 대한 자신의 입장을 다음과 같이 표명하였다.

> 문제해결은 단순한 수학의 한 분야라는 그 이상의 의미를 갖는다. 문제해결은 사람들에게 수학을 배우는 이유에 대한 많은 시사점을 제공한다. 문제해결은 학생들이 일생을 살아가는 동안에, 그리고 학교를 떠난 후에도 계속 사용해야 하는 기초 기능들 중의 하나이다. 이것을 가르치고 배우는 데 있어 교사뿐 아니라 학생들에게도 우려되는 부분들이 많지만 그래도 문제해결은 지도될 수 있으며 반드시 지도되어야만 한다(Krulik, 1980).

더불어 베글(Begle, 1979)은 문제해결에 대해서 다음과 같이 주장한다.

> 수학이 지닌 진정한 정당성은 그것이 유용한 과목이어야 하고, 특히 다양한 형태의 문제해결을 돕는 것이어야 한다는 데 있다(Begle, 1979).

힐(Hill)은 교육의 최종적인 목적은 문제해결자를 양성하는 것이라고 하며, 이를 위한 교실의 변화가 필요함을 역설한다. 또한 메이(May)는 문제해결 지도는 유치원 과정에서부터 지속적으로 이루어져야 하며, 모든 단계에 있는 아이들에게 문제해결을 가르쳐야 한다고 말한다. 20세기 중반 이후에 오랜 기간 동안 문제해결에 관해 많은 연구와 관심을 기울인 학자는 폴리아이지만, 수학교육에서 문제해결에 대한 관심은 이보다 훨씬 이전인 1930년대로 거슬러 올라갈 수 있다. 1930년대 이후에 문제해결을 위한 사고 과정을 체계화한 대표적인 이론들을 소개하면 다음과 같다.

(1) 1930년대: 듀이(Dewey)는 반성적 사고와 문제해결은 근본적으로 같은 것이라고 주장하였다. 그리고 반성적 사고가 학교 교육의 목표나 지도 방법에 있어서 초점이 되어야 한다고 말하면서 5단계의 반성적 사고 과정을 제시하고 있다.

① 암시(suggestions): 가능한 해결을 막연하게 느끼는 단계
② 지성화 단계(intellectualization): 해를 발견하는 과정에서 어려움이나 당혹감이 분명해지는 단계
③ 가설(hypothesis): 문제해결을 위해 아이디어를 이끄는 단계. 즉 해를 찾아내기 위해 가능한 몇 개의 가설을 설정하는 단계

④ 추론(reasoning): 가설에 따른 아이디어를 정교하게 이끌어 가는 단계

⑤ 검증(testing the hypothesis by action): 추측한 아이디어에 대해 증명하거나 실제적인 입증을 명백히 하기 위한 검증. 즉 가설이 맞는지를 명시적인 행동에 의해 검증하는 단계

(2) 1940년대: 던커(Duncker)는 문제해결의 단계를 다음과 같은 3단계로 제시하였다.

① 방향 설정(orientation): 각 개인이 문제를 인식하고 받아들이는 단계

② 정교화 및 분석(elaboration and analyzation): 각 개인이 추가적인 자료를 모으고 문제의 제 측면을 탐구하는 단계

③ 검증과 반성(testing and evaluation): 각 개인이 가설과 결과에 대한 타당성을 검증하고 반성하는 단계

(3) 1950년대: 헨더슨과 핀그리(Henderson & Pingry, 1953)는 문제해결 과정을 다음과 같이 제안하였다.

① 문제 자체에 대해 인식하는 단계

② 개인적으로 문제의 해에 도달하기 위해 통상적인 행위가 장애에 부딪히는 단계

③ 사고를 통해 그리고 장애를 제거함으로써 문제를 해결하는 단계

(4) 1960년대: 메리필드(Merrifield)는 문제해결의 단계를 다음과 같이 설정하였다.

① 준비 단계 ② 분석 단계 ③ 산출 단계 ④ 검증 단계 ⑤ 재적용 단계

(5) 1970년대: 윌스(Wills)는 문제해결 단계를 다음과 같이 제시하고 있다.

① 좀 더 접근하기 쉬운 문제를 해결함으로써 문제해결을 위한 자료 모으기

② 수집한 자료를 조직하기

③ 조직된 자료에 나타나는 패턴을 찾고, 다른 추가적인 경우에 적용해 봄으로써 검증하기

④ 이 패턴을 일반화하여 원래의 문제에 적용하기

⑤ 결론으로 나온 해를 검증하기

1970년대 중반부터 제기된 문제해결에 대한 논의가 1960년대까지의 논의와 구별되는 점은 문제해결에 대한 구체적인 방법의 제시를 추구하고 있다는 점이다. 이와 관련하여

트라우트맨과 리히턴베르크(Troutman & Lichtenberg, 1974)는 과거부터 오랜 기간 동안 문제해결을 강조했지만, 현재의 수학교실에서 나타나는 현상은 문제해결에서 강조하는 것과는 정반대임을 지적하면서 문제해결에 대한 구체적이고 방법론적인 관심과 연구가 필요함을 촉구하고 있다. 또한 베글(Begle, 1979)도 실제 교실에서 활용가능한 문제해결을 위한 구체적 자료가 거의 없음을 지적하고 있으며, 메이(May)는 학생들의 문제해결력 부족은 부적절한 문제해결 교육프로그램에 책임이 있음을 지적하면서 학생들의 문제해결력을 신장시킬 수 있는 구체적인 수업 방안에 대한 연구가 필요함을 주장하고 있다. 이러한 시대적인 흐름 속에서 문제해결에 대한 체계적인 방법론을 제시하는 폴리아의 문제해결에 대한 연구가 1970년대 이후에 부각되기 시작하였다.

(6) 1980년대: 일반적으로 수학 교육자들은 폴리아(1957)가 제안한 4단계(이해, 계획 수립, 실행, 반성)를 문제해결의 기본 과정으로 받아들이고 있다.

① 문제의 이해: 폴리아는 "문제에 대한 이해 없이 답을 구하는 것은 어리석으므로 문제에 대한 진술이 명확히 이해되어야 한다."고 주장한다.

② 계획 수립: 문제해결에서 중요한 성취 단계로서 폴리아는 해결 방안의 착상이 점진적으로 명료화될 수 있거나, 혹은 명백하게 실패한 후 망설이는 동안에 갑자기 섬광처럼 멋진 아이디어가 발생할 수도 있다고 말한다.

③ 계획의 실행: 폴리아에 의하면 둘째 단계보다는 수월한 단계로, 문제해결자가 계획을 수립하면서 의도한 방법으로 문제를 해결하기 위해서 개략적인 윤곽을 잡아 실행하는 단계이다. 세 번째 단계에서 폴리아는 문제해결자가 자신이 수립한 계획을 잊지 않도록 주의할 것을 당부하고 있다.

④ 반성 단계: 종종 이 단계를 소홀히 다루거나 부정하는 경향이 있는데, 이는 매우 중요하고 유익한 문제해결 단계를 놓치는 것이다. 이에 폴리아(1957)는

> 문제해결 과정과 결과에 대해 다시 생각해 보고, 검산해 봄으로써 문제가 해결되었는지를 반성해 보는 활동은 기존의 체계에 새로운 지식을 통합시킬 수 있으며, 문제해결력을 신장시킬 수 있다.

고 주장하고,

> 훌륭한 교사는 완벽하게 해결된 문제는 있을 수 없다는 것을 알고 있고, 이를 학생들에게도 인식시켜야 하며, 따라서 문제해결 과정에서 해야 할 것들은 항상 남아 있다는 생각을 가져야 한다.

고 권고한다.

6 문제해결 지도의 의의

수학 학습의 대부분은 문제해결의 연속이고, 수학교육의 목적은 문제해결 능력을 발전시키는 것이므로 수학 교육에서 문제해결이 가지는 의의는 매우 중요하다. 수학 학습에서 문제해결 지도의 의의를 2가지로 나누어 생각할 수 있다.

첫째, 문제해결을 통하여 기능의 숙달과 새로운 개념, 원리·법칙 등의 이해를 꾀하고, 수학적인 사고방법을 육성하려고 하는 것이다.

둘째, 문제해결을 통하여 문제해결력 그 자체를 육성하려고 하는 것이다.

전자를 '방법형' 문제해결이라면 후자는 '목적형' 문제해결이라 할 수 있는데, 기본적으로 이 두 개념은 서로 밀접하게 관련되어 있다. 렌츠너(1983)는 학교 수학교육에서 문제해결 그 자체를 배우는 과정이 필요하다고 주장하며, 다음과 같이 문제해결에 대해서 말한다.

> 학교 수학의 궁극적인 목적은 문제해결 능력을 발달시키는 데 있지만 문제해결력이 계산 기능의 숙달로부터 저절로 길러지는 능력으로 잘못 생각하는 경향이 있다. 수학 학습의 목표는 학생들의 문제해결 능력을 육성하는 것이고, 이를 달성하기 위해서는 학교 수학교육에서 문제해결을 통하여 수학적 지식, 기능, 수학적 사고 방법 등의 신장을 도모하는 것이 필요하다.

먼저 학교 수학교육에서 '방법형' 문제해결 지도의 의의에 대하여 알아보면 다음과 같다.

(1) 문제해결을 통하여 기초적인 지식과 기능을 익힌다.

지금까지 학교 수학교육에서는 기초적인 지식과 기능을 문제해결을 통하여 지도해 오고 있다. 앞으로의 학교 수학교육에서도 지금까지와 마찬가지로 문제해결을 통하여 학생이 기초적인 지식과 기능을 익히도록 지도하는 것이 중요한데, 2009 개정 수학과 교육과정에서 수학교육의 목표는 다음과 같다.

> 수학적 개념, 원리, 법칙을 이해하고, 수학적으로 사고하고 의사소통하는 능력을 길러, 여러 가지 현상과 문제를 수학적으로 고찰함으로써 합리적이고 창의적으로 해결하며, 수학 학습자로서 바람직한 인성과 태도를 기른다.

위와 같이 2009 개정 수학과 교육과정의 목표에서 제일 먼저 언급되고 있는 것이 기초적인 지식과 기능인 '수학적 개념, 원리, 법칙을 이해'이고, 이는 학교 수학에서 기초·기본 교육에 충실하고자 하는 것임을 알 수 있다. 여기서 말하는 기초·기본 교육의 충실은 계산과 반복 연습의 철저 등으로 좁게 해석해서는 안 된다. 수학 학습에서는 무엇보다 문제해결을 위하여 기초·기본을 중시하여 기초적인 수학적 지식을 익히도록 지도하고, 이를 바탕으로 수학적 사고 능력과 의사소통 능력을 배양하여, 생활에서나 학습에서 일어나는 여러 가지 문제를 합리적이고 창의적으로 해결할 수 있는 수학적 능력과 태도가 길러지도록 지도해야 할 것이다.

(2) 문제해결을 통하여 수학적 사고방법을 기른다.

문제해결 지도의 또 다른 의의는 지금까지 수학교육에서 중시되어 온 수학적인 사고방법의 육성에 따른 것이다. 수학적인 사고 방법에 대해서는 지금까지의 많은 연구가 이루어져 왔다. 켄조오, 나카지마(健三, 中島, 1981)는 수학적 사고 방법을 '수학에 어울리는 창조적인 활동을 자주적으로 행하는 태도·능력'으로 규정하고, 창조적인 활용이 가져야 하는 구조로서 다음 5가지를 들고 있다.

① 과제를 간결, 명확, 통합 등을 근거로 하여 파악하는 것.
② 가상적 대상의 설정과 그 실체화를 위한 기법.
③ 해결의 열쇠로서의 '수학적 아이디어'의 존재와 의식화.
④ 구조의 인식과 보존: 특히, 확장·일반화에 따른 창조의 기법과 논리.
⑤ 평가: 해결의 확인과 진가를 느끼며, 남겨진 문제점과 발전에의 지향.

또한, 가타기리 시게오(片桐重男, 1988)는 수학 교과에서 지도가 가능한 수학적 사고방법과 태도를 수학적인 태도, 수학학습 방법에 관련된 사고 방법, 수학학습 내용에 관련된 사고 방법의 3가지로 다음과 같이 분류·정리하고 있다.

첫째, 수학적 태도

① 스스로 자기의 문제나 목적·내용을 명확히 파악하려고 한다.
   ㉠ 의문을 가지려고 한다.
   ㉡ 문제의식을 가지려고 한다.
   ㉢ 사실과 현상 내에서 수학적인 문제를 발견하려고 한다.
② 조리 있고 이치에 맞게 행동을 하려고 한다.
   ㉠ 목적에 맞는 행동을 하려고 한다.

㉡ 문제해결 결과를 예측하려고 한다.

㉢ 사용하려는 자료와 이미 습득한 사실 및 가정에 근거하여 생각하려 한다.

③ 내용을 간결, 명확하게 표현하려고 한다.

㉠ 문제나 결과를 간결, 명확하게 기록하거나 표현하려고 한다.

㉡ 분류, 정리하여 나타내려고 한다.

④ 보다 좋은 것을 구하려고 한다.

㉠ 사고를 대상적(구체적) 사고에서, 조작적(추상적) 사고로 높이려고 한다.

㉡ 자신과 다른 사람의 사고와 그 결과를 평가하고, 세련되게 하려고 한다.

둘째, 수학학습 방법에 관련된 사고방법

① 귀납적 사고방법　② 유추적 사고방법

③ 연역적 사고방법　④ 통합적 사고방법

⑤ 발전적 사고방법　⑥ 추상적 사고방법

⑦ 단순화의 사고방법　⑧ 일반화의 사고방법

⑨ 특수화의 사고방법　⑩ 기호화의 사고방법

셋째, 수학학습 내용에 관련된 사고방법

① 구성 요소(단위)의 크기나 관계에 착안한다.(단위 사고)

② 표현의 기본원리를 토대로 생각하려고 한다.(표현 사고)

③ 물체나 조작의 의미를 명확히 하거나, 확장하거나, 그것을 토대로 생각하려고 한다.(조건 사고)

④ 조작의 방법을 형식화하려고 한다.(알고리즘 고려)

⑤ 물체나 조작의 방법을 대충 훑어보고, 그 결과를 이용하려고 한다.(총괄적 파악 고려)

⑥ 기본적 법칙이나 성질에 착안한다.(기본적 성질 고려)

⑦ 무엇을 정하면, 무엇이 결정될까라고 하는 것에 착안하거나, 변수 사이의 대응의 규칙을 익히거나 이를 이용하거나 하려고 한다.(함수적 고려)

⑧ 사실이나 관계를 식으로 나타나거나, 식을 읽으려고 한다.(식에 대한 고려)

수학적 사고 방법은 그 개개의 사고 방법을 학생에게 언어로 가르쳐 익히게 하는 것이 아니라, 학생 자신이 문제해결에 몰두하고 그 과정을 통하여 처음으로 익히는 것이며 또 그것의 유익함을 느끼도록 하는 것이다. 따라서 수학적 사고 방법의 육성을 꾀하도록 적절한 문제해결 교수·학습 방법을 구상하고 적용하는 것이 교실 수업에서 필요하다고 할 수 있다.

제 2 장

학습심리학과 문제해결

1 연합주의 심리학과 문제해결

인지 또는 사고마저도 습관(기존의 반응 경향성)의 시행착오적 적용으로 파악하는 연합주의심리학자들이 문제해결에서 중요시하는 세 가지 요소는 '자극'(특정 문제해결 상황), '반응'(특정 문제해결 행동), '자극과 반응의 결합'이다. 이들 중에서 '결합'은 문제해결자의 머릿속에 있는 것으로 가정하며, 이 세 요소는 최종적으로 어떤 주어진 문제 상황에 결합하여 반응 또는 습관 위계를 형성하게 된다(Mayer, 1983). 손다이크(Thorndike)와 같은 연합주의자들의 관심은 흔히 자극-반응설이라 부르는 자극과 반응의 결합에 관한 것으로, 이에 본 절에서는 연합주의 심리학의 대표적 주장인 자극-반응설과 연합 이론에 대해서 논의한다.

1.1. 동물의 학습

초기 학습 이론인 자극-반응설은 동물이 자극을 피할 수 없도록 제어된 상태에서 음식물과 전기쇼크로 상벌을 주는 형태의 실험을 기반으로 동물의 행동을 연구한다. 실험에서 음식물은 동물에게 강한 자극으로 작용하며, 이 자극에 의해서 동물은 조건화되고, 그 후 동물은 자극에 대해서 같은 형태의 반응을 하게 되는데, 이때 동물은 학습을 했다고 보는 것이다.

한편, 다른 형태의 동물 실험으로는 형태심리학자인 쾰러(Köhler, 1925)의 실험이 유명하다. 그는 유인원을 대상으로 하여 고양이를 대상으로 한 손다이크와 유사한 형태의 실험을 수행하였는데, 이 실험에 쓰인 유인원은 이전에 막대기를 사용해서 물건을 끌어들이는 행동을 경험하였지만 두 개의 막대기를 맞붙이는 경험은 하지 못했다. 결과적으로 이 실험에서 우리 속의 유인원은 두 개의 막대기를 맞붙여서 우리의 바깥에 있는 음식물을 자기의 팔이 닿는 곳까지 가지고 올 수 있었다. 손다이크에 의하면 이 결과는 유인원이 우연히 시행착오에 의해 두 개의 막대기를 맞붙이는 행동을 배우게 된 것이지만, 쾰러는 유인원이 음식물을 얻게 되는 행동은 일순간에 통찰에 의해 일어났다고 본다.

이 유인원 실험에 대한 쾰러의 주장에 대해 손다이크와 연합주의자들은 학습자들이 때때로 시행착오를 내적으로 수행한다고 반박하는데, 즉 학습자들은 문제를 해결하기 위해 여러 가지 해결책을 마음속으로 시도하는 경향이 있다는 것이다. 다시 말해 연합주의자들에게 인지 또는 사고란 모든 가능한 반응들을 정신적으로 시행하는 내적 행동이며, 내적으로 일어나는 시행착오 과정은 관찰될 수 없기 때문에 문제해결이 통찰에 의해 갑자기 이루어지는 것처럼 보인다는 것이다(김언주, 1993).

동물 조련사는 동물을 훈련시킬 때, 어떤 경우 채찍과 음식물을 이용한다. 다시 말해 동물이 원하는 반응을 하느냐 아니냐에 따라 상벌을 주는데, 이것이 바로 자극-반응에서의 훈련 방법이다. 그렇다면 동물의 훈련 방법을 교실에 적용할 수가 있을까 하는 문제를 생각해 볼 수 있다. 즉, 성공과 실패에 따라 적절한 상벌을 주는 방법을 채택하는 것이 타당한가, 또는 자유로운 분위기에서 학습 활동을 수행하고 발견하도록 하는 것이 좋은가, 혹은 시간과 상황에 따라서 두 방법을 구분하여 적용해야 할 것인가 하는 문제이다.

이후의 학습 이론을 논하기에 앞서, 동물 실험의 결과로 도출한 학습 이론들이 다양한 학습 상황에서 여러 형태로 활용되고 있지만 동물의 학습 이론을 인간의 학습이론으로 그대로 받아들여 인간의 모든 학습에 바로 적용하기에는 한계와 무리가 있다는 것을 분명히 알고 있을 필요가 있다. 한 예로 손다이크와 같은 연합주의자들은 그들이 수행한 동물 실험을 통해 동물은 추론이나 모방에 의해서 학습하는 것이 불가능하다는 결론을 도출하였다. 따라서 동물은 동작(해보는 것)에 따른 학습만이 가능하며, 문자와 기호를 갖지 못하기 때문에 문화의 발전이 없을 뿐만 아니라 앞 세대에서 다음 세대로 문화를 전달하는 것도 있을 수 없다. 물론 인간도 신생아 시기에는 넓은 의미에서 동물과 같은 유형의 반응을 보인다고 할 수 있다. 또한 학습하는 과정에서 학습자를 질책하고 상벌을 줌으로써 학습하게 하는 것은 동물의 자극-반응 학습 이론과 유사한 맥락일 수 있다. 그리고 학습의 초기 단계에서 대부분의 활동은 조작(해보는 것)에 의해, 또 기계적 반복에 의해 배우는 것이 많기 때문에 학습 방법으로 반복 연습을 주장하는 자극-반응 이론도 학습에 어느 정도 도움이 된다고 볼 수 있다. 그렇지만 인간은 선천적·본질적으로 움직이는 능력과 생각하는 능력을 가지고 태어나기 때문에 생존하기 위하여, 그리고 삶의 질을 향상시키기 위하여, 자신이 보고, 듣고, 느끼고, 생각한 것을 표현하고 보존하기 위하여 소리(언어)뿐만 아니라 공동체가 합의에 의해 문자와 기호를 만들어 사용하며, 그 기호를 사용하여 추론하고, 문화적으로 전승되어 온 사실들을 학습한다.

1.2 자극-반응설

자극과 반응을 강조하는 자극-반응설은 학습심리학 이론 중에서 체계화된 초기 이론이라 할 수 있다. 현재에도 학교 현장에서 많은 교사들은 자극-반응 이론에서 제시한 방법에 따라 수업을 진행하고 있으며, 의식적이든 무의식적이든 자극-반응 이론을 수업에 적용하고 있다. 수학 수업에서 학생들이 자극-반응 이론에 따라 덧셈을 배우는 과정을 살펴보면 다음과 같다.

> 3+4=7을 계산할 때, 아이들에게 3개의 작은 돌과 4개의 작은 돌을 일렬로 늘어놓게 한다. 다음에 그 결과가 7개임을 경험하게 하면서 동시에 그것이 3+4=7로 계산된다는 것을 알게 한다. 자극-반응의 이론에 따르면 3+4가 자극이고 7이 반응이다. 그 후 아이들은 세 사람과 네 사람을 늘어놓으면 일곱 사람이라고 대답을 할 수 있게 되고, 3+4=7이 학습된 것이다.

자극-반응 이론에서 이와 같은 활동을 정당화하는 이론적 근거인 거스리(Guthrie)의 법칙은 다음과 같다.

> **자극-반응 이론의 기본법칙(Guthrie의 법칙)**: 어떤 반응을 일으키는 자극의 패턴이 다시 작용하면 같은 반응을 일으키는 경향이 있다.

학생은 자극에 반응한 것만을 학습하게 되는데, 자극은 조건이고 반응은 그 조건 아래에서 이루어진 결과이다. 학습이 이루어지기 위해서는, 교사는 학생이 어떤 학습 제재(자극)에 직면할 때 어떤 종류의 수학적 사고 방법, 해결 방법(반응)을 이용하도록 유도해야 한다. 이와 같이 함으로써, 조건(자극)은 수학적 사고 방법, 해결 방법을 유도하는 신호가 되는 것이다. 그 후 같은 조건(자극)에 직면하면, 그 신호가 작용하여 수학적 사고 방법, 해결 방법이 반응할 수 있게 되는데, 이때 학습이 이루어진 것이다.

자극-반응 이론에서 학습은 기계적으로 이루어지며 학습자의 의식적인 활동은 아니다. 다시 말해 거스리의 법칙에 의하면 반응은 재현되는 경향이 있기 때문에 학습 성과를 정착시키기 위해서는 반복 연습이 필요하다. 그러므로 자극-반응 이론은 일명 기계적 반복 학습이라고도 하며, 학습자의 의지가 무시되기 때문에 기계적 암기 학습이라고도 한다. 구구단의 암기, 공식의 암기, 기호의 암기 등 연산의 학습에서 특히 많은 예를 찾아볼 수 있으며, 기능이나 습관의 육성도 이 학습에 포함된다.

자극에 대한 반응은 의식적이지 못하고 기계적이기 때문에 옳은 반응만을 기대할 수는 없으며, 옳지 않은 반응이 나타날 때는 반응을 소거하고 재학습하지 않으면 안 된다. 예를 들어, 곱셈공식을 배우고 있는 학생이 $(a+b)^2 = a^2 + b^2$이라고 기계적으로 학습했다면 반응이 수학적으로 옳지 않기 때문에 조건을 수정해야 한다. 이를 위해 $(a+b)^2$의 기호와 함께, $a^2 + b^2$이라는 잘못된 반응을 수정하도록 새로운 자극을 제공해 주어야 하는데, 브루너(Bruner)는 다음 [그림 1]과 같은 시각적인 자극이 $a^2 + 2ab + b^2$라는 옳은 반응을 구성하는 데 도움이 된다고 보고 있다. 이후에 이 과정을 충분히 반복한다면 잘못된 반응은 소거될 것이지만, 자극-반응 이론에 따른 학습에서는 잘못된 반응의 수정은 상당한 노력이 필요하므로 조기에 발견하여 처치해야 한다고 주장한다.

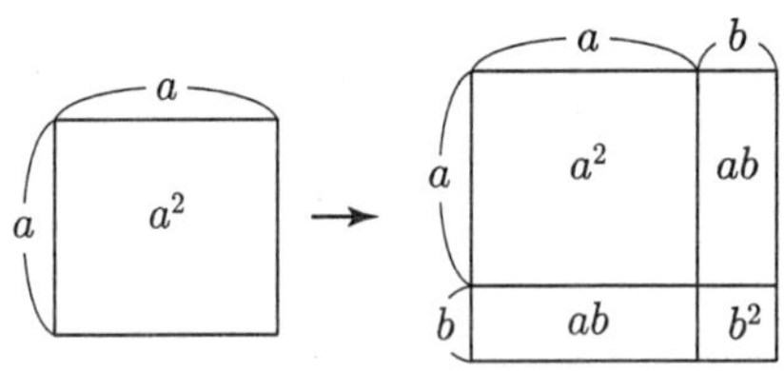

[그림 1] $a^2+b^2=a^2+2ab+b^2$

다음은 자극-반응 이론에 따른 문제해결의 한 예이다.

문제 300만 원인 자동차를 사기 위해 60만 원을 현찰로 지급하고 나머지 금액은 매월 45만 원씩 6개월 동안 할부로 분납한다면, 할부금액의 연이율은 얼마인가?

일반적으로 자극-반응 이론에 따른 학습에서는 공식이 주어지고 학생은 공식에 대입하도록 하면 된다. 따라서 공식의 문자가 무엇을 나타내는지를 알고 수치를 대입하여 올바르게 계산하면 답이 나오는 것이다. 위 문제에서 필요한 공식과 답은 다음과 같다.

$$i = \frac{2 \cdot f \cdot I}{P \cdot (n+1)} \rightarrow \frac{2 \cdot 12 \cdot 30}{240(6+1)} = 42.86\%$$

(단, $i=$ 연이율, n: 기간, I: 할부금 이자총액, P: 할부금의 원금, $f=12$)

이와 같이 자극-반응 이론에 따른 학습에서는 공식을 주고, 그것을 이해하고 기억하여 답을 정확하게 구하는 것에 목적이 있다. 또한 그 목적을 달성하기 위해서 충분한 연습을 필요로 한다. 이를 위해 자극-반응 이론에 따른 학습에서는 우선 문제를 세부적으로 분해하고, 각각의 분해한 단계를 충분히 연습한다. 위의 문제를 대상으로 단계를 만드는 방법의 예를 보면 다음과 같다.

① 지불한 돈의 총액을 구한다: $60+6\times45=330$

② 할부금의 이자총액을 계산한다: $330-300=30$

③ 할부금의 원금을 계산한다: $300-60=240 \ \cdots \ P$

④ 원금의 매월 불입액을 계산한다: $\frac{240}{6}=40 \cdots \frac{P}{n}$

⑤ 기간(단위는 년): $\frac{1+2+3+4+5+6}{12}=\frac{7}{4}$(년)

⑥ $30=40\times i\times\frac{7}{4}$: $\therefore \ i=42.86\%$

이후에 위의 단계를 각각 연습하여 정착시킨 다음에는 공식 전체를 수동적으로 연습하고 정착시킨다. 이상이 자극-반응 이론에 따른 학습의 한 예이다. 이와 같이 자극-반응 학습에는 공식이 주어지고 그것을 숙달시키는 것이 중요시된다.

위와 같은 특성 때문에 자극-반응 이론은 기계적이고, 수동적이며, 도제 교육이라는 비난을 받고 배척되어 왔다. 이때, 도제 교육이란 이치를 가르치지 않고 오로지 연습을 통해 숙달만을 목표로 하는 교육을 말한다. 그렇지만 근래에 컴퓨터가 개발, 보급됨에 따라 자극-반응 이론은 그 유용성을 재고할 필요가 있다. 공식을 기억하고 숙달시키는 과정을 전적으로 컴퓨터가 담당하게 됨으로써, 시간을 절약하고 그 시간을 공식의 의미를 이해하는데 할애할 수 있다.

자극-반응 학습은 기계적이고, 형식적이지만, 능률적인 것이 특징이다. 이것은 과정보다도 결과를 빠르게 구하는 것을 중시하는 현대의 풍조와 비슷하다. 원래, 기계적이고 형식적이라고 해서 바르지 못한 것은 아니다. 예를 들어, 계산의 규칙은 일종의 매뉴얼로 쓸데없는 계산을 하지 않도록 하기 위해 만들어진 것이며, 대부분의 정리나 공식 등은 사고를 절약하기 위해 만들어진 것이다. 그렇지만 모든 것을 매뉴얼로 만들 수는 없고, 생활에서 접하는 문제는 수학 시간에 배운 문제와 유사하지 않은 형태가 많다. 따라서 형태가 다른 문제를 해결할 때는 새롭게 만들어 낼 수 있는 창조력이 필요하다. 창조는 색다름을 내포하고 있으며, 매뉴얼로 만드는 것은 한계가 있으므로 무조건 기계화할 수 없다.

몇몇 수학교육학자 중에는 이러한 생각으로 인해 역으로 기계화를 배척하고 형식화를 부정하는 학자들도 있지만, 이것은 모든 것을 기계화하는 것이 가능하다고 보는 잘못된 생각과 일맥상통한다. 따라서 서로의 가치관을 인정하고 각각의 한계를 인정하면서 다루는 내용과 교육 목표, 학생의 수준에 따라서 서로 보완하여 활용하는 것이 오히려 바람직할 것이다.

1.3. 연합이론

초등학교에서 2+3=5라는 덧셈의 초기 학습은 구체물을 세는 방법으로 도입하는데, 그 예는 다음과 같다.

2개 + 3개	→	5개
2사람 + 3사람	→	5사람
2장 + 3장	→	5장
⋮		
(자극)	→	(반응)

위의 예에서 학습자는 왼쪽의 자극을 받아 오른쪽의 반응을 하면서, 일련의 자극과 반응을 분석하고 종합하여 2+3=5라는 관계를 학습하게 된다. 이 관계는 본드(bond)의 형태로 학습자의 마음속에 자리 잡으면서 유사한 사상(事象), 예컨대 2자루와 3자루의 합은 5자루라는 답으로 결부시키는 작용을 하게 된다. 예를 들어 중학교 과정에서 다루는 다음과 같은 문제를 학습하는 과정을 생각해 보면, 학습자는 교환법칙, 공식 등의 본드를 사용하고, 좌변과 우변을 결부시키면서 식을 변형한다.

문제 $a^2+b^2-c^2-2ab$를 인수분해 하여라.

답 $a^2+b^2-c^2-2ab$

$= a^2-2ab+b^2-c^2$ (교환법칙)

$= (a-b)^2-c^2$ ($(A-B)^2$의 공식)

$= (a-b+c)(a-b-c)$ ($A^2-B^2=(A+B)(A-B)$)

아래와 같은 기하 문제에서는 조건(가정)과 결론을 결부시키기 위해서 다음의 두 가지 성질을 상기하여 이용하여야 한다.

① 두 직선이 평행하면 엇각이 서로 같다

② 삼각형의 합동조건

따라서 이 성질들이 본드의 역할을 하게 된다.

문제 평행사변형($\overline{AB} /\!/ \overline{DC}$, $\overline{BC} /\!/ \overline{AD}$)에서 두 대각선은 서로 다른 것을 이등분한다는 사실($\overline{AO}=\overline{CO}$, $\overline{BO}=\overline{DO}$)을 증명하여라.

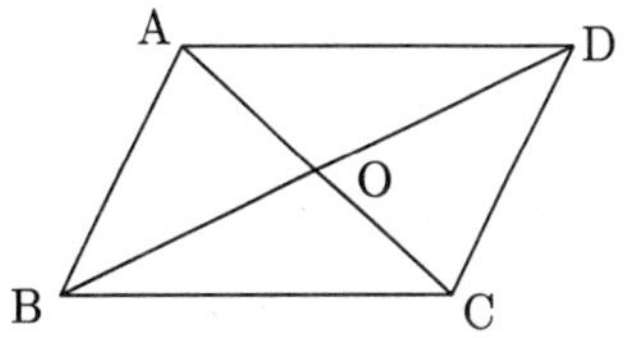

위의 3개의 예에서 살펴본 바와 같이 이 학습에서는 공식, 정리, 기본 개념 등의 가정과 결론을 결부시키거나, 또는 식이나 개념 등을 결부시키고 있다. 일반적으로 연합이론에서는 결부된 것을 본드라 하며, 결부시키는 것을 연합이라고 한다. 부연하면 본드는 학습자의 머릿속에 저장된 수학적 지식이나 기능으로서, 필요에 따라 상기하여 연합하는 작용을 하는데 상기하고 연합하는 작용이 바로 학습 활동이다. 학습 활동의 결과로서 본드가 축적되고, 축적된 본드에 따라 학습은 다시 촉진된다. 학습 또는 문제해결은 이미 형성된 연합 위에 새로운 연합을 형성하는 것이다. 본드가 얼마만큼 강력하고 영속성이 있느냐에 따라 문제해결력은 강하게 된다. 또한 새로운 연합의 가능성, 즉 새로운 학습의 가능성이 증대된다. 이러한 의미에서 본드는 연합 이론의 핵심이 되는 기본 개념이다.

연합 이론에서는 본드와 관련지어 '효과의 법칙', '연습의 법칙', '준비성의 법칙', '분석의 법칙'과 같은 연구가 이루어졌다. 연구의 결과는 비록 상식적이지만, 심리학적으로 실험의 성과를 인정받은 주목할 만한 것이다.

효과의 법칙: 본드는 자극에 대한 반응에 보상이 작용하여 성립한 연합으로서, 학습자의 학습에 대한 만족도가 높을수록 본드는 강화된다. 따라서 본드는 학습 목적을 달성해 줄

때 가장 강력한 학습 추진력으로 작용한다. 즉, 자극-반응의 짝이 더욱 자주 보상을 받으면 받을수록 그 본드는 더욱 강화된다.

부연하면 목적을 달성한 아이디어는 잊지 않음으로써 학습에 도움이 되며, 공식이나 정리도 이용하여 성공하면 잊어버리지 않고 그 후의 학습에서 상기될 확률이 크다는 것이다. 따라서 아동들이 처음으로 수학을 배울 때의 제재는 매우 간단하고 반드시 성공할 수 있는 것이어야 하며, 그 성과를 칭찬하고 노력이 장려되어야 한다. 효과의 법칙은 학습이 동기에 따라 추진되는 것과 밀접한 관련이 있고, 소위 하고 싶은 마음을 잃어버린 것과 같은 것은 제거하지 않으면 안 된다.

연습의 법칙: 본드는 연합 형성에 도움이 되고, 그 힘은 강력하지만, 사용하지 않고 방치하면 그 힘은 약하게 된다. 즉, 어떤 특정 자극과 반복적으로 연결된 반응들은 그 자극이 재현되면 일어날 가능성이 높다.

수학에서 공식이나 정리는 배우고 나면 자주 사용되고, 다음에 상기하여 이용할 가능성이 크지만, 오래 사용하지 않으면 상기하기 어렵고, 상기해도 효과적으로 이용하기 어려울 것이다. 본드를 정착하고 강화시키기 위해서 매일 연습을 하면 좋겠지만 이것이 반드시 능률적인 것은 아니며, 그 내용에 대해서 3일 이내에 다시 충분한 연습을 한다면 본드를 연결할 수 있다는 연구 결과가 있다.

준비성의 법칙: 연합을 형성할 준비가 되어 있을 때 본드가 형성되면 만족감을 가져오지만, 그렇지 않으면 오히려 방해가 된다.

준비성의 법칙은 아동이 덧셈에서 곱셈구구 등의 필요성을 느끼지 않을 때 그것을 배우게 하면 혐오감을 일으키고 그 후의 연산 학습을 방해하지만, 필요성을 느낄 때 배우게 되면 만족감을 가지게 되고 학습이 부드럽게 이루어지게 된다는 것이다. 또 초등학생에게 증명을 가르친다는 것은 무리이다. 그들의 추론 능력이 충분히 발달하지 않았기 때문이다. 그 때 무리하게 증명을 가르치면 그 후의 학습에 도움이 되기보다는 방해가 될 것이다.

분석의 법칙: 많은 제재를 분석하고 고찰할 때, 그들 제재가 모두 1개의 요소를 공통으로 가지고 나머지 요소는 모두 다르다면, 그 공통인 요소가 본드가 된다.

분석의 법칙은 앞에서 예로 든

$$\begin{array}{lcl} 2\text{개} + 3\text{개} & \rightarrow & 5\text{개} \\ 2\text{사람} + 3\text{사람} & \rightarrow & 5\text{사람} \Rightarrow 2+3=5 \\ 2\text{장} + 3\text{장} & \rightarrow & 5\text{장} \\ \vdots & & \end{array}$$

로 설명할 수 있다. 즉, 좌변의 여러 가지 사상(事象)은 2+3=5만을 공통 요소로 가지고, 나머지 요소는 모두 다르기 때문에 2+3=5가 본드가 되는 것이다. 그 후, 2자루의 연필과 3자루의 연필을 보면, 이들과 5자루의 연필 사이에 연합이 형성된다. 이것은 2+3=5를 학습하는 과정을 심리학적으로 서술한 것이다. 분석의 법칙은 시행착오에 의한 문제해결에 도움이 된다. 문제를 분석함으로써 시행착오가 우연히 맞지 않을 때 시행이 수정된다. 즉, 어떤 시행이 실패한다면 목표에 이르는 다른 길을 선택하고, 잘못된 길로 되돌아가게 하지 않는다. 이때, 시행착오의 시행은 문제의 분석에 따라 신중하게 선택되어야 한다. 신중히 선택된 시행을 통해 전보다도 적은 시간에 끝낼 수 있고, 결국 문제를 해결할 수가 있다. 이때, 영향을 받은 조건과 목표 사이에 본드가 형성된다. 그 후, 형성된 본드를 공통으로 가진 문제에 부딪히게 되면, 그 본드의 도움으로 문제를 해결할 수 있다. 예를 들면 아래와 같은 사실들에서 $a^2-b^2=(a+b)(a-b)$가 본드로 형성되고, 이 본드의 작동으로 빗변의 길이가 r이고 다른 한 변의 길이가 x인 직각삼각형의 다른 한 변의 길이는 $\sqrt{(r-x)(r+x)}$임을 알 수 있게 되는 것이다.

$$\begin{array}{ll} 3^2-2^2 \rightarrow (3+2)(3-2) & \\ 4^2-3^2 \rightarrow (4+3)(4-3) & \Rightarrow a^2-b^2 \rightarrow (a+b)(a-b) \\ \vdots & \end{array}$$

일반적으로 분석의 법칙은 정리나 공식의 의미에 대한 심리학적인 설명이 될 수 있다. 또한 분석의 법칙은 모든 복잡한 학습을 간단한 요소로 분해하고, 교육적으로 단순한 순서로 제시하여 본드가 작용하고 연합이 쉽게 형성되도록 하는 활동의 준거가 된다.

예를 들어, 분석의 법칙에 따르면 분수 $\frac{a}{b}$와 $\frac{c}{d}$의 합을 구하는 방법을 학습한다고 할 때, 학습 과정을 교육적인 과정(분수의 정의, 분수의 동치, 공통분모의 정의, 공통분모의 발견, 통분, 분수의 덧셈 등)으로 분해하여, 본드가 작용하고 연합이 형성되기 쉽도록 해야 한다. 또한 연합이 형성되거나 숙달되려면 분해한 과정에 따라 정착될 때까지 반복적으로 연습해야 한다. 이렇게 함으로써 앞으로 본드의 역할을 보다 잘 달성하고 이후의 학습을 수월하게 이루어 갈 수 있다. 마지막으로 연합 이론에서의 교사의 역할은 주로 설명을 하는 것이고 발견적이지는 않다는 특징이 있다. 다시 말해 연합이론에 따른 학습의 형태는 능률적일 수 있지만 창조적이지는 않다.

1.4 연합 이론과 문제해결

답을 구하는 문제와 증명 문제에서 문제를 해결한다는 것은 각각 조건과 답을, 그리고 가정과 결론을 논리적으로 결부시키는 실마리와 경로를 발견하는 것이다. 이 과정은 추론의 연쇄(chain)와 결부되어 있으며, 일반적으로 문제가 쉽다면 이 연쇄는 짧겠지만, 문제가 어렵다면 이 연쇄는 길어질 수밖에 없다. 그렇지만 문제해결 과정에서 학습자가 연쇄의 고리를 발견하는 것이 어렵다면, 연쇄가 아무리 짧다 해도 학습자에게 문제해결은 어렵게 여겨질 수밖에 없다.

문제해결자는 문제를 파악하면서 여러 가지 아이디어 중에서 최선이라고 여겨지는 것을 선택하고, 선택한 아이디어를 이용하여 문제해결 과정을 전개해 나가면서 결과를 추론한다. 문제해결자는 추론한 결과가 조건과 결론을 연결하는 경로를 올바르게 따르고 있다고 생각되면 내적 만족감을 느끼면서 과정을 진행해 나가고, 그렇지 않다면 만족하지 못할 수 있다. 이 과정에서 학습자는 만족감을 준 아이디어를 채택하고, 만족하지 못할 때는 기존의 아이디어가 아닌 다른 아이디어를 선택하는 과정을 반복해 나가면서 문제해결을 진행해 간다. 그런데, 이와 같은 사고 행동을 시행착오라고 한다.

시행착오를 통한 학습에서 문제해결은 여러 가지의 해결 방법을 시도해 보고 만족스러운 아이디어를 얻는 활동을 계속해 나감으로써 얻게 된다. 그렇지만 시행착오를 통한 문제해결에서 어떤 아이디어가 바람직한 결과를 가져오느냐에 대해서는 예측하는 것이 어렵다. 문제해결자는 여러 가지 아이디어를 시도해 보고, 그 결과를 평가하고, 만족한 방향으로 나아가지 않는다고 판단될 때는 다른 특별한 아이디어에 따라 해결을 해보고, 이러한 시행을 우연히 만족한 결과를 얻을 때까지 계속해 나간다. 이때, 우연한 성공이 실마리가 되어서 문제를 해결하게 된다. 따라서 연합 이론에서의 문제해결은 항상 시행착오에 의해서 진행되므로, 연합이론에 따른 학습을 시행착오 학습이라고도 명명한다. 시행착오에 따른 문제해결, 즉 연합 이론에서 문제해결의 예는 다음과 같다.

문제 $\triangle ABC$의 점 A, C에서 중선 $\overline{AA'}, \overline{CC'}$을 긋고, 그 교점을 G라고 한다. 또 $\overline{AC}$의 중점을 B′이라 하고, $\overline{A'B'}$과 $\overline{CC'}$의 교점을 R라 할 때, $\triangle A'GR$의 넓이와 $\triangle ABC$의 넓이의 비를 구하여라.

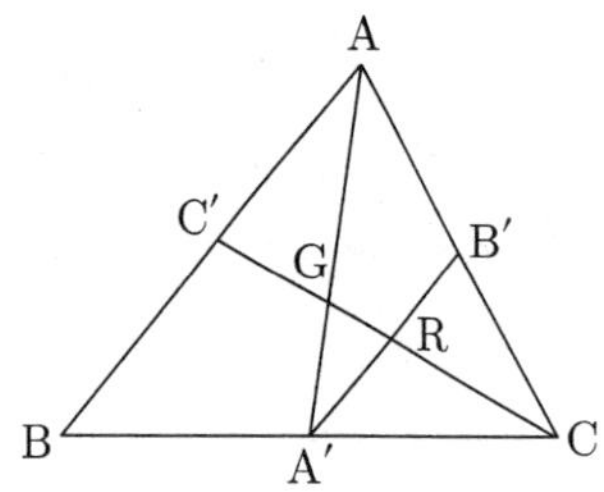

위의 예에 제시된 그림을 통해

$\overline{AA'}$, $\overline{CC'}$는 중선
→ A′, C′은 중점, G는 무게중심
→ $\overline{AG} : \overline{GA'} = 2 : 1$, $\overline{CG} : \overline{GC'} = 2 : 1$

등의 과정에서 여러 가지 본드를 상기할 수 있지만, $\triangle A'GR$과 $\triangle ABC$는 직접적인 관계를 찾기는 쉽지 않다. 이때, 아래와 같이 여러 본드를 관련되도록 중간 역할을 하는 무엇인가를 찾을 필요가 있고, 문제해결자에게 시행착오가 시작된다.

$\triangle ABC = 2\triangle AA'C$,
$\triangle AA'C = 3\triangle GA'C$($\overline{AG} : \overline{GA'} = 2 : 1$이라는 본드로부터)
$\triangle ABC = 6\triangle GA'C$ ($\triangle ABC$와 $\triangle GA'C$ 사이에 연합이 형성되었다)

여기서 $\triangle GA'C$와 $\triangle A'GR$를 연결하는 본드를 찾는다면 문제를 해결할 수 있지만, 학생에 따라 본드를 찾는 것이 불가능할 수 있다. 이때, 문제해결자는 아래와 같은 의문을 가지고 방향 전환을 해야 하는데, 이 과정이 시행착오 학습이다.

$\triangle A'GR$와 $\triangle AC'G$는 관계가 있지 않을까?
$\triangle A'GR \backsim \triangle AC'G$인 것 같다. (본드 $\overline{AC'} // \overline{A'R}$로부터)
∴ A′, B′는 중점, 중점연결정리와 같다.
$4\triangle A'GR = \triangle AC'G$ (본드 $\triangle A'GR \backsim \triangle AC'G$, $\overline{AG} = 2\overline{A'G}$)
$\triangle AC'G : \triangle A'GR = \overline{AG}^2 : \overline{A'G}^2 = 4 : 1$
그런데 $\triangle ABC = 6\triangle AC'G$이므로
$\triangle ABC = 6 \times 4\triangle A'GR = 24\triangle A'GR$

연합을 중시하는 학습에서는 △ABC=24△A′GR라는 결론이 처음부터 주어져도 타당하다. 중요한 것은 주어진 사실에서 결론에 이르는 방법이지 24라는 해답의 발견은 아니다. 시행착오에 의한 학습에서는 우연히 성공하는 경우가 많기 때문에 해를 얻었다고 해서 안심할 수는 없고, 얻은 해를 음미하고 반복하여 정착되도록 노력하지 않으면 안 된다. 해결이 명확히 정리된 형태로 머리에 남는다면 그것이 본드가 되고, 장래에 학습을 추진하는 힘이 된다.

1.5 연합 이론의 특징

연합 이론에 따른 학습의 주된 특징은 다음과 같다.

① 어떤 본드가 도움이 되었던 문제를 상기한다. 그리고 같은 요소의 전이를 생각한다.

② 시행착오 학습이다. 목적을 향한 방법이 아니라고 생각될 때는 다른 방법을 생각하고, 도움이 되지 않는 본드는 버린다.

③ 복잡한 문제는 일련의 간단한 부분으로 분해하고, 순서를 잘 배열한다. 부분을 각각 연구하고, 연구된 각 부분은 연합이 구성된 전체로서 재조직하여 해를 구성한다.

④ 해를 얻게 되면, 기술을 반복해서 정착시키도록 노력하여 앞으로의 학습에 도움이 되게 한다.

⑤ 목표를 달성하고 학습에 성공한 경우에는 칭찬하고 격려한다.

위의 특징에서 유추해 볼 때, 연합 이론이 관련된 지식을 조직하고 체계화하는 데 관심을 갖는다는 것을 알 수 있다. 이에 따라 손다이크는 학습에서 지식의 조직화와 체계화를 강조하였는데, 이는 손다이크가 주장한 다음과 같은 진술에서 파악할 수 있다.

> 산술은 각기 관계없는 서로 다른 지식으로부터 할 수 있는 것은 아니고, 잘 조직된 지식의 전체로부터 할 수 있는 것이며, 그 각 부분의 지식은 적절하게 배운다면 다른 부분을 배우는 데도 도움이 될 것이다. 따라서 어떤 것을 배우고 생각하기 위해 사용된 시간은 이와 같은 두 가지 의미에서 도움이 되는 것이다.

또한, 손다이크는 다음과 같이 말하고 있다.

> 지식은 독립된 연합의 집합체가 아니고, 서로 밀접한 관계를 가진 연합의 순서가 잘 조직된 전체이다. 그 조직 전체 중에서 각 연합의 관계는 현실 세계의 사상의 관계에 대

응하는 것이다.…(중략)…형성되어 있는 어떤 본드도 서로 관계가 있도록 만들어져 있어야 하고, 만들어지고 있는 본드도 서로 필연적인 관계가 있도록 만들어지지 않으면 안 된다. 또 어떤 기능과 다른 기능과의 관계를 고려하여 효과가 있도록 연습시켜야 한다.

연합 이론이 학습 이론으로서 적절치 않다고 여긴다면, 이는 학습에서 이루고자 하는 수업 목표 때문이기 보다는 그 목표를 달성하기 위해서 연합이론이 제시한 방법론적 문제로 기인한 것일 수 있다. 연합 이론에 따르면 학습이 이루어지기 위해서는 어떤 수학적 사실 및 절차에 대해서 각각의 하위 본드로 세분화하여 훈련과 연습을 통해 학습자에게 지식을 조직하고 구조화할 수 있다는 확신을 가져야 한다. 그렇지만 연합 이론은 모든 학습에 적용할 수 있는 이론인가에 대해서는 반드시 옳다고 말할 수는 없는데, 왜냐하면 시행착오와 훈련, 연습만으로 해결할 수 없는 학습 상황도 존재할 수 있기 때문이다.

2 형태주의 심리학과 문제해결

학교 수학을 통해 학습자가 함양할 수 있는 주요한 능력은 문제해결력의 신장으로 문제해결력은 원칙적으로 지속 가능성과 발전 가능성을 지니고 있다. 문제해결력을 신장시키기 위해서 관련된 많은 사실과 기능들을 학습하지만, 배우는 내용 못지않게 중요한 것은 그것을 배우는 과정이다. 왜냐하면 새로운 문제를 해결하는 기반인 '탐구'를 가능하게 하는 것은 문제해결 과정에서의 절차와 방법이기 때문이다. 형태(Gestalt)주의 학습 이론은 행동주의 이론과 달리 절차와 방법에 대한 학습에 보다 초점을 두고 있다.

형태심리학은 의식의 내용을 요소들로 분석하여 그것들이 연합되는 법칙을 밝히려고 한 분트(Wunt) 학파의 연합주의(associationism) 심리학에 반대하여 의식의 활동성과 지각의 전체성을 강조한 심리학으로, 1920년대 학습에서 통찰설을 주장하며 연합주의 심리학의 시행착오설에 대해서 논쟁을 벌이기도 하였다. 형태심리학의 대표적인 학자로는 베르타이머(Wertheimer), 쾰러(Köhler), 코프카(Koffka), 레빈(Kewin) 등이 있다.

2.1 문제해결에 대한 형태심리학적 관점

형태심리학에서 문제해결이란 무엇일까? 형태 심리학자들에 의하면 문제해결이란 문제 상황의 한 국면을 다른 국면에 관련시키기 위한 탐색을 의미하며, 이 탐색은 '구조적 이해(structural understanding)'로 귀착된다. 구조적 이해란 목표가 요구하는 바를 달성하기 위해서 문제의 여러 부분이 어떻게 조화를 이루는가를 이해하는 능력이다. 다시 말해서 구조적 이해란 새로운 방법으로 문제 상황의 요소들을 재조직하는 것이다.

형태주의자들은 '통찰'이나 '구조적 이해'와 같은 용어들을 사용해서 고차적이며 창조적인 정신과정을 설명하고자 하였다. 하나의 구조를 이루기 위하여 요소들을 조화시키는 방법인 조직화에 관한 형태주의자들의 주장은 현재 이루어지고 있는 인간의 지각에 대한 연구에 결정적으로 공헌하였다. 예컨대 현대 심리학에서 인정하고 있는 지각의 법칙은 지각에는 받아들인 자극에 순서와 구조를 부과시키는 마음이 수반된다는 형태심리학자의 견해에 근거를 두고 있다. 사고에 관한 형태심리학과 연합주의 심리학의 차이점은 다음 [표 1]과 같다.

[표 1] 연합주의·형태주의 이론의 차이점

요인	연합이론	형태이론
과제 유형	재생산적	생산적
정신 활동	자극-반응 연결 시도	요소의 재조직화
사고 단위	자극-반응 연결	조직화
이론의 정밀도	정교함	애매함

형태심리학자들은 새로운 상황에 대한 창조적 해결에 관심을 두는 데 반하여, 연합주의자들은 과거 경험들 중 문제해결에 도움이 되는 습관을 선택하여 적용하는 것에 관심을 갖는다. 따라서, 일반적으로 두 심리학에서 논하는 문제들은 성격이 같지 않다. 또한, 형태심리학자들은 사고를 요소들의 재조직으로 간주하는 데 반하여, 연합주의자들은 사고에는 가능한 모둔 해결책의 시행이 포함된다고 생각한다. 그리고 사고 단위로서 형태심리학자들은 '요소들 간의 관계'를 중요시하는 데 반하여, 연합주의자들은 '자극-반응의 결합'을 중요시한다. 마지막으로 형태주의 심리학자들은 연합주의자들보다 복잡한 사고를 다루기는 하지만 그들의 이론은 연결주의자들보다 애매하며, 과학적으로 검증하는 데에도 어느 정도 제한이 있는 것은 사실이다.

2.2 형태주의 이론의 기본 원리

Gestalt는 보통 '형태(形態)'로 번역되지만 원자론(atomism)에 반대하는 전체론(holism)의 입장에서 '조직된 전체'라는 뜻을 내포하고 있다. 형태주의 이론에서 전체는 부분들의 단순한 산술적 총합이 아니라 그 이상의 것이며, 부분들은 이 전체의 관계 속에서만 의미를 갖는다. 지각(perception)은 바로 이러한 전체이며, 따라서 감각으로 분석될 수 없는 것이다. 형태주의 이론은 인간의 지각을 포함하여 학습, 사고, 문제해결, 동기 등 여러 가지 영역에 대해서 연구를 진행하였다. 본 절에서는 수학교육에서 문제해결과 관련지어 형태주의 이론의 기본원리를 살펴보고자 한다.

문제와 그 상황을 적절하게 이해하기 위해서는 문제의 각 부분의 요소를 자세히 파악하거나 전체를 파악하는 것이 중요하다. 그리고 통찰이 일어나 문제의 해결이 이루어지기 위해서는 부분의 전체에 대한 관계가 이해되어야 한다. '전체를 고찰의 대상으로 삼는다.'는 것은 형태심리학에서 기본 원리의 하나이다. 형태심리학에 따르면 주어진 문제와 그 상황에 있어서 많은 사실을 알고 있기보다는 사실과 사실, 사실과 전체 사이에 어떤 관계가 풍부하게 존재하는가를 파악하는 것이 중요하다. 예를 들면, 중학교 기하 영역에서 중선은 대변의 이등분선이라는 사실뿐 아니라, 그 변에 평행한 삼각형 내의 임의의 선분의 이등분선이라는 사실을 아는 것도 중요하다. 구조와 관련하여 다음의 문제들을 살펴보자.

문제1 $1+2+3+\cdots+n=S$를 구하시오.

사고 방법 이 문제를 해결하기 위해서는 오른쪽 그림과 같이 같은 모양을 두 개 결합하면 직사각형 모양이 된다는 생각을 이용하면 된다.

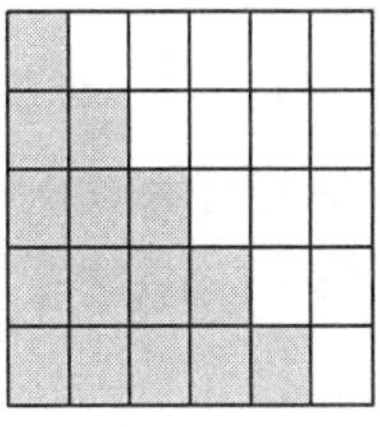

1+5=6
2+4=6
3+3=6
4+2=6
5+1=6

$$\begin{aligned}2S&=(1+2+3+\cdots+(n-1)+n)\\&\quad+(n+(n-1)+\cdots+3+2+1)\\&=\overbrace{(n+1)+(n+1)+\cdots+(n+1)}^{n\text{개}}\\&=n(n+1)\end{aligned}$$

$$\therefore\ S=\frac{n(n+1)}{2}$$

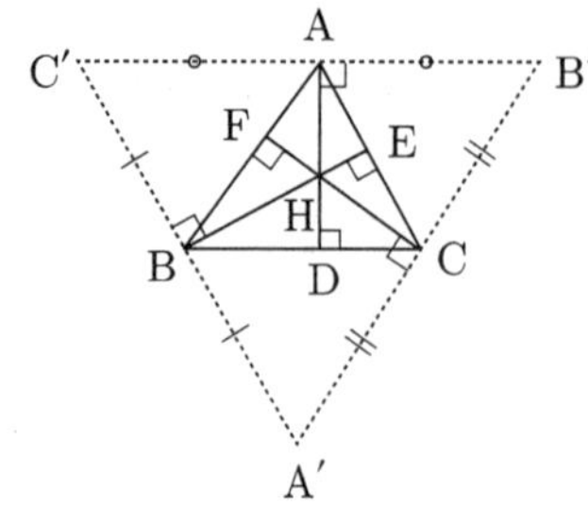

문제2 삼각형의 3개의 수선은 한 점에서 만남을 증명하시오.

사고 방법 변 AD와 BE의 교점을 H라 할 때, 변 CH의 연장선이 변 AB의 수선인 것을 증명하면 되는 것으로서, 관련된 지식을 생각해 내려고 해도 장애가 발생하면 무리이다. 본드의 발견이 어려우면 연합이 형성되지 않는다. 여기서 점 A, B, C를 각각 지나면서 대변과 평행한 선(그림에서 점선)을 긋고, 교점을 A′, B′, C′이라 하면 $\triangle A'B'C' \backsim \triangle ABC$가 되고, 평행사변형이 3개 생겨서 $\overline{AB'}=\overline{BC}=\overline{AC'}$, $\overline{CA'}=\overline{AB}=\overline{CB'}$, $\overline{BA'}=\overline{AC}=\overline{BC'}$이므로 선분 AD, BE, CF는 각각 $\triangle A'B'C'$의 세 변의 수직이등분선임을 통찰할 수 있고, 그 교점은 $\triangle A'B'C'$의 외심이 된다. 이것은 $\triangle ABC$의 수심이다.

[문제 1]은 '구조를 통찰'하는 것이 문제해결의 열쇠이고, [문제 2]는 구조의 이해를 통해 해결가능한 문제이다. 일반적으로 요소가 재조직되어 패턴이 만들어지는데, 문제해결자에게 패턴의 이해와 문제해결을 가져오는 통찰은 문제 상황 하의 여러 요소와 전체 문제 상황과의 관계가 파악될 때 일어난다. 또한, 통찰은 주어진 문제를 파악하여 해결하기 위한 최종 성과이다. 문제의 해를 얻는 통찰이 일어나기 전에 시행착오를 겪지만, 이는 연합이론에서 말하는 시행착오와는 다르며, 잘못된 시행을 배제하기 위해 행해지는 것이 아니라 부분과 전체와의 관계를 명확히 하기 위한 것으로, 문제의 완전한 이해를 가능하도록 하기 위해 행해지는 것이다. 연합이론에서 잘못된 결과를 거부하는 것은 목표로 한 발짝 전진하기 위한 것이지만, 형태주의 이론에서는 각 분석이 목표의 접근을 돕는 것이라 해도 반드시 목표로의 접근을 의미하지는 않으므로, 각각의 분석과 함께 다양한 관계를 알아야 한다. 모든 관계가 조직된 구조에 대한 통찰이 일어나고, 이후 문제가 해결되는 것이다. 이에 형태주의 이론과 같은 학습을 '관계파악 학습'이라고도 한다. 위에서 기술한 연합주의와 형태주의에 의한 학습의 형태를 간단히 정리하면 다음 [그림 2]와 같다.

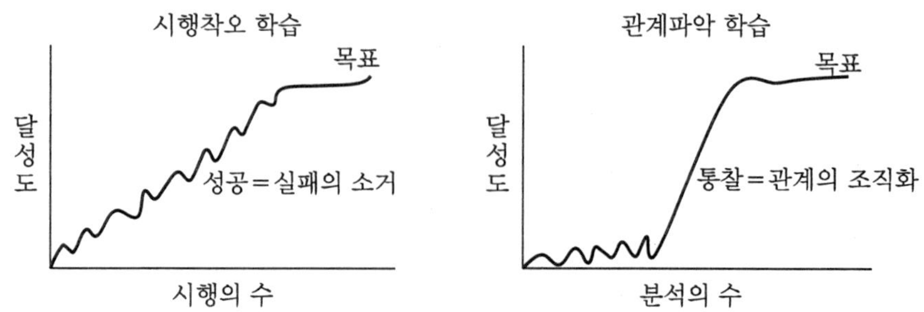

[그림 2] 연합주의와 형태주의에 따른 학습 형태

시행착오 학습으로 해결한 문제를 관계파악 학습으로 해결해 보면, 통찰의 개념을 분명히 알 수 있다. 다음 문제를 생각해 보자.

문제 $\triangle$ABC의 점 A, C에서 중선 $\overline{AA'}$, $\overline{CC'}$을 긋고, 그 교점을 G라고 한다. 또 $\overline{AC}$의 중점을 B′이라 하고, $\overline{A'B'}$과 $\overline{CC'}$의 교점을 R라 할 때, $\triangle$A′GR의 넓이와 $\triangle$ABC의 넓이의 비를 구하여라.

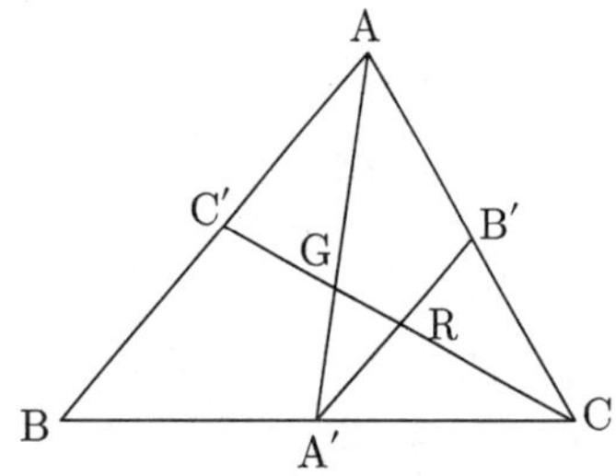

형태주의 이론에서는 답 $\frac{1}{24}$을 주지 않고 학생이 스스로 발견할 것을 기대하거나, 일부 과정을 제시하고 전체를 파악할 것을 요구한다. 형태주의 이론에 의하면, 가장 먼저 중요시하는 것은 전체 도형과 주어진 문제의 관계가 있는 부분을 파악해 보는 것이다. 따라서 부분에 대한 전체의 관계, 전체에 대한 부분의 관계를 파악하지 않으면 안 된다. 이러한 사고 방법을 돕기 위해 도형을 보고 [그림 3]-(1)과 같이 나머지 중선 $\overline{BB'}$을 그으면 관계를 찾기가 쉽다.

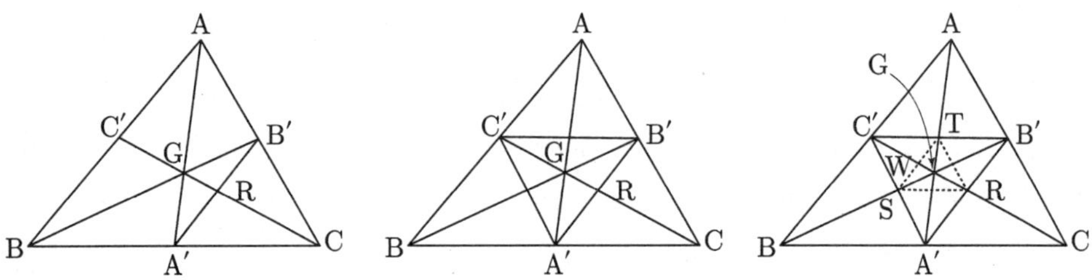

(1) (2) (3)

[그림 3] 문제해결 과정

위의 문제에서

$$\triangle AGB = \triangle AGC = \triangle BGC = \frac{1}{3}\triangle ABC$$

$$\triangle B'GA' \backsim \triangle AGB,\ \overline{A'B'} /\!/ \overline{AB}$$

이다. 따라서

$$\triangle B'GA' = \frac{1}{4}\triangle AGB = \frac{1}{12}\triangle ABC$$

$$\triangle GRA' = \triangle GRB' = \frac{1}{2} \triangle GA'B' = \frac{1}{24} \triangle ABC$$

또 $\triangle GRA' = \frac{1}{8} \triangle AGB = \frac{1}{24} \triangle ABC$를 도형으로부터 순간적으로 통찰을 하게 된다. 이때 삼각형의 닮음이 중요한 역할을 하고 있다.

다음 과정을 기술하기 위해 [그림 3]-(2)와 같이 $\overline{A'C'}$, $\overline{C'B'}$을 그어 도형을 분할해 보자. 이때, 각 부분 사이에는 위와 같이 해결할 때보다 밀접한 관계가 발생하며, 이들로부터 $\triangle A'B'C' = \frac{1}{4} \triangle ABC$, $\triangle A'GR = \frac{1}{6} \triangle A'B'C'$을 통찰할 수 있다. 또 이와 같은 과정으로 생성된 도형은 다음에 진술하는 것과 같은 제재를 포함하는 것이 의미가 있다.

[그림 3]-(2)의 관계는 보다 발전하여 [그림 3]-(3)과 같이 $\overline{SR}$, $\overline{ST}$, $\overline{TR}$을 그으면 문제와 유사한 관계를 얻을 수 있다. 즉, $\triangle GWT$의 $\triangle A'B'C'$에 대한 관계는 $\triangle GRA'$의 $\triangle ABC$에 대한 관계와 마찬가지임을 알 수 있다([그림 3]-(3)). 이와 같은 방식으로 삼각형을 계속 작도해 나가면 닮음 삼각형의 넓이에 대한 수열을 얻을 수 있다. 즉, 큰 삼각형과 작은 삼각형의 넓이에 대해 다음과 같은 2개의 무한등비수열이 얻어진다.

$$1,\ \frac{1}{4},\ \frac{1}{16},\ \frac{1}{64},\ \cdots, \qquad \frac{1}{6},\ \frac{1}{24},\ \frac{1}{96},\ \frac{1}{384},\ \cdots$$

이들 수열은 원래 문제의 해를 얻기 전까지는 도형에서 파악할 수 없었던 사실이다. 이와 같은 창조는 문제의 해로부터 생겨나는 것이기 때문에 어떤 의미에서는 문제의 일반화, 확장이라고 말할 수 있다. 그리고 형태심리학자들은 이와 같은 일반화가 학습 성과의 지속성을 위한 새로운 제재로의 전이 가능성을 가지는 것으로 인식하기 때문에 학습에서 중요한 것으로 여겨진다.

2.3 생산적 사고와 재생산적 사고

형태주의 심리학자들은 사고를 '생산적 사고(Productive thinking)'와 '재생산적 사고(Reproductive thinking)'로 구분한다. 생산적 사고와 재생산적 사고의 구별은 '통찰과 시행착오의 구별'(Wertheimer, 1945), '관계의 의미 있는 이해 대 기계적 연습에 의한 임의적 연결'(Katona, 1942; Mayer, 1983에서 재인용) 및 '구조적 이해 대 기계적 기억'(Wertheimer, 1945) 등으로 명명되어져 왔다. 생산적 사고는 문제의 구조를 발견하는 것으로, 생산적 사고와 재생산적 사고의 형태주의적 구분은 베르타이머(Wertheimer)의 실험을 통해 명확화할 수 있다. 그는 학생들에게 평행사변형의 면적 계산법을 이해방법과

[표 2] 베르타이머의 생산적 사고(Mayer, 1983)

이해 방법: 이해 방법은 학생들로 하여금 평행사변형의 구조적 성질을 파악하도록 한다. 평행사변형의 한쪽 끝에 있는 삼각형을 다른 한쪽으로 이동시키면 직사각형이 된다는 점을 이해시킨다. 학생들은 직사각형의 면적 계산 방법을 알고 있기 때문에, 일단 평행사변형의 구조적 성질을 파악하게 되면 쉽게 면적을 계산할 수 있다.

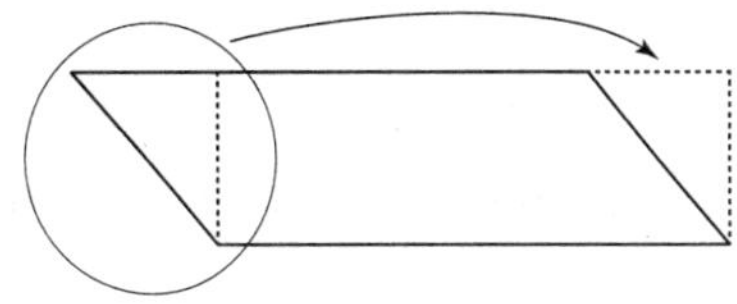

기계적 방법: 기계적 방법에서는 학생들로 하여금 수직선을 긋는 것을 학습시킨 후 "(평행사변형의 넓이)=(밑변)×(높이)"라는 공식을 암기시킨다.

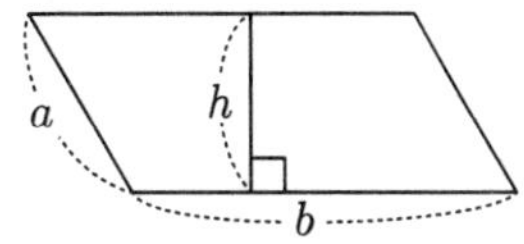

넓이 = $h \times b$

전이: 이해 방법으로 학습된 집단만이 오른쪽과 같이 생소한 문제를 풀었다. 또한, 이해 방법으로 학습한 집단만이 아래 그림과 같은 도형의 넓이를 구하는 문제가 해결 불가능한 문제임을 판단했다. 기계적 방법으로 학습한 집단은 "우리는 그것을 아직 배우지 않았다"고 반응한다.

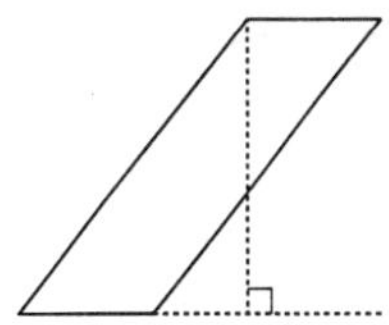

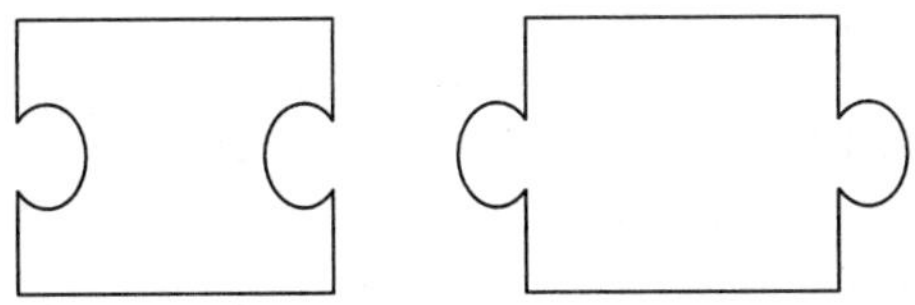

기계적 방법으로 가르치고 그 결과를 비교했는데, 이를 정리면 [표 2]와 같다.

위의 [표 2]에서 '이해 방법'은 「도형의 한쪽 끝에 있는 삼각형을 다른 한쪽으로 옮겨 놓으면 평행사변형이 직사각형으로 변한다.」는 구조적 속성을 강조하는 것이다. 그리고 '기계적 방법'은 수직선을 그어 '(밑변)×(높이)' 공식으로 넓이를 구하도록 하는 것이다.

실험의 결과, 베르타이머는 이해 방법에 의해 학습한 집단과 기계적 방법에 이해 학습한 집단 모두가 준거과제(배웠던 문제와 유사한 문제)를 거의 동등하게 풀었지만, 전이과제 면에서는 두 집단 간에 차이가 있음을 보고하였다. 실험에서 '이해 집단'은 전혀 생소한 모양 ([표 2]의 전이부분 참조)의 평행사변형 넓이를 계산할 수 있었고, 넓이 계산이 불가능한 문제([표 2]의 마지막 그림)가 주어지면 그 문제의 넓이는 구할 수 없다는 것을 파악하였다. 그렇지만 '기계적 집단'은 "우리는 그런 것을 배운 적이 없어요."라는 형태로 답변하였다.

카토나(Katona)는 일련의 숫자 '581215192226'을 암기하는 실험을 하였다. 이해 집단에게는 위의 숫자들을 5, 8, 12, 15, 19, 22, 26과 같이 제시한 후, [그림 4]와 같이 숫자

간의 구조적 성질(혹은 5와 8을 초항으로 갖고 등차 7인 두 가지 등차수열이 교대로 나타난다)을 가르쳤다. 기계적 집단에게는 581, 215, 192, 226과 같이 조직하여 무조건 외우도록 하였다. 실험의 결과 단기파지(immediate retention)면에서는 차이가 없었으나, 장기파지(long-term retention)면에서는 이해 집단이 우세한 것으로 밝혀졌다.

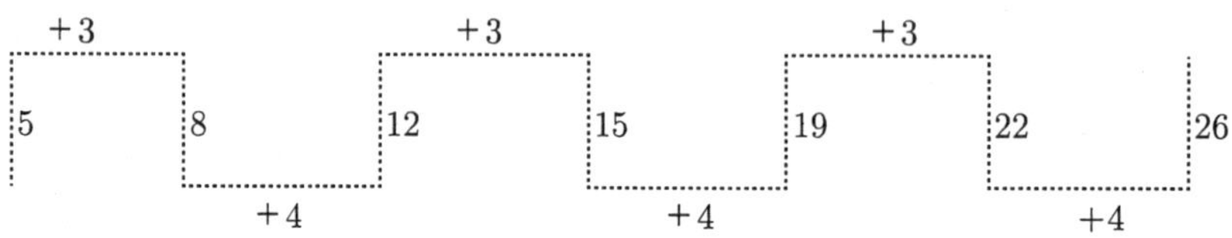

[그림 4] 배열된 수의 구조

카토나는 숫자에 관한 실험과 함께 '성냥개비 문제'에 대한 실험도 수행하였다. 성냥개비 문제는 성냥개비를 한 번에 한 개씩 옮기되 세 개만을 옮겨서 다섯 개의 사각형을 네 개의 사각형으로 만드는 문제이다. [표 3]과 같이 실험에서 문제는 각각 두 개의 학습과제와 전이과제로 구성되었다.

[표 3] 카토나의 성냥개비 문제(Mayer, 1983)

문제 성냥개비를 한 번에 한 개씩 옮기되, 세 개만 옮겨서 다섯 개의 사각형을 네 개로 만들어라.

학습과제 :

전이과제 :

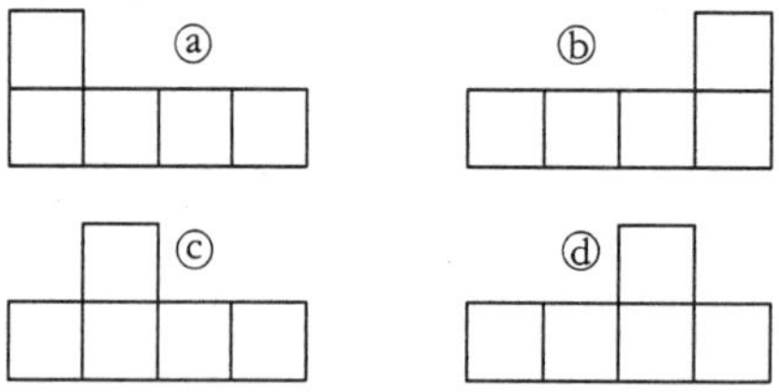

기계적 방법: "성냥개비를 아래의 순서대로 옮기면 된다."고 말한 후 각각 6회씩 반복하여 보여준다.

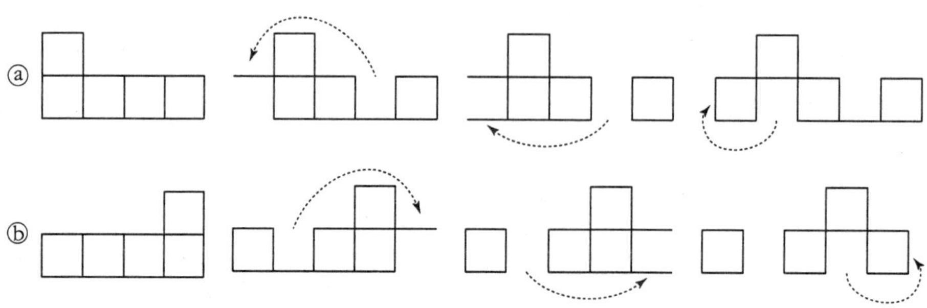

이해 방법: "세로 변의 성냥개비를 옮기는지, 아니면 가로 변의 성냥개비를 옮기는지를 잘 관찰하라."; "오른쪽(혹은 왼쪽) 끝에서 몇 번째 사각형의 밑변을 옮기는지 잘 관찰하라." 등의 힌트를 주면서 각각 6회씩 반복하여 보여준다.

결과: 파지 및 전이검사의 결과는 아래와 같다.

	1주 후		3주 후	
집단	학습과제	전이과제	학습과제	전이과제
기계적 방법	.67	.25	.53	.14
이해 방법	.58	.55	.52	.55
통제군	.12	.12	.12	.12

실험에서 카토나는 기계적 학습 집단, 이해 학습 집단, 아무런 훈련을 받지 않은 통제 집단의 세 집단에게 문제들을 제시하였다.

기계적 학습 집단에게는 [표 3]의 기계적 방법 난에 제시된 바와 같은 절차에 따라 학습과제 ⓐ와 ⓑ를 풀도록 하였다. 이해집단에게는 문제 상황의 구조를 파악할 수 있는 여러 가지 힌트(예를 들어, 문제를 푸는 과정에서 세로 변의 성냥을 옮기는지, 가로 변의 성냥을 옮기는지를 잘 보아라.; 연속적으로 나열된 사각형들 중 왼쪽(오른쪽)에서 몇 번째 사각형의 가로 변 성냥을 옮기는지를 관찰하라.: 왼쪽(오른쪽) 끝에 놓인, 혹은 상단에 놓인 사각형을 변형시키는지, 아니면 그대로 두는지를 잘 보아라.: … 등)를 제시하면서 학습과제 ⓐ와 ⓑ를 풀도록 하였다.

1주 및 3주 후에, 기계적 학습 집단, 이해 학습 집단 및 아무런 훈련을 받지 않은 통제 집단 각각에게 학습과제 장·단기 파지 검사를 실시하고, 전이과제를 해결하도록 하였다. (단, 1주 후의 검사 집단과 3주 후의 검사 집단은 서로 다른 집단이었다.) [표 3]의 결과 부분에서 알 수 있듯이, 기계적 학습 집단은 이해 학습 집단에 비해서 학습과제의 단기 파지 검사에서 정답률이 높은 데 반하여, 전이과제에서는 정답률이 낮았다.

카토나의 실험은 실험 설계의 취약성, 명확한 정의의 결여 및 통계 처리의 문제 등으로 비판을 받았지만(Mayer, 1983), 문제해결자에게 '문제 상황의 구조'를 발견할 수 있도록 제공한 힌트는 전이력(형태심리학자들의 용어로 생산적 사고력)을 높이는 데 도움을 준다는 사실을 보여준다. 이후, 힐가드(Hilgard), 어빈(Irvine), 그리고 휘플(Whipple) 외(1953, Mayer, 1983에서 재인용)는 카토나의 실험을 보다 통제된 상황에서 실시하였다. 실험 결과, 그들은 1일 후의 파지검사에서는 차이가 없지만 이해 학습 집단이 기계적 학습

집단에 비해서 학습과제에 투자하는 시간이 길고, 전이 문제도 잘 푼다는 사실을 도출하였다.

2.4 형태주의 이론과 문제해결 단계

폴리아(1957, 1962)는 일련의 문제해결 단계를 다음과 같이 제시한다.

① 문제의 이해: 문제해결자는 주어진 문제에 대해 정보를 수집하면서 다음과 같이 자문한다. "무엇을 모르는가?", "문제와 관련된 자료, 조건들은 무엇인가?"

② 계획의 수립: 문제해결자는 해결방안을 발견하기 위하여 과거경험을 이용하여 다음과 같이 자문한다. "주어진 목표를 나의 과거경험에 결부시켜 다시 진술할 수 있는가?

③ 계획의 실행: 문제해결자는 문제해결의 각 단계들을 검토하면서 해결을 위한 계획을 적용해 본다.

④ 반성: 문제해결자는 다른 방법으로 결과를 검토하거나, 발견된 해결방안을 다른 문제의 해결에 적용시켜 본다.

다음 [표 4]와 같이 각뿔대 문제를 예로 들어 폴리아의 문제해결 4단계를 알아보자.

[표 4] 각뿔대 문제(Mayer, 1983)

문제 주어진 윗변의 길이(a), 밑변의 길이(b) 및 높이(h)를 이용하여 각뿔대의 부피를 계산하여라.

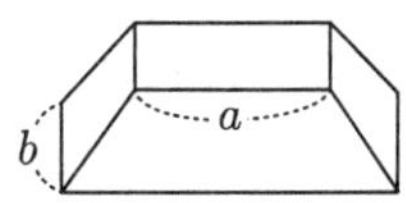

해결과정	자문	자답
1. 문제의 이해:	무엇을 해야 하는가? 무엇을 알고 있는가?	각뿔대의 부피계산이다. a, b, h
2. 계획의 수립:	문제해결을 위해 무엇을 알고 있는가? 문제의 목표를 재진술 할 수 있는가? 주어진 것들을 재진술 할 수 있는가?	피라미드의 부피 계산 방법이다. (각뿔대의 부피) =(큰 피라미드 부피) −(작은 피라미드 부피) 큰 피라미드의 높이와 작은 피라미드의 높이는 각뿔대의 높이를 이용하여 계산해야 한다.

	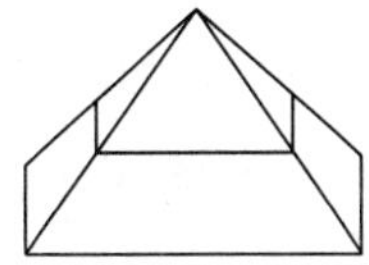
3. 계획의 실행:	기지의 공식을 이용하여 큰 피라미드 높이와 작은 피라미드 높이, 그리고 각뿔대의 부피를 산출한다.
4. 반성:	이 방법을 다른 유사한 문제해결에 이용할 수 있는가? 이 방법은 논리적 타당성을 지니는가?

'문제의 이해' 단계에서는 이미 주어진 것(윗변과 밑변의 한 변의 길이 및 높이)이 무엇이고, 미지의 것(부피)이 무엇인지에 관해 자문해야 한다. '계획의 수립' 단계에서는 그 문제에 관련된 "적절한 그 무엇"을 찾는 것이 필요하다. (문제해결자가 이미 피라미드의 부피 계산법을 알고 있다고 가정해 보자). 아울러 문제해결자는 목표를 재진술하고 그 문제를 해결하는 데 도움이 될 수 있는 "주어진 것"을 재진술해야 한다. 예컨대, 각뿔대의 부피 계산 문제란 결국 '큰 피라미드의 높이와 작은 피라미드의 높이를 계산한 후, (각뿔대의 부피)=(큰 피라미드 부피)-(작은 피라미드 부피)를 계산하는 것'이라고 주어진 문제를 재진술해야 한다.

'계획의 실행' 단계에서는 피라미드 부피 계산 공식을 이용하여 '큰 피라미드의 높이와 작은 피라미드의 높이를 계산한 후, 각뿔대의 부피를 계산하는 것'이 요청된다. '반성' 단계에서는 문제해결자가 적용한 이론이 타당한가를 검토하며 다른 문제에도 그 방법이 적용 가능한지를 검토해야 한다.

이상에서 알 수 있는 바와 같이, 폴리아의 목표 재진술[미지의 것(각뿔대의 부피)을 기지의 것(피라미드 부피)으로 환원시키기]과 주어진 것의 재진술[기지의 것(각뿔대의 높이)을 미지의 것(큰 피라미드와 작은 피라미드의 높이)과 관련시키기]은 형태주의 이론의 '재구성' 개념의 한 예로 간주될 수 있다.

2.5 문제해결의 고착화

2.5.1 습관적 문제해결 태세(set)

형태주의 이론의 또 다른 주요한 공헌 중의 하나는 과거 경험이 새로운 문제를 해결하는 데 부정적 영향을 미칠 수 있다는 것을 발견한 것이다. 과거 습관의 재생산적 적용이 생산적 문제해결을 방해한다는 견해는 '기능의 고착화(functional fixedness)'(Duncker, 1945), '습관적 문제해결 태세(problem-solving set)'(Luchins, 1942; Mayer, 1983) 및 '부정적 전이(negative transfer)'(Bartlett, 1958) 등으로 불리어져 왔다(Mayer, 1983에서 재인용).

루친스(Luchins, 1942; Mayer, 1983)는 과거의 경험이 어떻게 일반적 해결법칙을 개발해내는 능력을 제한시키는지를 밝히기 위한 실험을 수행하였다. 실험에서 그가 사용한 문제는 "용량이 각각 다른 세 개의 물주전자와 충분한 물이 있다고 가정하라. 이때 이미 제시된 양만큼의 물을 얻기 위한 방법을 찾아라."는 것이다. 그리고 실험 집단에게는 특정한 방법으로 이 문제를 풀어보는 경험을 제공하고, 통제 집단에게는 경험을 제공하지 않는 조건에서 새로운 문제(실험 집단이 경험한 방법과 또 다른 새로운 방법으로 풀 수 있는 문제)가 주어졌을 때, 어느 집단이 해결방법을 더 잘 찾아내는가를 알아보았다. 물론 어느 방법이 더 효과적이냐에 대해서는 이론의 여지가 있지만, 결과적으로 루친스의 연구는 다음과 같은 형태심리학자들의 주장을 강력히 지지한다.

> 과거 습관을 재생산해서 문제를 해결해야 하는 상황에서는 과거 경험이 현재의 학습에 유용하나, 새로운 방법으로도 문제를 풀 수 있는 상황에서는 과거의 경험이 현재 학습에 오히려 방해가 된다.

행동주의 경향을 띤 심리학자들은 과거의 방법을 습관적으로 적용한 집단이 새로운 방법을 적용한 집단에 비해 문제를 더 빨리 풀기 때문에 과거의 방법이 더 효과적이라고 주장한다. 그렇지만 루친스의 실험 결과는 새로운 문제가 주어졌을 때는 과거의 경험이 새로운 문제의 해결 방법을 고안하는 것에 제약을 가한다는 것을 밝히고 있다.

바틀렛(Bartlett, 1958; Mayer, 1983)은 [표 5]와 같은 'DONALD+GERALD=ROBERT' 문제를 피험자들에게 제공하고 어떤 방법으로 해결하는지를 관찰하였다. 그 결과 루친스의 '습관적 태도(einstellung)' 효과와 유사한 '부정적 전이(negative transfer)' 효과를 발견하였다.

[표 5] 'DONALD+GERALD=ROBERT' 문제

문제 다음 덧셈을 풀어라. 즉, 각 문자에 부여된 숫자를 써라.
(단, (1) D=5,
(2) 0~9까지의 숫자들은 각각 상응하는 문자를 갖는다.
(3) 모든 문자에는 각각 서로 다른 숫자가 부여되어 있다.)

```
   DONALD
 + GERALD
 ────────
   ROBERT
```

답 T=0, G=1, O=2, B=3, A=4, D=5, N=6, R=7, L=8, E=9

바틀렛의 실험에 의하면 피험자의 더하기, 빼기에 관한 과거습관이 문제의 해결에 부정적으로 작용하였다. 과거습관의 한 예로서는 '더하기, 빼기는 오른쪽 자리에서 시작하여 왼쪽 자리로 진행한다.'를 들 수 있는데, 이 습관에 따라 피험자들은 D와 T를 각각 5와 0으로 대치시켰다. 그리고 바로 왼쪽에 있는 L과 R에 관한 직접적 단서가 없기 때문에 "더 이상 풀 수 없어요."라고 고백하였다. 이 결과에 대해 바틀렛은 피험자들이 "덧셈은 오른쪽 자리에서부터 시작하여 왼쪽 자리로 진행한다."는 습관이 체질화되었기 때문에 새로운 접근방법을 생각해내지 못한 것이라고 해석하면서, 습관의 부정적 전이 효과를 주장하였다.

2.5.2 기능의 고착화(functional fixedness)

실험을 통해 던커(Duncker, 1945; Mayer, 1983)는 과거의 경험이 생산적 문제해결을 어떻게 제한하는가를 검증하였다. 그는 기능의 고착화를 '대상물의 새로운 이용법을 방해하는 정신적 장애'로 정의하는데, 예를 들어 상자를 '담는 기능(용도)'으로 사용한 집단은 '담는 기능(용도)'으로 사용하지 않은 집단에 비해 상자의 다른 기능을 생각하는 능력이 떨어진다는 것이다. 즉, 전자의 집단은 상자 속에 물건을 넣어 봄으로써 상자의 기능이 '물건을 담는 그릇'으로 고착화되어 상자의 다른 기능을 생각해 내는 것이 어렵게 된다는 것이다. 기능의 고착화에 대한 또 다른 예로, 다음 [표 6]과 같은 '문장제'를 학생들에게 풀라고 했을 때, 문제해결 전략의 선택에서 대부분 학생들은 미지수를 x, y라 두고 연립방정식을 이용하려고 했을 뿐 이외의 다른 방법은 생각하려고 하지 않았다는 것을 들 수 있다.

[표 6] '닭과 돼지의 다리' 문제

문제 철수와 영희는 할아버지의 농장을 방문하였다. 헛간 앞마당에 닭과 돼지가 있었다. 철수가 "내가 보니 모두 22마리가 있어."라고 말했다. 영희는 "그래, 그리고 다리 수를 세어 보니 모두 60개야."라고 대답하였다. 헛간 앞마당에 있는 닭과 돼지는 각각 몇 마리인가?

문장제 문제에서 기능의 고착화 현상은 학교에서 학생들이 수학을 배우면서 문장제 문제는 방정식을 세워서 해결하는 지도를 중점적으로 받았기 때문이라고 여겨진다. 그렇지만 실제로 문장제 문제는 식 세우기 이외에도 그림 그리기, 표 만들기, 추측과 확인 등의 여러 가지 방법으로 해결할 수 있다.

기능적 고착(functional fixedness)은 대상(object)을 인습적인 기능에 따라 지각하고 대상이 지닌 다른 각도에서의 기능을 지각하지 못하는 것이다. 쾰러(Köhler, 1969)의 원 문제에서 [그림 5]와 같이 l은 직각삼각형의 빗변의 길이이므로 l의 길이를 구하고자 할 때 직각삼각형 ABD를 표상하게 되고, [그림 6]과 같이 l이 직사각형의 대각선의 길이가 될 수 있다는 것을 지각하지 못하는 현상은 기능적 고착에 속한다고 볼 수 있다.

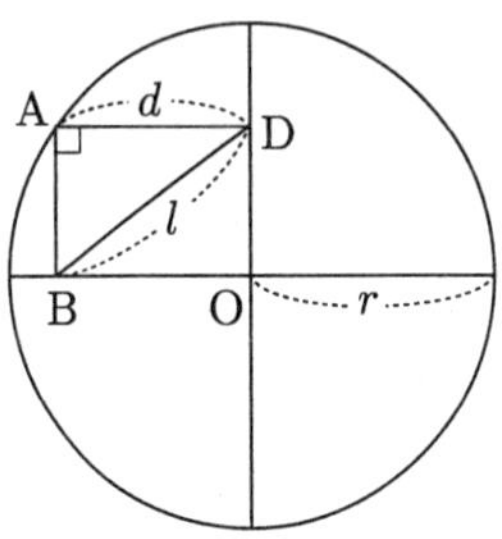

[그림 5]

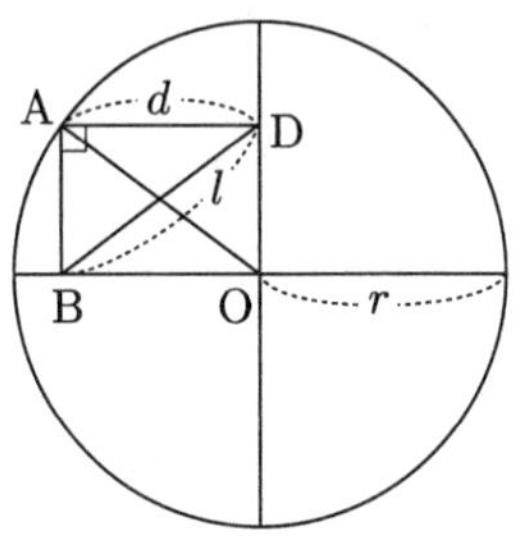

[그림 6]

브릭(Brich)과 라비노비츠(Rabinowitz)에 의하면 생산적 사고를 하기 위해서는 과거의 사고 습관에 얽매이지 않아야 하는데, 피험자가 제한된 습관에 의존한다면 과거의 경험은 장애물로서 작용할 수 있다. 물론 형태심리학자들은 사전경험 모두가 문제해결에 방해가 된다고 주장하지는 않는다. 일반적 경험과 기본적 과거학습은 새로운 상황을 재구성할 때 이용될 수 있는 유용한 행동 양식이 될 수 있다.

기능의 고착화를 방지하는 한 방법은 학습자에게 일반적 문제해결 기법을 제공하는 것이다. 비록 루친스가 '문제해결에 있어서 과거 경험은 문제해결 능력을 제한한다.'는 것을 입증하였지만, 반면에 '풍부한 과거 경험이 일반적 능력을 배양할 수 있다.'는 실험 결과도 있다.

할로(Harlow, 1949; Mayer, 1983)는 원숭이를 대상으로 실험을 실시하였는데, 그는 원숭이들로 하여금 쟁반 위에 놓인 2～3개 물건들 중 하나를 잡도록 하면서 만일 원숭이가 정답의 물건을 잡으면 바나나를 주었다. 그리고 물건의 위치를 임의로 변경시키면서 같은 시행을 수백 번 반복하였다. 실험 결과, 할로는 원숭이가 반복 경험을 통해서 '일반적 전략'을 습득하였다고 주장하면서, 여러 가지 과거의 경험으로부터 습득한 일반적인 전략들을 사용하는 경향성을 '학습 태세(learning set)' 혹은 '생각하기를 학습하기(learning to think)'라고 명명하였다. 결론적으로 할로의 연구 결과는 포괄적인 과거 경험이 문제해결을 촉진시킬 수 있는 요인임을 보여주는 것이다. 마이어(Maier), 사우그스태드(Saugstad)와 라하임(Raaheim) 및 할로 등에 의하면 문제해결에서 중요한 요인은 주어진 문제와 과거 경험의 관계를 발견하는 것이다. 유사하게 폴리아는 문제를 해결하기 위한 계획을 세울 때 고려해야 할 것으로 '관련된 문제의 발견(finding a related problem)'이라고 주장한다.

2.6 형태주의 이론의 특성

형태주의 이론에서 "전체는 부분의 합보다 크다."라는 주장은 문제 장면의 공간적 특성을 말하는 것이 아니라 문제 중에 포함된 개념의 관계에 대해 말하는 것이다. 한 예로 [그림 7]에서 다음과 같은 사실들 이외에도 많은 수학적 사실들을 찾을 수 있다.

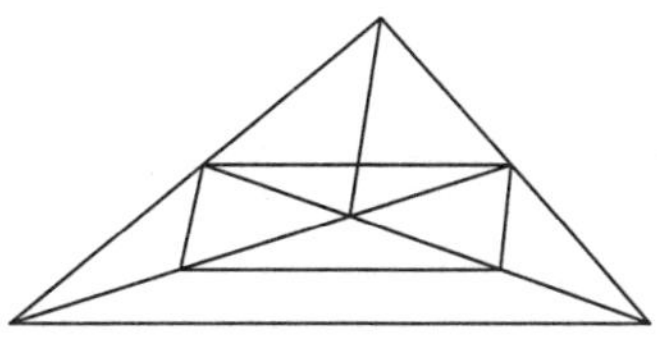

㉠ 중선이란 꼭짓점에서 마주보는 변의 중점을 연결한 선분이다.
㉡ 두 변의 중점을 연결한 직선은 밑변에 평행하다.
㉢ 평행사변형은 마주보는 두 변의 길이가 같고 평행하다.
㉣ 평행사변형의 대각선은 한 점에서 만나고, 서로를 이등분한다.

[그림 7] 찾을 수 있는 수학적 사실들

그런데 [그림 7]에 제시된 4가지 사실을 합쳐서 전체를 하나로 묶을 때 '중선은 꼭짓점으로부터 2 : 1로 내분하는 점에서 만난다.'라는 사실을 이끌어 낼 수 있다. 이와 같이 전체는 보다 발전된 개념과 가능성을 내포하고 있으며, 따라서 '전체는 부분의 합보다 크다.'라고 주장하는 것이다.

나아가 학문의 계통성에 의해서 어느 단계에서의 전체는 보다 큰 전체의 부분에 지나지 않다는 것을 알 수 있다. 따라서 어느 문제 상황에서 전체의 구조란 주어진 문제와 그 상황을 나타내는 모든 요소를 의미하고, 문제해결은 주어진 요소들의 관계를 파악하여 재조직하여 수학적 패턴들을 구성하는 활동을 말하는 것이다. 문제가 내포한 패턴들이 체계화될 때, 문제는 순간적으로 해결된다. 그 이후에는 학습에서 불확실하거나 빠진 부분을 마무리할 수 있도록 하면 되는데, 그것은 반복 또는 훈련에 의한 연습을 필요로 한다. 형태심리학자들에 의하면 학습은 다음과 같은 특성을 갖는다.

㉠ 학습은 정의로부터가 아니라 무엇인가를 조작해보는 것으로부터 시작한다. 학습을 돕는다는 것은 조작하게 해 봄으로써 학습자의 사고행동을 촉진하는 것이다. 학습할 것이 무엇인가와 같은 문제를 제기함으로써 이루어진다.

㉡ 학습에서 제재와 관계되는 모든 요소들은 전체로 파악하는 것이 가능하다는 데 초점을 두어야 한다.

㉢ 학습자는 부분의 전체에 대한 또는 전체의 부분에 대한 관계를 알고 그것을 분석하는 것, 그것과 관계있는 과거의 학습 패턴을 상기하는 것, 그리고 주어진 요소의 관계를 생각함으로써 그 요소를 새로운 패턴으로 재구성하는 것이 가능하다. 이렇게 할 때 학생은 통찰이 가능하게 된다. 추상과 일반화가 가능하게 되는 것은 이때이다. 산술, 대수, 기하가 학생에게 의미 있게 되는 것은 이 분석과 통찰에 의해서이다. 다양한 학습 경험의 결핍, 특수한 사고 방법의 원동력이 되는 유연한 사고를 할 수 없는 것 등은 통찰을 방해하게 된다.

㉣ 통찰이 이루어지고 나면 학습자는 해답을 구하고, 학습을 마무리하게 된다. 또한, 지식을 명확히 하고 조직화하면 망각할 확률이 줄어든다.

㉤ 하나의 전체는 항상 보다 큰 전체의 일부분이다. 하나의 관계는 보다 일반적인 관계의 특수한 경우이다. 예를 들어 합동이라는 관계는 닮음이라는 관계의 특수한 경우이다. 이와 같이 여러 가지 관계는 분석, 종합, 연역 등의 논리적 절차에 의해 조직된 지식의 구조체를 형성하는데, 이 구조체가 학습을 통해 학생의 마음속에 구성되어야 한다. 나아가 발전된 학습을 위해 필요한 것들을 이 구조체로부터 끌어낼 수 있어야한다. 따라서 학생의 '사고 행동, 통찰의 발견'을 중시하는 학습과 계통적 과정 학습은 서로 밀접한 관련이 있다.

지금까지 형태주의 이론에 대해 알아보았는데, 형태심리학자들은 소위 생산적 사고라는 보다 고차적인 정신과정을 이해하기 위해서 노력하였다. 그들은 '생산적 사고', '문제해결 태세', '기능의 고착화' 등과 같은 아이디어를 도입함으로써 사고에 관한 연구를 진행하였다. 그리고 형태주의 이론에서 문제해결에 대한 논의는 '문제해결력은 문제를 재조직(재구성)하는 것을 요구한다.'는 아이디어에 기초한다.

3 정보-처리 이론과 문제해결

인간의 문제해결에 대한 직접적이고 구체적인 연구는 연합주의자인 손다이크부터 시작된다. 손다이크는 자극-반응의 결합을 반복하여 연습함으로써 획득되는 자동화된 반응에 의하여 문제해결 능력이 향상된다고 주장한 반면에, 던커, 쾰러 그리고 베르타이머와 같은 형태주의 심리학자들은 문제해결에서 이해의 중요성을 강조하면서 문제에 대한 이해를 위해서는 통찰(insight)이 지대한 역할을 한다고 주장하였다(Mayer, 1983). 그렇지만 형태주의 심리학자들이 주장한 통찰에 의한 문제해결은 그 과정을 연구하기 위한 방법론적 또는 이론적 도구가 부족했기 때문에 세부적으로 발전하지는 못했다(Gagne, 1985; 전평국, 박성선, 1991).

최근 들어 문제해결에서 정보를 처리하는 방법에 대한 연구가 뉴웰과 시몬(Newell & Simon, 1972)의 이론에서부터 시작되었다. 이 이론에 따르면 인간의 문제해결 과정을 정보-처리 이론(체계)으로 설명할 수 있다는 것인데, 다시 말해 뉴웰과 시몬은 정보-처리 이론이 인간의 기본적인 인지 구조, 즉 사고 구조를 설명할 수 있다고 생각했다(Greeno, 1979). 부연하면, 문제해결력 향상을 위한 연구가 이루어지기 위해서는 인간의 사고 과정이나 지식 구조에 대한 탐구가 먼저 선행되어야 하고, 이를 해결하기 위한 방법으로 정보-처리 이론을 바탕으로 한 인지 심리학의 이론이 활용된다. 정보-처리 이론이 다른 접근법(예컨대, 행동주의)들과 구별되는 근본적인 차이는 입력과 출력(또는 자극과 반응)에 초점을 두기보다는 정보의 변형과 이로 인해 발생하는 변형 과정들에 초점을 두었다는 것이다.

3.1 정보-처리 이론

최근의 인지 이론들 중에서 정보-처리 이론은 기억과 정보의 처리에 대한 3개의 가설을 가정하는데, 이는 다음과 같다(전평국, 박성선, 1991).

첫째, 자극과 반응의 사이에는 어떤 한정적인 시간을 요하는 일련의 처리 단계가 있다. 각 단계가 시간을 필요로 한다는 가정은 중요하다. 왜냐하면 여러 종류의 과제를 수행하는 데 필요한 시간을 측정함으로써 포함된 각 단계에 대하여 추론할 수 있기 때문이다.

둘째, 자극이 여러 단계를 통하여 처리될 때, 자극의 형태와 내용은 일련의 변화(changes) 또는 변환(transformations)을 거친다.

셋째, 한 개 또는 여러 개의 처리 단계에 있어서 처리 체계는 제한된 용량을 갖고 있다. 즉, 동시에 실행할 수 있는 처리의 양이 제한되어 있다(Howard, 1983).

정보-처리 이론의 위와 같은 가정에 따르면, 인간의 인지 과정을 이해하기 위해서는 인지의 행위가 형성되는 각 단계를 규명하고 각 단계에서 일어나는 변화나 변환을 알아보아야 한다. 대부분의 인지 이론가들은 인간의 정보처리 체계가 세 종류의 기억 체계로 이루어져 있다고 주장하는데, 이는 감각등록기(sensory register; buffer, or iconic memory), 작동기억(working memory) 또는 단기기억(short-term memory), 그리고 장기기억(long-term memory)이다. 이 세 단계를 거치면서 정보가 처리되는 과정은 일반적으로 다음 [그림 8]과 같다.

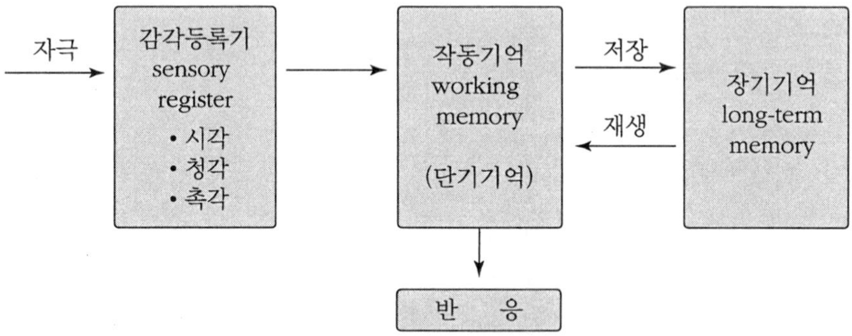

[그림 8] 인간의 정보-처리 체계

정보-처리 체계 내에서 어떤 정보가 처리되는 과정을 살펴보면, 먼저 어떤 정보가 감각등록기를 통하여 체계 내로 입력된다. 체계 내에서 최초의 기억은 외부 환경으로부터 시각, 청각, 촉각적인 정보를 얻을 수 있으며 동시에 많은 정보를 기억할 수 있지만, 감각등록기에서 이 기억들은 매우 짧은 시간 동안만 유지될 수 있다. 따라서 유지 기간 동안 주의(attending)가 이루어지지 않는다면 그 정보는 소멸되는데, 이러한 주의가 이루어지는 곳이 바로 단기기억이다. 단기기억에서는 실제적인 사고가 이루어지고, 정보에 대한 조작이 수행된다. 정보-처리 체계에서 세 번째 단계는 장기기억인데, 이는 단기기억에서 조작된 정보가 저장될 뿐만 아니라, 알고 있는 모든 것이 저장되는 곳이다.

3.1.1 감각등록기(sensory register)

감각등록기는 간단히 말해서 시각, 청각, 촉각 등의 자극을 통하여 잠깐 동안 유지되는 기억이다. 감각등록기의 가장 중요한 특징은 정보의 유지 기간이 1초도 안 된다는 것이다. 감각등록기는 정보의 유지 시간이 짧지만, 한 번에 많은 정보를 접할(coding) 수 있다. 이렇게 접해진 정보는 단기기억으로 이동되거나 아니면 망각에 의하여 소멸되는데, 호워드(Howard, 1983)는 감각등록기에서 망각이 일어나는 이유를 다음과 같이 두 가지로 설명한다.

첫째, 자동적인 망각으로, 이것은 어떤 새로운 자극이 제시되지 않았는데도 시간이 경과하여 어떤 항목에 대한 기억이 약화되는 것이다.

둘째, 입력된 기존의 정보를 또 다른 새로운 정보가 방해하거나 대체함으로써 원래의 정보가 망각되는 경우이다.

3.1.2 작동기억(working memory)

작동기억은 감각등록기와는 전적으로 다르며, 대부분의 인지적 행동이 일어나는 곳이다. 인간은 모든 정보를 작동기억 과정에 의해 받아들인다. 작동기억은 주변 환경으로부터의 새로운 정보와 장기기억에서 회상된 정보를 모두 처리하거나 변형하는 기억이다. 즉, 작동기억은 정보 처리 시스템의 주요 통로인 셈이다. 심리학자들은 단기기억이라는 말 대신에 작동기억이라는 말을 선호한다. 두 용어는 개념상 강조점이 다르다. '단기'라는 말은 정보의 지속 시간을 강조하고, '작동'이라는 말은 그 기능을 강조한다. 특히 교육에 있어서는 기억 저장고의 기능적 측면이 강하기 때문에 작동기억이라는 말을 사용하는 것이 보다 합리적일 것이다. 작동기억은 비교적 빠르게 저장되고 회상된다(Simon, 1974). 작동기억을 구속하는 주된 요소는 용량 문제이다. 작동기억 용량은 어떤 기억이 하나의 상징으로 대표될 수 있는 정보 조각(chunk)으로 측정된다. 예컨대, Dog(개)를 기억할 때 3개의 알파벳으로 구성되어 있지만 '개'라는 단일 실체로 상징되어 하나의 정보 조각으로 저장될 수 있는 반면에, 임의 없는 'zcq'라는 문자열은 3개의 단절된 정보 조각으로 기억된다. 이 정보 조각의 크기는 개개인의 선행지식 정도에 따라 다르다. 예컨대, 8개의 숫자 '19882002'는 올림픽 개최와 월드컵 개최 연도이므로 '1988'과 '2002'의 두 개의 정보 조각으로 이루어질 수 있지만, '70915296'이란 8개의 숫자는 특별한 의미로 받아들여지지 않는 이상 8개의 정보 조각으로 해석될 것이고, 70, 91, 52, 96으로 두 개씩 끊어 해석될 경우는 4개의 정보 조각으로 받아들여질 것이다. 이와 같이 단기기억은 이전 지식에 의존하는 성질로 인해 단기기억은 일반적으로 실제 정보 조각을 포함하고 있다기보다 장기기억의 장소에 저장된 정보의 위치를 알려주는 역할을 하는 곳이라 할 수 있다. 단기기억의 용량은 몇 개의 정보에만 매우 제한되어 있는데, 일반적으로 보통 성인의 단기기억 용량은 7(±2)개, 즉 5개에서 9개 정도이다(Miller, 1956; Simon, 1989). 예컨대, 새로운 전화번호를 기억하려고 할 때, 전화번호의 숫자 7개를 기억하려고 한다면 그 숫자들은 작동기억의 제한된 용량을 초과하지 않기 때문에 별 문제가 없다. 그러나 새로운 코드의 전화번호를 기억하려고 한다면 종종 실수를 범하게 된다. 그 이유는 작동기억의 용량의 제한적인 관점에서, 새로운 항목을 취할 수 있는 용량을 충분히 갖고 있지 못하기 때문이다(Howard, 1983). 많은 인지 이론에서 이러한 작동기억의 제한성은 정보-처리 이론에서 중요한 부분을 차지하고 있다. 일단 작동기억의 용량이 꽉 차게 되면, 새로운 항목이 이 체계 내에 저장되기 위해서는 제한된 용량 때문에 기존의 항목과 경쟁을 해야만 한다. 일반적으로 이러한 방법을 통하여 오래된 정보가 새로운 정보에 의하여 대체된다. 피터슨(Peterson)과 피터슨(Peterson)(1959; 전평국, 박성선, 1991)은 기억재생 실험에서 그러한 대체(displacement)나 간섭(interference)이 없다면 새로운 정보는 15초 이내에 기억으로부터 사라진다는 것을 밝혔다.

감각등록기는 외부 자극의 형태로 정보를 표상하지만, 작동기억은 다른 형태를 취한다. 예를 들어, 그림과 같은 시각적 자극은 작동기억에서 바뀔 수 있도록 그림에 대한 라벨(label), 즉 언어표상이 붙여진다. 그러한 언어 코딩은 단기기억에서 특히 중요한 표상의 형태이다. 그러나 작동기억에서 코딩의 방법은 언어적인 것뿐만 아니라, 시각적(특히 낯선 사람의 얼굴에 대한 자극은 언어적으로 표상하기 어렵다) 그리고 의미적(semantic, 정보를 의미에 의하여 표상)으로도 가능하다. 여기서 가장 중요한 점은 작동기억의 코딩이 융통성 있고 외부자극의 형태와는 무관하다는 것으로, 감각등록기와는 달리 작동기억에서는 표상의 형태를 의식적으로 통제할 수 있음을 의미한다고 볼 수 있다(전평국, 박성선, 1991).

3.1.3 장기기억(long-term memory)

장기기억은 단기기억과는 달리 용량에서의 제한은 없으며, 단기기억으로부터 변환되어진 정보들을 저장하고 영원히 기억할 수 있다. 대신 정보를 장기기억으로 바꾸는 데 필요한 시간상의 제약과 저장된 정보를 불러내는 능력 및 시간상의 제약이 있을 수 있다. 장기기억에 저장된 정보들은 필요할 때마다 수시로 재생할 수 있으나, 필요한 정보가 재생되지 않는 이유는 그 정보가 망각되거나 소멸되어서가 아니라 재생하는 데 실패하기 때문이다. 최초의 단기기억 정보를 장기기억 정보로 바꾸는 데 필요한 시간은 정보 조각당 5~10초로 추정되고, 하나의 정보 조각을 최초로 처리하는 데 소요되는 시간은 2초 정도이며, 이 후의 정보 조각 처리 시간은 수 만 분의 1초 정도이다. 장기기억 정보 호출 능력은 다음과 같은 세 가지 구성 요소에 의해 결정된다.

① 장기기억 자체의 내용

② 내용의 형성 방법

③ 요구되는 정보가 처리되는 경로

책을 예로 들어 장기기억 정보 호출 능력의 세 가지 구성 요소를 설명한다면, 처음의 두 요소는 책의 본문(text)에, 세 번째 요소인 경로는 책의 목차(index)에 비유할 수 있다(전평국, 박성선, 1991).

장기기억에서 표상의 형태에 대해서는 논란이 있으나, 대부분의 학자들은 장기기억이 다양한 정보나 경험을 어떤 의미로 표상한다고 생각한다. 예를 들어, 언어적으로 코딩할 수 없는 음성을 몇 년이 지난 후에도 전화상으로 목소리를 식별할 수 있는 것은 음성을 기억할 뿐만 아니라 단어의 의미를 기억할 수 있기 때문이다(전평국, 박성선, 1991).

기억에 관한 대부분의 정보처리 모델은 장기기억을 노드 링크(node-link) 구조 또는 네트워크를 이용하여 설명하고 있다. 각 노드는 하나의 상징을 저장하고, 각각의 노드는 노드간의 관계를 나타내는 링크로 서로 연결되어 있다. 예를 들면, '사과', '체리', '포도'는 각각 하나의 기억 노드가 되며, 이 세 개의 기억 노드는 상하 구조로 '과일'이라는 기억 노드에 링크되어 있으면서 서로 간에도 링크되어 있다. 그리고 하나의 노드는 하나의 복잡한 상징을 의미할 때도 있다. 또한, 하나의 복잡한 노드는 관계를 구성하는 요소에 의해 기억 노드들이 복잡한 노드에 연결되어 있다고 봄으로써 하위 구성 요소로 분해해 나갈 수 있다고 본다.

장기기억의 또 하나의 핵심적인 요소는 선언적 지식(declarative knowledge)과 절차적 지식(procedural knowledge)이다. 선언적 지식은 알고 있는 사실(facts)과 사물(things)에 대한 지식이고, 절차적 지식은 다양한 인지적 활동을 수행하기 위한 방법에 대한 지식이다. 즉, 선언적 지식은 'knowing that', 절차적 지식은 'knowing how'를 뜻한다. 이 두 지식의 유형에 관한 차이가 완전히 규명된 것은 아니지만, 선언적 지식은 구두로 표현될 수 있지만, 절차적 지식은 그렇지 못하다. 대부분의 신체적 기술(자전거 타기, 테니스 공 받아넘기기 등)은 말로서는 설명하기 힘든 절차적 지식에 해당된다. 이러한 지식의 유형상의 차이점으로 인해 이들 두 지식은 장기기억에서 서로 다르게 표상되고, 표상되는 방법상의 차이로 인해 각각 독자적인 처리 과정의 장·단점을 갖는다. 선언적 지식은 적용에 있어서 유연성이 크고, 쉽게 분석할 수 있으며, 쉽게 수정할 수 있는 반면, 적용하는데 시간이 오래 걸리고, 완전히 적용되지 않는 경향이 있다. 절차적 지식은 빠르고 쉽게 적용될 수 있고, 절차가 보다 자동적일 수 있으며, 쉽게 검증되거나 관찰되지 못하며, 쉽게 수정되지 않는 특징이 있다. 또한 장기기억의 지식구조에서 두 종류의 지식인 선언적 지식과 절차적 지식을 비교, 정리해 보면 다음과 같은 특징이 있다.

첫째, 선언적 지식은 명제(proposition)로 표현되지만 절차적 지식은 산출로 표현된다.

둘째, 모든 선언적 지식은 대체로 정적이지만, 절차적인 지식은 좀 더 역동적이다. 즉, 절차적 지식이 활성화될 때, 그 결과는 정보의 단순한 재생이 아니라 정보의 변환이다.

셋째, 선언적 지식과 절차적 지식은 활성화되는 속도에서 차이가 있다. 한번 잘 학습된 절차적 지식은 빠르게 그리고 자동적으로 작용한다. 그러나 선언적 지식은 느리고 좀 더 많은 의식이 필요하다.

3.2 정보-처리 이론과 문제해결

문제해결은 주어진 문제에 대한 문제해결자의 내적인 표상에 따라 자기의 지식을 전이하는 인지 활동이며, 정보 처리 체계는 인지 활동의 메카니즘을 설명할 수 있는 기본적인 이론을 제공할 수 있기 때문에, 문제해결 과정을 정보 처리 이론에 따라 분석하는 것이 가능하다. 어떤 학생이 다음과 같은 문제를 풀 때, 해를 구하는 과정을 예를 들어 살펴보자.

> **문제** 주스 병에 들어 있는 주스의 무게를 구하기 위해 병째로 달아보았더니 350g이었고, 주스를 절반 마시고 나서 병째로 달아보았더니 280g이었다. 주스 병의 무게를 구하여라.

이 학생은 감각등록기(시각 또는 청각)를 통하여 문제에 접하게 되고, 이 문제를 이해하기 위한 주요 인지활동은 다음과 같이 이루어질 것이다. 물론 이 학생이 위의 문제를 해결하기 위해서는 '해결해야겠다'는 태도와 '해결할 수 있다'는 신념이 전제되어 있어야 한다(전평국, 2001).

먼저 문제 본문의 문장(문자와 숫자)을 읽는다. 이 일은 작동기억에서 행하여지며, 문제를 읽을 수 있는 것은 장기기억에 한글과 숫자에 대한 지식이 저장되어 있어, 이것이 장기기억으로부터 재생될 수 있기 때문이다. 이 문제 자체를 기억하기 위해서는 작동기억의 용량이 매우 제한적이기 때문에 두세 번 읽거나 종이 위에 연필로 주어진 정보를 요약·기록하여 기억을 도울 수 있을 것이다. 이때, 문제에서 제시된 낱말이나 문장의 의미를 장기기억에서 작동기억으로 재생한다. 물론 이 과정은 문제를 처음으로 읽으면서 동시에 진행될 수도 있다. 예컨대, 'g은 무게의 단위이다', '절반은 $\frac{1}{2}$이다' 등과 같이 모든 단어를 이해하고 있는지 알아볼 것이다. 낱말이 생소하거나 낱말의 뜻을 장기기억에서 재생하는 것에 실패할 경우, 다른 사람의 도움을 받거나 사전을 찾아보려고 할 것이다.

문제에 주어진 정보에서 문제해결에 필요한 정보를 추출하고, 이들의 관계를 구성하는 것은 작동기억에서 일어난다. 예를 들면 다음과 같다.

① 주어진 조건은 무엇인가?

주스 병과 주스의 무게는 350g이다, 주스 병과 주스의 $\frac{1}{2}$ 무게는 280g이다

② 어떤 전략을 선택하여 해결할 것인가?

다음과 같이 그림을 그려 해결해 보자.

㉠ 주스 병과 주스의 무게를 수직선 위에 나타내 보시오.

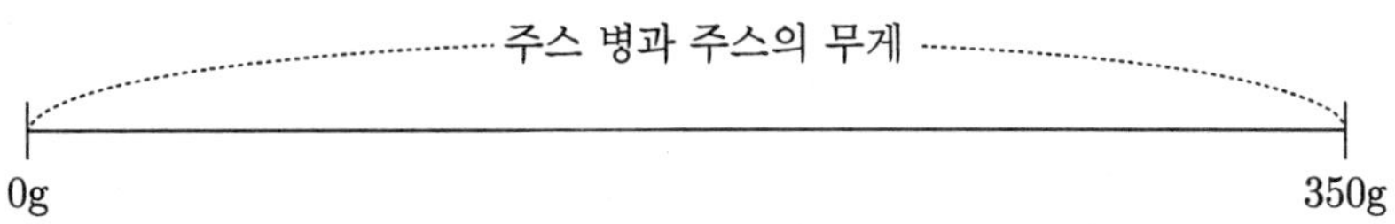

㉡ 주스를 절반 마시고 나서 달아 본 주스의 무게를 수직선 위에 나타내 보시오.

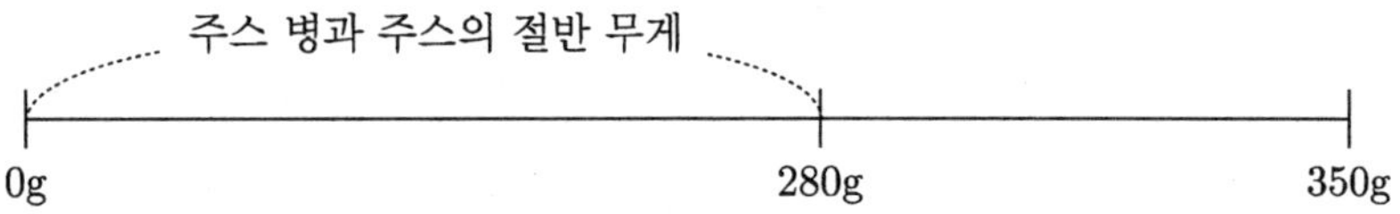

③ 수직선을 보고 주스의 절반의 구하는 식을 만들어 보아라: $350-280=70$(g)

④ 주스의 무게를 구하여라: $70\times2=140$(g)

⑤ 주스의 병의 무게를 구하여라: $350-140=210$(g)

위와 같은 일을 할 수 있기 위해서는 경험에 의해서 획득된 전략적 지식(strategic knowledge)을 장기기억으로부터 재생해야 한다. 전략적 지식은 문제의 최초 상태(initial state)를 중간 상태(subgloal)나 최종 상태(goal state)로 유도하는 일반적인 계획에 대한 지식으로, 보통 이것은 문제해결 방법에 관한 절차적 지식을 일컫는다고 말할 수 있다.

위의 문제에서 전략적 지식은 '그림 그리기', '추측과 점검하기', '식 세우기' 등의 문제해결 전략과 '이와 유사한 문제를 풀어본 것과 같은 방법을 활용해 보자', '문제를 두 부분으로 나누어 생각하면 해결할 수 있다'와 같은 지식이 될 수 있다.

문제해결을 위한 인지활동에서 파악할 수 있는 바와 같이, 문제의 이해에서 가장 핵심적인 활동은 문제에서 주어진 정보들 사이의 관계를 구성하는 인지활동이라 할 수 있다. 이 활동은 문제의 표상(representation)과 깊은 관련이 있다. 문제의 표상은 주어진 문제를 문제해결자가 내면적으로 재구성하는 과정이며, 이것은 문제해결의 질과 문제의 난이도와 깊은 관련이 있고 문제해결 과정에서의 의미 있는 인지활동이다.

문제의 표상은 문제를 해결하는 과정에서 가장 결정적인 역할을 한다. 왜냐하면, 문제를 어떻게 표상하는가에 따라 연산자의 전략적 지식의 선택에 영향을 주게 되며, 이것은 곧바로 문제 공간의 크기에 영향을 주기 때문이다. 문제의 표상의 중요성은 다음 그림과 같이 앞서 제시한 퀼러(1969; 전평국, 박성선, 1991)의 원 문제에서 쉽게 이해될 수 있다.

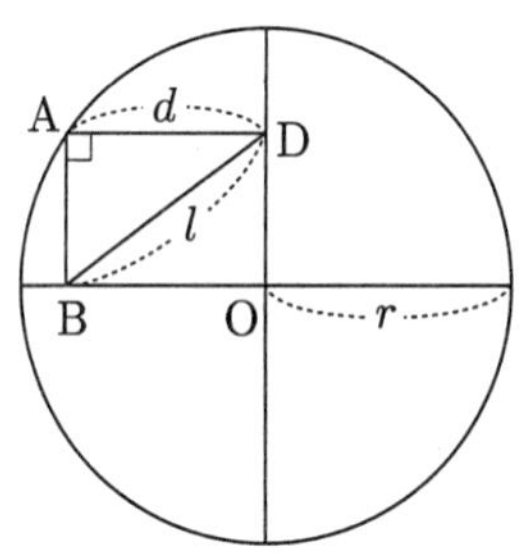

[그림 9]

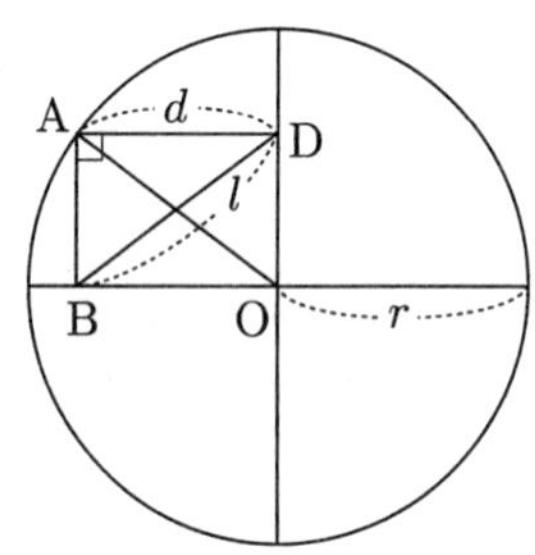

[그림 10]

위의 [그림 9]에서, 반지름의 길이가 r인 원에서 l을 구하고자 할 때 l을 직각삼각형 ABD의 빗변의 길이로 표상한다면 이 문제는 매우 어려워지고 문제를 해결하는 데 실패할 지도 모른다. 그러나 [그림 10]에서 보는 바와 같이 l을 직사각형 ABOD의 대각선으로 표상한다면 이 문제는 쉽게 풀린다.

문제의 표상은 두 종류 사고의 경직성—기능적 고착(functional fixedness)과 고정된 효과(set effect)—에 의해서 영향을 받는 것으로 연구되어져 있다. 기능적 고착은 대상(object)을 인습적인 기능에 따라 지각하고 그것의 다른 각도에서의 기능을 지각하지 못한다는 것이다. 예를 들면, [그림 9]에서 l은 직각삼각형의 빗변의 길이이기 때문에 l의 길이를 구하고자 할 때 직각삼각형 ABD를 표상하게 되고, l이 직사각형의 대각선의 길이도 될 수 있다는 것을 지각하지 못하는 현상은 이와 같은 경직성의 범주에 속한다고 할 수 있다.

고정된 효과는 문제를 해결 할 때 더 좋은 방법이 있음에도 불구하고 과거에 사용했던 전략을 선택하는 현상을 말한다. [그림 9]에서 l을 구하기 위하여 피타고라스의 정리를 활용했던 경험은 l의 길이를 구하기 위하여 계속 피타고라스의 정리를 활용한 전략만을 생각하게 되고, l을 직사각형의 대각선의 길이로 표상하면 쉽게 풀 수 있는 것을 저해하는 요인이 될 수 있다. 이와 같은 현상들의 공통적인 특징은 문제를 표상하는 데 있어서 이미 획득된 지식이 문제를 해결하는 사람의 능력을 제한시킬 수 있다는 점이다. 따라서 문제에 대한 해는 문제를 해결하는 사람이 문제를 어떻게 표상하는가에 달려 있으며, 이것은 곧바로 문제를 해결하기 위한 전략의 선택과 밀접한 관계를 갖게 된다. 표상은 문제해결에 있어 매우 중요한 것으로서 주어진 문제를 문제해결자가 내면적으로 재구성하는 것이다. 즉, 문제에 대한 최초의 표상은 문제를 해결하는 과정과 결과에 영향을 미치게 되며, 어떤 유사한 문제들에 대한 형식화된 표상은 새로운 문제 상황에 대하여 비슷한 표상을 하게 함으로써 문제해결을 가능하게 한다.

문제해결자가 주어진 문제를 표상한 다음, 이 표상에 따라 장기기억에 있는 관련된 지식을 활성화하며, 이 활성화된 관련 지식은 새로운 사태(즉, 주어진 문제)에 적용된다. 이러한 지식의 활성화와 적용을 학습의 전이라 부른다. 수학적 문제해결에서 학습의 전이는 장기기억에 저장되어 있는 수학적 지식의 양과 질에 깊이 의존한다. 수학적 지식의 양은 기습된 수학적 내용에 관련되며, 기습된 수학적 지식은 명제적 지식과 산출체계로 구성된다. 또한 수학적 지식의 질은 기습된 수학적 지식이 어떻게 조직, 구조화되어 있는가와 관련이 있다.

정보-처리 이론에 기초한 교육을 통하여 주의와 표상 그리고 전이에 영향을 미칠 수 있는 사고 과정을 촉진시킴으로써 문제해결자를 도울 수 있다. 즉, 문제해결자에게 잘 구조화된 지식을 가르친다면 그들의 문제해결력을 향상시킬 수 있을 것이다. 또한 수학 교수·학습과 관련해서 정보-처리 이론은 다음과 같은 시사점을 제공할 수 있다(전평국, 2001).

첫째, 수학적 사고의 기초가 되는 수학적 지식을 바르게 이해하고 기억할 수 있도록 해야 한다. 수학적 지식에는 개념적 지식과 절차적 지식이 있으며, 개념적 지식이 유의미하게 학습되지 못하면 다른 정보와 연결되지 못하고 분리된 상태로 저장되어 재생과 일반화의 어려움을 가져온다. 반대로 비록 절차적 지식은 기계적으로 학습이 가능하다고 하더라도, 절차적 지식을 개념적 지식과 관련시킨다면 기억하기 쉽고, 재생하기 쉬우며, 두 지식의 발달에 서로 도움이 될 것이다.

둘째, 수학적 지식을 바르게 이해하고 기억하기 위해서는 리허설(rehearsal)을 필요로 한다.

사고 과정의 핵심적인 인지 활동은 대부분 작동기억에서 이루어진다. 그러나 작동기억은 용량의 제한으로 인해 충분한 리허설을 하지 않을 경우 자연 소멸되거나 새로운 정보에 의해 기존의 정보가 대체되거나 방해받기 때문에 쉽게 망각될 수 있다. 그러므로 수학적 지식이 의미 있게 이해되고 저장되기 위해서는 리허설을 할 수 있는 충분한 시간적 여유를 줄 필요가 있는 바, 짧은 시간에 너무 많은 양의 학습을 시키는 일은 삼가야 할 것이다.

셋째, **장기기억에서 개념적 지식이 잘 조직되고 구조화될 수 있도록 도와주어야 한다.** 지식의 개념 노드가 잘 연결된 네트워크를 구성할 수 있도록 하기 위해서는 서로 관련된 개념들 사이에 위계화가 잘 조직되도록 지도를 해야 한다.

넷째, **학생들은 스스로의 수학적 사고를 통해 문제를 합리적으로 해결할 수 있다는 신념과 태도를 가져야 한다.** 문제해결을 돕는 요소로서 자원, 발견술, 통제와 함께 신념체계가 중요한 역할을 한다는 사실을 알도록 해야 한다. 수학에 대한 개인의 신념은 그가 문제에 접근하기 위해 어떤 방법을 선택할 것인지, 어떤 방법을 사용하며 피할 것인지, 그리고 그가 얼마나 오래 그리고 열심히 그러한 일을 수행할 것인지 등을 결정할 수 있기 때문이다.

제 3 장

문제해결 지도

1 문제해결에서 태도

우리나라 속담에 '정승도 본인이 하기 싫으면 할 수 없다.'는 말처럼 문제를 해결하고자 하는 학생들의 적극적인 의욕과 태도가 없는 한 문제해결력의 신장은 기대할 수 없다. 학생들은 인지적 수준의 문제해결 능력뿐만 아니라, 정의적 차원에서 문제해결을 대하는 태도도 발달한다. 긍정적인 태도는 문제를 해결하기 위한 각자의 노력에 대한 자신감과 어려운 문제에 해답을 찾는 것을 참아내는 의지를 수반한다. 부정적인 태도는 문제를 해결하는 것을 싫어하고 문제를 해결하지 않으려고 시도하는 것을 수반한다. 문제해결에서 학생들에게 긍정적인 태도를 갖도록 하기 위해서는 수학적 상황을 처리하는 자신의 능력에 대해 자신감을 갖도록 하는 것이 무엇보다 중요하다. 수학적 기능과 지식이 충분하든 그렇지 않든 간에 자신이 가지고 있는 수학적 능력을 효과적으로 이용할 수 있는 자신감을 가져야 한다. 그러기 위해서는 모든 학생들이 수학적 탐구활동을 통한 즐거움을 경험하고, 자신이 흥미를 갖고 중요하다고 생각하는 문제에 수학을 응용할 수 있는 기회를 갖도록 해야 한다.

문제해결에 대한 학생들의 태도에 영향을 미치는 요인 2가지를 생각한다면, 첫째는 학생들의 문제해결에 성공한 정도이고, 다른 하나는 문제해결에 대한 교사의 태도이다. 일반적으로 많은 사람들은 문제해결력을 기르기 위한 방법으로 많은 문제를 풀어 볼 것을 권고하고 있지만 문제해결력을 신장시키기 위해 많은 문제를 풀어보는 것은 충분조건이지 필요조건은 아니다. 따라서 학생들에게 많은 문제를 풀 것을 강요할 것이 아니라 성공적인 문제해결 경험의 기회를 확대해야 한다. 즉, 한 가지 방법으로 10문제를 풀도록 하기보다는 한 문제를 10가지 방법으로 풀어보도록 하는 경험을 갖도록 해야 할 것이다. 이와 같은 성공적인 문제해결 경험의 기회를 제공할 수 있는 문제의 조건은 다음과 같다.

첫째, **학생들의 흥미와 호기심을 자극할 수 있는 문제이어야 한다.** 학생들의 흥미와 호기심을 자극하지 않는 문제 풀이는 문제해결력 신장에 아무런 소용이 없을 수 있으며, 특히 도전적이지 않은 문제의 제공은 더 그러할 수 있다. 학생들에게 제공되는 문제 장면은 흥미와 호기심 및 도전 의식을 자극할 수 있으며, 지극히 실생활에 유용한 문제 상황으로부터 이끌어 내야 한다.

학생들은 그들의 경험이나 호기심과 전혀 관련이 없는 문제에 대해서는 아무런 문제의식을 느끼지 않을 뿐만 아니라 '왜 문제를 풀어야 하는지, 이러한 문제를 해결함으로써 어떠한 유용성이 있는지'를 생각하지 않고 아무런 의미없이 책이나 문제집에 나와 있으니까, 또는 선생님이나 부모님이 풀어보라고 하니까 그저 기계적인 방법으로 문제를 해결하려고 한다. 또, 문제를 해결하다가 장애에 부딪쳤을 경우 문제해결하기를 쉽게 포기하는 경우가 있는데, 이러한 부정적 경험의 반복은 결국 학생들이 수학에 대한 잘못된 태도를 갖게 할뿐만 아니라 수학 학습 자체를 기피하는 현상을 불러일으킬 수 있다.

둘째, **문제의 수준이 학생의 능력에 알맞아야 한다.** 학생의 학습 능력에 비해 문제가 너무 어렵거나 너무 쉬울 경우 학생들은 문제해결 그 자체를 포기할 수 있다. 문제는 학습자 내에 있는 고유한 지적활동이나 전시(前時)학습에서 얻은 지식이나 상황을 조직할 수 있는 능력을 바탕으로 일단은 학습자에게 이해될 수 있는 성질의 것이어야 하며, 구체적이거나 확실한 해결 방법이 즉시 떠오르지 않아서 처음에는 당혹감을 느끼지만 해를 얻기 위해 여러 가지 해결 방안을 시도하는 과정을 거쳐 마지막에는 올바른 해에 도달할 수 있는 과제이어야 한다.

문제해결력 신장을 위한 교사의 역할은 학생들이 문제해결에 집중할 수 있는 기회와 환경을 제공하는 일이다. 이를 위해서 학생들에게 혼자 혹은 집단으로 문제를 해결할 수 있는 기회와 환경을 만들어 주어야 한다. 문제의 이해 단계에서부터 해결 과정과 결과에 이르기까지 문제해결의 전 과정에 대해 서로 토의하도록 격려하되 교사가 문제해결 과정에 직접적으로 너무 깊이 관여하는 것은 오히려 그들의 문제해결 활동을 방해할 뿐이다. 즉 학생들은 자신의 문제해결 과정에 대한 설명이나 활동에 대해 그들이 기대하지 않는 교사의 민감한 반응이나 간섭 및 평가는 문제해결력 신장에 도움이 되지 않는 경우가 있다. 따라서 교사는 학생들의 활동을 유심히 관찰하고 그들의 활동을 격려하고, 필요에 따라 함께 고민하는 문제해결의 동료이자 보조자의 역할에 초점을 두어야지 지도자나 안내자의 역할에 초점을 두어서는 안 된다. 유능한 교사는 운동 경기의 유능한 코치, 영화와 연극의 연출가, 오케스트라의 지휘자의 역할에 비유할 수 있다. 즉 교사는 학생의 역할을 대신할 수 없을 뿐만 아니라 학습자의 역할을 대신하려 해서도 안 된다. 학습자가 자신의 문제를 스스로 해결하도록 해야 한다.

다음으로 문제해결력을 기르기 위해서 교사가 가져야 할 태도를 5가지로 요약한다면 다음과 같다.

첫째, **학습자 스스로 문제를 풀 수 있는 기회와 환경을 만들어 주어야 한다.** 문제해결력은 문제를 풀어보는 경험을 통해서 길러지는 것이다. 따라서 교사는 학생들이 갈등과 고민과 시행착오를 겪으면서 직접 문제를 풀어 보도록 해야 한다. 문제를 해결해야 할 사람은 학생이지 교사가 아니며, 문제를 해결하는 사람도 학생이지 교사가 아니기 때문이다.

둘째, **학생이 스스로 문제를 해결할 때까지 기다릴 수 있는 인내심을 가져야 한다.** 문제를 접하자마자 즉시 해결할 수 있는 문제는 문제로서 가치가 없다. 학습자가 문제를 해결하기 위해 기존의 지식과 경험을 총동원하여 여러 가지 전략을 구상·적용하고, 문제해결과정에서 발생하는 오류를 발견·수정하여 정답을 구하기까지는 오랜 시간이 걸리기 때문이다.

셋째, **체계적이고 계획된 교수·학습 활동을 제공해야 한다.** 학생들의 학습에 가장 큰 영향을 끼치는 사람이 교사라고 볼 때, 교사가 무엇을 가르칠 것이며, 왜 그것을 가르치며, 또 어떻게 가르칠 것인가에 대한 뚜렷한 교수 목적과 내용 및 방법을 갖고 있지 않다면 학생들의 문제해결 활동은 아무런 가치가 없을 것이다.

넷째, **문제해결과정에서 발생하는 오류에 대해서 관대해야 한다.** 학생들은 일상적인 생활 경험뿐만 아니라 학습 경험과 수학적 지식도 어른에 비해 매우 부족하다. 새로운 장면의 문제에 대해 그들은 자신이 갖고 있는 기성의 경험과 지식에 의존하기 때문에 문제해결과정에서 오류를 갖는 것은 당연하며, 그들은 자신의 오류를 수정하는 과정에서 새로운 지식과 문제해결력을 얻게 된다.

다섯째, **학습 과정에서 의사소통의 기회를 확대해야 한다.** 문제해결에 대한 의사소통은 서로의 사고를 자극·공유할 수 있으며, 문제해결을 위한 새로운 아이디어를 창안할 수 있고, 자신의 아이디어에 대한 확신을 가질 수 있다. 또한 교사는 학생들이 무엇을, 어떻게 생각하고 있는지를 파악함으로써 개별지도 자료 및 수업의 질적 개선을 위한 정보를 얻을 수 있다.

2 문제해결에서 전략

2.1. 문제해결 전략의 의미

문제를 해결하기 위한 전략(strategy)이나 발견술(heuristic)은 특정한 주제나 교과 내용과 관계가 없이 과제를 해결하는 데 필요한 방법을 말하는 것으로 서로 유사한 뜻을 가진 말이다. 문제나 과제 해결을 위한 전략이란 주어진 과제나 문제가 무엇인지를 이해한 후, 실제로 문제를 해결하는 활동을 실행하기 이전에 이루어지는 해결 방안이나 구체적인 방법을 말한다. 전략에 대해서 부연한다면, 일상생활에서 어떤 문제가 발생했을 때 그 일이 어떻게, 왜 일어났는지를 파악한 이후에 문제를 해결하는 합리적이고 효율적인 방법을 찾아 상황을 해결하게 되는데 이때 해결 방법을 찾는 실마리를 전략이라고 한다.

이 전략은 일상과 마찬가지로 수학 학습에서도 다음과 같이 설명될 수 있다. 어떤 문제를 해결할 때, 일반적으로 첫 단계는 제시된 문제를 파악하는 것이다. 그리고 주어진 문제의 해결을 위해 불필요한 정보를 추출해 내고 반드시 필요한 정보를 인지하거나 새롭게 찾은 후, 이미 자신이 알고 있는 지식이나 경험을 회상하면서 자신이 이해할 수 있는 말이나 글이나 그림으로 문제를 다시 진술해 보고 진술된 문제가 원래 문제의 의도와 변함이 없는지를 확인한다.

일단 문제를 명확히 이해하게 되었다는 확신이 서면 다음 단계로 '어떤 방법으로 풀어나갈 수 있을까?'나, 또는 '이용할 수 있는 수단이나 방법은 무엇이 있을까?' 등을 생각하게 된다. 이때, 어떤 해결 방안이나 구체적인 방법을 전략이라 하고, 위와 같이 전략을 선택하는 과정에서 이루어지는 활동은 문제의 해결에 적합한 수단이나 접근 방법을 이해한 문제와 연결하는 것이다. 문제해결에 접근할 수 있는 수단이나 방법으로 쓰일 수 있는 전략들은 다양한 유형의 문제를 풀어보는 풍부한 경험과 통찰에 의해서 구안된다. 수행 전략으로는 그림을 그려 보거나 도표를 통해 규칙을 파악해 본다든지, 좀 더 간단한 문장으로 문제를 바꾸어 해결의 실마리를 찾아본다든지 하는 등의 활동이 있다.

2.2. 문제해결 전략에서 과정 문제

문제해결은 생소한 장면에 부딪혔을 때, 즉 극복해야 할 장애가 발생했을 경우 그 요구조건을 만족시키기 위해 이미 습득한 지식과 기능과 경험을 활용하여 장애를 극복하는 활동이다. 문제해결력을 기르기 위해서는 학생들로 하여금 정형적인 문제뿐만 아니라 비정형적인 문제를 해결해 보도록 해야 한다. 정형적인 문제는 일반화된 원리나 법칙을 기계적으로 적용하면 답을 구할 수 있는 반면, 비정형적인 문제는 이와 달리 문제 장면이나 조건에 따라 형식화된 절차가 아닌 다양한 전략을 적용하여 해결하는 유형의 문제이다. 정형적인 문제든지 비정형적인 문제든지 문제를 해결하기 위해서는 주어진 조건과 정보를 잘 분석·정리하여 이를 근거로 이치에 맞게 전개해 가야 한다. 여기서 이치에 맞게, 그리고 조리 있게 전개해 간다는 것은 합리적이고 효율적인 전략을 선택·적용하는 활동이라고 해석할 수 있으며, 이러한 활동이 요구되는 문제를 과정문제라고 할 수 있다. 일반적으로 정형적인 문제해결을 위해서 먼저 연상해야 할 것이 수학적인 원리나 법칙이라면, 비정형적인 문제해결을 위해서 먼저 연상해야 할 것은 전략이라고 할 수 있다. 이렇게 볼 때, 과정문제와 비정형적인 문제는 아주 밀접한 관계가 있다.

모든 문제에서 궁극적으로 요구하는 것은 올바른 답을 구하는 것이다. 그러나 과정문제는 문제의 초점을 단편적인 수학적 개념, 원리·법칙 및 그 적용을 통해 즉 일반화되고 형식화된 절차를 적용하여 정답만 요구하는 것이 아니라, 수학적 개념, 원리·법칙을 활용하여 문제를 해결하는 과정 그 자체에 초점을 두고 있다. 문제해결 학습에서 해결 과정을 중시여기는 근본적인 이유는 문제를 해결하는 과정이 올바르다면 성공적인 문제해결을 보장받을 수 있기 때문이다. 또 문제해결력은 문제를 처음 접하는 순간이나 문제를 해결한 후에 길러지는 것이 아니라 올바른 답을 구하기 위해 자신이 알고 있는 모든 수학적 지식과 경험을 회상하고, 재구성하고, 적용하는 과정에서 길러지기 때문이다. 과정 문제를 해결하는 능력을 기르기 위해 교사들은 다양한 전략을 구사할 수 있는 능력을 신장시키는 지도가 필요하며, 이를 위한 한 가지 방편으로서 문제해결 전략에 대한 지도를 생각할 수 있다. 다음 문제는 과정 문제의 한 예이다.

> **문제** 어느 날 진영이는 마당에 뛰어놀고 있는 강아지와 병아리의 수를 세어 보았더니 모두 22마리였으며, 다리의 수는 모두 60개였다. 그렇다면 강아지의 수와 병아리는 각각 몇 마리인가?

위에서 제시한 것과 유사한 유형의 문제가 널리 활용되는 것은 다음과 같은 두 가지 이유가 있다.

첫째, '판에 박힌 정형적인 문제'가 아니라는 것이다. 학생들은 단순하게 문제에 제시된 두 수를 가지고 계산할 수가 없다. 과정 문제 중 많은 것이 컴퓨터나 계산기를 이용한 계산이나 단순한 지필이나 암산으로 답을 구하기에는 어려움이 많다.

둘째, 문제해결 전략이 또 다른 장면의 문제해결 전략으로도 논의될 수 있고 사용될 수 있다. 비정형적인 문제를 해결하는 전략은 단 한 가지만 있는 것이 아니라 여러 가지 다른 방법으로 해결될 수 있다. 위 문제는 강아지와 병아리의 수를 구하기 위해 '추측하고 확인하여 해결하기', '그림을 그려서 해결하기', '표(table)를 만들어 해결하기', …등 여러 가지 전략을 이용하여 해결할 수 있다.

과정 문제는 지적인 탐구 의욕을 자극할 수 있고, 문제해결에 따른 개인적인 보상심리를 느끼게 할 수 있으며, 신기한 규칙성을 찾을 수 있고, 탐구에 대한 호기심과 흥미를 불러일으킬 수 있다. 또 문제들을 해결해 나가는 과정에서 번득이는 아이디어에 빠져들기도 한다. 어른이든 아이든 문제 푸는 것을 좋아하는 사람은 누구나 이 문제가 수수께끼나 퍼즐과 같이 신난다는 것을 발견하게 된다. 일반적인 수학 교과서는 이런 유형의 문제를 포함시키지 않는 경향이 있는데, 여러 가지 이유가 있겠지만 두 가지만 지적한다면 다음과 같다.

첫째, 교과서의 지도 내용은 수학적 개념이나 원리·법칙의 이해 및 이를 적용하는 능력을 기르는 데 초점을 둠으로 해서 위와 같은 유형의 과정 문제를 삽입시킬 경우, 정규 교육과정에 따른 교과 내용을 지도할 수 있는 시간이 부족하거나 소홀하게 다룰 위험성이 있다.

둘째, 학생들이 전략을 학습하고 실제로 이용한다는 연구 결과가 있긴 하지만, 실제로 전략들이 과정 문제가 아닌 또 다른 유형의 문제해결에도 유용하고 전이 가능한지에 대해서는 구체적으로 밝혀지지 않았다(Schoenfeld, 1992). 그렇지만 최근에 이루어진 몇몇 연구 결과들은 과정 문제가 포함된 프로그램을 수행하여 과정 문제를 해결한 경험이 있는 학생들은 그렇지 않은 학생들보다 문제해결력이 더 신장되었다고 말한다. 따라서 학교수학에서 과정 문제를 해결한 경험은 학생들의 문제해결력을 함양하고, 수학적 개념의 이해를 향상시키며, 수학은 공식을 이용하여 단순히 계산하는 것이 아니라는 수학에 대한 긍정적인 신념과 자신감을 갖게 한다고 할 수 있다. 레스터(Lester)는 문제해결이나 문제해결력과 관련하여 다음과 같은 주장을 한다.

① 학생들은 그들 자신의 문제해결 능력을 향상시키기 위해서 문제를 풀어야 한다.

② 문제해결 능력은 단기간에 길러지는 것이 아니라 장기간에 걸쳐 천천히 발달하는 것이다.

③ 교사는 문제해결 활동이 중요하다는 사실을 학생들이 알도록 해야 한다.

④ 대부분의 학생은 체계적으로 계획된 문제해결 수업을 통해 문제해결 능력이 향상된다.

⑤ 특정 전략에만 초점을 두고 학생들을 지도하는 것은 그들의 전반적인 문제해결 능력 향상

에 별 도움을 주지 않는다.

3 문제해결에서 메타인지

문제해결에서 '무엇을 알고 있느냐?'와 함께 '알고 있는 것을 어떻게 적절히 사용할 수 있느냐?'의 측면은 강조되는 사항이다. 문제를 풀 때, 우리는 흔히 한번 어려움에 부딪히면 그 어려움에서 벗어나지 못하고 그 곳에서 맴도는 경우가 많고, 또 한 단계 한 단계 진행을 하다 보면 전체적인 문제해결 과정을 놓치는 경험을 하곤 한다. 메타인지(Metacognition)는 자신의 사고 경로를 모니터하고 과정을 평가하면서 변화가 만들어질 필요가 있는지에 대해 판단을 내리고 그 판단에 따라 어떤 행동을 가하는 것을 말한다. 이때, 수학교육 측면에서 중요한 것은 수업을 통해 이러한 초인지적 능력을 어떻게 향상시킬 것인가의 문제이다.

메타인지란 자신의 사고 과정에 대한 의식적인 모니터링 작업(monitoring, 무슨 일을, 왜, 그리고 어떻게 하고 있는지를 인지하는 것)과 조절(regulation, 어떤 일을 할 것인지 선택하거나 그 선택을 바꾸는 것을 결정하는 것)을 말한다. 즉 학습자가 문제를 해결하는 활동을 포함하여 어떤 일을 수행할 때,

- 나는 무엇을 하고 있는가?
- 나는 왜 이것을 하고 있는가?
- 나는 이 일을 어떻게 하고 있는가?
- 내가 이를 통해서 내가 알게 된 것은 무엇이며, 어떤 도움이 되는가?

에 대해서 자기 스스로에게 묻고 대답하기 위해 생각하고 깨닫고, 자신의 행위 그 자체에 대해 회상·반성하는 것을 말한다.

문제를 잘 푸는 사람은 자신의 사고를 정기적으로 그리고 스스로 모니터링 해 본다. 그들은 자신이 문제를 풀고 있는 활동 과정에 대해 심사숙고해야 한다. 풀다가 막히거나 완전히 이해하지 못하면 전략을 바꾸기 위해 의식적으로 노력하고, 문제에 대해 다시 생각해 보며 도움이 될 만한 유사한 내용의 지식이나 경험을 찾거나 아니면 새롭게 모든 것을 다시 시작한다. 그에 반해 문제해결에 서툰 학습자들은 이러한 행동을 분명하게 학습하지 못했거나 그것이 유용하다는 사실을 인지하지 못하고 있다고 할 수 있다. 그들은 충동적

인 경향이 있으며, 새로운 문제에 대해 생각하는 시간이 거의 없다. 이들은 재빨리 해결 계획을 세우고 처음에 시도한 전략에 계속 매달리며 스스로가 발전 능력이 부족하다는 사실을 무시하고 있다. 또한 전략을 통해 문제를 해결하면서도 그 전략을 왜 사용해야 하는지를 설명하지 못하며, 그 전략이 정말 효과가 있을지를 알지 못한 채 문제를 푸는 경우도 있다(Schoenfeld, 1992). 성공적 문제해결은 이러한 전략 지도와 병행하여 인지적 모니터링 및 조절 연습(regulatory practice)을 통합한 수학 지도 사이에는 강한 연관성을 가지고 있다고 본다.

학생들은 문제를 해결한 후 스스로 모니터링하는 습관을 개발해야 한다. 이는 자신의 생각이나 행위에 대해서 스스로 반성·평가해 보는 습관이 보다 고차적이고 진보된 사고를 할 수 있는 기틀이 되는 동시에 문제해결력 신장을 보증해 주기 때문이다. 문제를 해결 한 후나 문제를 해결하는 과정에서 자신의 행위에 대해 반성해 보도록 하기 위해 발문하는 다음과 같은 질문들은 학생들의 메타인지 능력을 개발하는 데 도움을 줄 수 있다.

• 문제를 이해하기 위해 무엇을 하였는가?
• 필요하지 않은 조건이나 정보를 찾았는가?
• 무엇을 하기 위해 어떻게 결정했는가?
• 문제를 푼 뒤에 네가 구한 정답에 대해 생각해 보았는가?
• 너는 네가 구한 답이 옳다고 어떻게 단정했는가?

특히 이러한 질문은 문장제 해결을 어려워하는 학생들에게 유용하다. 전략과 마찬가지로 메타인지적 행동 역시 학습될 수 있다. 더욱이 자신의 문제해결 행동을 모니터링하고 조절하는 것을 배운 학생이 문제해결에서도 상당한 진전을 보였다고 한다. 문제해결 과정에서 메타인지 활동을 정리하면 다음과 같다.

문제해결 과정에서 메타인지 활동

첫째, 문제를 풀기 전의 활동: 문제를 풀기 전에 너는 무엇을 해야 하는가?
• 문제를 한 번 이상 읽어 본다.
• 그 문제에 관해서 자신이 구할 수 있는 것을 모든 것을 구해 본다.
• 스스로에게 "문제가 무엇을 요구하는지 알고 있는지?"에 대해 질문해 본다.
• 문제를 푸는 데 어떤 정보가 필요한지 생각한다.

- 스스로에게 "이 문제와 같은 문제를 풀어 본 적이 있는가?"에 대해 물어 본다.
- 스스로 "주어진 정보가 문제해결에 필요한 것인가?"에 대해서 생각해 본다.

둘째, 문제를 푸는 동안의 활동: 당신이 문제를 풀 때 무엇을 해야 하는가?

- 풀고 있는 문제를 올바르게 풀고 있는지 수시로 점검해 본다.
- 풀이를 멈추고 자신이 무엇을 하고 있는지, 왜 그렇게 하는지 다시 생각해 본다.
- 계단을 한 칸씩 오르듯이 문제를 차근차근 풀면서, 푸는 과정에서 오류가 없는지를 살핀다.
- 다시 시작해서 다른 방법으로 풀어 본다.
- 스스로 "내가 하고 있는 것이 바른 것인가?"를 생각해 본다.

셋째, 문제를 푼 후의 활동: 문제를 풀고 난 뒤에 무엇을 해야 하는가?

- 효율적이고 합리적인 전략을 이용하여 풀었는지 점검한다.
- 내 계산이 모두 맞는지 알아보기 위해 풀이 과정을 점검한다.
- 그 문제를 다시 읽어보고, 구한 답이 타당한지 확인한다.
- 이 문제를 풀 수 있는 또 다른 방법은 없는지를 생각한다.
- 문제가 요구하는 것 이외에 더 많이 알 수 있는지 살펴 본다.

교사는 학생들이 그들 자신을 돌아 보고 반성하며, 성공적으로 문제를 해결하도록 하기 위해 그들 자신의 행동에 의미와 가치를 부여하는 것을 배우게 해야 된다. 학생들이 메타인지적 자각 및 활동을 발전시키도록 돕기 위해서는 다음과 같은 세 가지 방법을 생각할 수 있다(Garofalo, 1987).

메타인지의 신장을 위한 활동

첫째, 학생들이 자신의 생각을 조절·통제하는 것의 의미와 가치를 이해하도록 하기 위해 다음과 같은 질문을 하라.

- 네가 문제를 해결하는 것을 돕기 위하여 너 자신에게 무엇을 말해야 할지 말해 보아라.
- 네가 특별히 잘 푸는 문제는 어떤 유형의 문제인가?
- 네가 어려워하는 문제는 어떤 유형의 문제인가?
- 네가 그 문제가 어렵다고 생각할 때 무엇을 해야 하는냐?
- 네가 문제해결을 포기한다면 너 자신에게 무슨 말을 하겠는가?
- 문제해결 과정이나 결과에 대해서 검토하는 것이 왜 중요하다고 생각하는가?

- 너는 문제해결 과정에 대해서 검토한 것을 어떻게 기억할 수 있느냐?
- 너의 계획한 대로 문제가 해결되지 않았을 때 너는 어떤 생각을 했는가?
- 너의 해결과정이 다른 사람과 다르지만 답은 같다면 너는 무엇을, 어떻게 생각하겠는가?

둘째, 문제해결에 관한 올바른 인식을 갖도록 하기 위해 다음과 같은 정보를 제공할 필요가 있다.

- 문제들을 푸는 데 시간이 많이 걸릴 수 있다.
- 많은 문제를 해결한다면 문제해결에 더 능숙해질 것이다.
- 문제를 해결하는 방법은 하나만 있는 것이 아니다.
- 문제해결력은 오랜 시간에 걸쳐 서서히 향상되는 것이다.
- 수학은 계산 이상의 것이며, 계산은 문제를 해결하는 도구이다.
- 문제를 해결하는 데는 항상 오류가 있을 수 있다.
- 오류를 찾고, 수정하는 것은 문제해결력을 기르는 일이다.

셋째, 문제의 의미를 알고, 자신의 생각과 행동에 대해 스스로 조언하고 충고하도록 할 필요가 있다.

- 문제란 짧은 시간 안에 쉽게 풀리는 것이 아니다.
- 네가 어렵다고 생각한 문제는 다른 사람도 어렵게 느낄 수 있다.
- 네가 어렵다고 생각한 문제를 해결할 방안을 설명해 보아라.
- 자신의 문제해결 활동을 참고하기 위해 해결할 수 있는 도전문제를 친구들과 풀어보아라.

4 문제해결에서 정의적 요인

듀이(Dewey)에 의하면, 학생들의 문제해결을 가능하게 해 주는 첫 번째 요인은 문제에 대한 호기심이다. 호기심은 앞을 향해 밖으로 진행하려는 경향으로 새로운 대상을 찾고, 낡은 대상을 개선함으로써 끊임없이 경험을 확대하려는 경향이라고 할 수 있다. 그러나 이 호기심은 자칫하면 무관심, 부주의, 완고, 또는 독선 속에서 상실될 수도 있는 만큼 신중히 고려되어야 한다.

숀펠드(Schoenfeld, 1985)는 인지적 영역과 정의적 영역의 중간단계에 해당하는 것으로 신념 체계(Belief system)를 제시하는데, 이는 학생들이 갖고 있는 수학관으로 해석할 수 있는 것으로 신념 체계에 의하여 수학적 상황에서의 행동이 결정된다. 학생들은 '실세계에서 수학적 대상을 어떻게 다루어 왔는가?' 하는 경험으로부터, 그리고 '학교에서 수학을 어떻게 배워왔는가?' 하는 경험에서 자신들의 수학적 세계관을 형성하게 되는데, 이러한 이유로 신념은 경험적 요인이라 할 수 있다. 학생들이 수학을 어떻게 보느냐는 것은 실세계에서 부딪히는 문제를 해결하기 위해 형식적인 수학을 사용하느냐 하지 않느냐라는 것을 결정할 때에도 비중 있는 역할을 한다. 문제해결과 수학에 대해 학생들이 가진 인식 및 신념은 그들이 문제에 접근하는 방식과 수학학습에 얼마나 성공을 거두느냐에 깊은 영향을 미친다. 다시 말해 문제를 쉽게 풀 수 있고 또 그것을 즐거운 마음으로 할 수 있다고 믿는 학생들은 문제를 더 잘 풀게 된다. 그러나 반대로 다음과 같이 수학에 대해 부정적인 생각을 가진 학생도 있다.

- 주어진 문제를 즉시 풀지 못하면 멍청이가 될 거야.
- 수학 문제는 답이 하나뿐이며, 그 답을 얻는 방법도 하나뿐이다.
- 나처럼 보통 아이들은 선생님이 푸는 방법을 말해주기 전에는 문제를 풀 수 없다.
- 나는 문제 푸는 데에 영 소질이 없다. 따라서 나는 수학을 못한다.

이와 같은 생각을 가진 학생들은 분명히 수학을 잘 하지 못하며, 아울러 성공적인 문제해결에 이르지 못한다. 또한 그들은 참을성 있게 견디지 못하고 시도조차 않을 것이며, 교사의 지시가 없는 접근 방식을 받아들이지 않으려고 한다. 수학학습에 대한 성향이나 태도(좋아한다, 싫어한다, 선호한다 등)는 수학에 대한 신념만큼이나 중요한 것이다. 문제풀이를 즐기고 또 복잡한 문제를 풀어내는 데 즐거움과 만족스러움을 느끼는 학생들은 꾸준히 참으려 하고, 실패할 경우도 쉽게 포기하지 않고 2~3번 시도를 거듭해 보며, 새로운 해결 방법을 발견해 내기도 한다, 부정적인 태도는 정반대의 효과를 지닌다.

성공적 문제해결의 목표

지금까지의 논의는 더 뛰어난 문제해결자가 되도록 학생들을 도와주는 목적의 목록으로 다음과 같이 요약할 수 있다.

■ 전략과 과정 목표(Strategy and Process Goals)

- 문제 분석 기술을 향상시킨다.: 친숙하지 않은 문제를 분석하는 능력을 향상시키기 위해 필요한 정보를 확인하고, 불필요한 것은 무시하며 그리고 문제나 과제의 목적을

명확하게 진술한다.

- 전략을 개발하고 선택·적용하게 한다.: 학생들로 하여금 다양한 문제해결 환경에서 사용할 수 있는 여러 가지 전략이나 발견술을 개발하도록 하며, 주어진 문제에 직접적으로 가장 적절하고 효율적인 한 가지 전략이나 몇몇 전략을 조합·혼용하여 이를 활용하게 한다.
- 정답을 증명하게 한다.: 문제에서 주어진 정보와 사용된 전략을 이용하여 해답에 이르기까지의 과정을 이치에 맞고 조리있게 설명하여 정답의 타당성을 제시함으로써 문제해결 방법을 평가하는 능력을 향상시킨다.
- 문제를 확장·일반화시킨다.: 문제에서 주어진 정보와 사용된 전략을 이용하여 보다 일반적이고 다양한 장면의 문제를 해결할 수 있으며, 사용된 전략을 이용하여 보다 복잡하고 고차원적인 문제를 해결할 수 있도록 한다.

■ 메타인지적 목표 (Metacognitive Goal)

- 학습자 자신의 문제해결 활동을 모니터링하고 조절한다.: 문제해결 과정의 각 단계에서 자신의 사고 과정을 모니터링하고 조절하는 습관과 능력을 배양한다.

■ 정의적 목표 (Affective Goals)

- 문제를 해결하는 자신의 능력에 대한 자신감과 믿음을 갖게 한다.: 수학을 잘 할 수 있으며 친숙하지 않은 문제에 직면해서도 이미 만들어진 처방적 해결책 없이 그것을 풀 수 있다는 믿음을 갖도록 한다.
- 시도하고자 하는 의지를 키운다.: 친숙하지 않은 문제도 한번 풀어 보고자 하는 의지를 갖도록 한다.
- 과제에 대한 물러서지 않는 집념을 갖고 도전하도록 한다.: 인내심과 집념을 갖고 문제를 해결하도록 하며, 처음의 좌절에도 쉽게 용기를 잃지 않도록 한다.
- 수학에서 즐거움을 갖도록 한다.: 학생들로 하여금 수학을 행하는 과정, 즉 사고하고 패턴을 발견해 나가며, 문제를 풀어 나가는 전 과정에서 내적이고 개인적인 보상감을 느끼고 또 그것을 즐기도록 한다.

5 문제해결력의 구성 요인

학생들의 문제해결력 신장을 위한 선행 조건으로 문제해결력을 구성하는 요인들이 무엇인지에 데에 알아보는 것이 중요하다. 또는 교실 상황에서 수학 문제를 해결할 때, 학생들이 어떠한 마음가짐으로 무엇을 알고 있어야 하며, 무엇을 하고 있는가를 설명하기 위한 이론적 틀을 구성하는 요인들에 대해서 알아보는 것이 필요할 것이다. 이에 숀펠드(1985)는 학생들의 문제해결력을 구성하는 요인들로 지식과 행동의 4가지 범주인 자원(resource), 발견술(heuristic), 통제(control), 신념체계(belief system)를 [표 1]과 같이 제시한다.

[표 1] 문제해결력의 구성 요인

요인	설명
자원	직접 문제에 관련을 지을 수 있는 개인이 소유한 다음과 같은 수학적 지식 • 관련 영역에 관한 직관과 비형식적인 지식 • 사실(facts) • 알고리즘 절차 • 틀에 박힌 비알고리즘적인 절차 • 관련 영역을 다루는 데 필요한 법칙에 대한 이해(명시적 지식)
발견술	생소하고 비표준적인 문제해결을 진전시키기 위한 전략과 기술; 다음과 같은 효과적인 문제해결을 위한 경험적인 법칙 • 그림 그리기; 적당한 표기를 도입하기 • 관련된 문제를 연구하기 • 문제를 재진술하기; 거꾸로 풀기 • 절차를 검증하고 확인하기
통제	자원과 전략의 선택과 수행에 관한 전반적인 결정하기 • 계획하기 • 모니터링하고 평가하기 • 의사 결정하기 • 의식적인 메타인지적 행동
신념체계	개인의 "수학적인 세계관", 다음에 대한 일련의 개인적인 행동의 결정(반드시 의식적일 필요는 없는) • 자신에 대한 • 환경에 대한 • 주제에 대한 • 수학에 대한

수학적 문제의 해결은 '**자원**' 곧, 기본적인 수학적 지식 위에서만 가능하다. 또한, 문제를 해결하는 데 필요한 적절한 자원을 습득하여 적용문제로 충분한 연습을 하는 이외에도 일반적인 문제해결 기술인 '**발견술**'을 알고 있는 것이 필요하다. 문제해결을 어떻게 성공적으로 이끌 것인가의 문제에서 가장 중요하게 부각되는 것이 사고 전략으로서의 발견술이라고 할 수 있다. 발견술은 문제를 해결하기 위해 문제해결자가 스스로에게 던지고 따르는 발문과 권고의 모임을 말하는 것으로 보다 일반적이며 모든 문제 상황에 적용된다는 점에서 단일한 종류의 문제에 적용되는 알고리즘과는 구별된다. 그리고 문제해결에 있어서 자원이나 발견술을 얼마나 잘 알고 있느냐에 못지않게 중요한 것은 그것을 언제 어떻게 적절하게 사용할 수 있느냐 하는 것이다. 따라서 문제해결에서는 이용 가능한 자원을 선택하고 이용하는 '**통제 능력**'이 요구된다. 마지막으로 문제해결 시에 요구되는 또 다른 요인은 '**신념 체계**'이다. 문제해결과 수학에 대한 학생들의 신념은 그들이 문제에 접근하는 방식과 함께 문제해결의 과정 및 문제해결에서 성공을 거두느냐에 깊은 영향을 미친다. 다시 말해서 문제를 스스로 풀 수 있고, 또 그것을 즐거운 마음으로 수행할 수 있다고 믿는 학생들은 그렇지 못한 학생들에 비해서 문제를 더 잘 해결할 가능성이 있다.

5.1 자원

학생들이 문제를 해결하는 다양한 시도나 방식, 그리고 그에 따른 해결과정을 이해하기 위해서는 우선적으로 문제해결자인 학생들이 어떤 자원을 가지고 출발하는지를 파악할 필요가 있다. 또한 학생들이 어떤 문제를 해결하기 위해서는 문제와 관련된 수학적 사실, 절차, 기능과 같은 자원들을 구성하고 있어야 한다. 일반적으로 자원은 개인마다 구성하고 있으며 문제와 직접 관련된 수학적 지식들의 집합이라고 할 수 있다. 실제 문제를 통해 학생들의 문제해결력을 구성하는 요인들로 숀펠드(1985)가 제시한 자원에 대해서 알아보면 다음과 같다.

문제 다음 [그림 1]에서 두 선에 접하면서 점 P를 접점으로 하는 원을 작도하는 방법을 말하여라.

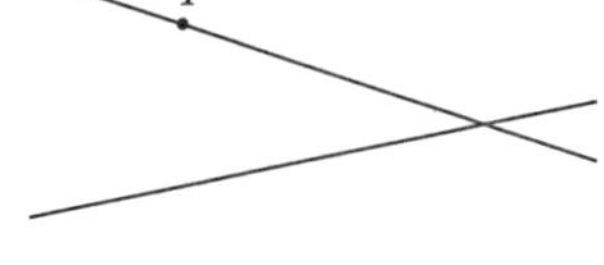

[그림 1]

위의 [문제 1]을 해결하려고 시도하는 문제해결자는 [그림 2]에서 '$\overline{CP}$는 $\overline{VP}$ 대하여 직각이다'라는 사실에 대해서 '확실히 안다, 그런 것 같다, 있음직한 것 같다, 모른다.'라는 현실에 따라 근본적으로 다른 방법으로 문제해결 과정을 전개할 수밖에 없다. 즉, 문제해결과 관련된 수학적 사실에 대한 지식은 문제의 해결방법을 찾는 데 필수적인 요인이다. 또한, 위의 [문제 1]을 해결하기 위해서는 [그림 2]에서 $\overline{PV}$와 $\overline{QV}$는 길이가 같고, $\overline{CV}$는 $\angle PVQ$를 이등분함을 증명하는 수학적 논증을 도출해 낼 수 있는 관련 문제를 다루는 데 필요한 명시적 지식을 갖추고 있어야 한다.

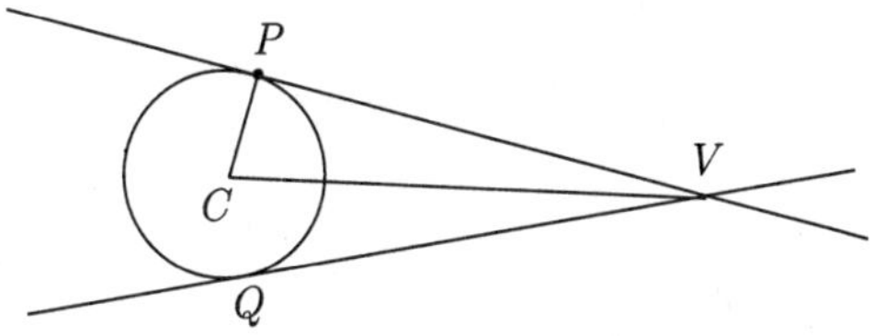

[그림 2]

자원의 다른 하위 유형은 문제해결자가 구성하고 있는 여러 가지 형태의 알고리즘적 절차이다. 즉, 위의 [문제 1]을 해결하고자 하는 문제해결자는 점 P를 지나는 수선이나 $\angle V$를 이등분하는 작도 알고리즘을 알고 있어야 한다. 일반적으로 알고리즘적인 절차는 작도법, 대수적 조작, 미분법 등을 포함한다. 마지막으로 알고 있는 것들을 '올바르게 관련짓는 능력'은 자원의 필수적인 요소이다.

5.2 발견술

발견술(Heuristic)은 '발견을 돕는다.'라는 의미를 지니고 있으며, 발견술의 목적은 발견과 발명의 방법이나 법칙을 알아보는 것이다. 폴리아(1945)는 그의 저서인 《어떻게 문제를 풀 것인가(How to solve it)》에서 유용한 문제해결 기법으로 몇 가지 발견 전략을 제시하는데, 이 발견 전략들은 성공적인 문제해결을 통해 얻은 경험적인 법칙이며, 문제해결자가 문제를 더 잘 이해하고 해결을 향해 전진하도록 돕는 일반적인 제안이다.

잘 알려진 발견 전략인 그림 그리기, 실제로 해보기, 거꾸로 풀기, 규칙성 찾기, 목록 만들기, 표 만들기, 단순화하기, 식 세우기, 관점을 바꾸기 외에도 발견 전략으로 유비추론을 이용하기, 문제에 보조 요소를 도입하기, 보조 문제를 해결하기, 분해하고 재결합하기, 관련된 문제를 개발하기, 일반화하기, 구체화하기, 모순법과 간접 증명법을 이용하기,

문제를 변형하기 등을 들 수 있다. 이 중에서 문제해결 과정에서 빈번하게 사용되는 발견 전략의 하나인 거꾸로 풀기와 그림그리기는 각각 '문제를 해결된 것으로 보고 거꾸로 사고해 나가는 사고 방법'과 '문제에 나타난 사실과 관계 등을 그림으로 나타내는 방법'을 말하는 것으로, 문제해결과정에서 다음과 같이 활용될 수 있다.

'답을 찾거나 명제를 증명하는' 문제에서 거꾸로 풀기 전략을 활용해 주어진 문제에 대한 해답을 알고 있다고 가정하는 것은 문제해결에 유용할 수 있다. 어떤 문제의 해답을 알고 있다고 가정할 때 그 해답이 가져야 하는 성질을 결정할 수 있고, 그 성질이 무엇인지를 안다면 추구하는 대상을 발견할 수 있다. 그리고 이 과정에서 문제를 명확화하기 위해 그림을 그려보거나 증명하기를 바라는 그림을 주어진 그림에다 덧붙이고, 그것이 가지고 있어야 하는 성질을 결정해 보는 방법은 문제해결에 대한 실마리를 제공할 수 있다.

살펴본 바와 같이 발견술은 문제해결에 도움이 되는 일반적인 절차나 해법의 단서가 되는 생각, 발견의 실마리를 제공하는 방법을 말하는 것으로 문제해결과정에서 효과적으로 활용되는 사고 전략이다. 그렇지만, 아직까지도 발견술은 '어떤 전략을 언제 사용해야 할지를 어떻게 아는가?', '전략들을 사용하기 위해서 무엇을 알 필요가 있는가?', '발견술은 일반적인 자원이나 문제와 연관된 특정한 자원과 어떤 관계가 있는가?', '학생들이 발견 전략을 사용하는 것을 어떻게 배울 수 있는가?' 등의 문제에서 논쟁의 대상이 되고 있다(Schoenfeld, 1985).

5.3 통제

문제해결력을 구성하는 한 요인으로 통제는 문제해결자가 당면한 문제에 있어 잠재적으로 이용 가능한 정보를 자신의 뜻대로 사용하는 방법과 무엇을 할 것인가에 대한 주요한 결정을 담당한다. 즉, 통제는 문제해결 과정에서 계획을 수립하는 일, 목표와 하위 목표를 선정하는 일, 풀이가 진전됨에 따른 검증과 평가, 그 평가에 의해 필요하다고 생각될 때 계획을 수정 내지 포기하는 등의 활동을 결정한다.

통제의 주요한 특징은 문제해결 과정의 진전과 관련한 대략적인 결과를 알 수 있게 해준다는 것과 문제해결자가 어떤 문제해결과정을 택할 것인가에 관한 결정을 하게 한다는 것이다. 다음과 같은 가상의 문제해결 상황을 통해 문제해결력을 구성하는 한 요인인 통제에 대해서 알아보자.

(1) 배훈이와 동우의 문제해결 활동

문제 원에 내접하는 삼각형 중에서 넓이가 가장 큰 삼각형을 찾아보시오.

문제를 읽은 즉시 배훈이는 정삼각형이 가장 큰 삼각형이라고 추측하고 정당화를 위한 계산을 권했지만, 동우는 계산이 필요하지 않은 대칭성에 기본을 둔 또 다른 해결 방법이 있다고 생각했다.

교사: 20분 정도 풀어볼까요?

배훈: 이 문제를 풀기 위해서는 미적분이 필요한가? 그러면 이것을 최소화하던지 최대화할 수 있는데...

동우: 이 문제를 "반원에 대해서는 삼각형이 어떻게 될까?"라는 문제로 축소시키면 어떨까?... 지름 중의 하나를 밑면으로 하는 제일 큰 삼각형을 찾아보는 것은 어떨까?

(배훈이는 의도를 분명히 밝히지 못했고, 동훈이는 배훈이의 제안을 거절했다. 이 과정에서 많은 시간이 소요되었다.)

배훈: 그렇다면 직각삼각형이 될 거고([그림 3]을 그린다), 가장 큰 삼각형은 분명히 이등변삼각형이지만 우리가 구하고자 하는 정삼각형보다는 작을 거야.

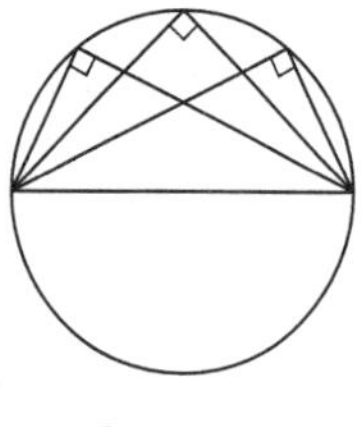

[그림 3]

⋮

(동우는 그의 대칭 논거를 확장한다.)

동우: 물론, 지름을 중심으로 직각 이등변삼각형을 대칭한다면 사각형이 될 거야([그림 4]를 그린다).

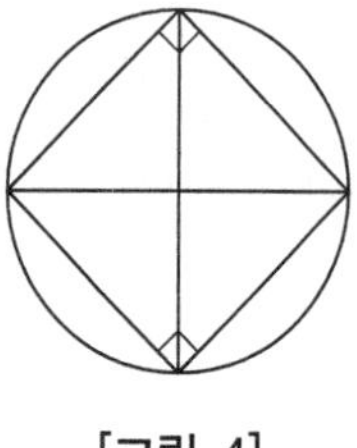

[그림 4]

위의 문제해결 과정 중에서 우리가 파악해야 할 점은 배훈이와 동우가 어떤 수학적 지식을 아느냐가 아니고, 이 학생들이 어떻게 그 지식을 사용하는가에 대한 문제이다. 위에서 학생들이 문제를 해결하는 데 실패한 요인은 통제의 부족에 기인한다고 말할 수 있는데, 문제해결 과정에서의 서투른 결정은 학생들이 무엇을 아느냐와 상관없이 문제해결의 실패를 부를 수 있다.

문제해결을 위한 20분의 시간 동안 배훈이와 동우가 문제해결 계획을 수립하는 데 많은 시간을 소비한 것은 그들이 문제를 해결하는 데 실패하리라는 것을 보증해 준다. 문제해결자가 항상 옳은 결정만을 하기를 기대하는 것은 비현실적이다. 종종 역량 있는 문제해결자도 어려운 문제를 해결할 때 잘못된 출발을 하기도 한다. 그러나 그들을 훌륭한 문제해결자가 되도록 만드는 것은 그들이 그 잘못된 해결을 극복할 수 있다는 점이다. 동훈이의 의견이 받아들여진 이후에 더욱 결정적인 오류는 그들의 접근 방법이 별 가치가 없다는 사실이 차차 분명해짐에도 불구하고 그들의 헛된 시도를 그만두지 않았다는 데에 있다. 한 방법을 결정했더라도 배훈이와 동우는 자신들이 올바른 길을 가고 있느냐에 대한 의문을 가졌어야 했다. 효과적인 통제는 과정이 진전됨에 따라 정기적인 검증과 과정에 대한 평가, 그리고 부정적으로 평가된 시도를 포기하는 것이다. 이러한 통제 체계의 부재가 배훈이와 동우가 실패한 주요 요인이다. 통제가 원활히 이어질 때 잠재적인 아이디어가 유용할 것인지 검토되고, 가능성이 보이면 다음 단계의 문제해결 과정이 시도된다. 문제해결의 시도 중에는 다양한 접근 방법들이 물망에 오르고, 이 방법들은 전개될 여지가 있으며 간과하고 지나가는 것은 잘못된 통제이다. 이러한 문제해결 접근을 적절히 이용했으면 배훈이와 동우는 문제해결을 성공적으로 이끌었을 수 있다.

또한 미적분을 사용하자는 배훈이의 최초의 제안은 정확한 해답으로 이끌 수도 있는 것이었다. 그렇지만 동우는 그 제안에서 주의를 다른 데로 옮겨버렸는데, 미적분을 사용하자는 배훈이의 제안을 신중하게 평가한 후 다음 단계로 넘어갔어야 했다. 그렇지만 배훈이와 동우는 부적절하게 증명된 문제해결의 방책을 선택했으며 따라서 그들이 하는 노력은 완전히 헛된 것일 수밖에 없었다. 배훈이와 동우가 성공적이 아니라고 생각된 시도를 포기할 때 그들은 어떠한 반성도 없이 그것을 버렸다. 이렇게 함으로써 그들은 완전한 풀이를 위한 모든 요소를 버린 것이다. 즉 문제해결 과정에서 통제가 중요하다는 사실을 명백하게 보여주는 것이다. 통제에는 다양한 수준이 있으며, 통제는 풀이 과정에서 위와 같은 부정적인 측면뿐만 아니라 긍정적인 효과도 지닌다.

5.4 신념 체계

신념 체계는 개인이 어떤 신념을 가지고 있다는 것을 의식하지 못하는 때에도 유사한 인식과 행동을 형성한다. 신념을 갖는 것이 무엇을 의미하느냐 하는 문제와, 실제로 어느 정도 학생들이 그러한 신념을 갖고 있으며, 그러한 신념이 어떻게 발전하느냐 하는 문제는 흥미 있는 문제이다. 개인이 지닌 수학적 세계관은 그가 수학을 하는 방법을 결정하고, 넓은 의미의 수학적 세계관이란 뜻으로 신념 체계라는 용어가 사용될 수 있다.

다음은 학생들의 전형적인 신념 3가지와 그러한 신념을 갖게 되면 어떤 결과가 초래될 것인지를 예로 든 것이다.

> [신념 1] 형식적인 수학은 실제적인 사고나 문제해결과는 거의 또는 아무 관련이 없다.
> 결과 1: 발견을 요하는 문제에서 형식적 수학에 호소하지 않는다.
>
> [신념 2] 수학적 문제가 풀린다면 항상 10분 이내에 해결된다.(대부분의 학생들의 전형적인 경험을 고려해 보라.)
> 결과 2: 만약 학생들이 10분 내에 문제를 풀지 못하면 그들은 포기한다.
>
> [신념 3] 오직 천재들만이 수학을 발견하고 창조해 낼 수 있다.
> 제1 결과: 만약 네가 어떤 공식을 잊어버렸다면, 그건 너무 안 된 일이다. 결국, 너는 천재가 아니므로 너의 힘으로는 그 공식을 끌어낼 수가 없다.
> 제2 결과: 학생들은 절차를 액면 그대로 받아들이고 왜 그것이 통하는지 이해하려 들지 않는다. 결국, 그러한 절차는 "위로부터" 전달된 유도된 지식이다.

지금까지 수학적 행위를 분석하기 위한 틀의 개요로서 문제해결 행동의 4가지 범주를 소개하였다. 수학적인 문제 상황에서의 인간의 행동에 대한 설명은, 수학적인 문제를 해결하려는 시도에서 왜 성공하고 실패하느냐에 대한 설명을 포함하여, 그러한 4가지 행동 범주를 고려할 필요가 있다. 서로 상호 작용하는 4가지 행동 범주를 간략히 요약하면 다음과 같다.

첫째, 자원은 개인의 어떤 특정한 수학적 문제 상황과 관련지을 수 있는 지식체이다. 그것은 개인이 소유한 사실적, 절차적, 명제적인 지식이다. 여기서 주요 어휘는 "관련지을 수 있는"이다. 즉, 개인이 무슨 일을 했느냐를 이해하기 위해서는 그가 할 수 있었을지도 모르는 것을 알 필요가 있다.

둘째, 발견술은 효과적인 문제해결을 위한 경험적인 규칙이다. 그것은 친숙치 않거나 어려운 문제에 당면하여 진전을 이룩하기 위한 꽤 폭넓은 전략이다. 유비추론과 거꾸로 사고하기 등이 그것이다. 일반적으로 수학 교육계가 이러한 전략이 유용하고 가르칠 가치가 있다는 생각을 일반적으로 수용하고 있는 반면, 최근까지도 그에 대한 이해가 부족했으며 학생들의 이러한 전략들을 확실하게 배울 수 있느냐에 대한 연구도 아직 충분하지 못한 형편이다.

셋째, 통제는 문제해결 시도를 하는 동안 자원을 선택하여, 취급하고 처리하며, 풀이를 계획하고, 진행 중인 풀이를 점검하며 평가하는 등에 대한 주요한 결정을 하게 된다. 훌륭한 통제가 이루어질 때 문제해결자들은 그들의 자원을 효과적으로 사용하고 비교적 어려운 문제를 효율적으로 풀 수 있다. 통제가 결여되면 자원을 낭비하고 능력에 미치는 문제를 쉽게 풀지 못하게 된다.

넷째, 신념 체계는 개인의 수학적 세계관이다. 즉, 개인은 이러한 안목을 가지고 수학과 수학적 과제에 접근해 간다. 수학에 대한 개인의 신념은 그가 문제에 접근하기 위해 선택하는 방법과 그가 얼마나 오래 그리고 열심히 그러한 일을 수행하느냐 등을 결정할 수 있다. 신념은 자원, 발견술, 통제가 작용하는 데 영향을 미친다.

6 문제해결 지도에서 교사의 역할

문제해결을 잘 하기 위해서는 문제해결 전략뿐만 아니라 문제해결 과정에 대한 지도가 함께 이루어져야 한다. 최근 구성주의에 대한 선호도가 증가함에 따라 수업 방식이 전통적인 교사-중심 수업(Teacher-centered lesson)에서 학생-중심 수업(Student-centered lesson)으로, 교사 주도적 수업(Teacher-directed lesson)에서 학생 주도적 수업(Student-directed lesson)으로 수업의 형태가 변화·발전되고 있는 추세이다. 이들 수업의 특징은 수업 활동의 책임이 교사로부터 학생들에게 옮겨지는 수업형태로서 교사는 학생들이 해결해야 할 문제나 과제를 제시하고 어떠한 마술이 일어나기를 무작정 기다리는 것이 아니라 수업 진행의 조절·통제권을 갖되 과제를 해결하기 위해 학생들이 생각하고 활동해야 할 모든 것에 대해 그들의 아이디어를 자극하고, 기존의 경험과 지식을 회상·재구성할 수 있는 면밀한 발문 계획을 수립·적용할 수 있어야 한다는 것이다. 즉 새로 제시되는 학습 과제에 대해 학생들이 어떠한 반응을 나타낼지를 세밀히 분석·예상하고 이에 대처할 수 있는 빈틈없는 계획을 세워야 한다. 어떠한 형태의 수업에서든 교사는 원활한 분위기를 만들어야 하는 책임이 있다. 이는 학생들의 학습 능력의 진보에 대한 책임은 학생에게만 있는 것이 아니라 교사에게 또한 있기 때문이다. 문제해결 과정을 크게 세 부분(수업 실시 전의 활동/수업 실시 중의 활동/수업 실시 후의 활동)으로 나눌 때, 문제해결

과정에서 교사의 역할을 살펴보면 다음과 같다.

6.1 문제해결 활동이 이루어지기 전 단계에서 교사의 역할

수업이 효율적으로 이루어지도록 하기 위한 준비 단계로서 학생들에게 어떠한 학습 활동을 제시하기 전에 교사가 해야 할 일은 일반적으로 Polya의 문제해결 4단계 중 첫 번째 단계인 이해에 상응한다.

(1) 학생들에게 문제나 과제를 제시하기 전에 교사가 먼저 해결해 보아야 한다.

학생들의 문제해결력을 신장시키기 위해서는 무엇보다 교사 자신이 문제해결력과 성공적인 문제해결 경험을 가져야 한다. 교사들 자신이 좋은 문제해결자가 아니면서 학생들에게 문제해결을 지도하는 것은 불가능하기 때문이다. 따라서 교사 자신이 먼저 문제해결에 대한 바람직한 태도를 지녀야 한다. 교사는 학생들이 해결할 만한 문제를 모으고, 문제를 변형하고, 이를 부단하게 풀어 보고, 학생들이 어려움에 부딪혔을 때 어떤 발문을 할 것인가를 끊임없이 생각해 보아야 한다.

문제해결 지도에서 가장 중요한 영향력을 끼치는 요소를 교사라고 볼 때, 교사들은 실제 수업 활동이 이루어지기 전에 학습자들에게 제시되는 과제에 대한 목적의식을 분명히 해야 한다. 이는 교수·학습 활동을 설계할 때 고려해야 할 다음 3가지 질문과 관련이 있다.

첫째, 무엇을 가르칠 것인가?

둘째, 왜 가르칠 것인가?

셋째, 어떻게 가르칠 것인가?

이에 따라 교사는 '어떤 과제를 부여할 것인가?,' '왜 이 과제를 부여해야 하는가?', '이 과제 해결을 통해서 학생들의 어떠한 능력이 길러질 것인가?' 에 대한 뚜렷한 목적의식을 과제 제시 이전 단계에서 고려해야 할 것이다.

문제해결 전 단계에서 교사의 역할은 등산 안내자의 역할에 견주어 생각해 보자. 등산 안내자는 등산할 곳에 대한 사전 답사를 통해 자신이 안내할 등산객이 등산하는 과정에서 어느 곳에서 어떠한 어려움을 겪을 것이며, 이 경우 어떻게 대처할 것인가에 대한 면밀한 준비를 갖고 자신의 역할을 수행하듯이 교사는 학생들이 제시한 과제를 해결하기 위해 어떤 생각을 할 것이며, 무엇을 연상할 것인가를, 또한 과제를 해결하는 동안에 어떠한 생각을 하면서 어떻게 문제를 해결해 갈 것인가를, 그리고 문제를 해결해 가는 과정에서 어떠한 어려움을 겪을 것인가를 미리 예상하고 경험해 봄으로써 실제 지도에서 성공적인 문제해결을 돕기 위해 교사가 어떤 역할을 할 것인가에 대한 준비를 할 수 있어야 한다.

(2) 문제나 과제를 명확히 이해하기 위한 발문 준비를 해야 한다.

문제해결의 주체는 교사가 아니고 학생이라고 볼 때, 학생이 자신에게 부여된 과제를 얼마나 명확히 이해하고 있는가는 성공적인 문제해결을 위한 필수적인 요건이다. 학생들에게 제시된 과제를 의미있는 상황 및 이미 알고 있는 지식이나 경험과 관련시키기 위해 일반적으로 소크라테스식 질문을 통해 주어진 정보나 조건이 무엇이며, 그들 사이에 어떤 관련이 있는지, 그리고 구하려는 것이 무엇인지를 명확히 파악하게 한다. 또한, 이를 돕기 위해 과거에 경험했던 문제 장면을 연상할 수 있는 질문을 하거나 문제 장면을 시각화하거나 학생의 입장에서 문제를 재구성하여 분석해 볼 것을 권고한다. 예를 들어 다음과 같이 문제를 분석하고 시각화하는 활동은 문제 이해 및 해결 계획을 수립하는 데에 도움을 줄 수 있다.

> **문제** 병 속에 20개의 사탕이 들어 있는데 무게를 달아보니 80g이었다. 5개를 꺼낸 후 무게를 달아보니 66g이었다면 병의 무게는 몇 g일까?

[1단계: 문제 분석]

- 병 속에 무엇이 들어있는가?
- 처음 몇 개가 들어있었는가?
- 처음의 사탕 병의 무게는 몇 g이었는가?
- 사탕을 몇 개 꺼냈는가?
- 5개를 꺼낸 후 무게는 몇 g이었는가?
- 구하려고 하는 것은 무엇인가?

[2단계: 문제의 시각화]

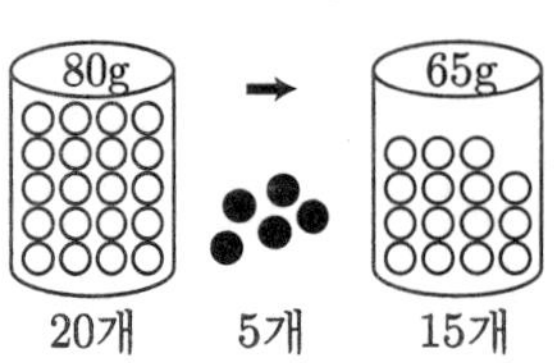

· 20개에서 5개를 꺼냈다.
· 무게가 80g에서 65g으로 변했다.
· 사탕 수의 차는 5개이고 무게의 차는 15g이다.

[그림 1]

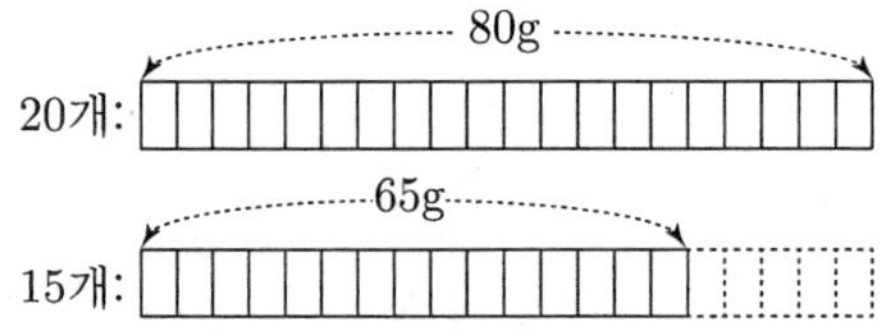

[그림 2]

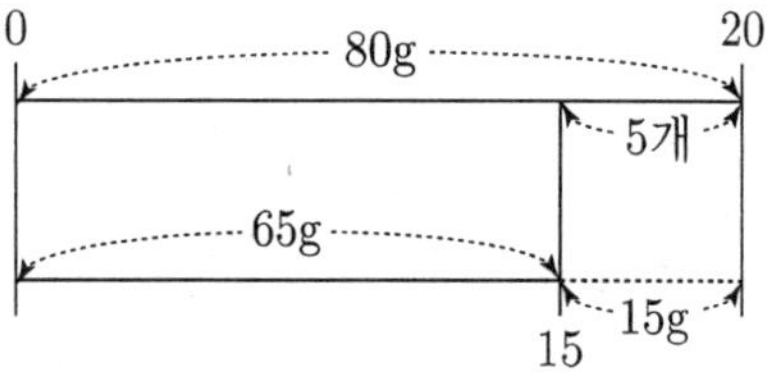

[그림 3]

학생들이 문제의 의미를 정확히 이해하는 것이 필요하다. 그러나 뚜렷한 목적의식 없이 단순히 문제를 다시 한 번 더 읽게 하는 것은 문제의 이해나 해결 계획의 구상에 아무런 도움을 주지 못한다. 학생들에게 문제를 읽게 하는 것은 그들로 하여금 문제에서 요구하는 것이 무엇인지를 명확히 파악하도록 하는데 초점을 두어야 한다. 위와 같이 [1단계]처럼 주어진 정보나 조건을 파악하는 질문이나 [2단계]처럼 문제 장면을 사실적 그림이나 면적도, 선분도 등으로 시각화하는 것은 문제를 이해하는 것을 돕는다. 특히 [1단계]에서는 다른 어떤 수학적 개념이나 원리·법칙의 도움 없이 그들이 이미 알고 있는 사실을 확인·상기하면서 문제를 읽고, 분석해보는 것만으로도 해결의 실마리를 얻을 수 있는 일련의 안내적 질문들을 하는 것이 유용하다. 문제를 설명하려 하지 말고, 학생들에게 그들이 알고 있는 것과 알 필요가 있는 것이 무엇인지에 초점을 두도록 도와주어야 한다.

(3) 상호협력 학습의 기회를 제공하기

교사들은 수학적 내용뿐만 아니라 문제해결을 가르치기 위하여 상호작용하는 방법을 활용해야 한다. 프로이덴탈(Freudenthal, 1973)에 의하면, 집단의 구성은 동일한 능력 수준의 학생들보다는 이질적인 수준의 학생들로 구성되는 것이 더욱 효율적이라고 주장하고 있다. 이는 이질적인 집단 내에서 잘하는 학생들은 자기보다 못하는 학생들의 행동을 관찰하는 데에서 자신의 강점을 볼 수 있는 반면, 못하는 학생들은 자기보다 잘하는 학생들의 행동을 관찰하면서 자신의 약점을 깨닫게 됨으로써 서로 상보적으로 자신의 문제해결력을 더욱 신장시켜 나아갈 수 있기 때문이다. 이것이 바로 우리가 원하는 협동과 반성적 사고를 강조하는 수업 방식이다. 학생들은 문제를 해결해 보고 그들이 해답을 찾기 위하여 사용한 과정을 곰곰이 반성해 봄으로써 문제해결을 학습하게 된다. 학습에서 상호작용을 통해 문제해결 전략을 지도하는 방법은 다음과 같다.

㉠ 해결해야 할 문제를 학생들에게 제공하라. 그리고 학생들은 주어진 문제를 읽고 모르는 단어나 용어나 기호 등에 대해서 질문하도록 하라. 용어나 기호의 뜻이 명확해지면 문제의 장면을 학습자 자신의 입장에서 재진술하고 해결 전략을 구상하게 하여라. 그리고

2~3명이 협력하여 문제를 풀게 하고, 그 결과에 대해서 관찰·검토하도록 하여라.

㉡ 학생들에게 답을 구하기 위해 사용한 전략과 도구 및 그들이 구한 답에 대해 설명할 수 있도록 그들이 사용했던 것들에 대해서 토의를 하도록 하라.

㉢ 그들이 답을 찾기 위하여 사용한 과정을 곰곰이 생각해 보게 하는 질문을 하여라. 문제해결 전략의 이해를 돕기 위하여 가능하면 그들이 사용한 전략에 이름을 붙이도록 하라.

㉣ 전략을 사용할 많은 기회를 주어라. 그리고 다른 전략의 사용에 대한 그들의 생각을 공유하도록 하여라. 문제를 풀기 위하여 그들이 생각한 방법을 자세히 표현하게 해라. 종종 하나보다 더 많은 전략이 문제를 푸는 데 사용되어질 수 있다는 것을 깨닫도록 도와라.

㉤ 집단의 구성은 능력차가 있는 이질 집단이 바람직하다. 집단 구성원은 교사의 지도적 입자에서는 동질 집단을 구성하는 것이 더 바람직할 수도 있으나 학습자의 입장에서는 이질 집단을 생각해 볼 수 있다. 이질 집단으로 구성할 경우, 역할 분담만 잘 조정된다면 하위 수준의 학생들은 상위 수준의 학생들로부터 새로운 아이디어를 얻고 배울 수 있으며, 상위 집단 학생은 자신의 생각을 다른 사람에게 설명·설득하고 이해시키기 위해 자신의 생각을 더욱 명료하게 분석·정리할 수 있을 것이다.

(4) 브레인스토밍

브레인스토밍(Brainstorming)은 어떤 문제의 개선·해결 방안을 놓고, 여러 사람이 공동으로 아이디어를 모으는 대표적인 토의 방식으로 집단의 효과를 살리고, 아이디어의 연쇄를 불러일으켜 다양한 아이디어를 얻는 데 목적이 있다. 브레인스토밍을 할 때는 아이디어의 발상과 평가를 철저히 분리하기 때문에 어떤 의견이 나오더라도 비판을 해서는 안 된다. 또 문제해결을 위한 방안을 최대한 많이 얻는 것이 목적이므로 질보다는 양을 추구해야 하며 다른 사람의 아이디어를 더 좋은 방향으로 발전시킬 수 있는 제안도 중요하다. 만약 활동 또는 과제가 새로운 개념을 제공하거나 문제가 상대적으로 복잡하다면 사전에 계획된 브레인스토밍은 학생들이 문제에 지나치게 깊이 개입되기 전에 초기부터 올바른 방향을 잡아주는 것이 필요하다.

문제를 해결 계획을 수립하기 이전 단계, 즉 문제의 이해 단계에서 브레인스토밍 기법은 주어진 문제에 대해 적어도 3~4명의 학생들이 참여하게 됨으로써 보다 다양한 경험과 지식을 공유할 수 있으며, 문제의 이해가 보다 명료해질 수 있고, 비록 암시적이지만 문제해결 계획을 수립할 수 있는 전략의 윤곽을 구상할 수 있다. 다음은 초등학생에게 「분수에 대한 초기 개념」 형성을 위한 활동의 예이다.

우리는 분수에 관해서 알아보려고 한다. 먼저 여러분이 이미 알고 있는 것이 무엇인지 확인하고자 합니다. 화면에 나타난 그림을 보고, 각자의 생각을 자유롭게 말해 봅시다.	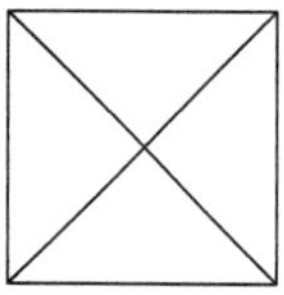

우선 본 학습을 수행하기에 앞서서 학생들이 가지고 있는 사전 지식이나 경험 및 어떤 아이디어들을 가지고 있는지를 파악할 필요성이 있다. 대각선이 그려진 정사각형에 대해서 질문을 통해 학생들에게 그들 나름대로의 아이디어를 발표하도록 한다. 이후, 서로의 의견을 교환하기에 앞서 자신들의 생각을 언어나 문자로 옮겨보는 활동의 기회를 부여한다. 그리고 짝과 함께 자신의 생각에 대해 의사소통하도록 한다. 모든 아이디어들을 어떠한 논평이나 해설이 없이 보고 생각한 그대로 표현한다. 예를 들어 학생들이 제시한 "하나의 X가 있다.", "그것은 분수이다.", "모든 삼각형은 서로 같다."는 등의 아이디어는 실제로 나타난 현상이며, 이러한 아이디어의 수용은 학생들에게 자신감과 수업에 참여하고 있다는 느낌을 갖게 할 수 있다. 브레인스토밍을 통해서 모든 아이디어들을 제기한 후, 교사는 삼각형이 모두 같다는 것에 대한 논의에 초점을 두고 토의하게 하여 결론적으로 도출되는 토의 결과는 분수에 대한 올바른 아이디어를 계발하는 데 도움을 줄 수 있도록 해야 한다. 교사는 브레인스토밍을 통해 주어진 과제에 대해서 학생들이 알고 있는 것이 무엇이며, 오해하고 있거나 간과하는 것이 무엇인지를 명확히 파악해야 한다. 즉, 주어진 정보나 조건 및 문제에서 요구하는 것인 무엇이며, 그들이 알아야 할 또 다른 정보는 무엇이며, 그들이 무엇을 어떻게 해야 할 것인지에 대해 명확히 알고 있는지를 알아보기 위해서 발문을 해야 한다.

6.2 문제해결 활동 단계에서 교사의 역할

문제에 대한 명확한 이해와 활동 방향에 대한 논의가 충분히 이루어졌다고 판단되면 학생들에게 본격적으로 문제해결에 임하도록 해야 한다. 학생들에게 소그룹 단위로 문제를 해결하는 활동을 습관화시키는 것은 일제 학습에서 소그룹 활동으로 전환하는 데 소요되는 시간의 낭비를 최소한으로 줄이는 하나의 아주 좋은 아이디어이다. 일반적으로 3~4명 단위의 그룹이 적절하며 저학년의 경우는 2명 단위로 짝과 함께 해결하도록 하는 것도 유효하고 적절한 운용 방법이 될 수 있을 것이다. 이 단계에서 교사는 적극적인 조장자 내지는 동반자 및 보조자의 역할을 수행하게 된다. 소집단별 활동에 참여하여 그룹과 함께 잠시 동안 의견을 주고받으며, 그들의 활동에 동참하기도 하고 자료 활용에 대해서 안내·보조도 하며, 그들이 하고 있는 활동에 대해 설명을 하도록 하거나 새로운 방향에 대해서 언급을 할 수도 있다.

(1) 학생들의 활동 계획을 보조하기

이 단계는 폴리아의 문제해결 과정의 두 번째 단계에 해당한다. 학생들은 문제해결 계획을 수립·결정하기 위하여 반드시 그룹과 함께 논의하도록 한다. 흔히 대부분의 학생들은 단독적으로 어떠한 과제를 수행하려 할 것이다. 학습은 궁극적으로는 개별로 이루어지지만 해결 계획을 수립하는 과정에서는 개별적으로 구상한 아이디어를 공유하게 함으로써 가장 효율적이고 합리적인 해결 계획 및 전략을 수립할 수 있을 것이다. 물론 개별적으로 해결 계획을 수립·적용하여 문제를 해결한 후, 각각의 수행 과정에 대한 논의를 통해 가장 효율적인 계획이나 전략의 가치를 판단하고 이를 활용하는 방법을 생각할 수 있으나 이는 일부 특수한 재능을 가진 학생들의 몫일 뿐 모두를 위한 현명한 방법은 아니다. 가급적이면 집단과제를 부여하고 주어진 과제에 대해 각 집단에서 이루어져야 할 활동 및 집단 구성원 개개인의 역할에 대해서 논의하도록 할 필요가 있다. 과제 해결을 위한 논의 과정에서 어떠한 이견이 발생할 시에는 문제에 대한 접근 방법을 서로 협상을 통하여 일치시킬 필요성이 있다. 학생들이 본격적으로 문제에 접근하기 이전에 이러한 요소들에 대해서 서로 의견의 일치를 보도록 요구를 함으로써 학생들은 그들의 작업에 있어서 의사의 결정자로서의 일종의 주인의식을 느낄 것이다. 만약 이러한 절차들을 밟기에는 시간이 지나치게 부족한 경우에는 어떠한 논쟁의 여지없이 학생들이 신속히 협상을 할 수 있도록 도움을 주는 것이 반드시 필요하다.

(2) 적절한 힌트를 제공하기

학생들이 효율적인 문제해결 계획을 수립·실행할 경우 교사는 학생들과 어떻게 상호작용을 해야 할지를 결정해야 하는 어려움을 직면하게 될 것이다. 즉, 학생들이 올바르지 못한 전략이나 비효율적인 전략의 적용으로 인해 문제해결과정에서 어려움을 겪을 경우, 그냥 두고만 볼 것인가, 어떻게 어느 정도까지 개입할 것인가, 또는 관찰된 학생의 오류를 곧바로 수정해 줄 것인가와 같은 사항들에 대해서 고민하게 될 것이다. 이때, 교사의 적절한 개입은 힌트를 제공하는 것이지만, 제공하는 힌트는 학생에게 실마리를 줄 수 있어야 하고 문제해결 방법을 직접적으로 제시해서는 안 된다. 한 예로 '오류에 대한 학생들의 근거 있는 생각을 들어보기', '적절한 물리·조작적 도구의 안내', '대안적인 접근 방법을 소개하기', …등을 생각할 수 있으며, 문제에 따라 그림을 그려보는 방법을 시도하도록 제안할 수 있다. 다음과 같은 문제에서 학생들에게 제공할 수 있는 힌트를 생각해 보자.

문제 진호는 동화책을 8권 가지고 있다. 친구에게 몇 권을 빌려주고 다시 3권을 더 사왔더니 9권이었다. 친구에게 빌려준 동화책은 몇 권인가? 그리고 어떻게 답을 구하였는지 설명하여라.

힌트 ㉠ 그림을 그려서 알아보아라.
㉡ 친구에게 동화책을 빌려주지 않았다면 동화책은 몇 권이 되겠는가?
㉢ 선분 그림으로 나타내어 알아보아라.
㉣ 산가지 1개를 동화책 1권이라고 생각하고, 산가지를 이용하여 알아보아라.
㉤ 친구에게 동화책을 1권 빌려주었다면, 동화책은 몇 권이겠는가?
㉥ 빌려준 동화책 수를 □권이라 하고, 식으로 나타내어 풀 수 있는가?
㉦ 답은 얼마인지 예상해 보아라. 또 왜 그렇다고 생각했는지 설명해 보아라.

힌트는 문제해결과정에서 어려움에 부딪혔을 때, 이를 해결하기 위한 정보나 방안을 암시하는 방법인 동시에 학생들의 사고를 보조하고 격려하고 자극하는 수단이다. 학생이 갖고 있는 과거의 경험이나 지식을 회상하고 이와 관련시킬 수 있도록, 그리고 사고를 자극하여 학생 스스로 해결 방안을 강구할 수 있도록 도움을 주는 활동이다. 문제해결에 대한 구체적이고 직접적인 정보를 제공하는 일은 문제해결력 신장에 도움이 되지 않는다. 교사는 성급하게 해답을 제시하거나 얻을 수 있는 방법을 구체적으로 제시하기보다는 해답을 구할 수 있는 여러 가지 방안을 제공해야 한다.

(3) 아이디어를 검토하게 하기

학생들은 자신들이 구한 해결 전략과 방법을 정당화해야하는 책임을 가지고 있다. 따라서 학생들이 행하고 있는 활동이나 생각에 대해 교사가 '옳다' 또는 '옳지 않다'라는 형태로 직접적이고 단정적으로 말하는 것은 바람직하지 않을 수 있다. 교사는 "왜 그렇다고 생각하는가?", "이렇게 하면 어떻게 되겠는가?", "어떻게 그것을 검증할 수가 있는가?" 등과 같은 질문을 통해 사고를 자극하고, 문제해결 전략이나 과정에 대해 반성·검토하도록 하는 것이 바람직하다. 문제해결에서는 흔히 좋은 해결 방안에 비례하여 타당하지 않거나 좋지 않은 해결 방안이 존재하는데, 학생들은 그들이 행한 문제해결 과정이나 추론

과정을 직접 말이나 그림, 글로 표현해 보아야 한다. 또한, 결론에 도달하기까지의 문제해결 과정에 대해 자신의 아이디어를 자기 나름대로의 이치에 맞게 정당화하려는 노력은 논리적 사고의 기초인 동시에 항상 문제해결의 일부분이 되어야 한다. 이러한 활동이 문제해결의 마지막 단계에서 이루어져야 할 필요는 없으며, 학생들이 그들이 얻은 결론에 대해 정당화하는 단계를 문제해결과 수학을 행하는 활동의 일부분으로 인식하도록 하는 것이 중요하다.

(4) 주의해서 칭찬하기

일반적으로 교사들은 학생들의 학습 활동이 자신의 의도와 일치하거나 근접했을 때, "참 잘했구나!" 또는 "굉장한데!"와 같은 칭찬의 말을 하는 경우가 종종 있다. 이러한 말들은 학생들에게 긍정적인 자아개념을 가지도록 도와주기 위해서 사용하는 용어들이지만 학생들이 만들어낸 과제물과 문제에 대한 해결 등에 관계될 때는 주의를 기울여야 한다 (Schwartz, 1997). 학생들의 감정을 북돋아주는 것뿐만 아니라 평가의 의미를 암시하기 위해 칭찬을 해 주되 지나친 사용은 삼가해야 한다. 신속하게 정확한 답을 구했다고 또는 교사의 의도대로 문제를 해결했다고 결과 위주로 칭찬하기보다는 일반화할 수 있는 전략이나 남다른 기발한 아이디어를 발상하여 해결했을 경우에 칭찬을 해야 한다. 또한, 비록 해결 과정이 다소 서툴거나 내용이 너절하다고 하더라도 논리적인 모순이 없고 창의적인 아이디어를 냈다면 칭찬을 아끼지 말아야 할 것이다. 그리고 이와 같은 경우에 학생의 해결 과정에 대해서 "너는 어떻게 그것을 해결했는지 설명해 보아라!", "너는 왜 이러한 방법을 해결했는지 이야기해 보아라!" 등의 발문을 통해 독특한 해결 방법에 대한 아이디어를 공개하게 함으로써 그들의 사고를 자극·진작시킬 수 있으며, 학습 의욕과 자기 성취감을 갖게 할 수 있다. 아울러 문제해결의 전 과정을 종합하여 칭찬하는 것보다 각 단계별 해결 과정에 대한 칭찬이 더 유효하며, 학생들에게 그들의 대답에 대해 타당성 여부를 명확히 하는 습관을 가지게 할 필요가 있다.

6.3 문제해결 활동 이후 단계에서 교사의 역할

학생들이 사고할 수 있는 기회와 그들의 아이디어를 공유할 수 있는 학습 환경은 문제해결 활동에 지대한 영향을 미친다. 필요하다면 교실 한 쪽에 집단별 또는 개별로 물리·조작적 활동을 할 수 있는 교구와 장소, 서로 토론할 수 있는 공간과 시간을 제공하는 것도 한 방법이다. 학생들의 사고를 확장하고 적극적인 자기 발견과 반성을 하도록 하기 위해서 해답과 해답을 구하기까지의 과정에 대해서 아무런 의심이 없이 수용하는 것이 필요하다. 그 후, 각자의 해결 방법을 살펴보고 문제해결 과정이나 전략에 대해서 서로 비교해 보도록 하여 가장 성공적이고 효율적인 해결 과정이나 전략 및 대안적인 전략에 대해 학생이 스스로 깨닫도록 할 필요가 있다. 물론 교사는 본인이 의도한 일반화된 구조를 발견·적용하기를 기대하며 자신의 의견을 제안할 수는 있지만 학생들 스스로 문제해결 과정이나 전략을 만들어 적용해 보는 것은 유용하고 가치 있는 학습 활동이다.

(1) 문제해결 과정과 전략을 공유하도록 하기

러시아의 심리학자인 비고츠키(Vygotsky, 1987)는 능력이 뛰어난 어른 및 동료와의 의사소통이 학습에서 효과적인 방법임을 다음과 같이 주장한다.

> 모든 학습은 사회적이기 때문에 학생들은 교사로부터 배울 뿐만 아니라, 그들의 가족과 동료와 어른들로부터 배운다.

일반적으로 문제해결 과정과 전략은 유일하지 않으며, 각 개인 및 집단별로 다양한 해결 과정과 전략이 나타날 수 있다. 따라서 교사는 이들에 대해 서로 토의하게 하거나 시간이 부족할 경우는 그들을 모아 게시판에 전시할 필요가 있다. 이때, 정확한 해답을 얻은 것이나 완벽하게 해결한 것만으로 제한하지 않아야 한다. 다양한 과정이나 방법이 집단이나 개인에 따라 얼마든지 나올 수 있으며, 그에 따라 다른 답이 나올 수도 있고, 다른 사람들의 오류로부터 새로운 아이디어를 구성할 수도 있다. 다만 자신들의 해결 과정이나 방법에 대해 토의나 게시를 통해 갈등이 생겼을 때, 이치에 맞게 설명·설득하도록 책임을 갖게 할 필요는 있다. 이러한 활동은 서로의 아이디어를 공유함으로써 그들을 더 성숙한 문제해결자로 만들 수 있다. 아이디어를 서로 공유하기 위한 질문의 방법으로 다음과 같은 발문을 생각할 수 있다.

> "종수와 같은 생각을 하고 있는 학생이 있나요?"
> "진호는 종수와 다른 생각을 하고 있는데, 두 학생은 왜 그렇게 생각할까요?"

이와 같은 발문을 통해 교사는 학생들이 가급적 다양한 생각을 발표하도록 하고, 모든 학생들이 발표자의 의견을 듣고 자신의 생각을 밝히도록 하며, 이때 교사는 학생들이 무엇을 생각하며, 어떻게 생각하는지를 파악하여 학습지도를 위한 정보로 활용해야 한다.

또한 듣거나 발표하는 데 관심이 부족한 학생들에게는 앞서 발표한 사람의 발표 내용이나 생각에 대해 반복하거나 자신의 생각을 이야기하도록 권고할 수 있다. 이러한 활동에서 교사의 역할은 대화를 이끌어 가는 사람이지 학생들을 이끌어 가는 사람은 아니다. 교사 자신의 답변과 해답보다 학생들의 문제해결 과정이나 아이디어에 초점을 맞추게 되면 교사는 그들의 관심을 이끌 수 있을 것이다.

(2) 문제 확장하기

좋은 문제들은 겉으로 보기는 단순해 보이지만 다양한 장면으로 확장시킬 수 있다. 학생들에게 답을 구하기까지의 과정과 구한 답을 검토하는 의미와 가치에 대해 토론하게 함으로써 동일한 전략이나 구조를 이루는 또 다른 장면의 문제를 해결해 보려는 욕구를 자극할 수 있다. 문제해결의 일반화와 창의적 사고를 위하여 문제 변형을 통한 문제 만들기 활동은 학생들에게 문제를 확장하는 한 방안으로 활용될 수 있는데, 이 활동은 다음과 같다.

단계	변형 방법	문제 내용
원문제	처음 주어진 문제	8명의 탁구 선수가 토너먼트 방식으로 경기를 하여 우승자를 뽑기로 하였다. 모두 몇 경기를 해야 하는가?
⬇		
확장 1	소재 바꾸어라.	8명의 씨름 선수가 토너먼트 방식으로 경기를 하여 우승자를 뽑기로 하였다. 모두 몇 경기를 해야 하는가?
⬇		
확장 2	수치를 바꾸어라.	12명의 탁구 선수가 토너먼트 방식으로 경기를 하여 우승자를 뽑기로 하였다. 모두 몇 경기를 해야 하는가?
⬇		
확장 3	장면을 바꾸어라.	8명의 씨름 선수가 토너먼트 방식으로 경기를 하여 우승자를 뽑기로 하였다. 각 선수는 질 때까지 계속 경기를 하며 진 사람은 더 이상의 경기는 가지지 않는다. 경기를 몇 번 해야 하는가?
⬇		
확장 4	주어진 조건과 구하는 것을 바꾸어라.	토너먼트 방식으로 모두 66회의 씨름 경기를 하였다. 만약 한 명이 다른 모든 선수와 한 번씩 경기를 가졌다면 몇 명이 경기에 참여했을까?
⬇		

확장 5	이질적인 정보를 제공하라.	8명의 탁구 선수가 토너먼트 방식으로 경기를 하여 우승자를 뽑기로 하였다. 모든 경기는 토요일과 일요일에 실시하며 경기장입장료는 한 선수당 15000원이다. 우승자를 뽑기 위해서 모두 몇 경기를 해야 하는가?

⬇

확장 6	장면, 수치, 조건, 주어진 정보의 변화를 결합하라.	12명의 자전거 클럽 회원 중 7명은 소년이고 5명은 소녀이다. 이들은 2인용 자전거를 타기로 하였다. 만약 각각의 소년이 다른 모든 소녀와 한 번씩 자전거를 타려면 자전거를 몇 번 타야 하는가?

반성·음미 단계에서 자신이 해결한 문제와 관련된 문제를 생각해 보는 것은 문제에 대한 학생들의 이해를 확장시킨다. 문제에 대한 이해를 확장시키는 일은 유사한 유형의 문제를 해결해 보는 경험에서부터 출발한다. 이를 위한 한 가지 방법은 주어진 문제를 변화시킴으로써 새로운 문제를 해결해 보도록 하는 것이다. 위와 같은 방법 중에 하나를 사용함으로써 문제를 확장시킬 수 있는데, 이것은 원래 주어진 문제와 같은 어떤 조건을 유지하면서 개방형(open-ended) 문제를 해결할 수도 있고, 전혀 새로운 문제를 해결할 수도 있을 것이다.

(3) 대안적인 전략 찾기

문제의 해에 이르는 길은 다양하다. 즉 문제를 해결하는 방법은 유일하지 않다. 문제에 따라서 규칙성을 이용하여 해결하거나, 표를 만들어 해결할 수도 있으며, 방정식을 세워서 해결할 수도 있고, 시행착오를 겪으면서 해결할 수도 있을 것이다. 다만 어떤 전략이 가장 효율적인지에 대해서는 문제의 구조에 따라 다르며, 학습자의 문제해결 성향이나 문제해결 경험 및 능력에 따라 다를 수도 있다. 비록 교사의 관점에서 가장 적절한 전략이라 하더라도 이를 학생에게 강요하는 것은 바람직하지 못하다. 어떤 전략에 대한 효용성이나 가치는 교사나 교과서를 통하여 얻어지는 것이 아니라 학생 스스로 그 가치를 인식하고 활용해 본 경험을 통해서 느끼게 된다. 이는 '수학적 지식은 한 개인으로부터 다른 사람에게 전달되는 것이 아니라 학생 개개인이 자신의 선행 경험이나 지식으로부터 자신의 지식을 구성하는 것'이라는 구성주의의 기본 가정이다. 이렇게 볼 때, 다양한 전략을 구안·적용하는 능력은 여러 가지 전략을 이용하여 문제를 해결해 보는 경험의 뒷받침이 있어야 할 것이다. 따라서 교사는 동일한 문제일지라도 서로 다른 전략을 이용하여 문제를 해결해 보는 경험을 제공할 필요가 있다. 그렇지만 한 가지 이상의 방법으로 문제를 해결하는 학생들의 가치가 과대평가될 필요는 없다. 다음과 같은 질문은 대안적인 전략을 찾는 학생들의 사고를 자극할 수 있다.

㉠ 가능하다면 해를 찾기 위한 대안적인 전략을 찾고 그것을 이용하여라.

㉡ 올바른 답인가를 점검하기 위하여 다른 풀이 방법으로 답을 구해 보아라.

제 4 장

문제해결 전략 지도

1 문제해결 전략

문제해결을 어떻게 성공적으로 이끌 것인가의 문제에서 가장 중요하게 부각되어 온 것이 바로 발견술과 전략이다. 발견술은 문제를 해결하기 위해 문제해결자가 스스로에게 던지고 따르는 발문과 권고의 모임을 말하는 것으로 보다 일반적이며 모든 문제 상황에 적용된다는 점에서 알고리즘(Algorithms)과 구별된다(Krulik & Rudnick, 1980). 알고리즘은 단일한 종류의 문제에 적용되는 문제해결 절차를 말하는데 특별한 절차상의 실수를 범하지 않는다면 문제해결이 보장된다. 이와는 달리 발견술은 모든 종류의 문제의 해결에 도움이 되나 답의 해결을 보장해 주지는 못한다. 전략은 문제해결 발견술의 일부로서 특정 문제를 푸는데 결정적으로 영향을 미치는 문제해결 지침을 말한다. 문제해결력을 신장시키는 수업은 주로 이 발견술과 전략을 지도함으로써 학생들이 자신들에게 친숙하지 않는 새로운 문제 상황에 이 발견술과 전략을 사용할 수 있게 하는 방법을 택한다.

메이어(Mayer, 1983)는 전략을 문제 공간에서 해(solution)에 이르는 길(path)을 찾는 기술로 정의하고, 문제해결에서 전략의 중요성을 강조하며 '전략은 문제의 해를 보증해주지는 않지만 해에 이르는 길을 안내한다.'고 주장한다. 문제해결은 곤란의 해소이고, 이를 위한 활동은 곧 문제의 분석·이해를 위한 활동이므로, 문제해결과 관련지어 생각한다면 다시 말해 전략은 문제에 대한 분석·이해의 활동과 관련이 된다고 할 수 있다. 이시다 준이치(石田淳一 외, 1986)는 전략을 어떤 목적을 달성하기 위한 종합적인 준비 계획 수단 등의 조직적 운용 방법으로 책략, 방책(어떤 일을 처리하는 꾀와 방법) 등으로 말하기도 한다. 따라서 수학 교육에서의 전략이란 당면한 문제를 해결하려고 할 때 그 해결의 전반적인 절차나 해결 방법을 발견하는 단서를 얻는 방법, 또는 그 구체적인 수단을 말한다고 할 수 있다.

우리는 일상생활에서 부딪히는 모든 문제의 해결에 접근하는 적절한 방법은 유일한 것이 아니라 다양하다는 것을 알고 있다. 그렇지만 어린 학생들에게는 그들 스스로의 경험과 노력에 의해 구성할 수 있는 문제해결을 위한 일반적인 틀을 갖도록 하는 것도 문제해결에 있어서 유용하다. 문제해결 전략을 크게 두 가지로 구분하면 일반적 전략(General strategy)과 특수 전략(Specific strategy)으로 나눌 수 있다. 일반적 전략의 전형적인 예로 폴리아(1957)가 제시한 문제해결 4단계, 즉 ① 문제의 이해(Understanding the problem) → ② 계획 수립(Devising a plan) → ③ 계획의 실행(Carrying out the plan) → ④ 검토·반성(Looking back)을 거치는 과정을 생각할 수 있으며, 문제의 해결 방법을 발견하는 데 도움을 주는 구체적인 수단인 특수 전략의 예로 렌츠너(Lenchner, 1983)가 제시하는 12가지의 전략([표 1])을 들 수 있다.

[표 1] 문제해결 특수 전략

① 그림(장면도, 모형도 등)이나 도표(선분도, 면적도 등)를 그려서 해결하기	
② 규칙성을 찾아서 해결하기	③ 목록을 만들어서 해결하기
④ 표를 만들어서 해결하기	⑤ 단순화시켜서 해결하기
⑥ 시행착오를 겪으면서 해결하기	⑦ 실험해 보고 해결하기
⑧ 실제로 행하여 보고 해결하기	⑨ 거꾸로 생각하여 해결하기
⑩ 식(정식, 등식)을 세워서 해결하기	⑪ 연역적으로 추론하여 해결하기
⑫ 관점을 바꾸어서 해결하기	

렌츠너(1983)는 폴리아의 문제해결 4단계를 문제해결의 기본 과정으로 여기고, 2단계인 해결 계획 수립 단계에서의 '문제해결 전략은 다양하다.'는 전제 하에 일반적이고 자주 활용되는 전략 12가지를 초등학교 단계에서 사용할 수 있는 전략으로 제시한다. 따라서 본고에서는 일반적 전략이란 대부분의 수학 문제해결에 적용될 수 있는 폴리아의 문제해결 4단계 전략을 말하며, 특수 전략이란 문제의 특성에 따라 해의 지름길을 안내하는 렌츠너의 12가지 전략을 말한다. 특수 전략은 일반 전략의 부분으로 일반적 전략을 적용

하여 문제를 해결하는 과정 중에 문제해결 계획 수립의 단계에서 적용되는 전략으로 취급하는 것이 바람직하다. 정형적인 문제이건, 비정형적인 문제이건 문제를 풀기 위해서는 일반적인 전략과 특수한 전략을 사용해야 한다. 모든 문제는 다양한 해결 전략을 가지고 있으나, 또한 문제를 가장 효율적으로 해결할 수 있는 독특한 전략을 담고 있다. 주어진 문제해결을 위한 가장 효율적인 전략을 선택·적용할 수 있는 능력을 기르는 것은 문제해결 전략을 지도하는 주된 이유가 될 수 있다.

2 문제해결 전략의 지도

2.1. 전략 지도의 필요성

문제해결력은 선천적으로 타고 나는 것도 아니고, 짧은 시간에 길러지는 것도 아니다. 학생이 얼마나 많은 문제를, 그리고 얼마나 다양한 유형의 문제를 풀어보느냐가 매우 큰 영향을 미친다. 어려서부터 다양한 유형의 문제를 풀어보는 경험, 다양한 유형의 전략을 사용해 보는 경험은 결국 문제해결력 신장에 도움을 줄 것이다. 문제해결을 위한 적절한 전략을 선택하는 것을 목수가 어떤 상황에서 필요한 도구를 결정하는 것으로 비유할 수 있다. 목수가 나무에 못을 박을 경우 사용할 수 있는 도구는 여러 가지가 있으나 그 중 가장 효율적인 도구는 망치이다. 망치를 잘못 사용하면 손톱을 내리쳐서 다칠 수도 있으나 망치는 목수가 하는 작업을 수월하게 해준다. 목수는 오랜 경험을 통하여 못을 박는 도구로 망치를 선택하고 이를 능숙하게 사용하듯이 많은 전략 가운데에서 주어진 문제를 해결하는 데 올바른 전략을 선택하는 일은 예사로운 일이 아니다. 처음에는 올바른 전략이라고 생각했던 것이 나중에는 옳지 않다는 것을 알게 되기도 하고, 그 반대로 실제로 도움이 되는 유용한 전략임에도 불구하고 그렇지 않은 것으로 잘못 생각하여 미리 포기해 버리는 수도 있다. 올바른 전략을 선택하는 일은 어려운 일이며, 또한 올바른 전략의 선택은 문제해결의 지름길이라고 볼 때 문제해결력을 신장시키기 위해서는 문제의 특성에 따라 어떤 전략을 어떻게 활용하는지에 대해서 알아야 한다. 전략에 대해 좀 더 자세히 알아보기 위해 문제해결에 대한 메이어(Mayer, 1983)의 정의를 살펴보자.

문제해결이란 문제 공간에서 최초의 상태에서 연산자를 적용함으로써 도달되는 최종의 상태로 가기까지의 길을 찾는 것, 즉 문제에 당면하면 원하는 것을 얻기까지의 일련의 활동을 말하는 것으로 적절한 수단을 써서 답을 찾는 일이고, 어려움으로부터 해결의 길을 찾는 것이며 장애를 돌파하는 방법을 찾아 바람직한 목표에 도달하는 것이다.

문제해결에 대한 메이어의 주장에서 '수단' 이나 '방법'은 문제해결에서 '전략'을 의미하는 것으로 문제해결력 신장을 위해서는 전략의 지도가 무엇보다 중요함을 강조하는 것으로 해석할 수 있다. NCTM(1980)에서도 문제해결 지도는 일종의 습관 형성을 지도하는 것이므로 초등학교에서 문제해결에 대한 올바른 관점을 토대로 가급적 넓은 범위에서의 문제해결이 고려되어야 하며, 문제해결은 일종의 사고 태도 또는 습관의 취득이기 때문에 문제해결 지도는 어릴 때부터 시작할 것을 권고하고 있다. 여기에서의 문제해결은 학생들이 그들 주변에서 수학의 유용성과 그 기능을 경험하는 과정이고, 그것은 탐구와 적용 방법인데 수학을 학습하고 적용하는 일관된 상황을 제공하기 위해서 강조되어야 할 것이다. 학생들에게는 문제 상황을 통해 전략의 필요성을 인식하게 해야 하고, 문제해결을 통해 전략 습득의 유용성을 깨닫게 해야 한다. 따라서 수학 교육에서의 문제해결 전략의 지도는 전략 습득의 필요성이나 그 이점의 뒷받침을 통하여 학생들을 주체적 학습으로 유도하고 문제 상황으로부터 수학의 기초적인 지식, 기능의 의미 이해를 통한 확실한 정착, 해결 과정을 통한 수학적 사고나 태도의 육성 및 문제해결력의 육성을 지향하는 학생 중심 교육의 실천적인 방편이 될 수 있을 것이다.

2.2. 전략 지도의 의의

문제해결의 지도에서는 그 해결의 과정, 즉 해답을 구하는 방법이 중요하다. 학생들의 자주적인 학습이 이루어지기 위해서는 당면하는 문제를 자력으로 해결할 수 있어야 하기 때문이다. 그러나 우리의 현실은 문제를 해결하는 공식을 생각해 내지 못하거나 식을 세우지 못하면 문제해결을 포기해 버리는 학생도 있으며, 기존의 지식이나 기능을 어떻게 활용해야 할지를 몰라서 문제해결의 시도조차도 하지 못하는 학생들이 적지 않다. 이런 학생들에게 문제해결 전략의 지도를 통해 당면한 문제의 해결 방법을 찾을 수 있는 구체적인 수단을 몸에 배이도록 할 수 있다면 학생들의 자력 해결을 보장하는 일이 될 것이다. 그리고 모든 학생들이 자기 나름의 방법으로 자력 해결이 가능하게 되어 해결 방법 그 자체에 관심을 가지게 되면 해답을 구한 뒤에도 그 구하는 방법을 고쳐 보아서 자기가 풀었던 방법을 점차 세련되게 다듬어 가는 학습 활동으로 이어질 것이다.

학생들에게 '무엇을 알고 있느냐?'가 아니라 '그것을 어떻게 이용할 수 있느냐?'를 알도록 하는 것이 중요하다. 적절하지 못한 전략의 사용은 학생들이 무엇을 알고 있느냐에 관계없이 실패를 가져온다. 누구나 실수를 범할 수 있기 때문에 언제나 올바른 전략, 즉 문제를 합리적이고 효율적으로 해결할 수 있는 전략을 선택한다는 것은 쉬운 일이 아니다. 다만 훌륭한 문제해결자는 잘못된 전략을 선택·적용했을 경우 재빨리 포기하고, 빨리 또 다른 전략을 선택·적용할 수 있기 때문에 다양한 전략의 특성에 대한 지도는 성공적인 문제해결의 지름길이라고 할 수 있다.

문제해결에 대한 전략 지도는 문제를 해결하는 데 합리적이고 효율적인 전략을 지도하는 것뿐만 아니고 해답이 구해진 이후에 '반성·음미'의 단계에서 이루어질 활동을 촉진시키는 데에도 유용하다. 이 단계에서는 다음과 같은 활동들이 포함되는데, 이와 같은 생각이나 방법들은 '검토와 반성'의 단계에서의 전략일 뿐만 아니라 수학을 학습하는 방법의 하나로도 중요하다.

㉠ 구해진 해답을 검토한다. ㉡ 해결한 방법의 다른 방법을 생각해 본다. ㉢ 해결 방법을 음미해서 보다 간결한 방법, 보다 일반적인 방법의 유무를 검토한다. ㉣ 문제의 조건을 변경시켜 새로운 문제를 만든다. ㉤ 여러 가지 생각하는 방법의 유사점이나 다른 점을 찾아 정리해 본다.

NCTM(1980)의 'An Agenda for Action'은 수학교육에 대한 첫 번째 권고로서 문제해결의 전략에 대해서 다음과 같이 진술한다.

> 교사는 문제해결 전략의 특성 파악과 분석에 우선권을 주어야 한다. … 중략 … 좋은 문제를 해결하는 해결 전략을 예시함으로써, 학교급에 적절한 문제해결 활동의 전개를 도모해야 한다.

그리고 NCTM(1983)의 연보 'The Agenda in Action and Evaluation Standards for school Mathematics'에서는 수학 교육의 방법인 동시에 목표로 문제해결을 제시한다. 또한, 영국의 교육과학성은 5～10살 어린이들을 대상으로 하여 수학 학습의 지침을 명시한 'Mathematics from 5 to 10'에서 학습 목표의 하나로 문제해결의 일반적인 전략을 지정하고, 어림하기, 시행착오, 문제를 단순화하기, 규칙 찾기, … 등 8가지의 특수 전략과 그에 대한 설명을 제시하고 있다. 이와 같은 현상들은 학교 수학교육에서 문제해결 지도가 중심적인 자리를 차지하여야 하고, 당면한 문제를 자력으로 해결할 수 있는 학습자의 육성을 위해서는 문제해결의 전략 지도가 중요하다는 것을 말하고 있는 것이다.

3 문제해결을 위한 일반적 전략

문제해결을 위한 기본적이고 일반적인 단계는 폴리아의 문제해결 과정(문제의 이해, 계획 세우기, 계획의 실행, 반성)과 듀이의 반성적 사고에 의한 문제해결 단계(문제제기, 분석, 가설설정, 연역, 검증)를 들 수 있다.

3.1. 듀이의 문제해결 5단계

결합주의자들은 사고의 기본 구조가 자극과 반응의 연합으로 이루어졌다는 가정 하에 외견적(外見的)인 인지 활동에 관심을 보이면서 내관적(內觀的) 분석에 의한 사고에 대해서는 자세하게 밝히질 못했다. 그들의 주장과 같이 문제를 시행착오에 의하여 해결한다면 곤혹스런 상황은 해결될 수 있으나 그 이상을 추구할 의욕은 일어나지 않을 것이며, 기지의 지식으로 문제가 해결되었더라도 더 나아가 새로운 내용을 학습하려는 의지는 발생하지 않을 수 있다. 이에 듀이는 결합주의자들과는 달리 문제해결의 사고 과정을 ① 문제장면 → ② 분석 → ③ 가정 → ④ 연역→ ⑤ 검증의 5단계로 나누고 있는데, 듀이가 제시한 각 단계별 활동을 요약하면 다음과 같다.

① 문제 제시 장면: 이 단계는 제시된 문제를 단편적인 기지의 지식만으로는 해결할 수 없는 상태이며, 현상에 적응이 아직은 안 된 불만족한 상태이다. 이 단계에서 문제해결자는 문제해결에 대한 동기가 강하게 작용하여 문제 장면에 대한 검토를 시도한다. 다시 말해, 제기된 문제가 학생들의 흥미와 호기심을 자극할 수 있는 장면이 포함된 문제라면, 학생들은 문제해결을 시도하고자 노력할 것이다.

② 분석: 문제해결에 대한 흥미와 호기심, 의욕은 있으나 기지의 단편적인 지식만으로는 해결할 수 없는 상태에서 적절한 해결 방법이 떠오르지 않아 내적으로 불만과 곤혹감이 존재할 경우, 문제해결자는 이를 해소하기 위해 문제 장면을 조사·분석·검토하게 된다. 이때, 분석의 대상은 문제 장면에 대한 것뿐만 아니라 이전의 곤란, 불만, 그리고 문제해결을 위해 지향해야 할 목표에 이르기까지이며, 분석은 종합적으로 이루어진다.

③ 가정: 이 단계는 시행착오와도 관련이 되는 것으로 문제해결을 위한 여러 가지 가설을 세우는 과정이다. 가설의 검토는 시행의 한 형태로 볼 수 있으며, 이 단계의 초점은 목표에 대해 가설을 설정하고 검증하는 과정이 된다. 이 단계는 문제해결을 위한 곤란을 가장 크게 겪는 과정으로 시도된 몇 번의 시행착오로 인해 문제해결을 기피할 수도 있으므로 문제를 해결하려는 의지와 집착력, 자신감이 요구되는 단계이다. 다시 말해 문제해결자가 자신의 힘으로 문제를 분석하고, 가설을 설정하고, 검토하여 적절한 해결 방법을 선택·적용함으로써 문제해결에 이르도록 해야 할 것이다.

④ 연역: 이 단계는 문제해결의 전 과정을 종합 정리하여 논리 정연한 틀을 구축하는 단계이다. 즉 문제해결을 통하여 얻어진 지식을 기지의 지식과 연결·결합·포섭하여 새로운 전체로써 지식의 틀을 구축하는 단계로서 듀이에 의하면 문제해결의 가장 중요한 과정이다.

⑤ 검증: 지금까지의 문제해결에 대한 반성뿐만 아니라 습득·터득한 지식을 창조를 필요로 하는 새로운 장면에 응용하는 것과, 또 다른 새로운 학습의 시작과도 관련되는 단계이다.

3.2. 폴리아의 문제해결 4단계

문제해결력을 함양하기 위해서는 문제해결 전략뿐만 아니라 문제해결 과정에 대한 지도가 함께 이루어져야 한다. 폴리아의 문제해결 4단계는 문제해결 과정의 유형 중에서 가장 널리 알려진 일반적 전략으로 정형적인 문제와 비정형적인 문제에 두루 활용할 수 있다.

(1) 문제 이해

이 단계는 성공적인 문제의 해결에 결정적인 영향을 미친다. 문제 상황의 인식과 파악, 관련된 요소와 그들 사이의 관계 결정, 그리고 얻고자 하는 것이 무엇인지를 명확히 이해해야 한다. 이를 위해서는 매우 간단한 문제를 제외하고 문제를 여러 번 읽어야하고 그 문제 안에 주어진 사실이나 조건의 의미를 파악하기 위하여 신중하게 생각해야 한다. 문제를 이해하는 데 학생들이 겪는 어려움의 하나는 학생들의 경험과 문제 진술에 사용된 용어(언어)의 관련성이다. 만일 학생들이 언어에서의 어려움을 느낀다면 그들이 이해할 수 있는 언어 또는 그들의 경험과 관련시킬 수 있는 언어와의 연결이 필요하다. 즉 일반적으로 문제 장면을 자신의 입장에서 자신의 말로 다시 표현해 보아야 분명히 이해할 수 있다. 머릿속으로 그림을 그려보거나 과거에 풀어 본 문제와 관련시켜 보거나, 자신의 경험에 근거하여 문제 장면을 재구성해 보는 것은 문제의 구조를 이해하는 데 유익하다.

(2) 계획 수립

이 단계는 문제를 이해하고 나서 해결 계획을 구상하는 단계이다. 이 단계에서는 문제의 구조와 유형을 고려하여 정형적인 문제라면 수학적인 기호를 사용해 방정식으로 나타낼 수 있을 것이며, 방정식으로 나타내기 위해서 문제 장면을 그림(선분도, 수직선, 정경도, … 등)으로 시각화는 것이 필요할 수 있다. 또한 비정형적인 문제라면 문제의 특성을 반영한 특수한 전략을 구상해야 할 것인데, 일반적으로 앞의 [표 1]과 같은 특수 전략을 사용한다.

(3) 계획 실행

문제해결 계획을 수립하는 것과 그것을 수행하는 것을 명백하게 구분하기는 쉽지 않다. 계획의 실행이란 주어진 문제의 해에 도달하기 위하여 계획한 전략에 따라 실제로 활동해 보거나, 자료를 조작해 보거나, 연필을 들고 종이에 그림을 그려보거나 쓰면서 해에 접근하는 과정이다. 실제 문제해결을 수행하는 사람은 학생 자신이라 할지라도 문제해결 과정에서 가장 중요한 역할을 하는 사람은 교사이다. 학생들이 문제해결 계획을 수행할 때 종종 산술적인 계산이 수행되는데, 이 과정에서 학생들이 산술적인 어려움을 겪을 경우 교사는 힌트나 질문을 통하여 학생들을 돕고 안내해야 하며, 수준 미도달자에게는 좀 더 자세한 해결 방향을 암시해 주어야 한다. 만일 두 세 단계의 과정을 거쳐 해결해야 할 문제일 경우 다음 단계를 수행하기 전에 매 단계별로 올바르게 수행하였는지를 점검해 보도록 권고해야 하며, 또 학생들은 그들이 문제해결에 사용한 전략이 효과적이지 않을 경우 그들의 관점을 바꾸어 볼 것을 권고해야 한다. 일선 교사들은 일반적으로 문제해결 과정에서 다른 세 단계(문제의 이해, 해결 계획의 수립, 결과의 반성)를 경시하고 계획을 수행하는 단계를 강조하는 경향이 있다. 그러나 문제해결의 각 단계에서의 주의 깊은 고찰은 학생들의 지각력을 발달시킬 수 있을 뿐만 아니라 계산은 문제의 해에 이르게 하는 광범위하고 유용한 절차의 일부일 뿐임을 인식시키는 데 도움을 준다.

계획을 실행하는 단계에서는 정확한 답을 찾기 위하여, 앞 단계에 결정된 계획을 조심스럽게 실행해야 한다. 이 단계에서는 가능하면 문제에서 얻고자 하는 답을 어림·예상해야 한다. 문제해결자가 당황하지 않기 위해 도표, 표, 목록을 적절히 구성할 필요가 있다. 부호나 기호가 적절한 곳에 적절하게 사용이 되었는지, 그리고 선택한 전략이 가장 효율적인지에 대해 확인·비교·검토해 보아야 할 것이다. 필요에 따라서는 물리·조작적 자료를 활용할 수도 있으며, 계산 기능을 기르기 위한 문제가 아닐 경우 큰 수나 복잡한 계산을 해야 할 경우는 지필 계산에 따르는 시간적·정신적인 부담을 줄이기 위해 계산기를 사용할 수도 있다. 이 단계에서 특히 관심을 가질 것은 계산 과정이나 선택한 전략의 적용에서 모순이 생기거나 계획 실행이 지나치게 복잡·난해할 경우 그 원인을 파악하기 위해 수행 과정에 대해 수시로 검토할 필요가 있다는 것이다.

(4) 반성

이 단계에서는 답이 확정되고, 문제의 확장·심화를 고려해야 한다. 대부분의 학생들은 문제를 풀어서 답을 구했을 때, 그 답의 정당성에 대해서 검토해 보는 과정을 매우 소홀히 하거나 아예 검토할 필요성을 느끼지 않는 경향이 있다. 이는 문제해결 과정에서 중요한 일부분을 생략하는 것과 마찬가지이다. 교사는 학생들에게 그들이 구한 답의 정당성을 뒷받침하기 위한 반성과 검토의 기회를 가질 것을 권고해야 한다. 이 과정에서 학생들은 국소적인 차원에서는 실수를 찾아낼 수 있고, 전체적인 차원에서는 풀이 과정을 재음미해 봄으로써 새로운 풀이 방법을 찾아낼 수도 있고, 다른 주제와의 관련성도 찾아낼 수 있을 뿐만 아니라 자신이 사용했던 문제해결의 유용한 측면을 의식적으로 인식함으로써 더 나은 문제해결자가 되는 데도 도움을 줄 수 있다. 또한 어떠한 전략이 가장 적절한지도 알 수 있다.

문제의 정답은 수학적 기호나 문자를 사용하기 이전에 언어를 사용하여 문제의 요구 조건에 맞도록 진술해 보아야 한다. 예컨대 "남학생이 5명이고, 여학생이 3명 있다. 남학생은 여학생보다 몇 명 더 많은가?"라는 문제를 해결하여 "남학생이 2명 더 많다."는 정답을 구했을 경우, '2명'이라고만 답을 할 것이 아니라, '남학생이 2명 더 많다.'고 진술하는 습관을 어린 학년에서부터 지도해야 한다. 이는 문제에서 주어진 조건과 문제에서 요구하는 것이 무엇인지를 명확히 파악할 수 있는 근거가 되며, 또한 해결 과정에서 발생할 수 있는 오류를 발견하는 데 도움을 준다. 답이 문제의 뜻과 맥이 통할 경우 정확한 계산을 하였는지, 계산 과정에 대한 최종적인 검토의 기회도 제공해야 한다. 얻어진 결과가 문제에서 요구하는 사항 및 조건에 맞는지, 계산 과정이나 사용한 전략이 올바른지를 결정해야 한다. 계산 과정이 바르지를 확인하기 위해서 역연산이나 미지항에 답을 대입하여 계산의 오류를 점검할 수도 있으며, 계산기를 사용하여 답을 확인할 수도 있다. 계획 실행 단계에서 답을 어림·예상(추측)해 보았다면 그것과 얻은 답을 비교해 볼 필요가 있으며, 이때 추측했던 답과 실제 구한 답이 차이가 날 경우는 실행 과정에 대해 다시 점검해야 한다. 반성의 단계에서 바른 답을 확인하는 것도 중요하지만 문제해결 과정에서 작용한 사고를 확장시켜 주는 기회를 갖게 하는 것이 필요하다. 자신이 사용한 전략과 과거에 사용했던 전략을 비교해 보는 기회를 갖는 것, 자신의 문제해결 전략을 다른 사람의 문제해결 전략과 비교해 보는 활동은 아이디어를 공유할 수 있는 기회인 동시에 보다 간편하고 유용한 전략의 습득과 수학적인 사고력의 신장에 매우 유용하다. 특히 주어진 전략을 활용할 수 있는 새로운 문제를 고안한다든지, 주어진 문제해결을 위해 새로운 전략을 고안하는 일은 학생들이 문제해결력을 기르기 위한 필수적인 요소 가운데 하나이다.

이 단계에서 또 다른 중요한 사항은 확장이다. 특히 비정형적인 문제일 경우 문제해결을 위한 또 다른 전략, 즉 문제를 풀기 위한 대안적인 방법을 찾아 적용해 보는 것은 문제해결력 신장에 유익하다.

3.3. 폴리아의 문제해결 4단계 지도

문제해결의 일반적 전략은 모든 수준의 학생들에게 지도되어야 한다. 그럼에도 수학의 세계에 처음 입문하는 초등학교 저학년 과정에서는 문제의 이해, 몇 가지의 초보적 특수 전략(실행하여 해결하기, 그림을 그려서 해결하기 등)과 답을 추측해 보는 활동, 구한 답을 문제 장면에 비추어 해석하는 활동에 초점을 둘 필요가 있다. 초등학교 중학년 과정에서는 폴리아의 문제해결 4단계와 함께 다양한 특수 전략(표를 만들어 해결하기, 규칙성을 찾아서 해결하기, 식을 만들어 해결하기, 등)의 활용 및 정보가 추가·생략된 변형 문제 풀기나 문제 변형하기 등에 초점을 둘 필요가 있으며, 고학년 과정에서는 폴리아의 문제해결 4단계와 함께 모든 특수 전략(거꾸로 풀기, 단순화하여 풀기, 목록을 만들어서 풀기 등)을 포함하여 조건 및 정보가 변형된 문제 풀기와 제시된 소재를 활용한 문제 만들기 지도에 초점을 둘 필요가 있다.

(1) 문제의 이해를 위한 지도

일반적으로 대부분의 어린이들이 구체물이나 손가락과 같은 물리·조작적 모델을 직접 활용하여 간단한 덧셈과 뺄셈에 관련된 문제를 해결하는 방법을 이미 알고 초등학교에 입학한다. 그들은 생활 경험을 통하여 얻은 비형식적인 방법이지만, 그들이 알고서 하고 있는 자신만의 방법으로 문제를 풀고 난 후, 자신의 해결 방법을 합리화시킬 수 있는 근거를 가지고 있다. 교사는 그들이 어떤 문제를 어떤 방법으로 해결했는지에 대한 정보를 얻을 필요가 있다. 이는 학생들끼리 아이디어를 공유할 수 있는 기회를 제공해 줄 수 있을 뿐만 아니라, 발표자에게는 자신의 해결 방법이나 아이디어에 검증할 수 있는 기회를 제공하는 것이며, 교사의 입장에서는 학생들이 무엇을 어떻게 생각하고 있는지를 파악함으로써 교수를 위한 정보를 얻을 수 있을 것이다. 학생들이 문제를 해결한 방법에 대해 다음과 같은 질문은 문제의 이해력을 높이는 데 도움이 될 것이다.

㉠ 무엇을 해야 하는가를 너는 어떻게 알았느냐? ㉡ 도구나 계산기 등 자료로 무엇을 해야 하는가를 어떻게 결정하느냐? ㉢ 문제를 풀기 시작할 때 왜 문제의 의미를 파악해야 하는가? ㉣ 문제의 의미를 이해하지 않고 풀기 시작하면 무슨 일이 일어나겠느냐?

이러한 질문에 대한 토의는 문제해결에 대하여 그들이 학습한 것과 경험한 것을 몇몇 학생들이 발표·요약함으로써 결론을 얻을 수 있다. 그리고 학생들에게 문제해결의 단계별로 질문함으로써 문제해결학습을 할 수 있을 것이다. 학생들은 문제를 이해하는 것이 무엇이며, 문제를 이해하는 것이 왜 필요한지를 알도록 하기 위하여 다음과 같은 활동을 권고할 수 있다. 그리고 각각의 활동에 대해서 토의할 수 있는 기회와 환경을 만들어 주어야 한다.

㉠ 문제에 주어진 조건이 무엇이며, 무엇을 요구하는 것인지를 확인하기 위하여 눈과 입으로 문제를 읽어라. ㉡ 알고 있는 단어들의 의미를 확실히 해라. ㉢ 명확하지 않은 진술이나 익숙지 않은 단어의 의미에 대해서는 선생님에게 물어라. ㉣ 너 자신의 말로 문제를 말해라. ㉤ 무엇이 일어나고 있는지 생각해라. ㉥ 문제 상황에 대해 마음속으로 그림을 그려라. ㉦ 무엇을 가지고 무엇을, 어떻게 해야할지 결정하기 위하여 그림을 그려라. ㉧ 주어진 조건들을 재검토해라. ㉨ 주어진 조건들이 서로 어떻게 관련되어 있는지 말해라. ㉩ 네가 생각하고 있는 것이 문제에 관련된 것인지 말해라. ㉪ 주어진 조건이 무엇이며, 무엇을 요구하고 있는지 자신에게 묻고 확인하여라.

위와 같은 몇 가지 제안들은 학생들이 문제를 이해하는 데 도움이 될 것이다. 또한, 문제 이해의 중요성을 강조하기 위하여 다음과 같은 활동을 할 수 있다.

- 문제를 주어라. 그리고 학생들이 문제를 풀기 전에 그들이 무엇을 해야 하는지와 어떻게 해야 하는지에 대해서 생각하고 이를 발표하도록 하라. 즉 문제를 이해하기 위하여 필요한 것에 대하여 발표·협의하도록 하여라.
- 문제의 이해를 돕기 위한 질문들
  - ㉠ 너는 그 문제를 3번 읽었다고 했지? 왜 그렇게 했지?
  - ㉡ 너 자신의 말로 그 문제를 말하는 것이 너에게 어떤 도움을 주었니?
  - ㉢ 문제를 읽고 생각한 것, 즉 머릿속에 떠오른 것이 무엇이냐? 왜 그렇게 생각했느냐?
  - ㉣ 문제의 의미에 대하여 생각을 바꿔 보았느냐? 그렇다면 모두에게 설명해 보아라.

이 단계에서 교사는 학생들이 이해하지 못하는 단어나 구문을 설명해 줄 수 있으며, 문제에 주어진 조건과 그들 사이의 관계를 파악할 수 있는 다단계의 발문이나 질문을 제공할 수 있다.

(2) 계획 수립을 위한 지도

주어진 문제해결을 위해서는 단 한 가지 전략 또는 몇 가지 전략을 결합하여 해결할 수도 있다. 우리는 동일한 문제에 대해서도 문제해결자에 따라 서로 다른 전략을 사용하는 것을 종종 목격할 수 있다. 학생들은 문제해결에 있어서 그들에게 전혀 생소한 전략을 사용할 수 없다는 사실을 교사는 깨달아야 한다. 즉 교사의 관점에서는 아무리 간편하고 유용한 전략이라고 생각하더라도 학생들이 그 전략에 대한 이해 및 적용 경험이 없다면 그들이 주어진 문제해결을 위해 그 전략을 사용할 수 있으리라는 기대는 할 수 없다. 다른 기능과 마찬가지로 문제해결을 위한 기능도 학습을 통해 배워지는 것이다. 따라서 학생들의 문제해결력을 기르기 위해서는 새로운 전략을 실제로 적용해 볼 수 다양한 문제 장면이 제공되어야 하며, 또한 어떠한 문제를 해결하는 전략은 유일하지 않다는 사실을 인식할 수 있는 상황과 기회의 제공이 필요하다.

계획을 수립하고 실행하는 2단계와 3단계를 명료하게 구분하는 것은 초등학교 저학년에서는 어렵다. 고학년의 경우는 문제에 따라 해결 계획을 수립하는 단계와 실행 단계로 구분할 수 있으며, 해결 계획 수립 단계에서는 문제를 해결하는 전략은 매우 많다는 사실을 알게 하고, 그 중에서 가장 효과적인 전략을 선택하게 한다. 특히 적절한 전략이 생각나지 않을 경우, 과거에 유사한 문제를 풀어 본 경험을 되살리게 하거나 몇 가지의 해결 전략을 소개 또는 권고하거나 각 전략의 특성을 안내할 필요도 있다.

일상생활에서 어떤 일을 하기로 결정한 후에 어떤 행동이 뒤따르는지를 생각해보자. 예를 들어 여행을 가기로 결정했다면 '어디로 갈 것인가?', '무엇을 가지고 갈 것인가?', '무엇을 타고 갈 것인가?', …등 여러 가지를 생각하고 결정해야 한다. 마찬가지로 문제해결 단계에서도 문제를 이해했다면 '어떻게 풀 것인가?', '어떤 것을 이용하여 풀 것인가?', …등에 대해서 생각하고 결정해야 한다. 따라서 학생들에게 문제해결 계획수립과 실행 단계를 강조하기 전에 그들이 어떤 전략을 사용할 것인가에 대해서 생각하고 결정하도록 해야 한다. 그리고 그들이 선택하고 결정한 전략에 대해서 토의하게 하고, 그 전략이 얼마나 가치가 있으며 문제해결에 어떠한 영향을 미치는지에 대해서 깨닫도록 해야 한다. 해결 계획을 수립하는 데 도움을 주기 위해서 다음과 같은 활동을 권고할 수 있다.

㉠ 전에 이와 유사한 문제를 풀어본 경험이 있는지 알아본다.

㉡ 유사한 문제를 풀었을 때, 자료를 어떻게 정리하였으며, 어떠한 전략을 이용하여 해결했는지를 회상해 보도록 한다.

㉢ 문제해결에 이용될 수 있는 전략을 찾아보게 한다.

㉣ 문제를 그림(정경도, 선분도, 면적도, 구조도, 타일도, 벤다이어그램, … 등), 표, 그래프, … 등으로 시각화하여 문제해결을 위한 단서와 전략을 찾게 한다.

㉤ 학생들에게 교사가 직접 전략을 안내하여 지시에 의존하게 하기보다는 게시판 등을 사용하여 게시판에 제시된 전략을 학생 스스로 취사선택하도록 한다.

㉥ 또 문제해결 계획을 수립하는 과정에서 학생들의 사고를 자극하기 위해 다음과 같은 질문을 하여라.

- 전략을 구상하면서 어떤 생각을 했느냐? 또 너 자신에게 한 말은 무엇이냐?
- 너는 어떤 전략을 선택했으며 왜 그 전략을 사용하려고 하느냐?
- 네가 생각했던 전략을 모두 설명해 보아라.
- 처음에 생각했던 전략을 바꾸지는 않았느냐? 바꾸었다면 왜 바꾸었느냐?
- 답이 얼마인지 예상해 보았는가? 왜 그렇다고 생각하느냐?
- 어떤 연산자(+, −, ×, ÷)를 선택했으며, 왜 그것을 선택했느냐?

(3) 계획 실행을 위한 지도

학생들은 문제해결의 2단계와 3단계를 실행할 때 서로 다른 생각이나 전략이나 절차를 사용할 수 있다. 또 계획의 실행과정에서 전략을 수정·변경할 수 있으며 여러 번의 시행착오를 겪기도 한다. 이 단계가 문제해결 과정에서 학생들의 집중력과 끈기가 가장 많이 요구되며, 학생들 또한 가장 어려워하는 단계로서 자신의 의도대로 문제가 해결되지 않을 경우 포기하기도 하며, 이것이 반복되면 좌절하기도 하고 심지어 수학에 대한 불안감 내지는 수학학습을 기피하는 현상이 생길 수도 있다. 따라서 교사는 학생 개개인의 활동을 세심하게 관찰하고 그들을 도울 수 있는 방법을 생각해야 한다. 학습자 개개인의 계획 실행과정에서 오해하고 있는 것이 무엇이며, 어떠한 기능(조작기능, 연산 기능 등)에 결함이 있는지를 관찰하여야 한다. 또한 개별적이건 집단적이건 간에 그들의 수행과정에 대해 서로 의사소통할 수 있는 기회를 풍부히 제공하여 아이디어를 공유하고 자신의 오류를 스스로 발견·교정할 수 있도록 해야 한다. 계획을 수행하는 데 도움을 주기 위해서 다음과 같은 활동을 권고할 수 있다.

㉠ 수립한 전략을 적용하여 차례대로 문제를 해결하도록 한다.
㉡ 해결 과정에서 순간적으로 장애에 부딪혔을 때 문제 풀이를 쉽게 좌절하거나 포기하지 않도록 격려해야 하며, 주어진 자료를 조건이나 이치에 맞게 적용했는지를 확인해 보도록 한다.
㉢ 풀이 과정을 수시로 확인·검토·수정하도록 한다.
㉣ 학생들이 궁지에 몰렸을 경우 교사는 힌트나 발문, 질문을 제공한다.

(4) 반성·음미를 위한 지도

반성·음미 단계는 폴리아의 문제해결 4단계 중 마지막 단계로서 해답을 구하였을 때 즉시 문제해결과정을 다시 되짚어 보아야할 3가지가 있다. 이 중 가장 중요한 것은 바로 그 해답 자체를 점검하는 일이다. 해답의 타당성을 입증하는 것은 답을 얻기 위한 전략만큼이나 중요한 문제해결 과정이다. 해답의 타당성을 어떻게 입증하느냐 하는 것은 그 과제와 문제에 따라 다양해질 수 있다.

다음으로 회고해 보는 것은 ‘그 문제가 어떻게 풀렸는지?’, ‘다른 대안적인 방법으로 또는 더 효율성 있게 풀 수는 없었을까?’, 그리고 마지막으로 ‘해결한 문제 자체를 확장, 수정, 일반화할 수는 방법은 없을까?’ 등에 대해서 살펴보아야 한다. 즉, 반성은 계산 과정에서의 오류에 대한 확인, 해가 정당한지의 결정, 문제를 해결하기 위한 대안 찾기, 그리고 유사한 성질을 가진 문제해결을 준비하기 위한 문제의 확장을 포함한다.

마지막으로 모든 수준의 학생들은 ‘답이 확실한지 어떻게 알 수 있느냐?’, ‘그 답의 의미를 이해하느냐?’ 등의 질문을 필요로 한다. 아울러 학생들에게 답을 검토하는 것의 의미가 무엇이며, 왜 답을 검토하는 것이 중요한지에 대해서 알도록 해야 한다. 문제해결에 대한 반성·음미활동을 돕기 위해서 다음과 같은 활동을 권고할 수 있다.

㉠ 종합적인 검토를 거치지 않은 답을 '정답'으로 확정하지 않도록 한다.
㉡ 주어진 자료를 모두 사용하였는지를 확인한다.
㉢ 전체 풀이 과정을 검토하여 또 다른 답이 없는지를 확인한 후, 처음 구한 답을 정답으로 처리하여 단위를 붙여서 나타내게 한다.
㉣ 정답은 문제의 요구 조건에 맞도록 완전한 문장으로 나타내게 한다.
㉤ 또 다른 전략이나 풀이 방법이 없는지를 확인하도록 한다.
㉥ 자신이 사용했던 전략이나 풀이 방법을 발표하고, 다른 사람이 사용했던 전략이나 풀이 방법과 비교하여 토론하게 한다.
㉦ 사용했던 전략 및 풀이 방법을 또 다른 장면의 문제해결에 응용할 수 있는지를 알아보게 한다.
㉧ 유사한 문제를 만들어 풀어보게 한다.
㉨ 문제해결 과정에서 겪었던 어려운 부분이나 주의를 기울여야 할 부분을 설명하게 한다.
㉩ 문제를 먼저 푼 학생에게는 확장된 문제를 제공하거나 다른 사람의 풀이를 돕거나, 확장된 문제를 만들어 보게 한다.
㉪ 문제해결 계획을 수립하는 과정에서 학생들의 사고를 자극하기 위해 다음과 같은 질문을 하여라.

- 구한 답과 예상한 답이 일치하는가?
- 구한 답이 정답이라고 확신할 수 있는가?
- 구한 답은 문제의 조건에 합당한가?
- 해결 과정에서 잘못 생각하거나 잘못 계산한 곳은 없는가?
- 다른 방법으로 해결할 수는 없을까?

반성·음미 단계에서는 그들이 문제를 해결한 과정이 정당한지를 확인하고 문제에 대한 이해를 확장·발전시키며, 학습에 가치와 희열을 느끼도록 해야 한다. 개개인의 문제해결 전략이나 과정을 비교·분석해 봄으로써 전략의 가치와 효용성을 알 수 있을 것이다. 문제에 대한 이해와 사용한 전략을 확장·발전시키기 위해서는 원래 문제와 같은 어떤 조건을 유지하면서 개방형(open-ended)문제를 제공할 수도 있으며, 변형된 새로운 문제를 만들도록 할 수도 있을 것이다.

3.4. 폴리아의 문제해결 4단계에 따른 문제해결의 실제

Polya의 문제해결 4단계인 '문제의 이해 → 해결 계획 수립 → 계획 실행 → 반성'에 따른 문제해결의 사례를 제시해 보면 다음과 같다(남승인 외, 2012).

문제 어느 수학과목 객관식 시험에서 한 문제를 올바르게 풀면 5점을 부여하고, 잘못 풀면 2점을 감점하는 채점 방법을 사용했다. 모두 20문제인 이 시험에서 철수가 79점을 받았다면, 철수는 몇 문제를 맞게 풀었는가를 구하시오.

[문제해결 과정]

(1) 문제의 이해 단계

① 구하려는 것 알아보기

- 구하려고 하는 것을 생각하면서 문제를 읽어 보아라.
- 구하려는 것은 무엇인가? '철수가 올바르게 푼 문제의 개수'

② 주어진 정보 알아보기

- 문제의 뜻을 생각하면서 문제를 읽어 보아라.
- 모든 단어를 이해하고 있는가? '객관식 시험, 감점이 무엇인가?'
- 주어진 조건은 무엇인가?

  '한 문제를 맞게 풀면 5점을 부여한다.'

  '한 문제를 틀리게 풀면 2점을 감점한다.'

  '이 시험에서 총 문항의 수는 20문제이다.'

  '이 시험에서 철수는 79점을 받았다.'

- 주어진 조건은 구하고자 하는 것을 결정하기에 충분한가? '충분하다'

③ 문제 상황을 전체적으로 알아보기

- 상황을 마음속으로 생생하게 그리게 한다.
- 환경을 설명하고 행동을 생생하게 그린다.
- 너 자신의 말로 문제를 다시 말할 수 있는가? '20문제 중에서 한 문제를 맞게 풀면 5점을 받고, 틀리게 풀면 2점을 빼는 시험이 있다. 이 시험에서 79점을 받으려면 어떻게 해야 할까?'

(2) 계획의 수립 단계

① 관련된 문제 회상하기

- 전에 그 문제를 본 일이 있는가? 유사한 문제를 본 일이 있는가?
- 친숙한 문제 중 미지인 것이 같거나 유사한 문제를 생각해 보아라.

② 관련된 정보 불러오기

- 유용하게 쓰일 수 있을 법한 어떤 공식을 알고 있는가?
- 전에 풀어 본 문제의 방법을 활용할 수 있는가? 그 결과를 활용할 수 있는가?

③ 전략을 선택하기

- 조직적으로 표를 만들어라.

맞은 개수	맞을 때 받는 점수	틀린 개수	틀릴 때 빼는 점수	점수 계산
20	20×5=100	0	0×2=0	
19	19×5=95	1	1×2=2	
18	18×5=90	2	2×2=4	
17	17×5=85	3	3×2=6	
16	16×5=80	4	4×2=8	

(3) 계획의 실행 단계

- 답을 예측하여라. '20문제 중 16개에서 19개 정도 맞은 점수일 것이다.'
- 풀이 계획대로 표를 만들어 답을 발견하여라.

맞은 개수	맞을 때 받는 점수	틀린 개수	틀릴 때 빼는 점수	점수 계산
20	20×5=100	0	0×2=0	100－0=100
19	19×5=95	1	1×2=2	95－2=93
18	18×5=90	2	2×2=4	90－4=86
17	17×5=85	3	3×2=6	85－6=79
16	16×5=80	4	4×2=8	80－8=72

'위 표에서 79점의 점수는 17개를 맞고 3개가 틀린 경우이다. 따라서 철수는 17문제를 올바르게 풀었다.'

(4) 반성 단계

① 답을 점검하기

- 풀이 단계를 점검하여라.

- 답이 문제의 조건에 알맞은지 점검하여라.

'맞히면 5점을 더하고 틀리면 2점씩 빼기 때문에 17문제를 맞히면 17×5−3×2=79(점)이므로 조건에 부합하며 풀이 단계가 올바르고, 구한 답이 정확하다.'

② 풀이 대안 발견하기

- 해결하는 다른 방법을 발견하여라.

'추측과 확인 전략을 다음과 같이 활용할 수 있다. 맞은 개수가 16개라면 틀린 개수가 4개이므로 총점은 16×5−4×2=72(점)이다. 총점이 79점이 아니므로 원하는 답이 아니고 72점은 79점보다 적기 때문에 맞은 문제의 개수를 더 늘려야 한다. 이제, 맞은 개수를 17개라고 하면 틀린 개수는 3개이므로 총점은 17×5−3×2=79(점)이 된다.'

③ 조건을 변경하여 유사한 문제 만들기

- '만일 ~이면 ~인가?'와 같이 유사한 문제를 만들어 보아라.

'만일 문제에서 65점을 맞았다면 맞힌 문제의 개수를 구할 수 있을까?'

'만일 한 문제를 맞힐 때 4점을 받고, 틀릴 때 3점을 뺀다면 어떨까?'

④ 일반화와 확대하기

- 문제의 해결을 일반화하고 확대하여라.

'맞거나 틀린 개수를 각각 □, △개라 하면 아래와 같은 연립일차방정식으로 일반화된다.'

$$\begin{cases} \square + \triangle = 20 \\ 5 \times \square - 2 \times \triangle = 79 \end{cases}$$

⑤ 문제해결을 토론하기

⑥ 원래 문제를 창조적이고 재미있는 문제로 변형하기

'만일 한 문제를 맞게 풀면 4점을 받고, 틀리게 풀면 3점을 빼는 수학 시험이 있었다. 이 시험에서 철수가 25문제를 풀고 86점을 받았을 때, 철수는 몇 문제를 맞게 풀었는가?'

3.5 가타기리 시게오(片桐重男)의 문제해결 단계

어떤 문제를 접했을 때 그 문제를 해결하기 위해 수학적으로 사고한다는 말은 문제를 해결하기 위한 사고를 한다는 것을 의미하므로, 수학적 사고 방법은 문제해결 과정을 통해 지도하는 것으로 구조화할 수 있다. 이에 가타기리 시게오(1988)는 폴리아와 듀이의 문제해결 과정을 참고하여 수학적 사고를 구조화하기 위한 문제해결의 단계를 다음과 같이 5개로 설정하고, 각 단계별로 발문을 통해 수학적 사고를 함양하는 지도 방법을 제시하였다.

(1) 문제의 형성·파악의 단계

이 단계는 폴리아의 1단계와 듀이의 1, 2단계에 해당하며, 문제를 이해하기 위하여 추상화, 단순화, 구체화가 이루어지는 단계로서 불만족, 불안정, 갈등 장면에 처해서 안정, 만족을 얻으려는 여러 가지 시도를 하게 되는 바, 이렇게 함으로써 프로이덴탈(Freudenthal)이 강조한 자기에 적합한 문제로 수학화하게 되는 것이다.

학생이 문제를 접함과 동시에 혼란한 것과 마주치고 이를 해결을 위해서 적절한 문제의식을 갖는 단계이다. 이 단계에서는 주어진 문제에 대해 문제의 조건은 무엇이며, 도달해야 할 점이 무엇인지를 명확히 파악하고, 해결해야 할 문제를 똑바로 의식하여 그 해결의 필요성을 파악한다. 이미 자신이 갖고 있는 능력을 고려하면서 자기의 능력에 맞는 문제를 형성해 가는 것이 필요하고, 조건(알고 있는 것)과 결론(구하는 것)을 명확히 하도록 해야 한다.

(2) 개괄적 구상의 단계

이 단계는 폴리아의 2단계와 듀이의 3단계에 해당하며, 파악된 문제를 해결하기 위해 먼저 방향을 설정하게 된다. 예를 들면, 그 문제와 비슷한 이미 배운 문제를 생각해 내어 유추하려고 하거나 특별한 경우를 조사하거나 기호로 간단히 나타내기도 하며, 간단한 경우를 생각해 봄으로써 거기서 일반적인 경우를 추측하려고 하는 특수화, 기호화, 단순화의 생각 등에 의해서 결과나 방법을 추측하려는 생각을 하기도 한다. 또한 그림 그리기, 표 그리기, 체계적 목록 만들기, 추측하고 점검하기, 규칙 찾기, 실제로 해보기, 실험하기, 식 세우기, 연산을 선택하기, 논리적으로 추론하기, 단순화하기, 거꾸로 풀기의 전략적 방법을 이용하게 된다. 또, 이 단계는 '문제해결에 대하여 그 결과가 어떻게 될 것 같은가?' 하는 결과에 대한 예측을 하거나, '어떤 방법으로 해결해 가면 좋을까?'를 생각한다. 이 단계에서는 잠정적 가설을 세우는 단계라고도 말할 수 있다. 여기에서는 제멋대로 예상하게 하는 것이 아니라, 가능한 근거를 가지고 예상해 가도록 한다. 그러기 위해서 예상을 한다면, '왜 그렇게 생각했지?'를 스스로 묻고 되돌아보게 하는 것이 좋다.

(3) 해결의 실행 단계

이 단계는 폴리아의 3단계와 듀이의 4단계에 해당하며, 앞 단계에서 개괄적으로 구상한 해결의 실마리를 이용하여 직접적으로 풀이를 얻는 단계로서 유추, 귀납, 연역 등의 사고 방법을 통해 해결이 되는 경우를 들 수 있다.

(4) 논리적 조직화의 단계

이 단계는 폴리아의 4단계와 듀이의 5단계에 해당하며, 풀이를 구했다 하더라도 불충분하다고 생각되면 한층 논리적인 생각을 바탕으로 더욱 자연스럽게 풀이를 얻으려고 하거나, 해법을 다시 살펴보고, 연역적으로 고쳐 생각하는 단계이다.

앞 단계에서 예측한 것을 기본으로 하여 문제를 해결해 간다. 문제해결이 의도한 대로 수행되지 않을 경우 실패에 대한 반성을 하여, 즉 오류를 분석하고 수정하여 다시 문제해결을 시도한다. 이와 같이 가설 및 오류의 수정과 실행을 몇 번 반복해 가는 것에 의해 통찰되고 해결에 도달해 가는 것이다. 이 단계에서 교사는 어떻게 해서든 학생들을 도와주고 싶어지지만 가능한 한 간섭과 개입을 피하고 학생 스스로 고민하고 생각하도록 하는 것이 중요하다. 만일 학생을 도울 필요가 있을 경우는 문제해결에 직접적으로 도움이 되는 유용한 지식과 기능을 제시하거나 힌트를 제시하지 말고, 자신의 사고를 반성하도록 해야 한다.

(5) 검증의 단계

이 단계는 폴리아의 4단계와 듀이의 5단계에 해당하며, 문제를 해결하면 그 문제나 해법을 바탕으로 새로운 해법을 생각하거나 새로운 문제로 발전시켜 나가는 단계이다. 특히 해법을 찾은 다음 다시 문제의 조건을 바꾸어서 새로운 발전적인 문제를 찾아내는 'What-if-not 전략'의 아이디어는 함수적 사고로서 검증 단계에서 유효한 단계이기도 하다. 이 단계에서는 해결한 문제의 해결 전략이나 절차를 바탕으로 하여 새로운 문제나 보다 일반화된 문제를 만든다. 또 지금까지 경험했던 비슷한 문제나 그 해결을 보다 우수한 입장에서 통합한다. 이 통합이 새로운 문제를 발견하는 것이며 창의적 학습이 된다.

다음은 초등학교 5학년 학생들을 대상으로 평행사변형의 넓이 공식을 발견하기 위한 지도 과정에서 가타기리 시게오의 문제해결 단계를 적용하여 수학적 사고와 태도를 경험하도록 하는 실험 수업의 한 예이다. 이 예는 수학적인 사고와 태도를 유발하는 교사의 발문을 통해 학생과 상호작용을 하면서, 학생들이 메타인지로서의 수학적 태도를 바탕으로 수학적 사고를 해 나가는 과정을 잘 보여주고 있다(片桐重男, 1988).

(가) 목표: ① 평행사변형의 넓이 공식을 발견할 수 있다.
② 보다 나은 것을 구하려는 태도, 유추적인 사고를 기를 수 있다.

(나) 준비물: 모눈종이, 평행사변형을 인쇄한 시트지

(다) 차시: 1-2/3 차시

(라) 수업 전개의 실제

문제형성 및 파악

교사: 사각형에는 어떤 것들이 있었던가요?

학생: 정사각형, 직사각형, 평행사변형, 사다리꼴 그리고 그 밖의 사각형이 있었어요.

교사: 이 중에서 넓이를 구할 수 있는 것은 어떤 것인가요?

학생: 정사각형과 직사각형입니다.

교사: 다른 사각형은 어떤가요?

학생: 구할 수 없어요.

교사: 그러한 것의 넓이를 구하는 방법을 생각하기로 합시다. 오늘은 평행사변형의 넓이를 구하는 방법을 생각해 봅시다.

평행사변형이란 어떤 모양인지 그림을 그려보아요.

학생: (각자 그림을 그린다)

교사: 어떤 모양인가요?(복습하고, 평행사변형을 인쇄한 종이를 배부한다.)

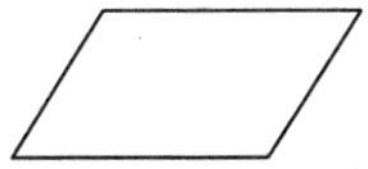

해결방안의 개괄적 구상

교사: 어떻게 하면 구해질 것 같은가요?[개괄적 해결방안을 구상하게 한다]

학생: 두 변의 길이를 곱하면 된다고 생각합니다.

교사: 그렇게 생각하는 사람은 손들어 보아요.

학생: (반 정도의 학생이 손을 든다)

교사: 왜 그렇게 생각합니까?

학생: 직사각형의 경우 가로와 세로를 곱했습니다. 직사각형과 비슷하기 때문에, 그와 같이 하면 된다고 생각했습니다.[유추적 생각], [의미에 바탕을 두고 생각한다]

교사: 이 밖에 다른 방법으로 구할 수 있다고 생각하는 사람은 없나요?

학생: 한 변이 1cm인 정사각형이 몇 개 나열되어 있는가 세어 보면 됩니다.

교사: 왜 그렇게 생각합니까?

학생: 직사각형에서와 같이 하면 된다고 생각하기 때문입니다.[유추적 생각]

교사: 그렇게 하면 조금 남는 게 있을 걸요?

학생: 한 변이 1cm인 마름모를 잘게 나누어 가면 됩니다. 직사각형의 경우와 같이 생각했습니다.[유추적 생각]

교사: 자, 그러면 각자가 생각한 방법으로 구해보세요.

해결의 실행 I

교사: 우선 두 변의 길이를 곱한 사람, 넓이가 얼마인가요?

학생: $7\times5=35(cm^2)$입니다.(틀리다, 맞다 하는 등의 소리가 들린다.)

교사: 모눈을 세어 본 사람이 말해 보세요.

학생: (자투리가 잘 세어지지 않으므로 $26cm^2$, $27cm^2$ 등 다양하게 발표한다.)

교사: 한 변이 1cm인 마름모로 나눈 사람?

학생: 35개 있었으므로 $35cm^2$입니다.

교사: 그러면 한 가지씩 생각해 봅시다. 우선 두 변을 곱한 경우는, 직사각형과 같다고 생각했기 때문이군요. 어떤 직사각형과 넓이가 같을까요?

학생: 가로 7cm, 세로 5cm인 직사각형과 같습니다.

교사: 그것이 옳은 이유는 무엇인가요? 이 두 개가 같으면 된다는 말이지요. 그러면 조사해 봅시다.

학생: (대부분의 아동은 오른쪽과 같은 그림을 그려서 비교하려고 한다. 두 그림을 따로따로 그리는 아동 등에게는 개별 지도를 하여 포개서 그리도록 한다).[연역적 생각], [조작의 의미를 바탕으로 생각한다]

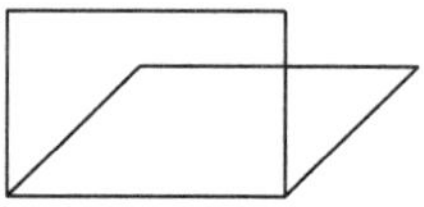

학생: 직사각형이 더 큽니다. 두 변을 곱하는 것은 틀립니다.

교사: 어느 정도 다를까요?

학생: (다음 그림의 빗금 친 부분을 가리키며) 이만큼 직사각형이 더 큽니다.

논리적 조직화 Ⅰ

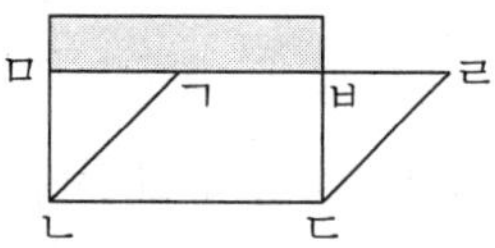

학생: 아! 그렇다면 평행사변형이 이 직사각형(그림에서 직사각형 ㄴㄷㅂㅁ)과 넓이가 같다.[보다 나은 방법을 알아보려고 한다]

학생: 그렇다면(변 ㄷㅂ의 길이를 재어서) 4×7=28입니다. 모눈을 세어 본 것과 대체로 같습니다.

교사: 틀림없이 변 ㄴㄷ과 ㄷㅂ의 길이를 곱하면 됩니까?[합리적이고 조리에 맞게 생각한다]

학생: 무엇을 알아보면 될까. (잠시 생각하고 나서) 이 삼각형(△ㄱㄴㅁ)과 이 삼각형(△ㄹㄷㅂ)의 크기가 같으면 된다.[연역적 생각] 한 쪽 삼각형을 오려내어 포개 본다. (높이, 밑변의 의미를 가르치고, 공식으로 정리한다.)

해결의 실행 Ⅱ와 논리적 조직화 Ⅱ

학생: 한 변이 1cm인 마름모를 세어 본 결과 35개여서, 35cm^2라고 했다. 이것이 틀린 것인가? 왜 그럴까?

학생: (잠시 후) 한 변이 1cm인 마름모의 넓이를 1cm^2라고 한 것은 1×1로 본 것이다. 이것은 처음에 평행사변형의 넓이를 생각할 때, 두 변을 곱해서는 안 되는 것과 마찬가지이어서 잘못된 것입니다.[연역적 생각](이런 다음, 모눈의 수를 다시 세어 28cm^2임을 확인했다.)

논리적 조직화 Ⅲ

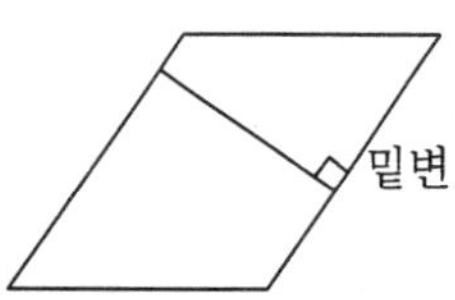

교사: (비슷한 문제를 낸다.) 오른쪽 그림의 넓이를 구하세요.

학생: (공식에 대입하여 구한다. 또, 이 그림에서도 공식이 성립한다는 것을 다시 확인하고 공식을 이용한다.)[연역적 생각]

검증

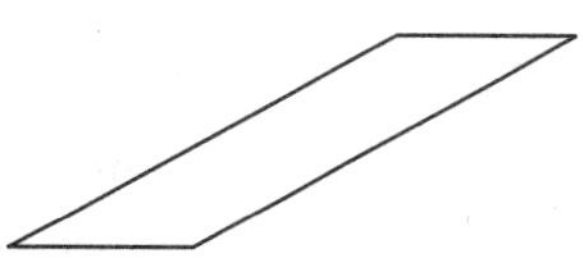

교사: 오른쪽과 같은 평행사변형에도 공식이 적용될까요?(이것을 유추적으로 생각하게 한다.).

4 문제해결을 위한 특수 전략

4.1. 렌츠너(Lenchner)의 12가지 특수 전략

특별한 전략은 정형적인 문제와 비정형적인 문제 모두에 사용된다. 답이 미지수인 문장제와 같은 정형적인 문제해결에 가장 많이 사용되는 전략은 '더 간단한 문제나 단순화하여 풀기'와 '유사한 문제를 회상하여 풀기'를 주로 활용한다. 그리고 비정형적인 문제해결에 주로 많이 사용되는 전략은 다음과 같다.

① 그림을 그려서 해결하기	② 시행착오를 겪으면서 해결하기
③ 실제로 행하여 보고 해결하기	④ 거꾸로 생각하여 해결하기
⑤ 규칙성을 찾아서 해결하기	⑥ 목록을 만들어서 해결하기
⑦ 표를 만들어서 해결하기	⑧ 단순화시켜서 해결하기
⑨ 실험해 보고 해결하기	⑩ 식을 세워서 해결하기
⑪ 연역적으로 추론하여 해결하기	⑫ 관점을 바꾸어서 해결하기

위에 제시한 모든 전략은 어느 특정 학년에 국한된 것이 아니라 모든 수준의 학년에서 사용할 수 있지만, 처음의 ①~④까지의 4가지 전략은 주로 초등학교 저학년에서 강조되며, ⑤~⑨까지의 5가지는 중학년, 마지막 3가지 전략인 ⑩~⑫는 고학년 수준에서 주로 활용된다.

(1) 그림을 그려서 해결하기

문제를 읽은 후 주어진 조건이 명백하게 드러나지 않을 경우 그림이나 도해 등으로 시각화해 보는 것은 문제를 이해하고 해결 전략을 세우는 데 유용하다. 장면을 그림으로 나타내기 어려운 경우는 장면을 나타내는 기호를 사용하여 간단한 도식을 그려본다. 그림이나 도식은 특히 다단계 문제해결에 있어서 여러 가지 전략을 이끄는 데 유용하며, 저학년부터 계통적인 지도(그림이나 도식 → 선분도 → 면적도 → 벤다이어그램 → … 등)가 필요하다. 흔히 그림 그리기 전략은 사고 수준이 낮은 단계에서 적절한 전략을 생각하기 쉬우나 그림을 그려서 생각한다는 것은 다음 단계(예: 연산의 결정, 변화의 규칙성 발견 등)로 나아가는 데 유용한 기반이 된다.

예 1 4명의 어린이가 다음과 같이 차례로 걷고 있다. 제일 앞서가는 사람부터 차례대로 말하여라.

- 영숙이는 철수 앞에 있습니다.
- 규진이는 철수 뒤에 있습니다.
- 경희는 영숙이 앞에 있습니다.

풀이 ① 영숙이와 철수, 규진이와 철수, 경희와 영숙이가 걷는 차례를 각각 그림으로 나타내어 보자.

철수 　 영숙	규진 　 철수	영숙 　 경희
══▲═══▲═══⟹	══▲═══▲═══⟹	══▲═══▲═══⟹
[그림 1]	[그림 2]	[그림 3]

② 위 [그림 1], [그림 2]에 공통으로 들어있는 철수를 기준으로 하여 규진이와 철수와 영숙이가 걷는 차례를 그림으로 나타내어 보자.

[그림 1]과 [그림 2]에서 　 규진 　 철수 　 영숙
══▲═══▲═══▲═══⟹
[그림 4]

③ 위 [그림 1], [그림 3]에 공통으로 들어있는 영숙이를 기준으로 하여 철수와 경희와 영숙이가 걷는 차례를 그림으로 나타내어 보자.

[그림 1]과 [그림 3]에서 　 철수 　 영숙 　 경희
══▲═══▲═══▲═══⟹
[그림 5]

③ 위 [그림 4]와 [그림 5]에 공통으로 들어있는 철수를 기준으로 하여 네 사람이 걷는 차례를 하나의 그림으로 나타내면 다음과 같다.

[그림 4]와 [그림 5]에서 　 규진 　 철수 　 영숙 　 경희
══▲═══▲═══▲═══▲═══⟹

답 앞쪽에서부터 경희, 영숙, 철수, 규진의 차례로 걷고 있다.

예 2 철수와 영식, 대식, 윤철, 상민 다섯 사람은 나비를 잡으러 갔다. 철수는 윤철보다 많이 잡았으나 대식만큼 많이 잡지는 못했다. 윤철이와 상민이가 잡은 수는 같으며, 영식이는 상민이보다는 많이 잡았으나 철수보다 적었다고 한다. 두 번째로 많이 잡은 사람은 누구인가?

풀이1 ① 철수와 윤철이와 대식이가 잡은 나비의 수를 철수가 잡은 나비 수를 기준으로 하여 그림을 그려서 비교하면 다음 [그림 1]과 같다.

[그림 1]

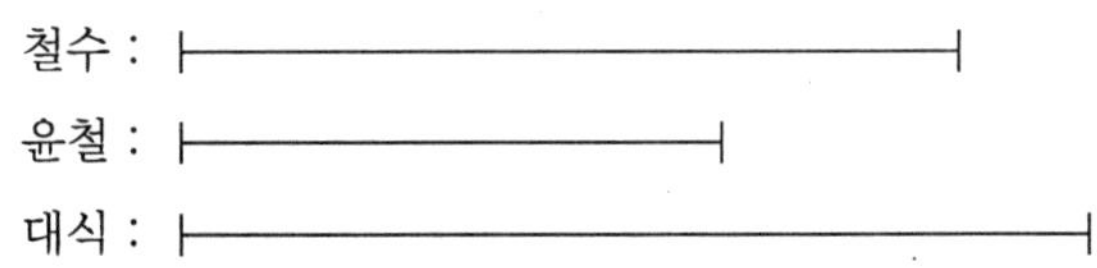

② 윤철, 상민, 영식이가 잡은 나비의 수를 윤철이 잡은 나비 수를 기준으로 하여 그림을 그려서 비교하면 다음 [그림 2]와 같다.

[그림 2]

③ 위 [그림 1]과 [그림 2]를 이용하여 5명이 잡은 나비의 수를 비교하면 [그림 3]과 같다.

[그림 3]

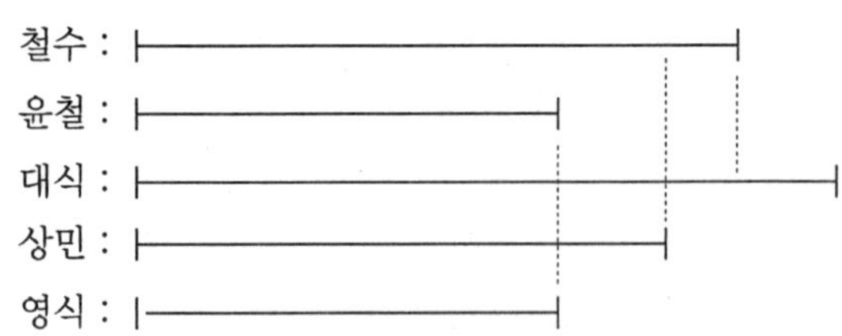

풀이2 등호, 부등호를 써서 대소 관계를 표시한다.

① 철수는 윤철보다 많이 잡았으나 대식만큼 많이 잡지는 못했으므로 철수를 기준으로 하여 부등호로 나타내면, (대식>철수>윤철)의 식이 성립한다.

② 윤철이는 영식이가 잡은 수는 같으므로 식으로 나타내면, (윤철=영식)으로 나타낼 수 있다.

③ 상민이는 영식이보다는 많이 잡았으나 철수보다 적게 잡았으므로 식으로

나타내면, (철수>상민>영식)으로 나타낼 수 있다.

위 식 ①, ②, ③을 이용하여 하나의 식으로 나타내면, 5명이 잡은 나비의 수를 비교하면 다음 식과 같다. 대식>철수>상민>윤철=영식.

답 철수

예 3 5명의 학생이 달리기를 하고 있다. 영수는 철이보다 1m 앞서 달리고, 경민이는 영수보다 8m 앞서 있고 진규보다는 2m 뒤져 달리고 있다. 또 희진이는 철수보다는 4m 앞서 있고 경민이보다는 1m 뒤져 달리고 있다.

① 5명이 달리는 순서를 알아보아라.

② 영수와 희진이 중 누가 몇 m 앞서서 달리고 있는가?

풀이 문제에서 주어진 사실을 다음과 같이 그림으로 나타내어 보자.

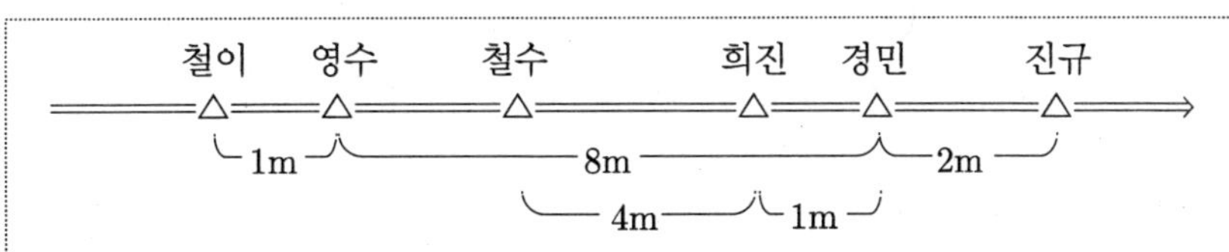

위 그림을 참고로 하여 다음 물음과 같이 차례대로 생각해 보자.

- 영수와 경민이 사이의 거리는 얼마인가? ________
- 철수와 희진이 사이의 거리는 얼마인가? ________
- 희진이와 경민이 사이의 거리는 얼마인가? ________
- 영수와 철수 사이의 거리는 얼마인가? ________
- 영수와 희진이 사이의 거리는 얼마인가? ________

답 ① 제일 마지막 달리고 있는 사람부터 차례대로 나타내면 철이, 영수, 철수, 희진, 경민, 진규이다.

② 희진이가 영수보다 7m 앞서서 달리고 있다.

(2) 예상하고 확인하면서 해결하기

문제해결을 위한 효과적인 방법 중의 하나는 답에 대한 합리적인 추측을 해보고, 문제의 조건에 대해 역으로 추측하고 검토해 보는 것이다. 이것을 흔히 시도(trial)라고 한다. 때때로 처음 한 번의 시도로 옳은 답에 이르는 경우도 있으나 대부분 여러 번의 시도 끝에 올바른 답에 도달하는 경우가 많다. 가능성을 가졌던 답 중에서 오류가 있는 답을 하나씩 제거해 가면서 또 다른 정보를 얻음으로써 올바른 답을 이끌어 낼 수 있다. 사실 예상하고 확인하면서 해결하는 시행착오 전략은 여러 번 시행착오를 거치는 사고 조작을 반복하므로 전략이 아니라고 생각할 수 있지만 반면에 사고의 기초적인 방법으로 생각할 수도 있다.

예 1 오른쪽 그림의 ○ 속에 1에서 6까지의 자연수를 써서 각 변의 수들의 합이 10이 되도록 하여라.

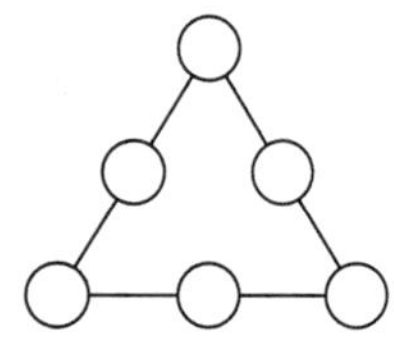

풀이 몇 번의 시행으로 합이 10이 되는 것은 1+3+6, 1+4+5, 2+3+5의 3가지임을 알 수 있다. 이들 중 1, 3, 5는 두 번씩 나타나므로 이 수들을 삼각형의 꼭짓점에 있는 원에 써 넣고, 2, 4, 6은 삼각형의 각 변에 있는 원에 적절히 써 넣으면 다음과 같이 6가지를 얻을 수 있다.

답

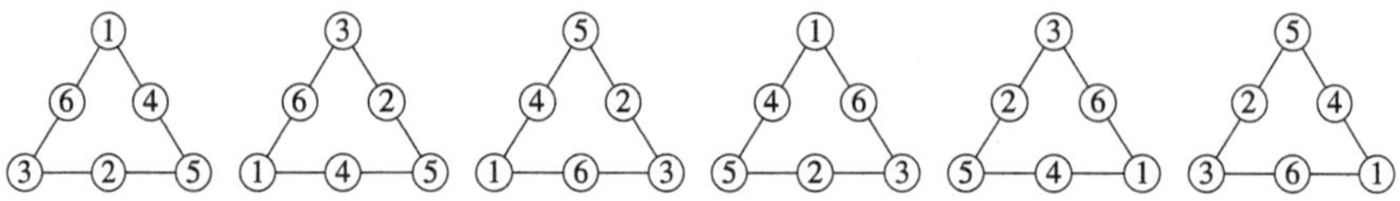

예 2 영희가 읽고 있는 동화책의 오른쪽과 왼쪽에 쓰인 쪽수를 나타내는 두 수를 곱하였더니 1332이었다. 영희는 몇 쪽과 몇 쪽을 펼치고 있을까?

풀이1 30×30=900, 40×40=1600이므로 왼쪽 쪽수는 30~40 사이에 있다.

① 왼쪽 쪽수가 35라면 오른쪽 쪽수는 36이므로 35×36=1260에서 왼쪽 쪽수는 35가 아니다.

② 왼쪽 쪽수가 36이라면 오른쪽 쪽수는 37이므로 36×37=1332에서 왼쪽 쪽수는 36이다.

풀이2 곱의 일의 자리가 2이므로 영희가 읽고 있는 쪽수의 일의 자리의 숫자는 (1×2), (3×4), (6×7), (8×9) 중의 어느 하나이다.

① 왼쪽 쪽수가 11이라면 오른쪽 쪽수는 12이므로 11×12=132에서 왼쪽 쪽수는 11이 아니다.

② 왼쪽 쪽수가 21이라면 오른쪽 쪽수는 22이므로 12×22=264에서 왼쪽 쪽수는 21이 아니다.

③ 왼쪽 쪽수가 31이라면 오른쪽 쪽수는 32이므로 31×32=992에서 왼쪽 쪽수는 31이 아니다.

④ 왼쪽 쪽수가 33이라면 오른쪽 쪽수는 34이므로 33×34=1122에서 왼쪽 쪽수는 33이 아니다.

⑤ 왼쪽 쪽수가 36이라면 오른쪽 쪽수는 37이므로 36×37=1332에서 왼쪽 쪽수는 36이다.

[답] 36, 37

예 3 여섯 개의 숫자 1, 1, 2, 2, 3, 3을 312132 또는 231213과 같이 1과 1 사이에는 한 개의 수, 2와 2 사이에는 두 개의 수, 3과 3 사이에는 세 개의 수가 들어가도록 배열할 수 있다고 한다. 여덟 개의 수 1, 1, 2, 2, 3, 3, 4, 4를 1과 1 사이에는 한 개의 수, 2와 2 사이에는 두 개의 수, 3과 3 사이에는 세 개의 수, 4와 4 사이에는 4개의 수가 들어가도록 4○ ○ ○ ○4AB와 같이 배열할 때, 두 자리의 수 AB를 구하여라.

[풀이] B=1이라 하면 4○ ○ ○ ○4A1과 같이 배열할 수 있다. 하지만 이런 경우는 불가능하다. 또한 A=1이라 하면 4○ ○ ○141B와 같이 배열할 수 있지만 4○ ○ 31413이 되므로 이런 경우도 불가능하다. 따라서 1은 4와 4 사이에 있어야 하므로 4○1○14AB, 또는 41○1○4AB이어야 한다.

① 4○1○14AB의 경우는 4○12142B가 되는데 이런 경우는 불가능하다.

② 41○1○4AB의 경우는 2가 앞의 ○에 나올 수 없으므로 41312432가 된다. 따라서 두 자리의 수 AB는 32가 된다.

[답] 32

(3) 실제로 행하여 보고 해결하기

아이들은 손이나 몸짓을 섞어가며 역할놀이나 조작을 통해 실제로 행하여 봄으로써 문제 상황에 대해 의미를 알게 된다. 이러한 활동은 그들에게 의미 있는 방법으로 문제의 구조를 표현하는 데 유익하다. 문제해결에 따른 필요한 절차나 문제 장면을 시각화하기 어려운 경우 문제 장면을 실제로 실행해 보는 것은 문제해결에 유용하다. 문제 장면의 대상들을 직접 사용하거나 대상들을 다른 것으로 바꾸어 실행해 봄으로써 직접 답을 얻거나 다른 전략의 발견을 유도할 수 있다. 이러한 방법은 특히 저학년에서 효과적이다.

예 1 32명의 학생들이 한 줄로 서서 1번부터 차례로 번호를 붙이면서 짝수 번호는 앉는다. 서 있는 학생들에게 다시 1번부터 번호를 붙여 짝수 번호인 학생은 앉았을 때 서 있는 학생들은 몇 명인가?

풀이 실제로 번호를 붙이면서 앉힌 후, 남은 학생의 수를 세어본다. 또는 실행이 어려울 경우는 종이에 번호를 써서 연필로 지워보고 남은 학생 수를 알아본다.

(4) 거꾸로 생각하여 해결하기

어떤 문제는 행동의 계열을 포함하고 있다. 즉 행동의 최종적인 결론은 주어져 있고, 문제의 처음 조건이 무엇인지를 묻는 문제인데 이런 유형의 문제는 결론에서부터 처음 조건으로 역으로 생각하면 해결할 수 있다.

예 2 어떤 수를 2로 나눈 몫에서 5를 뺀 차를 8배한 수가 32였다면 어떤 수는 얼마인가?

풀이 문제를 다음과 같은 순서도로 나타낼 수 있다.

[어떤 수] → [÷2] → [−5] → [×8] → [얻은 수 32]

여기서 어떤 수를 구하기 위해서는 다음과 같이 마지막 얻은 수로부터 거꾸로 계산하는 것이 편리하다.

[어떤 수] ← [×2] ← [+5] ← [÷8] ← [얻은 수 32]

↑ 9×2=18 ↑ 4+5=9 ↑ 32÷8=4

답 18

예 3 나는 슈퍼에 가서 여러 가지 물건을 샀다. 제일 먼저 가진 돈의 반으로 과일 진열대에서 사과를 산 후 포도를 200원어치 샀다. 다음으로 과자 진열대로 가서 과자를 사고

남은 돈의 반으로 케이크를 샀다. 그리고 200원으로 캔디를 샀더니 남는 돈이 없었다. 처음에 얼마의 돈을 가지고 있었을까?

풀이 물건을 산 순서대로 나타내면 다음과 같다.

		사과		포도		케이크		캔디		남은 돈
가져간 돈	→	÷2	→	−200	→	÷2	→	−200	→	0

여기서 가져간 돈을 구하기 위해서는 다음과 같이 마지막 남은 돈부터 거꾸로 계산하는 것이 편리하다.

가져간 돈	←	×2	←	+200	←	×2	←	+200	←	0

답 1200원

예 3 정숙이는 영희와 상민에게 두 사람이 갖고 있는 금액과 같은 금액의 돈을 주었다. 다음에 영희는 정숙이와 상민에게 두 사람이 갖고 있는 금액과 같은 금액의 돈을 주었다. 끝으로 상민이는 정숙이와 영희에게 두 사람이 갖고 있는 금액과 같은 금액의 돈을 주었다. 그랬더니 세 사람 각각은 240원씩 가지게 되었다. 처음 세 사람은 각각 얼마씩을 가지고 있었을까?

풀이 상민이가 두 사람에게 돈을 나누어 주기 전에 얼마나 가지고 있었으며, 영희가 두 사람에게 돈을 나누어 주기 전에 얼마나 가지고 있었으며, 정숙이가 두 사람에게 돈을 나누어 주기 전에는 얼마나 가지고 있었는지를 거꾸로 생각한다.

정숙이가 나누어 주기 전(처음)에 각자가 가진 돈		① → / ← ③	영희가 나누어 주기 전에 각자가 가진 돈		② → / ← ②	상민이가 나누어 주기 전에 각자가 가진 돈		③ → / ← ①	마지막 세 사람이 가진 돈	
상민	120원		상민	240원		상민	480원		상민	240원
영희	210원		영희	420원		영희	120원		영희	240원
정숙	390원		정숙	60원		정숙	120원		정숙	240원
합계	720원		합계	720원		합계	720원		합계	720원

답 정숙 390원, 영희 210원, 상민 120원

(5) 규칙성을 찾아서 해결하기

문제해결을 위하여 가장 많이 사용되는 전략 중의 하나는 규칙성을 인식하고 그것을 확장하는 일이다. 이 전략은 주어진 자료에서 규칙성을 인식하고 이를 문제 상황에 적용함으로써 문제를 해결할 수 있게 한다. 또 이 전략은 다른 문제를 해결하는 전략들로부터 추론하여 본 문제를 해결 전략으로 사용하기도 한다. 어떠한 사실을 순서에 따라 시행한 결과나 변화의 모양을 표에 기록하고 거기에서 규칙성을 찾음으로써 주어진 자료로부터 새로운 정보를 예상하는 데 유용하다.

예 1 나무 조각을 이용하여 오른쪽 그림과 같이 계단을 만든다.

1) 7계단을 만드는 데 나무 조각은 몇 개 필요한가?

2) 10계단을 만드는 데는 얼마나 필요한가?

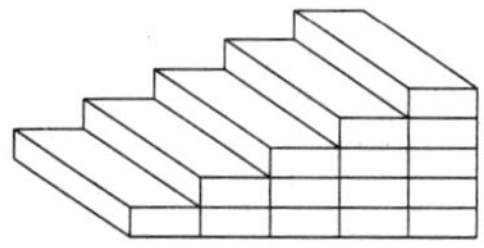

풀이 계단의 수와 계단을 쌓는 데 필요한 나무 조각의 수를 다음과 같이 표를 만들어 알아보자.

계단의 수	1	2	3	4	5	6	7	8	9	10
나무 조각의 수	1	3	6	10	15	21	28	36	45	55
규칙		+2	+3	+4	+5	+6	+7	+8	+9	+10

계단의 수가 1, 2, 3, 4, …로 높아질수록 나무 조각의 수는 1, 3, 6, 10, …으로 늘어난다. 높아지는 계단의 수와 계단을 쌓는 데 필요한 나무 조각의 수 사이의 규칙성을 찾아보면 계단 수를 n이라 할 때, 필요한 나무 조각의 수는 (1+2+3+…+n)개가 된다.

답 (1) 28개

(2) 55개

문제 다음과 같이 두 수는 일정한 규칙 ◎, ◇에 의하여 새로운 수를 만들어 낸다. 각각의 기호가 가지는 규칙성을 이용하여 □ 안에 알맞은 수를 써 넣어라.

(1)
4 ◇ 2 = 8
5 ◇ 3 = 11
3 ◇ 5 = 13
1 ◇ 7 = 15
4 ◇ 3 = □
7 ◇ □ = 17

(2)
2 ◎ 4 = 8
5 ◎ 3 = 13
3 ◎ 5 = 11
9 ◎ 7 = 25
7 ◎ 3 = □

풀이 모든 보기에서 어떤 규칙성이 있는가를 조사해 보자.

4◇2 → **8**
① 4+2+2=8, 4×2=8, 4+2×2=8

5◇3 → **11**
② 5+3+2=10, 5×3=15, 5+3×2=11

3◇5 → **13**
③ 3+5+2=10, 3×5=15, 3+5×2=13

1◇7 → **15**
④ 1+7+2=10, 1×7=7, 1+7×2=15

위 ①, ②, ③, ④에서 기호 ◇은 앞의 수에다 뒤의 수를 2배하여 더하는 규칙이 있다. 이를 이용하면 4◇3=4+3×2=10이고, 7◇□=17에서 □×2=17−7=10이므로 □=5이다.

2◎4 → **8**
① 2×4=8, 2+2+4=8, 2×2+4=8

5◎3 → **13**
② 5×3=15, 5+2+3=10, 5×2+3=13

3◎5 → **11**
③ 3×5=15, 3+2+5=10, 3×2+5=11

9◎7 → **25**
④ 9×7=63, 9+2+7=18, 9×2+7=25

위 ①, ②, ③, ④에서 기호 ◎은 앞의 수를 2배하여 뒤의 수를 더하는 규칙이 있다. 이를 이용하면 7◎3은 7×2+3=17이므로 □=17이다.

답 (1) 10, 5 (2) 17

예 3 자연수를 다음과 같이 1, 3, 5, 7, …개씩 묶으면, 5는 세 번째 묶음의 첫 번째 수이고, 11은 네 번째 묶음의 두 번째 수이다.

(1), (2, 3, 4), (5, 6, 7, 8, 9), (10, 11, 12, 13, 14, 15, 16), …

(1) 88은 몇 번째 묶음의 몇 번째 수인가?

(2) 100은 몇 번째 묶음의 몇 번째 수인가?

풀이 자연수를 차례대로 쓴 다음 1, 3, 5, 7, …개씩 차례대로 묶은 후, 다음과 같이 표를 만들어 규칙성을 찾아보자.

묶음의 차례	1	2	3	4	5	6	7	8	9	10	11
묶음별 숫자의 개수	1	+ 3	+ 5	+ 7	+ 9	+ 11	+ 13	+ 15	+ 17	+ 19	+ 21
숫자의 개수의 누계	1	4	9	16	25	36	49	64	81	100	121
규 칙	↑ 1^2 ↓	↑ 2^2 ↓	↑ 3^2 ↓	↑ 4^2 ↓	↑ 5^2 ↓	↑ 6^2 ↓	↑ 7^2 ↓	↑ 8^2 ↓	↑ 9^2 ↓	↑ 10^2 ↓	↑ 11^2 ↓
묶음별 마지막 숫자	1	4	9	16	25	36	49	64	81	100	121
첫 번째 숫자	1	2	5	10	17	26	37	50	65	82	101

위 표에서 규칙성을 이용하면, 1+3+5+7+9+11+13+15+17=81이므로 88은 10번째 묶음에 들어 있으며, 10번째 묶음에 들어있는 수(82, 83, 84, 85, 86, 87, 88, …, 100)에서 7번째 수이다. 또 1+3+5+7+9+11+13+15+17+19=100에서 100은 10번째 묶음에 들어있으며, 10번째 묶음의 마지막 수인 19번째 수이다.

답 (1) 10번째 묶음의 7번째 수, (2) 10번째 묶음의 19번째 수이다.

(6) 목록을 만들어서 해결하기

주어진 정보를 조직화하여 일목요연하게 목록(List)으로 나타내어 문제를 해결하는 전략으로써 매우 많은 양의 자료를 처리해야 하는 문제해결이나 모든 가능성을 대해 고려할 때 반복을 피하기 위해 사용하는 전략이다. 정리된 목록으로는 분류표, 분포도, 수형도 등이 있다.

예 1 태근이는 오른쪽 그림과 같은 과녁판에 3개의 화살을 쏘아서 모두 과녁판에 맞혔다. 이때 태근이가 얻을 수 있는 서로 다른 점수는 몇 가지인가?

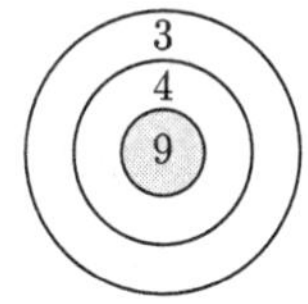

풀이 점수 합계는 각각의 화살을 과녁에 맞혀 얻은 점수의 순서와 관계가 없으므로 태근이 얻을 수 있는 점수를 다음과 같이 일람표에 나타내어 알아보면 편리하

다. 9점을 맞춘 화살의 수부터 차례대로 기록하여 보자.

9점짜리 화살의 개수	3	2	1	0
점수 합계	9+9+9=27	9+9+4=22 9+9+3=21	9+4+4=17 9+4+3=16 9+3+3=15	4+4+4=12 4+4+3=11 4+3+3=10 3+3+3=9

답 10가지

예 2 영식이가 지금 갖고 싶은 것에는 야구 글러브, 낚싯대, 게임 CD, 녹음기, 축구공이 있다. "생일 선물로 사줄 터이니 갖고 싶은 것 2가지를 골라라."라고 아버지가 말씀하셨다. 영식이가 고르는 방법에는 몇 가지가 있을까?

풀이 갖고 싶은 것을 2가지씩 짝지우면 다음과 같다.

글러브-낚싯대, 글러브-게임 CD, 글러브-녹음기, 글러브-축구공,
낚싯대-레코드, 낚싯대-녹음기, 낚싯대-축구공,
게임 CD-녹음기, 게임 CD-축구공,
녹음기-축구공

위의 자료를 다음과 같이 일람표로 정리하면 자료를 빠짐없이 정리할 수 있다.

방법	1	2	3	4	5	6	7	8	9	10
글러브	○	○	○	○						
낚싯대	○				○	○	○			
게임 CD		○			○			○	○	
녹음기			○			○		○		○
축구공				○			○		○	○

답 10가지

예 3 영숙이는 1원짜리, 5원짜리, 10원짜리 동전을 각각 여러 개 가지고 있다. 이들 동전 중에서 15개를 가지고 70원짜리 초콜릿을 사려면 1원짜리, 5원짜리, 10원짜리 동전을 각각 몇 개씩 사용하면 좋을까?

풀이 금액보다 동전 개수에 유의한다. 즉 동전은 10원짜리를 기준으로 하여 다음과 같이 일람표를 만들면 정리하면 쉽게 구할 수 있다.

10원짜리 동전 수	0	0	1	1	2	2	3	3
5원짜리 동전 수	15	10	14	9	13	8	12	7
1원짜리 동전 수	0	5	0	5	0	5	0	5
동전의 총 수	15	15	15	15	15	15	15	15
합계 금액	75	55	80	60	85	65	90	70

답 10원짜리 3개, 5원짜리 7개, 1원짜리 5개

(7) 표를 만들어서 해결하기

문제가 한 가지 이상의 특성을 가진 자료를 포함하고 있을 때 주어진 정보를 하나의 표에 나타내어 자료를 조직화하고 표에 나타난 자료 사이의 관계에서 규칙성을 파악하여 이를 근거로 문제를 해결하는 전략이다. 자료를 표(table)에 나타내면 빠진 자료를 쉽게 찾아낼 수 있을 뿐만 아니라 의미 있는 규칙성을 발견하는 데 매우 유용하다. 이 전략은 사상(mapping)에 대하여 변화를 찾기, 대응시키기, 기록하기… 등의 작업을 통하여 수량 사이의 관계를 파악하여 문제를 해결해 가는 것으로 자료의 대소나 비율, 자료 값의 경향 등에 관련된 '분포'에 착안하거나, 변화의 경향이나 정도 및 대소 등 두 사상의 '변화'에 착안하여 문제해결의 실마리를 찾을 수 있도록 한다.

예 1 마당에 닭과 강아지를 합쳐서 모두 18마리가 있다. 그런데 다리의 수는 모두 50개라면 닭과 강아지는 각각 몇 마리인가?

풀이 모두 18마리가 될 수 있는 경우와 닭과 강아지의 다리의 수가 각각 2, 4인 것을 생각하여 표를 만든다. 다음 표에서 닭의 수가 1, 2, 3,… 으로 증가할수록 강아지의 수는 어떻게 변하는지를 살펴보자.

닭의 수	1	2	3	4	5	· · ·	?
강아지 수	17	16	15	14	13	· · · ·	?
다리 수의 합	70	68	66	64	62	· · ·	50

왼쪽 표에서 규칙성을 발견할 수 있다. 표의 왼쪽에서 오른쪽으로 갈 때마다

다리 수의 합이 2씩 적어진다. 따라서 다리 수의 합이 50이 되려면 70과의 차이인 20(=10×2)을 줄여야 되므로 강아지 17마리에서 10마리를 뺀다.

답 닭 11마리, 강아지 7마리

예 2 쥐는 매우 빠르게 번식하는 동물이다. 1마리의 쥐가 1개월이 지나면 2마리, 2개월이 지나면 6마리, 3개월이 지나면 18마리, 4개월이 지나면 54마리가 된다. 이와 같은 일정한 비율로 번식하여 10개월이 지나면 1마리의 쥐가 몇 마리가 될까?

풀이 쥐의 마리 수가 전 달의 쥐 수의 3배로 늘어난다. 이것으로 표로 나타내면 다음과 같다.

달 수	1	2	3	4	5	6	7	8	9	10
쥐의 수	2	6	18	54	162	486	1458	4374	13122	39366

×3 ×3 ×3 ×3 ×3 ×3 ×3 ×3 ×3

위 표에서 규칙성을 이용하여 알아보면 10개월이 지나면 쥐의 수가 39366마리가 된다.

답 39366마리

예 3 시계가 정각 12시를 가리키고 있다. 큰 바늘과 작은 바늘이 이루는 각이 110°가 되는 가장 빠른 시각을 구하여라.

풀이 정각 12시에는 시계의 큰 바늘과 작은 바늘이 겹쳐져 있으므로 두 바늘이 이루는 각은 0°이다. 또, 시계의 큰 바늘은 1분에 6°, 작은 바늘은 0.5°씩 움직인다. 따라서 1분 동안에 두 바늘은 5.5°의 각의 차이가 생긴다. 이를 시간별로 나타내면 다음 표와 같다. (큰 바늘: 360°÷60=6°, 작은 바늘: 30°÷60=0.5°)

시각	1분	2분	3분	…	19분	20분
큰 바늘이 움직인 각	6°	12°	18°	…	114°	120°
작은 바늘이 움직인 각	0.5°	1°	1.5°	…	9.5°	10°
각의 차이	5.5°	11.0°	16.5°	…	104.5°	110°

위의 표에서 20분 후에 큰 바늘과 작은 바늘과의 각의 차이가 110°가 됨을 알 수 있다. 또, 그 때의 시각은 12시 20분이다.

답 12시 20분

(8) 단순화시켜서 해결하기

어렵거나 복잡한 문제에 직면했을 때 단순하면서도 유사한 문제를 먼저 해결해 보는 경험은 어렵거나 복잡한 문제해결에 도움을 준다. 일련의 단순한 문제해결은 본 문제해결을 위한 기초가 되는 규칙성을 찾도록 이끌 수 있다. 이 전략은 규칙 찾기나 표 만들기 등과도 관련이 깊으며 다른 전략의 보조 역할의 의미에서도 중요하다.

예 1 마라톤 대회에서 99명이 1번에서 99번까지 번호표를 달고 뛴다. 번호표의 숫자에 '7'이 들어 있는 사람은 몇 사람일까?

풀이 이 문제는 한 번에 생각하기는 무리이므로 '1의 자리에 7이 있는 사람은?', '10의 자리에 7이 있는 사람은?', …과 같이 간단한 경우로 나누어 생각하여 해결하는 것이 효과적이다.

1) 일의 자리에 대해서 생각해 보자. 7, 17, 27, …, 97 등 일의 자리에 있는 숫자 '7'의 개수는 10개이다.
2) 십의 자리에 대해서 생각해 보자. 70, 71, 72, … 등 십의 자리에 있는 숫자 '7'의 개수는 10개(70~79)이다. 그러나 '77'은 일의 자리에 7이 있는 경우와 중복되므로 번호표의 숫자에 '7'이 들어 있는 사람은 10+10−1=19(명)이다.

답 19명

예 2 영희는 일기장에 쪽수를 나타내는 숫자를 썼다. 일기장의 마지막 쪽에 쓴 숫자가 225였다면, 영희는 숫자를 몇 번 썼을까?

풀이 한 자리의 수, 두 자리의 수, 세 자리의 수로 나누어 쓴 숫자의 개수를 차례로 조사한다.

1) 한 자리의 수(1~9): 9개 있고 그때 쓰는 숫자의 개수는 9×1=9

2) 두 자리의 수(10~99): 90개 있고 그때 쓰는 숫자의 개수는 90×2=180

3) 세 자리의 수(100~225): 126개 있고 그때 쓰는 숫자의 개수는 126×3=378

∴ 이 세 경우를 합하면 9+180+378=567

답 567번

예 3 다음 예와 같이 0에서 1000까지의 수 중에서 각 자리에 있는 숫자의 합이 10인 수는 몇 가지나 되는가?

(예) 334 → 3 + 3 + 4 = 10

풀이 두 자리, 세 자리 등의 경우로 나누어 차례로 조사한다.

1) 두 자리 수: 19, 91, 28, 82, 37, 73, 46, 64, 55의 9가지

2) 세 자리 수: 각 자리의 숫자의 합이 10인 세 자리의 수는 10+9+8+7+6+5+4+3+2=54가지이다.

109	190	208	280	307	370	406	460	505	550	604	640	703	730	802	820	901	910
118	181	217	271	316	361	415	451	514	541	613	631	712	721	811			
127	172	226	262	325	352	424	442	523	532	622							
136	163	235	253	334	343	433											
145	154	244															
10가지		9가지		8가지		7가지		6가지		5가지		4가지		3가지		2가지	

따라서 9+54=63가지

답 63가지

(9) 실험해 보고 해결하기

기하적인 형상이나 공간적 관련성이 있는 문제는 구체적인 자료를 이용하여 조작할 수 있는 물리적인 모델로 실험함으로써 해결할 수 있다.

예 1 크기가 같은 성냥개비 12개로 그림과 같은 정사각형 3개를 만들었다. 성냥 3개비만을 움직여 4개의 정사각형을 만들어라.

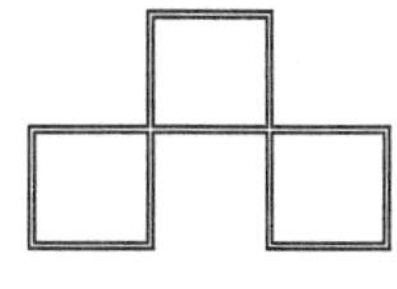

풀이 실제로 12개의 성냥개비를 움직여서 다음과 같은 모양을 만들어 보자.

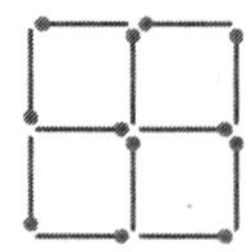

예 2 다음 4가지 도형을 이용하여 한 개의 직사각형을 만들려면 어떻게 맞추어야 할까?

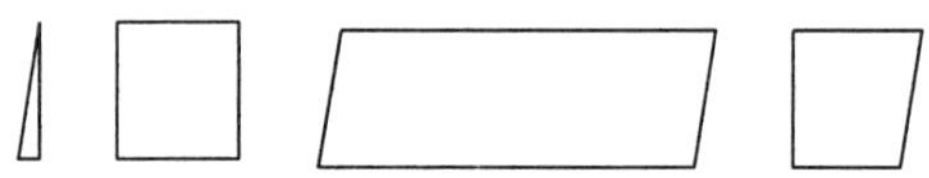

풀이 다음과 같은 도형을 생각해 보자

(1)

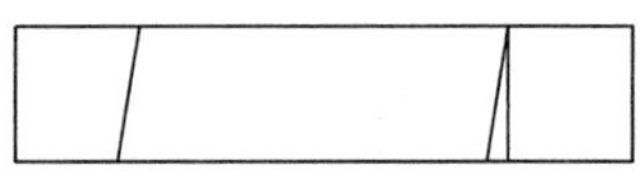

(2)

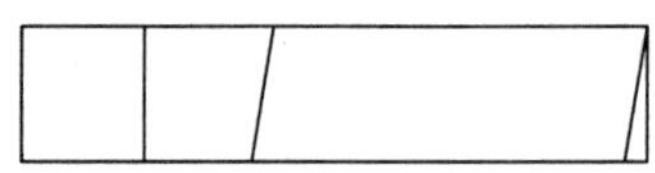

예 3 오른쪽 그림과 같이 1에서 8까지 숫자가 적혀 있는 종이가 한 장 있다. 제일 위쪽부터 숫자가 8, 7, 6, 5, 4, 3, 2, 1의 순서가 되도록 종이를 접어 보아라.

3	4	2	7
6	5	1	8

풀이 세로로, 가로로, 앞으로, 뒤로 접어보는 조작활동으로 알아본다.

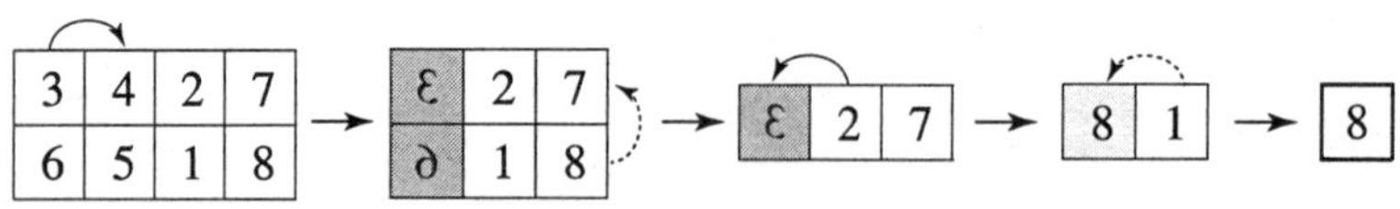

① ② ③ ④ ⑤

① 3과 4, 6과 5가 겹쳐지도록 접는다.

② 가로로 접어 아래쪽이 밑으로 가게 한다.

③ 세로로 접어 2와 3을 겹친다.

④ 1을 맨 아래로 가도록 접는다.

⑤ 8이 맨 위에 오고, 차례로 7, 6, 5, 4, 3, 2, 1이 된다.

(10) 식을 세워서 해결하기

대수는 서로 다른 양이나 그 사이의 관계를 수식의 형태로 표현하고 있다. 문제의 조건들 사이의 관계를 등식이나 부등식으로 나타내고 이를 해결함으로써 답을 구할 수 있다.

예 1 형이 인호에게 "네 나이는 몇 살이야?"하고 물었더니 인호가 대답하기를 "내 나이에 16을 더한 것과 내 나이를 3배한 것은 같아!"라고 대답하였다. 인호 나이는 몇 살인가?

풀이 인호의 나이를 □살이라면 다음과 같은 식을 얻을 수 있다.

$$3\times\square=\square+16 \rightarrow 3\times\square-\square=\square+16-\square \rightarrow 2\times\square=16 \rightarrow \square=8$$

답 8살

예 2 오른쪽 도형은 가로의 길이가 75cm, 세로의 길이가 40cm인 직사각형이다. 삼각형 ABE의 넓이가 사다리꼴 BCDE 넓이의 $\frac{1}{2}$이면 선분 DE의 길이는 얼마인가?

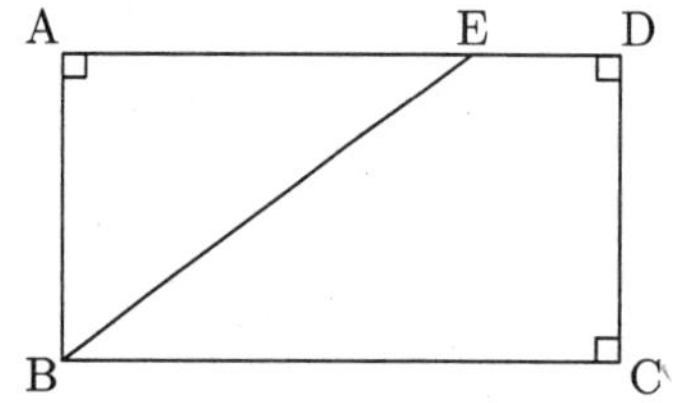

풀이 사다리꼴 BCDE의 넓이를 2라 하면 삼각형 ABE의 넓이는 1이다. 따라서 직사각형 ABCD의 넓이는 75×40=3000(cm^2)이고, 사다리꼴 BCDE의 넓이는 직사각형 ABCD 넓이의 $\frac{2}{3}$이므로 (사다리꼴 BCDE의 넓이)=3000×$\frac{2}{3}$=2000(cm^2)이다. 선분 DE의 길이를 x라 하면 $\{(x+75)\times40\}\div2=2000$cm^{2}에서 → $(x+75)\times40=4000$ → $x+75=100$ → $x=25$이다. 따라서 (선분 DE)=25cm이다.

답 25cm

예 3 1분에 600m를 달리는 기차가 길이가 1350m인 터널을 완전히 빠져 나오는 데 2분 30초가 걸린다. 이 기차의 길이를 구하여라.

풀이 기차의 끝이 터널을 완전히 빠져 나와야 하므로, 기차가 간 거리는 (터널의 길이+기차의 길이)이다. 이 기차가 터널을 완전히 빠져 나오는 데 2분 30초가 걸렸으므로 이 기차가 이동한 거리는 600×2.5=1500(m)이다. 따라서 기차의 길이는 1500－1350=150(m)이다.

이것을 하나의 식으로 만들면 (600×2.5)－1350=150(m)이다.

답 150m

(11) 연역적으로 추론하여 해결하기

수학에서 사용되는 추론으로는 귀납 추론, 유비 추론, 연역 추론이 있다. 연역은 논리 또는 추론을 통하여 결론을 이끌어 내는 과정이다. 이 전략은 불가능한 해법을 제거해 가는 절차, 즉 가능성이 있는 모든 해법에 대해 점검해 보고 불가능한 해법을 제거해 가면서 가능한 하나의 해법에 이를 때까지 한 단계씩 차례로 고찰해 가는 전략이다.

예 1 우리 마을 사람들은 세 종류의 재활용 수거함에 쓰레기를 분리하여 버린다. 수거함의 색깔은 노랑, 검정, 파랑의 3가지이다. 각각의 수거함은 유리병류, 플라스틱류, 금속류를 담는다. 만약 플라스틱류를 노란색 수거함에 넣으면 수거하는 사람들은 그것을 가져가지 않는다. 또한 만약 금속류나 플라스틱류를 검정색 수거함에 넣는다면 그것을 수거하지 않는다. 각각의 쓰레기를 어떤 색의 재활용 수거함에 넣어야 되겠는가?

풀이 ① 검정색 수거함에 넣을 수 없는 것은 어느 것인가? 또, 노란색 수거함에 넣을 수 없는 것은 어느 것인가를 알아보자.

② 각각의 수거함에 어떤 쓰레기를 넣어야 하는가를 알아보자.

③ 문제에서 주어진 조건을 표로 나타내어 풀어보자.

	노랑	검정	파랑
유리병류	×	○	×
플라스틱류	×	×	○
금속류	○	×	×

답 노랑-금속류, 검정-유리병류, 파랑-플라스틱류

예 2 한라산, 백두산, 설악산은 각 산의 높이가 1.5km가 넘는다. 어느 날 한 외국인이 준식이에게 어느 산이 가장 높으냐고 물었다. 그 대답으로 준식이는 다음과 같은 수수께끼를 내었다. 다음 이야기를 읽고 높은 산부터 차례대로 말하여라.

1. 설악산은 가장 높거나 가장 낮다.
2. 만약 설악산이 백두산보다 높다면 한라산이 가장 높다.
3. 만약 한라산이 설악산보다 높다면 백두산이 가장 높다.

풀이 이 문제는 계산하지 않고 주어진 문장의 참과 거짓을 가리는 것으로 문제를 해결할 수 있다.

① 첫 번째 조건에서 알 수 있는 것은 무엇인가? **설악산이 가장 높은 산이거나 가장 낮은 산이다.**

② 두 번째 조건에서의 세 산의 높이 순서는 어떠한가? **높은 산부터 한라산–설악산–백두산**

③ 두 번째 조건의 내용이 첫 번째 조건과 맞는가? **맞지 않다.(왜냐하면 설악산이 가장 높거나 낮은 산이어야 하기 때문)**

④ 세 번째 진술에서의 세 산의 높이 순서는 어떠한가? **높은 산부터 백두산–한라산–설악산**

⑤ 세 번째 조건의 내용이 첫 번째 조건과 맞는가? **맞다.(왜냐하면 설악산이 가장 낮은 산으로 되어있기 때문)**

위 ①~⑤를 이용하여 가장 높은 산부터 순서대로 쓰면 백두산-한라산-설악산의 차례이다.

답 높은 산부터 백두산-한라산-설악산

예 3 슈퍼마켓 주인, 의사, 빵집 주인의 이름은 혜지, 호철, 인식이 중의 하나씩이다. 인식이는 의사 옆집에 산다. 슈퍼마켓 주인은 인식이의 딸이다. 인식이와 호철이는 같은 고등학교를 졸업한 동기동창이다. 그렇다면 어떤 사람이 어떤 직업을 가지고 있는가?

풀이 ① 인식이는 의사 옆집에 살므로 인식이는 의사가 아니다. 따라서 인식이는 슈퍼마켓 주인이거나 빵집 주인이다.

② 슈퍼마켓 주인은 인식이의 딸이므로 인식이는 슈퍼마켓 주인이 아니다. 따라서 인식이는 빵집 주인이다.

③ 인식이와 호철이는 고등학교 동기이므로 호철이는 인식이의 딸이 아니다.

따라서 인식이의 딸은 혜지이다. 위 ②에 의해 슈퍼마켓 주인은 혜지이며, 호철이는 의사이다. 이러한 사실을 바탕으로 해서 다음과 같이 표를 만들어 어떤 사람이 어떤 직업을 가지고 있는가를 알아보자.

		슈퍼마켓 주인	의사	빵집 주인
① 인식이는 의사 옆집에 산다.	혜지			
	호철			
	인식		×	
② 슈퍼마켓 주인은 인식이의 딸이다.	혜지			×
	호철			×
	인식	×		○
③ 인식이와 호철이는 고등학교 동기이다.	혜지			
	호철	×		
	인식			

⇒

	슈퍼마켓 주인	의사	빵집 주인
혜지	○	×	×
호철	×	○	×
인식	×	×	○

위의 표와 같이 혜지는 슈퍼마켓 주인, 호철이는 의사, 인식이는 빵집 주인이다.

답 혜지-슈퍼마켓 주인, 호철-의사, 인식-빵집주인

(12) 관점을 바꾸어서 해결하기

때에 따라서는 특수한 문제해결을 위한 시도가 방해를 받든가 실패하는 경우가 있다. 이는 해에 접근하기 위한 유일한 방법만을 생각하거나 주어진 정보에 대해 부정확한 가정에 집착하는 '사고의 고착화(mind set)'때문에 발생하는 것인데 이 경우는 문제를 다시 읽은 후 기존의 관점을 바꾸어 해결하는 것이 필요하다.

예 1 오른쪽 그림과 같이 점 O를 중심으로 하고 반지름이 10cm인 원 안에 직사각형 AOBC를 그렸다. 선분 AB의 길이를 구하여라.

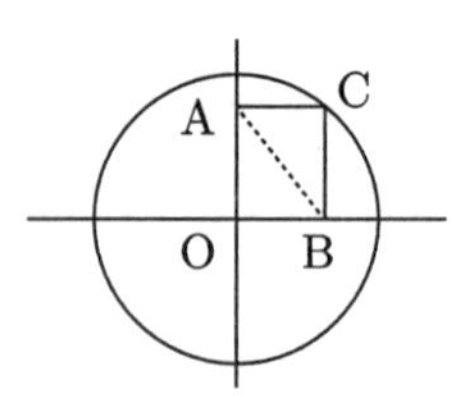

풀이 선분 OC를 그으면 직사각형 AOBC에서 (대각선 AB)=(대각선 OC)이고, 대각선 OC의 길이는 원의 반지름이므로 (선분 AB)=10cm이다.

답 10cm

4.2 문제해결을 위한 특수 전략지도

문제해결 전략 지도의 주된 대상은 일반적 전략인데 이에는 전략을 습득하게 하는 지도와 습득된 전략을 응용하는 지도의 두 가지를 생각할 수 있다.

첫째, 전략을 습득시키는 지도에서는 전략을 가르쳐 그것이 문제해결의 하나의 책략임을 알고 그것을 실제의 문제해결에 사용할 수 있게 하는 것이 핵심이 된다. 따라서 개개의 전략의 특성과 유용성을 인식시키는 데 적합한 문제를 제시하여 그 전략 자체와 그 기능을 점차 깨닫게 하는 것이 중요하다. 예를 들어 '그림을 그린다.'는 전략의 습득이 지도의 목표라면 그림의 일부를 완성시키는 형태의 문제를 제시하거나 그림 자체를 그리게 하는 문제를 제시하여 그림을 그린다는 것이 어떻게 하는 것이며 그것이 어떤 기능을 하는가를 알게 한다.

둘째, 전략의 응용 지도에서는 습득된 여러 가지 전략 중에서 해결하려는 문제해결에 적절한 전략을 선택해서 응용하게 하고 그 해결 방법을 논의하는 일이 중심이 된다. 전략에는 여러 가지가 있으나 전략마다 그 기능이 달라서 그것으로 해결하기에 적절한 문제가 각각 다르다는 것을 알고 주어진 문제해결에 적절한 전략을 선택하는 능력이 요구된다.

따라서 여러 가지 전략의 세분과 문제를 동시에 제시하여 그 문제해결에 적절한 전략을 선택하는 훈련이 필요하다. 물론 어떤 문제해결의 전략이 한 가지로 한정하는 것은 아니므로 전략의 응용 지도에서는 여러 가지 전략으로 해결되는 문제를 제시하여 다양한 해결 방법을 생각해 보게 하는 것이 바람직하다.

앞서서 논의된 문제해결의 일반적인 전략뿐만 아니라 폴리아의 4단계와 같은 전체적 전략에 대해서도 학생들이 의식할 수 있게 하는 의도적인 지도가 중요하다. 우리 수학 교과서의 구성이 전체적 전략의 습득을 의도하고 있으므로 수업의 전개 과정 또한 여기에 따르고 있지마는 학생들은 그것을 문제해결의 전체적인 전략으로 의식하기 어려우므로 어떤 모델(Model)의 제시 등을 통하여 의도적으로 그 각 단계와 그 의미와 내용이 의식되게 하는 지도가 필요하다.

4.2.1 문제의 개발

문제해결 전략의 지도를 위해서는 교과서의 문제 외에 전략 그 자체의 지도에 중점을 둔 문제의 개발이 필요하다. 특정 전략의 지도를 위한 문제가 교과서에 제시되어 있지 않는 경우는 물론이고 제시되어 있는 경우라고 하더라도 유형을 달리하는 문제 또는 보다 많은 예시를 위한 문제 등의 개발이 요구된다. 전략을 습득시키기 위해 개발되는 문제는 다음과 같은 요인들을 만족해야 한다.

> ① 전략의 이점(편리성과 우수성)을 분명하게 알도록 할 수 있는 문제
> ② 기존의 지식이나 기능으로 해결할 수 있는 문제
> ③ 학생들이 손쉽게 흥미를 느낄 수 있는 문제

다음은 문제해결 전략을 지도하기에 적절한 문제의 예이다.

예 1 '그림 그리기' 전략 지도를 위한 문제

길이 100cm의 굵기가 일정한 통나무가 있다. 이 통나무를 톱으로 잘라 4등분하는데 12분 걸린다고 한다. 이 통나무를 5등분한다면 몇 분이 걸리겠는가?

이 문제의 해답을 구하는데 흔히 12÷4=3(분)으로 생각해서 3×5=15(분)으로 잘못 계산하기 쉽다. 그래서 그림을 그리지 않아서 잘못된 학생들에게 바른 수량 관계를 깨닫게 하는 데 '그림 그리기' 전략의 이점을 강하게 인상지울 수 있어서 이 전략을 효과적으로 지도할 수 있을 것이다.

예 2 '규칙성 찾기' 전략을 위한 문제

성냥개비 한 개의 길이는 4cm이다. 이 성냥개비로 정사각형을 만들고 거기에 다시 정사각형을 이어 달아서 가로 20cm, 세로 4cm의 직사각형을 만들면 그림과 같이 16개의 성냥개비가 필요하다.

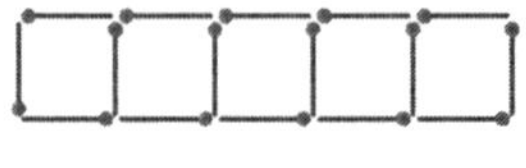

위의 그림과 같이 하여 가로 120cm, 세로 4cm의 직사각형을 만들려면 몇 개의 성냥개비가 있어야 하는가?

이 문제의 해답은 먼저 가로에 놓인 성냥개비의 수 120÷4=30(개)에서 한 변이 4cm인 정사각형 30개를 이은 직사각형에서의 성냥개비의 수이다. 따라서 구하는 개수는 가로(상

하변)에 놓인 수 30×2(개), 세로로 놓인 수 31(개)의 합 60+31=91(개)이다. 이렇게 구하지 않고 직사각형의 구성 과정으로부터 필요한 성냥개비의 수의 규칙을 찾아보면 처음 정사각형 하나에 성냥개비 4개, 거기에 정사각형 하나씩을 더 이을 때마다 3개씩이 더 필요하므로 구하는 수는 4+3×29=91(개)이 됨을 알 수 있다.

또 처음부터 ㄷ자 모양(성냥개비 3개)를 30개 이어붙이고 마지막에 세로로 한 개를 더해서 ㄷ자의 열린 곳을 닫아 주면 된다고 생각하면 구하는 수는 3×30+1=91(개)이다. 이 규칙은 3×(이어 붙이는 정사각형의 수)+1=(직사각형을 만드는 데 필요한 성냥개비의 수)로 일반화되어 어떤 경우에도 적용할 수 있어서 간단하고 편리하다는 사실로부터 '규칙성 찾기' 전략의 이점을 깨닫게 할 수 있으므로 이 전략의 효과적인 지도가 될 수 있다. 그리고 규칙성에는 여러 가지가 있을 수 있고 거기에서 보다 간단하고 편리한 것을 찾는 것이 중요하다는 것도 알게 할 수 있다.

4.2.2 특수 전략 지도의 계열

여기에서는 전략의 습득 지도를 중심으로 해서 생각하기로 한다. 전략 지도의 계열을 결정하는데 찰스와 레스터(Charles & Lester)는 그 기준으로 다음 두 가지를 제시하였다.

첫째, 문제를 해결하는 사람이 사용하기가 쉬운 전략부터 어려운 전략 순으로 지도한다.

둘째, 그 전략을 습득시키는 데 소요되는 시간이 적은 것에서 많은 것 순으로 지도한다.

전략 지도는 이를테면 '예상하고 확인하기(guess and check)', 혹은 '시행착오를 겪기(trial and error)' → '표를 만들기(making a table)' → '규칙성 찾기(research in pattern)'의 계열로 계획을 세워서 전략을 지도하는 경우라면 다음과 같은 문제에서 '규칙성 찾기' 전략 지도를 생각해 본다.

예 3 한 자루에 50원 하는 연필과 한 자루에 60원 하는 연필을 합하여 30자루를 사고 1620원을 지불했다. 50원짜리 연필과 60원짜리 연필을 각각 몇 자루씩 샀겠는가?

학생들은 이미 습득한 '예상하고 확인하기' 전략이나 '표를 만들기' 전략을 써서 해결할 수 있을 것으로 예상된다. 이들 전략에 의한 해결에는 답을 얻기까지 시간적·공간적으로 많은 노력이 필요하다. 따라서 이들 해법에 대한 실행 또는 논의가 이루어진 후에 교사가 '더 좋은 해결 방법은 없을까?', 또는 '더 간단한 방법은 없을까?'라고 발문하여

지금까지의 해결 과정을 다시 한 번 고쳐 살펴보면서 표에 나타난 규칙적인 수량의 변화에서 60원짜리 연필의 수를 구하는 식 (1620－50×30)÷(60－50)을 유도할 수 있을 것이다.

50원인 연필(자루)	29	28	27	26	25	24	23	22	21	20	…	○
60원인 연필(자루)	1	2	3	4	5	6	7	8	9	10	…	
값의 합(원)	1510	1520	1530	1540	1550	1560	1570	1580	1590	1600	…	1620

또 표에서 연필의 전체 값은 60원짜리 연필이 1자루씩 늘 때마다 10원씩 늘어감으로 60원짜리 연필의 수 □=(1620－1500)÷10=12로 그 규칙성에서 찾을 수도 있다.

이와 같이 문제해결의 전략 지도는 그 계열에 따라 지도 계획을 세우면 선수 전략에 의한 해법을 반성함으로써 새로운 전략의 지도를 자연스럽게 전개할 수 있을 것이다. 그러나 모든 전략의 지도를 단선적으로 계열화시키기는 어렵다. '그림을 그려서 해결하기', '예상해 보고 확인하기'와 같은 가장 기초적인 전략, 기초적이기는 하나 주로 복잡한 문제해결에 쓰이는 '목록을 만들어 해결하기', '단순화하여 해결하기' 등의 전략 그리고 그림이나 표를 토대로 하여 '규칙성을 찾아서 해결하기', '식을 세워서 해결하기' 전략이 있으므로 전략 지도의 계열은 그 절대성의 추구보다는 선수 전략이 후속 전략으로 발전되게 하는 융통성이 요구된다고 하겠다.

4.2.3 전략의 습득

문제해결의 전략을 습득시키기 위해서는 [예 4]와 같이 제시된 문제에서 무엇을 어떻게 생각해서 어떻게 하는 것인가를 암시하여 사용할 수 있는 전략을 명시해 두는 것도 한 가지 방법이 될 수 있다.

예 4 규칙성을 찾아서 해결하는 문제

다음 ( ) 안에 적당한 수를 써 넣어라. 또한 그 수를 찾은 규칙을 다음 〈보기〉에서 골라 [ ] 안에 써넣어라.

〈보기〉

㉮ 더하거나 빼면
㉯ 곱하거나 나누면
㉰ 몇 번째를 나타내는 수들 사이의 관계를 이용하면

1) 2, 4, 6, 8, ( ), ( ) ·· [ ]
2) 4, 7, 10, 13, ( ), ( ) ·· [ ]
3) 1, 1, 2, 3, 5, ( ), ( ) ·· [ ]

이 문제에는 규칙성을 찾기 위한 기본적인 기법, 즉 이웃되는 수 사이의 가감승제 등에 있어서의 일정성을 찾는 방법이나 나열된 수에 있어서의 각 수와 그 항수(몇 번째를 나타내는 차례 수)의 관계를 찾는 것을 명시하고 있다.

다음 [예 5]와 같이 문제해결을 위해 차례대로 물음을 제시하여 해결 과정에서 전략을 사용하도록 권고하고 반성 단계에서 그 전략의 유용성을 발견하게 하든지 아니면 학생 스스로 해결 전략을 구상하여 문제를 해결하게 한 후, 이용한 전략에 대한 반성의 기회 제공은 전략의 유용성을 인식하게 하는 데 도움을 줄 수 있다. 아울러 보충 문제를 제시하여 전략의 사용을 습득하도록 하는 방법도 생각해 볼 수 있다.

예 5 그림을 그려서 해결하는 문제

두 마리의 모기가 한 줄로 서서 숲속을 지나가는 10명의 스카우트 대원을 발견했다. 첫 번째 모기가 말하길 "나는 제일 앞서가는 대원을 물겠어. 그리고 2명씩 뛰어 건너면서 물겠어."라고 말했다. 두 번째 모기가 "좋아 그러면 나는 두 번째 대원을 물겠어. 그리고 3명씩 뛰어 건너면서 물겠어."라고 말했다. 몇 분 후 모기에 물린 대원들이 "아!"하고 소리를 쳤다. 두 번 소리 친 사람은 몇 명이며, 또 누구누구이며, 모기에게 물리지 않은 대원은 몇 명인가?

☞ 생각하기: • 무엇을 구하려는 문제입니까?
☞ 탐구하기: • 몇 명의 스카우트 대원이 숲속을 지나고 있는가?
• 첫 번째 모기가 어떻게 물려고 하는가?
• 두 번째 모기가 어떻게 물려고 하는가?
• 스카우트 대원을 그림으로 나타내어라.
• 첫 번째 모기가 문 대원을 표시하여라.
• 두 번째 모기가 문 대원을 표시하여라.
☞ 해결하기: • 두 번 "아!"하고 소리친 대원은 몇 명이며 누구입니까?
• 모기에 물리지 않은 대원은 몇 명인가?
☞ 반성하기: • 그림을 그려서 푸는 것인 어떤 도움이 된다고 생각합니까?
• 또 다른 방법으로 해결할 수 있는지 생각해 봅시다.
☞ 다시 생각해 보기: • 대원이 15명이라면 어떻게 될까?
☞ [문제의 확장 1]: 종수, 인호, 현숙, 희재, 경태가 극장표를 사기 위해 줄을 섰다. 인호

가 제일 마지막에 섰고, 경태 앞에는 1명이 있다. 현숙이는 희재 앞에 섰고, 희재는 인호 바로 앞에 섰다. 줄 선 차례대로 이름을 말하여라.

☞ [문제의 확장 2]

4.2.4 전략의 연습

전략 지도는 반복 지도에 의한 확실한 정착이 필요하다. 따라서 전략 지도가 정규 수업에서 충분하지 못하는 경우는 과외 학습이나 가정 학습을 이용해서 반복 연습의 기회를 만들고, 자율학습용 문제를 설정해 주는 등의 배려에 의해서 습득된 전략이 자연스럽게 사용되도록 하지 않으면 안 된다. 이 경우 지도의 목적에 따라서 자습용의 문제를 제시하는 방법에는 적절한 변화를 주는 것이 좋을 것이다. 동일한 전략에 대해 다양한 문제 장면을 제시해 주는 것이 가장 바람직할 것이다. 그러나 현실의 근무 여건상 과중한 부담이 될 수도 있다. 이럴 경우 '문제 만들기'와도 관련성을 맺을 수 있는데 다음 [예 6]처럼 [예 3]의 문제를 활용하여 ① 장면을 바꾸어 제시하기 → ② 수량을 바꾸어 제시하기 → ③ 장면과 수량 모두를 바꾸어 제시하기 등의 방법으로 반복 연습의 기회를 제공할 수 있을 것이다.

예 6 한 자루에 50원 하는 연필과 한 자루에 60원 하는 연필을 합하여 30자루를 사고 1620원을 지불했다. 50원짜리 연필과 60원짜리 연필을 각각 몇 자루씩을 샀는가?

⇓ (장면을 바꾸어 제시하기)

예 6-1 한 묶음에 50원 하는 색종이와 한 묶음에 60원 하는 색종이를 합하여 30묶음을 사고 1620원을 지불했다. 50원짜리 색종이와 60원짜리 색종이를 각각 몇 묶음씩을 샀는가?

⇓ (수량을 바꾸어 제시하기)

예 6-2 한 묶음에 60원 하는 색종이와 한 묶음에 70원 하는 색종이를 합하여 30개를 1920원에 샀다. 60원짜리 색종이와 70원짜리 색종이를 각각 몇 묶음씩을 샀는가?

⇓ (장면과 수량을 바꾸어 제시하기)

예 6-3 우리 반에서는 한 권에 600원 하는 만화책과 한 권에 700원 하는 동화책을 합하여 30권을 19200원에 사려고 한다. 만화책과 동화책을 각각 몇 권씩 살 수 있는가?

4.2.5 전략 응용

습득된 전략의 응용 지도에 있어서는 여러 개의 전략을 제시하여 그 중에서 당면한 문제해결에 쓸 수 있는 전략을 선택해서 풀게 하거나 두 가지의 풀이 방법을 생각해 보게 하는 것이 바람직하다. 학생들에게 제시되는 자습용의 문제 해법의 보기에도 풀이 방법만이 아닌 그 전략까지 명시해 주면 해결 과정에서 그 전략의 사용 방법도 알게 될 것이다. 또 전략의 응용 지도에 해법의 보기에서도 다양한 전략을 제시해 주는 것이 좋을 것이다.

예 7 철수네 집에서 학교까지는 1500m이다. 철수는 매분 80m의 빠르기로 학교에서 집으로, 동생은 매분 70m의 빠르기로 집에서 학교로 향하여 출발하였다. 철수와 동생은 몇 분 뒤에 만나게 되겠는가?

① [해결 전략 1]: 표를 만들어서 해결하기

걸은 시간(분)	0	1	2	3	4	5	6	7	8	9	10
철수가 걸은 거리(m)	0	80	160	240	320	400	480	460	640	720	800
동생이 걸은 거리(m)	0	70	140	210	280	350	420	490	560	630	700
두 사람 사이의 거리(m)	1500	1350	1200	1050	900	750	600	450	300	150	0

표에서 두 사람이 만나는, 즉 두 사람 사이의 거리가 0m가 되는 것은 10분 후이다. 따라서 10분 후에 만나게 된다.

② [해결 전략 2]: 규칙성을 찾아서 해결하기

앞의 표에서 1분이 지날 때마다 두 사람 사이의 거리가 150m씩 가까워지는 것을 알 수 있다. 두 사람 사이의 거리 1500m가 몇 분 뒤에 0m가 되는가는 1500÷150 =10(분)으로 구할 수 있다.

③ [해결 전략 3]: 식(공식)을 이용하여 해결하기

거리(S)=속력(V)×시간(T)을 이용하면, 두 사람이 걸은 시간(T)은 같고, 거리(S)는 일정하므로 다음과 같은 식을 얻을 수 있다. (70+80)×T=1500에서 T=10(분)을 구할 수 있다.

④ [해결 전략 4]: 시행착오를 겪으면서 해결하기

형은 매분 80m씩 걷고, 동생은 매분 70m씩 걸으므로 두 사람이 1분 동안에 걷는 거리는 (80+70)=150(m)이다. 두 사람이 만나려면 두 사람이 걸은 거리의 합이 1500(m)가 되어야 한다. 두 사람이 8분을 걸었다면 8×150=1200(m)로 조금 부족하다. 9분을 걸었다면 9×150=113500(m)로 역시 조금 부족하다. 10분을 걸었다면 10×150=1500(m)로 주어진 조건에 맞다. 따라서 10분 후에 만나게 된다.

4.2.6 전략의 심화·발전

전략의 지도에 있어서도 교재 연구의 단계에서 학생들에게 제시하는 문제가 발전적으로 다루어질 수 있는지, 즉 이 문제의 해법을 보다 일반화시킬 수 있는지, 보다 넓은 범위에 확대 적용할 수 있는지, 또는 보다 새로운 다른 방법은 없는지를 검토해 두는 것이 바람직하다. 이것은 교사 쪽에서의 뒤돌아보는 활동에 해당하는 것으로 문제의 구조 파악에 도움이 된다.

예 8 오른쪽 그림과 같이 삼각형으로 늘어놓은 □ 속에 1에서 6까지의 수를 하나씩 넣어서 각 변의 수들의 합이 같게 하여라.

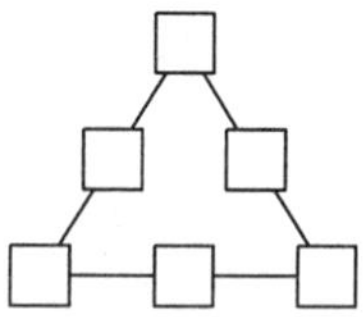

이 문제는 '예상해 보고 확인한다.'는 전략 지도를 위한 문제이지만 그 전략의 지도로 끝내지 말고 시행착오적으로 구한 몇 가지의 결과를 재분류·정리해 봄으로써 문제의 배후에 있는 구조를 명확하게 할 수 있도록 발전적으로 생각해 볼 수 있다.

[예 8]에서는 한 변의 수의 합에 착안해서 그 결과를 분류해 보면

- 세 꼭짓점에 있는 수들의 합은 언제나 3의 배수이다.
- 각 변의 수의 합들의 총합은 1에서 6까지의 합과 세 꼭짓점의 수의 합이다.

한 변의 수의 합을 k, 세 꼭짓점의 수를 차례로 a, b, c라 하면

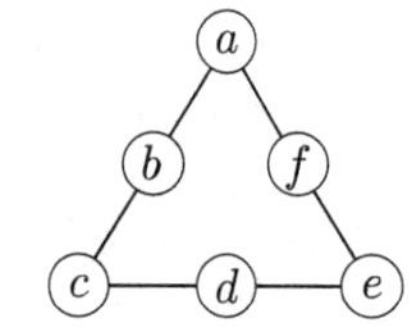

$$(1+2+3+4+5+6)+a+b+c=3k$$

따라서 $a+b+c=3(k-7)$임을 확인할 수 있다.

이 문제를 한 변에 수가 4개가 되게 확장하면 [예 9]와 같이 된다.

예 9 그림과 같이 삼각형으로 늘어 놓인 ○ 속에 1에서 9까지의 수를 넣어서 각 변의 수들의 합이 같게 하여라.

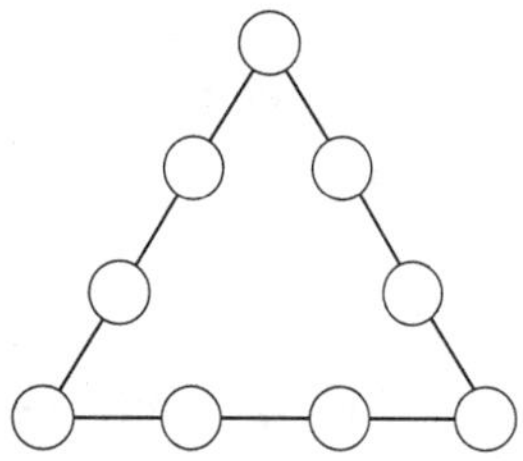

4.2.7 전략 지도의 전개 과정

(1) 해결 과정에 중점을 두고 학생과 함께 전략을 만들어 내게 한다.

문제해결 전략의 습득을 위한 지도에서는 교사가 처음부터 전략을 학생들에게 제시해 버리면 그 전략의 사용 방법은 물론 그 좋은 점(利點)도 충분히 알게 할 수 없다. 문제를 제시한 다음 먼저 학생들에게 각자가 문제를 나름대로 풀어 보게 한다. 다음에 집단 토의를 시켜 그 해결의 과정을 뒤돌아보고, 해결의 열쇠가 되는 아이디어나 생각을 정리하게 하여 될 수 있는 한 학생들과 함께 전략을 만들어 내는 것이 바람직하다. 그리고 전략의 지도는 그 과정에 초점을 맞추어야 한다. 그리고 전략이 만들어지면 그 때마다 학생들의 말로 적당한 이름을 붙여 주어서 판서하거나 오늘 학습한 전략의 이름을 써 붙여 두는 것도 좋을 것이다. 하나하나의 전략에 이름을 붙여 주는 것은 그 전략을 의식화되게 하자는 의도이다. 문제해결 과정에서 쓰인 아이디어나 생각을 그 장면만의 것이 아닌 모든 문제해결에서 유용한 방법으로 의식하도록 하기 위해서 중요하다.

(2) 해결 방법에 대한 예상을 가지고 해결하게 한다.

문제에 따라 적절한 전략을 선택할 수 있게 하기 위해서는 문제의 특징을 파악해서 어떤 전략을 쓰면 그 해결의 실마리를 잡을 수 있겠는가를 검토하는 장면 즉 '계획을 세운다.'는 단계를 학습 지도 과정에 마련하는 것이 필요하다. 이때 어떤 전략을 쓸 수 있겠는가를 발표시킬 뿐만 아니라 왜 그 전략이 적절하다고 생각했는지, 문제의 어디에 착안한

것인지 등 학생들에게 전략 선택의 근거를 분명하게 하는 것이 바람직하다.

학생들 각자가 자발적으로 그 단계를 밟을 수 있을 때까지 문제해결에 들어가기 전에 써 볼 만한 전략 몇 개를 말하게 하여 그것을 판서해 둔다. 이렇게 하면 학생들은 다른 학생들이 제시하는, 자기가 깨닫지 못한 방법을 알 수 있다. 또 개별 해결의 경우 어떤 하나의 전략으로 해결한 학생에게 판서된 다른 전략을 써서 다시 해결해 보도록 지시할 수도 있다. 반드시 한 문제의 다른 방법에 의한 풀이를 생각하게 지도함으로써 학생들은 자주적으로 여러 가지의 해결 방법을 생각하게 되는 것이다. 이것은 각각의 전략을 평가하거나 그들 서로 사이의 관계를 논의해서 보다 나은 해법을 추구하는 활동을 용이하게 할 것이다.

(3) 해답을 구한 다음의 학습이 중요함을 알게 한다.

전략 지도는 모든 학생들에게 문제해결의 도움이 되는 어떤 수단을 익히게 하여 자력으로 문제를 해결할 수 있게 하는 것을 목표로 삼고 있다. 그러나 그것만이 전략 지도의 마지막은 아니다. 문제해결의 과정을 중시하는 입장에서 학생이 해답을 구할 수 있게 되면 해답을 구한 다음 그 구하는 방법을 반성하거나 또는 보다 나은 해결 방법을 탐구하는 활동을 기반으로 하는 학습이 이루어져야 한다.

① 몇 개의 해법을 비교해서 그 전략을 평가해 본다.

집단 토의의 장면에서는 여러 가지 해법을 발표시킨 다음 보다 나은 해법을 추구할 수 있게 하기 위하여 각각의 해법의 좋은 점이나 서툰 점을 밝혀서 전략을 평가해 보게 한다.

예 10 사각형에서는 대각선을 2개, 오각형에서는 대각선을 5개 그을 수 있다. 그렇다면 십각형에서는 몇 개의 대각선을 그을 수 있겠는가?

[예 10]의 문제에 대한 해법이 다음과 같이 '그림을 그린다.'는 전략은 ㈎와 ㈏에서, '표를 만든다.'는 전략은 ㈐에서, '규칙성을 찾는다.'는 전략은 ㈑에서 제기되었다고 하자.

풀이 (가)

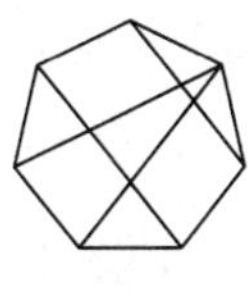

차례로 대각선을 그려 가면서 수를 센다.

(나)

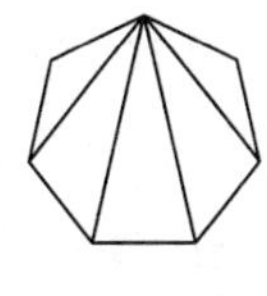

되는 대로 대각선을 그려 그 수를 센다.

(다)

변의 수	3	4	5	6	7	8	9	10
대각선의 수	0	2	5	9				

삼, 사, 오, 육각형인 각 경우의 대각선의 수를 조사해서 표를 만든다. 위의 표에서 대각선의 수가 증가하는 규칙을 찾는다.

(라) 오각형, 육각형의 경우를 조사해서 규칙을 찾는다.

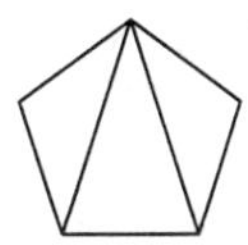

2=5−3

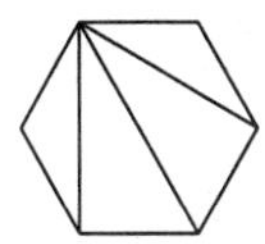

3=6−3

한 꼭짓점에서 대각선을 각각 5−3, 6−3개씩 그을 수 있다는 것을 토대로 해서 칠각형에서는 (7−3)×7÷2=14개의 대각선이 있음을 확인하고 그 규칙을 십각형에 적용한다. 즉 (10−3)×10÷2=35로 구한다.

'그림을 그린다.'는 전략에서는 잘못 세는 일이 없도록 하기 위해서는 되는 대로 대각선을 그어서 세는 (가)보다는 각 꼭짓점에서 차례로 대각선을 그어서 세는 (나)쪽이 좋다는 것을 깨닫게 한다. 또 변의 수가 많아져서 '그림을 그린다.'는 전략에 의한 해결이 곤란하게 될 때는 간단한 경우부터 조사해서 '표를 만든다.'는 전략 (다)에 의해서 규칙을 찾을 수 있을지도 모르겠다고 생각하도록 한다.

[예 8]의 문제에서는 삼각형, 사각형, 오각형으로 변의 수가 1개씩 늘어날 때마다 대각선의 수는 2, 3, 4, …으로 증가하는 규칙성을 발견할 수 있다. 또한 오각형과 같이 간단한 경우의 그림을 관찰해서 각 꼭짓점에서 그을 수 있는 대각선의 수에 착안해서 그 규칙성을 찾을 수 있으면 (라) 생각은 일반화할 수 있는 점에서 다른 해결 방법에 비해서 우수하다는 것도 깨닫도록 한다.

② 해결 방법 서로 사이의 관계를 고찰시켜 어린이들의 문제를 보는 관점이나 사고의 폭을 넓히고 또한 심화시킨다.

하나하나의 해법을 별개로 검토하지만 말고 각각의 해법 사이의 관계를 전략이나 그 착안점의 차이라는 면에서 고찰시킴으로서 어린이들의 문제를 보는 관점이나 사고의 폭을 넓히고 또 깊게 할 수 있다. 이를테면 같은 전략에 의한 해법이라도 그 착안점에 따라서 서로 다른 해결 방법이 될 수 있다는 것을 알게 하거나 서로 다른 전략이라도 관점을 바꾸면 같은 것으로 볼 수 있다는 것 등을 지도하는 것이다. 다음 [예 11]과 같은 문제해결에서 ㈎~㈖의 해결 방법이 발표되었다고 하자.

예 11 한 변이 10cm인 정사각형의 색종이를 아래와 같이 겹쳐지게 이어 붙였다. 색종이 10장을 이어 붙였을 때 그 둘레는 몇 cm가 되겠는가?

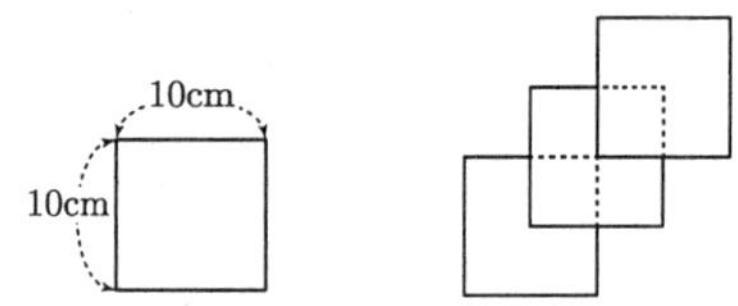

풀이 ㈎

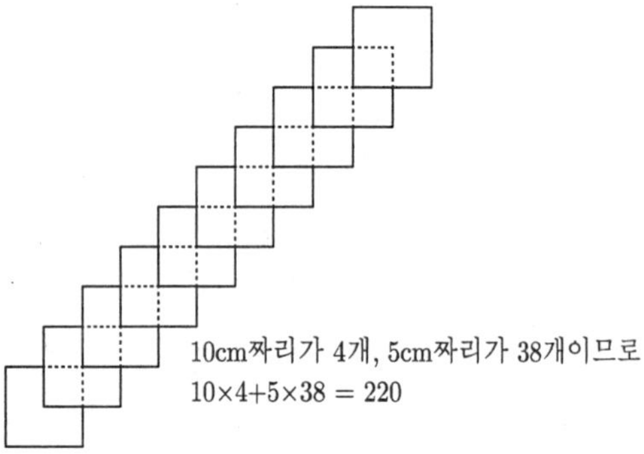

㈏

색종이의 수	1	2	3	4	5	6	7	8	9	10
둘레의 길이	40	60	80	100	120	140	160	180	200	220

㈐ 표 ㈏에서 규칙을 찾아서 식으로 정리한다.

$$10-1=9 \rightarrow 20\times9=180 \rightarrow 40+180=220(\text{cm})$$

㈑ 그림 ㈎에서 한 변이 10cm인 정사각형 10장의 둘레에서 겹쳐서 중복된 부분인 한 변이 5cm인 정사각형 9장의 둘레를 뺀다.

$$40\times10-20\times9=220(\text{cm})$$

(마)

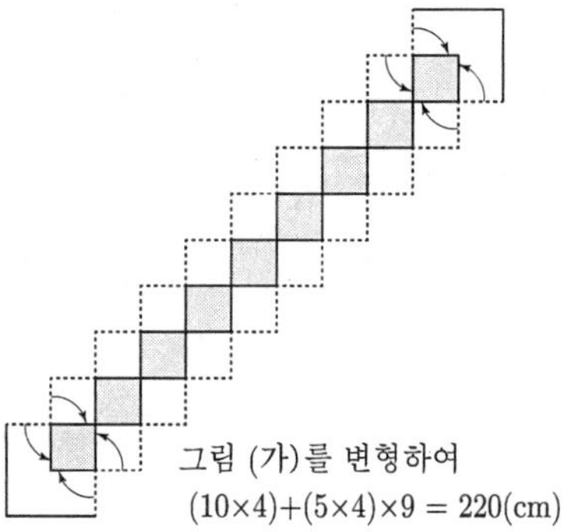

(바)

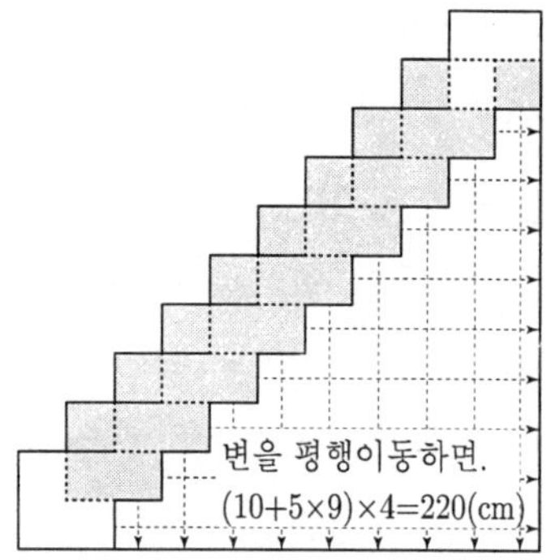

(사)

색종이의 장 수	1	2	3	…	10
10cm인 변의 수	4	4	4	…	4
5cm인 변의 수	0	4	8	…	

색종이 10장일 때의 5cm인 변의 수는 4×(10－1)=36.

∴ 10×4+5×36=220(cm)

이때 (가)~(사)의 각각의 풀이 방법만을 논의하지 말고 각 풀이 방법 사이의 관계까지 고찰시켜서 각 전략의 특성 및 그에 따른 편리성과 적절성에 대하여 논의하도록 한다. (가)와 (사)는 식만을 보면 똑 같지만 (가)는 붙여진 10장의 색종이 그림에서 10cm인 변과 5cm 변의 수를 세어 구한 것이고, (사)는 1장, 2장, 3장으로 간단한 경우로부터 10cm와 5cm인 변의 수의 변화에 착안해서 그 규칙성을 찾아 해결하는 것으로서 붙여진 색종이의 수가 많을 때는 (가)보다 훨씬 더 능률적이라는 것을 느끼게 하는 것이 바람직하다.

(나)는 '표를 만든다.'는 전략에 의해서 해결한 것이고, (다)는 표에서의 둘레의 길이의 변화에 착안해서 색종이의 장수와 둘레의 길이 사이의 규칙성을 찾아서 식으로 나타낸 후 해결한 것이다.

(다)는 하나의 식 40+20×(10－1)으로 정리해 보면 일반화가 쉬워지므로 (나)보다 우수하다고 하겠다. 또 표를 만들고, 규칙성을 찾아서 규칙으로부터 식을 유도하고 있다는 점에서는 (다)와 (사)가 닮았으나 해결에 있어서의 착안점이 다르다는 것을 밝혀 둘 필요가 있다. 이렇게 해 두면 어린이들에게 여러 가지 규칙성을 깨닫게 할 수 있을 것이다.

(라)는 한 변이 10cm인 색종이 10장의 둘레의 길이에서 중복된 부분(한 변이 5cm인 정사각형 9개의 둘레)을 제거해서 구한 것이다.

(마)는 중복된 부분으로 5cm인 변을 이동시켜서 한 변이 5cm인 정사각형 9개를 만들어 중복된 부분을 없애서 한 변 10cm인 정사각형 1개와 한 변이 5cm인 정사각형 9개를 만들어 그 둘레를 구했다.

(바)는 (가)의 그림을 변형(평행이동)시켜서 중복된 부분을 없앨 궁리를 한 것이다. 그 구

체적인 조작을 (10×4+5×4×9)인 식에서 읽어 낼 수 있다면 이 식을 (10+5×9)×4로 변형한 경우 이것이 그림에서 무엇을 의미하는가를 생각해 보게 할 수 있다. 그 결과 ㈓와 같이 한 변의 길이가 55cm인 정사각형 1개를 만들 수 있다는 것을 발견할 수 있을 것이다. 식의 구체적인 의미를 그림에서 읽어낼 수 있다면 ㈐도 단지 표에서 규칙성을 찾아 그 규칙의 식을 유도하는 것만 아니라 그 식이 그림에서 무엇을 의미하는가도 생각해 보게 해서, '그림을 그린다.'는 것과 '표를 만든다.'는 것의 상호관계를 고찰시키는 것이 좋다. ㈐의 하나의 식에서 40은 처음 1장의 둘레의 길이이고 20×(10－1)은 증가한 길이로서 1장이 증가할 때마다 20cm씩 둘레가 늘어나는 것을 의미하는 것인데 이 20cm는 이를테면 오른쪽 그림에서 점선 부분으로 새로이 더해지는 색종이의 두 변의 길이에 해당한다는 것을 쉽게 알 수 있을 것이다.

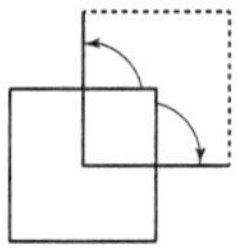

(4) 해결 과정을 평가하게 한다.

문제해결 전략의 사용 방법이나 그 좋은 점을 이해시키기 위해서는 자기의 해결 과정을 뒤돌아보게 하거나 다른 사람이 해결 방법으로 비교시키거나 학습 시간에 공부한 것을 정리해 보게 하는 등 해결 방법에 대한 자기 평가를 해 보게 하는 기회를 마련하는 것이 효과적이다. 예컨대, 문제해결의 발표 등에서 자기의 풀이와 친구의 풀이 방법을 비교해 보거나 또는 토의를 통해서 자기 풀이의 좋은 점, 보완, 수정해야 할 곳을 찾는다든지 새로이 깨닫게 된 것을 말하거나 기록해 둔다거나 혹은 자타의 풀이를 수정 보완해서 다시 풀이를 정리해 보는 것이다.

제 5 장

메타인지와 문제해결

1 메타인지

수학 문제를 풀면서 그것이 예상보다 어렵다고 느낄 때, 다시 처음부터 천천히 생각하거나 문제해결의 과정 중에 잘못된 점이 있는지를 확인하는 절차를 가짐으로써 해결하는 경우를 종종 경험하게 된다. 이와 같이 '처음부터 다시 한 번 천천히 풀어보자', '문제해결 과정에서 어디가 잘못인지 점검해 보자' 등과 같은 경험을 통해 '이해할 수 없는 것'을 이해할 수 있게 될 때 우리는 '메타인지적 경험'을 하였다고 한다.

'메타인지'는 자신의 인지과정을 대상으로 하는 인지적 행위를 말한다. 즉, '메타인지'는 위와 같은 경험을 설명하기 위해 인지과정 자체를 인지의 대상으로 하는 고차의 기능이 반증되어 구성된 개념이다. 메타인지는 '인지에 관한 인지'이외에도 '사고에 관한 사고(thinking about thinking)', '지식에 관한 지식' 등으로 정의하고 있다. 즉, 메타인지의 의미는 인지, 사고, 지식에 대한 또 다른 수준에서의 인지, 사고, 지식이라고 말할 수 있다. 또한 이러한 일반적이고 포괄적인 개념 이외에도 자신의 인지, 사고, 지식을 점검하고, 제어하는 심적 과정(mental process)이란 개념으로 사용되기도 한다. 예를 들면, 가로팔로와 레스터(Garofalo & Lester, 1985)는 반영적 추상화에 의한 개념의 구성 과정은 지식을 추출, 재조직, 통합화하기 위한 과정으로서 메타인지적 과정과 별반 다르지 않다고 보고 있으며, 또한 자신의 심적 과정을 의식적 관찰의 대상으로 만드는 능력과 같은 반성적 지능을 메타인지적 의미와 유사하게 받아들이고 있다. 특히 숀펠드(Schoenfeld, 1987)는 단순한 인식에 대한 반성 또는 인지에 대한 인지로서의 정의는 큰 유용성이 없다면서 다음과 같이 세 가지의 연관된 범주의 지적 행동에 초점을 두고 있다.

첫째, 자신의 사고 과정에 대한 지식으로서, '자신의 사고과정을 묘사할 수 있는 능력', '메타기억(자신의 기억에 대해 서술할 수 있는 능력)'과 관련된 것이다. 훌륭한 문제해결자는 자신이 알고 있는 것을 효과적으로 사용하고 있다. 따라서 학생들이 자신의 사고 과정을 반성하고 그 반성이 얼마나 정확한지 아는 것은 중요하기 때문에 이 범주의 연구는 중요한 것이다.

둘째, 조종(Control) 또는 자동조절(Regulation)로서, 일의 처리과정에서 관리에 관한 능력이다. 관리에 포함되는 요소로는, ① 해답에 대해 성급하게 시도하기 전에 문제가 무엇에 관한 것인지를 자기 자신이 바르게 이해하고 있는지 확인하는 것, ② 계획하는 것, ③ 감시(monitoring)하는 것, ④ 문제를 풀 때 자료를 할당하고, 무엇을 할 것인가를 결정하고, 그에 따른 시간을 결정하는 것을 들 수 있다. 숀펠드는 특히 문제를 푸는 데 있어 수학자의 성공과 학생의 실패 사이의 차이는 그들이 알고 있는 수학적 내용이나 이해의 부족이라기보다는 알고 있는 수학적 지식을 어떻게 이용했는가가 중요하게 작용하고 있음을 주장하고 있다.

셋째, 신념과 직관으로서, 그릇된 신념은 학생들의 수학적 행동에 매우 나쁜 영향을 미치게 된다. 수학을 많이 아는 것도 중요하지만 그릇된 신념으로 인해 그것을 제대로 이용하지 못하는 경우가 생기지 않도록 주의해 지도할 필요가 있다.

메타인지의 개념은 학자에 따라 차이가 있는데, 크게 메타인지적 지식, 메타인지적 기능 그리고 메타인지적 경험으로 나누어 그 역할과 기능을 설명하고 있다. 이러한 분류를 하는 대표적인 학자들로 플라벨(Flavell), 브라운(Brown), 가로팔로(Garofalo)와 레스터(Lester), 패리스(Paris) 외, 시게마쓰(重松敬一), 이와고오 카즈오(岩合一男) 등을 들 수 있고, 이들의 관점을 표로 정리하면 다음과 같다(조재영, 1996).

[표 1] 메타인지의 분류

연구자	지식면	기능면	경험면
플라벨	• 메타인지적 지식: 인간, 과제, 전략		• 메타인지적 경험
브라운	• 정적인 지식: 인간, 과제, 전략	• 전략적 지식: 계획, 예측, 추측, 감시	
가로팔로, 레스터	• 인지의 지식: 인간, 과제, 전략	• 인지의 조절: 감시, 평가, 제어	
패리스, 제이콥스, 크로스	• 인지에 관한 의식: 서술적 지식, 절차적 지식, 조건적 지식(심적 상태와 활동에 관한 이차적 지식일 때)	• 자기 감시: 평가, 계획, 조절	
시게마쓰	• 메타인지적 지식: 환경, 과제, 자기, 전략	• 메타인지적 기능: 감시, 자기평가, 제어	
이와고오 카즈오	• 메타인지적 지식: 인간, 과제, 전략	• 메타인지적 기능: 감시, 자기평가, 제어	

위의 표와 같이 메타인지의 의미를 크게 세 가지로 분류하여 설명하고 있다. 이들의 내용에 대해 간략히 알아보면 다음과 같다.

1.1 메타인지적 지식

인지적 사실들과 관련하여 습득한 일상적 지식이며, 자신의 인지 작용의 상태를 판단하기 위해 저장된 지식을 말하는 것으로, 여기에는 인간, 과제, 방법, 환경에 관한 메타지식이 포함된다.

1.1.1 인간에 관한 메타지식

자신의 기능, 능력이 인지에 작용하여 조정하는 지식으로서, 개인 내부적 변인, 개인 상호간의 변인, 문화적 변인으로 나눌 수 있다. 개인 내부적 변인은 인지적 주체자인 인간에 대하여 사람들이 획득하게 되는 모든 종류의 지식과 신념체계(동기, 불안, 인내)로서, 예를 들어 자신은 산술형 과제에는 능숙한 반면 공간적 과제에는 미숙하다는 식의 개인적인 신념이다. 개인 상호간의 변인은 인지적 활동의 수행자로서 자신과 다른 사람에 대해서 믿고 있는 것으로서, 예를 들어 자신이 부모보다 영리하다든지 친구보다 더 사려

깊다는 식의 신념이다. 그리고 문화적 변인은 그 시대의 문화적 배경에 의해 성장하면서 갖게 되는 보편적 신념이다. 예를 들면, 시를 쓰는데 수학 문제를 잘 풀 필요는 없다는 식의 신념이다.

이 범주의 메타지식의 예로는, '국어보다 수학을 잘할 수 있다', '나는 식만 알면 계산에는 자신이 있다' 등을 들 수 있다.

1.1.2 과제에 관한 메타지식

과제의 본성이 인지에 작용하여 조정하는 지식으로서, 인지적 과제의 수행 과정에 직면하거나 다루는 정보에 대한 성질, 과제가 갖고 있는 성질과 관련된 것, 과제에 영향을 주는 과제 특징의 개인적 의식(내용, 상황, 구조, 문장구조, 과정)을 말한다. 예컨대, '복잡하고 친숙하지 않은 문제는 어렵다', '전에 해 본 문제는 쉽다' 등을 들 수 있다.

1.1.3 방법에 관한 메타지식

인지작용을 잘하기 위한 방법에 관한 지식으로서, 인지적 행위에 관한 정보를 제공하거나 또는 그 행위의 진전에 관한 정보를 제고하는 것, 문제해결에서 이해, 조직, 계획실행, 검사, 평가하는 데 도움을 주는 의식을 말한다. 예컨대, '자세하게 다시 읽어보자', '알고 있는 것을 그림으로 그리는 편이 이해하기 쉽다' 등을 들 수 있다. 특히 플라벨은 인지전략과 메타인지전략을 구분할 것을 제안하고 있는 바, 인지전략은 단지 어떤 인지 목표 또는 하위 목표에 도달하기 위해 계획되는 것이며, 메타인지는 이미 도달한 것에 대한 확신을 얻기 위해 계획된다는 것이다. 예를 들어, 어떤 내용을 학습하기 위해 천천히 읽는 것은 인지전략이며, 그 내용이 이해하기가 얼마나 쉬운지 또는 어려운지를 알기 위해 교재를 재빨리 훑어보는 것은 메타인지 전략이다. 인간은 성장과정에서 인지발달을 위한 인지전략과 그 인지전략을 감시하기 위한 메타인지전략을 학습하게 된다.

1.1.4 환경에 관한 메타지식

환경의 상태가 인지에 작용하여 조정하는 지식을 말한다. 예컨대, '시험이 아니니 틀려도 좋다' 등을 들 수 있다.

1.2 메타인지적 기능

메타인지적 지식과 비교하여 인지작용을 직접적으로 조정하는 것으로서, 여기에는 감시(monitor), 평가, 제어(control)에 관한 메타기능이 포함된다.

1.2.1 감시에 관한 메타기능

인지작용의 진행 상태를 직접적으로 확인하는 기능으로서, 메타인지적 지식에 비추어 자신의 인지 활동의 진행을 감시하는 기능을 말한다. 예컨대, '전에 해 본 문제인가?', '지금까지의 과정 중 계산은 틀리지 않았는가?' 등이다.

1.2.2 평가에 관한 메타기능

인지작용의 결과를 메타지식과 비교하여 직접적으로 평가하는 기능으로서, 자신의 인지활동 성과를 평가하는 기능을 말한다. 예컨대, "재미있다", "이 답은 문제의 뜻에 맞는 것 같다" 등이다.

1.2.3 제어에 관한 메타기능

평가에 기초하여 인지작용을 직접적으로 제어하는 기능으로서, 자기의 인지활동에 지시를 하고 그 후의 활동을 속행, 수정하는 기능을 말한다. 예컨대, '해 본대로 해라', '답을 확인해 보자' 등을 들 수 있다.

1.3 메타인지적 경험

메타인지적 경험은 지적 삶을 영위하기 위한 인지적이고 정의적인 경험 중에서 의식적인 것이다. 따라서 메타인지적 경험은 일상의 인지적 삶에 매우 중요한 역할을 한다. 예컨대, 사람이 갑자기 어떤 것을 이해하지 못하고 있다는 걱정이 되고 그 이해에 대한 필요와 욕구를 느낄 때 그 느낌은 메타인지적 경험이 된다. 비록 나이 어린 학생들은 이러한 의식적 경험을 할 수 있어도 그것을 어떻게 해석하며 무엇을 의미하는지 잘 알지 못하지만, 나이를 먹게 됨에 따라 이러한 경험에 적절히 반응하고 해석하는 방법을 터득하게 될 것이다.

2 문제해결에서 메타인지의 역할

2.1 문제해결과 메타인지

수학교육 연구에서 '메타인지'라는 용어가 처음으로 논제에 사용된 곳은 실버(Silver) 외(1980)의 '메타인지: 문제해결에서 잊은 것은?'이라고 여겨진다. 이 논제가 말하듯이, 수학교육에서 메타인지라는 개념에 주목하게 된 것은 1970년대 후반부터 북미를 중심으로 이루어진 문제해결연구에서 찾을 수 있다. 수학문제해결 연구에서 메타인지에 초점을 두게 된 이유는 무엇일까를 파악하기 위해 그 발단이 된 연구를 간단히 살펴보도록 하겠다.

실버의 연구는 폴리아가 수학자로서 내성법에 기초하여 나타낸 수학의 '발견법'을 당시 심리학으로 발전시킨 메타인지 연구의 입장에서 살펴본 것으로 문제해결 지도에 활력을 불러일으켰다. 폴리아가 말한 '발견법'은 그것을 적용해 본 수학문제의 예로부터 보더라도 대단히 유용하다고 생각된다. 그런데 이러한 '조언'의 리스트를 학생들에게 부여해도 그다지 유효한 것은 아니지만, 당시로서는 명확한 것이었다. 그것에 대해 실버는 아동들 자신의 문제해결 과정에 있어서 의논 등을 중심으로 한 지도에 의해, '발견법'을 문제해결을 위한 '메타인지적 조언'으로 활성화시키는 가능성을 탐색하였다.

마찬가지로, 초등학생의 문제해결 행동의 흥미도의 실태를 조사한 레스터는 3, 5학년 아동의 조사 결과에 기초하여 문제해결 행동을 지배하는 '원리'를 밝혔다. 그가 조사에 이용한 문제는 '어떤 농장에 모두 18마리의 닭과 돼지가 있다. 이들의 다리를 세어보니 모두 52개였다. 닭과 돼지는 각각 몇 마리인가?'와 같은 문장제이다. 조사 결과, 3학년 대부분이 18과 52를 더하여 이 문제를 해결하려고 하였고, 5학년의 많은 학생들이 52를 18로 나누어 해결하려는 경향이 있었다. 그 이유에 대해 물어보면, 3학년은 '문제에 "모두"라는 말이 들어있기 때문이다'고 답하였다. 또 주의를 기울인 5학년생의 답 중에는 '문제에 "모두"라는 말이 들어있지만, 거기에는 다리와 동물을 더하여 된 것이므로 다르다. 핵심어가 "각각 몇 마리인가"이기 때문에 나누었다'라고 답하였다. 결국, 아동의 문제해결 행동에는 그들의 신념과 결부시켜 다음과 같은 '원리'가 지배한다는 것이다.

P1. 문제의 어려움은 문제에 포함된 수의 크기나 개수에 의해 결정된다.

P2. 모든 수학 문제는 1개 이상의 산술 연산을 직접 적용하여 해결한다.

P3. 어떤 연산을 이용할 것인가는, 문제에 있는 핵심어에 의해 결정된다.(대개 핵심어는 문제의 마지막 문장이나 질문에 나타나 있다.)

P4. 계산을 확인하고 안 하고는 사용한 시간과 관계가 있다. 문장제의 경우 계산을 확인하는 것이 필요하다.

이와 같이 문제해결 행동을 저해하는 요인은 보다 넓게 '신념체계'로 주목되고, 예를 들면 다음과 같은 것을 지적할 수 있다.

B1. 수학 문제의 해답은 하나이다.
B2. 어떤 수학 문제든지 하나의 정답이 있고, 그것은 가장 최근의 수업에서 선생님이 보여준 방법이다.
B3. 보통의 학생은 자신이 수학을 이해하는 것을 기대하지 않는다. 단지 기계적인 감각으로 그것을 적용하는 것이다.
B4. 학교에서 배우는 수학은 현실세계와는 전혀 관련이 없다.

이들 연구는 학생들의 문제해결 행동 자체보다도 그 행동을 지배하는 고차의 요인에 문제가 있다는 것을 지적했다. 즉, 수학학습을 통해 형성된 어떤 메타인지적 지식(신념)이 행동에 영향을 미친다는 것이다.

한편, 메타인지의 두 번째 측면에 있는 메타인지적 활동에 대해서도, 꽤 흥미로운 연구가 이루어졌다. 대표적인 연구는 숀펠드에 의한 수학 문제해결의 수학자와 대학생의 행동의 비교이다. 이 연구에서는 수학자와 대학생이 각각 같은 문제를 다루고 두 사람을 모두 VTR로 기록하여 분석하였다. 그 결과, 대학생은 예상되는 해법을 연상하거나 시간을 잘라서 하는 한편, 수학자는 자신의 행동을 여기저기 확인하고, 계획을 변경하거나 방향 전환을 하여 해결하였다. 양자의 차이는 수학적 지식의 차이가 아니라, 오히려 자신의 행동에 대한 평가와 의사결정에 있는 것이다. 결국, 수학자의 성공과 대학생의 실패를 결정적으로 특징짓는 것은 '자신이 행하고 있는 것은 무엇인가'를 자각하는 것과 자신의 행동을 어떻게 조정할 것인가 하는 '메타수준'의 활동의 유무라고 할 수 있다.

따라서 학생이 문제해결에서 자신의 행위에 대한 책임을 갖도록 하기 위해서, 그들 자신의 사고 과정을 검색하고 조정하는 메타인지적 습관을 개발하도록 해야 한다. 학생은 교사의 안내 없이도 적절한 사고 활동을 통해 문제를 해결할 수 있어야 한다. 복잡한 문제해결과 관련된 사람의 행위는 유용한 인지 자원(알고리즘, 발견, 사실, 인지구조 등)에 의해서라기보다 자원을 선택, 제어, 평가하는 메타인지적 메카니즘에 의해 결정될 수 있다. 문제에 직면했을 때, 해결자는 해결을 도와주는 다양한 인지 전략을 선택하여 사용하게 된다. 이러한 결정은 바로 메타인지에 의한 것이고, 문제 정보가 기호화되는 방법과 다른 정보가 기억에서 상기되는 방법에 커다란 영향을 준다. 레스터는 메타인지가 문제해결 행동의 온갖 인지 활동에 관계되며, 문제해결 과정을 통하여 Guiding Forces로 작용한다고 하였는 바, 가타기리 시게오(片桐重男, 1988)는 메타인지를 수학적인 생각의 Guiding Forces로서 '수학적인 태도'로 규정하면서 이것을 인지 심리학에서 말하는 '수학적인 메타사고(Mathematical Meta-Thinking)'로 보고 있다. 그는 인지를 모니터하고 조정하여 조화로운 수행을 하는 Guiding Forces라 할 수 있다는 점에서 메타인지로서의 수학적인 태도를 다음과 같이 네 가지로 제시하고 있다.

[표 2] 메타인지로서의 수학적인 태도

수학적 태도	행동 요인
(1) 스스로 자신의 문제나 목적·내용을 명확히 파악하려는 태도	① 의문을 가지려 한다. ② 문제 의식을 가지려 한다. ③ 사상(事象)에서 수학적인 문제를 발견하려 한다.
(2) 합리적인 행동을 하려는 태도	① 목적에 부합되는 행동을 하려 한다. ② 개괄적인 해결방안을 수립하려 한다. ③ 유용한 자료나 배운 내용, 가정을 바탕으로 생각하려 한다.
(3) 내용을 간결·명확하게 나타내려는 태도	① 문제나 결과를 간결 명확하게 기록하거나 전달하려 한다. ② 분류 정리하여 나타내려 한다.
(4) 보다 나은 것을 구하려는 태도	① 사고를 대상적(구체적) 사고에서 조작적(추상적) 사고로 높이려 한다. ② 사고나 그 결과를 평가하고 세련화하려 한다.

이를 문제해결 단계와 관련시켜 본다면 다음 [표 3]과 같이 정리할 수 있다.

[표 3] 문제해결의 단계에서 수학적인 태도

문제해결의 단계	수학적인 태도
(1) 문제 형성·파악	• 스스로 문제나 목적·내용을 명확히 파악하려고 한다. • 합리적인 행동을 하려고 한다. • 내용을 간결·명확하게 표현하려고 한다.
(2) 개괄적 구상	• 합리적인 행동을 하려고 한다. • 내용을 간결·명확하게 표현하려고 한다.
(3) 해결의 실행	• 합리적인 행동을 하려고 한다. • 내용을 간결·명확하게 표현하려고 한다.
(4) 해의 논리적 조직화	• 합리적인 행동을 하려고 한다. • 내용을 간결·명확하게 표현하려고 한다.
(5) 검증	• 보다 나은 것을 구하려고 한다.

이러한 수학적인 태도는 방법면이나 내용면에서의 수학적인 생각을 떠올려 발동시키는 힘으로서 수학적인 사고력 향상을 위해 중요하게 다루어야 할 학습 요소이다.

숀펠드에 의하면, 메타인지는 주로 수학의 이해와 관련된 것으로 볼 수 있다. 예컨대, '한 변의 길이가 200m인 정사각형 모양의 땅의 둘레에 2m 간격으로 나무를 심으려고 한다. 모두 몇 그루의 나무가 필요한가?'라는 문제를 해결한다고 하자. 어떤 학생이 '이 문제에 주어진 수가 나에게는 지나치게 크다'라고 했다면, 사람의 변수에 해당하는 메타인지이며, 이해를 한 것으로 볼 수 있다. 이러한 생각으로부터 '보다 작은 수로 바꾸어 보자'라는 전략을 수립해 갈 것으로 생각된다. 그러나 '수가 지나치게 크다'라는 이해로부터 바로 자신의 능력에 맞는 크기의 수로 손질하려는 활동이 일어난다고 볼 수는 없다. '자신의 어떤 능력에 맞는 문제로 손질할 수 없을까?'라는 생각을 통해 '보다 단순화해 보자'라는 '단순화의 생각'에 의해 인지적 행동이 일어나게 된다. 또한 문제를 처음 접했을 때, '이치에 맞도록 체계적으로 생각해 보자'라는 생각을 하고, 이로부터 '이용할 만한 이미 알고 있는 문제가 없을까?', '이와 유사한 문제의 해법과 같은 방법으로 해결할 수 없을까?'라는 생각에 의해 '이와 유사한 문제를 풀어 본 적이 없는가'와 '유사한 문제를 생각해 낸다.'는 메타인지적 행동이 일어나게 될 것이다. 따라서 '그 경우와 같이 해보자'라는 생각에 미치게 되는 경우와 같이 메타인지는 Guiding Forces로서 중요한 역할을 하게 되는 것이다(片桐重男, 1988).

위와 같은 예를 통해서도 알 수 있듯이 문제해결에서 고차의 지식과 신념의 크기, 그리고 문제해결 과정에서 자신의 인지과정 자체를 감시·통제하는 활동이 중요함은 주지의 사실이다. 그렇지만 이와 같은 연구 결과들은 수학 학습을 순수한 인지적 요인만으로 받아들이기에는 불충분하고, 따라서 종래의 연구 틀을 다시금 바로 볼 필요가 있음을 나타내는 것이다. 또한, 문제해결자가 문제해결에 대한 바람직한 인식을 갖고, 자신의 활동에 대해 자각적으로 반성하고 촉진시킬 수 있는 지도 방법의 모색 등과 관련한 새로운 방향의 연구가 활발하게 이루어져야 함을 보여주는 결과이다.

2.2 문제해결과 메타인지의 관계

문제해결은 다양한 인지적 지식과 기능을 요구하는 복합적인 과제라고 할 수 있다. 성공적인 문제해결을 위해서는 다양한 영역의 수학적 지식은 물론 자신이 소유하고 있는 수학적 지식을 이용하여 문제해결의 과정을 계획, 감시, 제어, 평가하는 등의 메타인지적 기능이 필요하다. 먼저 폴리아의 문제해결 과정의 각 단계가 메타인지와 어떻게 관련이 있는지 알아보면 다음 [표 4]와 같다(조재영, 1996).

[표 4] 폴리아의 문제해결 4단계와 메타인지

단계	문제해결 기술 내용	메타인지 영역
1. 문제이해	• 미지수는 무엇인가? • 자료는 무엇인가? • 조건은 무엇인가? • 조건을 만족하기가 가능한가? 미지수를 결정하기에 충분한 조건은 무엇인가? 또는 모순되는 것은? • 그림을 그려라. 적당한 기호를 도입하여라. • 조건의 여러 부분을 분리하여라. 그것들을 쓸 수 있느냐?	메타인지적 지식 • 인간 • 과제 • 전략
2. 계획수립	• 전에 본 적이 있는가? 또는 조금 다른 형태에서 똑같은 문제를 모았는가? • 관련된 문제를 아는가? 이용될 수 있는 이론을 아는가? • 미지수를 고찰하여라. 같거나 유사한 미지수를 갖는 친근한 문제를 생각해 보아라. • 전에 관련된 풀어본 문제가 여기 있다. 그것을 사용할 수 있는가? 그것의 방법을 사용할 수 있는가? 가능한 그것을 사용하기 위해 보조 요소를 도입하는가? • 문제를 재진술 할 수 있는가? 더 다르게 그것을 재진술 할 수 있는가? 정의로 되돌아가라.	메타인지적 지식 • 과제 • 전략
3. 계획실행	• 해의 계획을 실행할 때, 각 단계를 점검하여라. • 각 단계가 정확한지 알 수 있는가? • 정확하다는 것을 입증할 수 있는가?	메타인지적 기능 • 감시 • 평가
4. 검증	• 결과를 검사할 수 있는가? 요지를 검사할 수 있는가? • 다른 결과를 유도할 수 있는가? 얼른 보고 그것을 알 수 있는가? • 어떤 다른 문제를 위하여 결과 또는 방법을 사용할 수 있는가?	메타인지적 기능 • 제어 • 평가

또한 실버(Silver, 1985)는 메타인지적 결정이 문제해결에서 중요한 역할을 한다는 견해가 점차 수학교육에서 보편화되어 가고 있다면서 메타인지적 결정의 예를 폴리아의 문제해결 4단계의 인지적 요소들과 관련지어 다음 [표 5]와 같이 제시하고 있다.

[표 5] 문제해결에서 인지와 메타인지 모델의 인지적 범주

인지적 요소의 범주	메타인지적 발문의 예
1. 방향설정: 문제를 평가하고 이해하는 전략적 행동 1) 이해 전략 2) 정보와 조건의 분석 3) 과제 친숙도의 평가 4) 처음과 후속적인 문제의 해석 5) 난이도와 성공가능성의 평가	• 나는 해결의 실마리가 될 낱말을 찾겠다. • 이 문제의 수는 나에게 너무 커! • 이 문제는 그런 유형의 문제처럼 보인다. • 나는 이 문제를 풀기 위해 무엇을 해야 할지 모른다. • 너무 많은 수들이 있어. • 전에 풀었던 문제와는 좀 다른 것 같아.
2. 조직화: 행동의 계획과 활동의 선택 1) 목표와 하위 목표의 확인 2) 전체계획 3) 국소적 계획(전체계획을 이행하기 위한)	• 나는 문제가 '결과'를 요구하고 있다고 생각한다. • 나는 이 문제를 '양'을 구함으로써 풀 수 있다. • 나는 우선 이 숫자들의 '연산'을 해야 한다고 생각해. • 확신할 수는 없지만 나는 '알고리즘'이 이 유형의 문제 유용할 거라 생각해. • 무엇을 해야 할 것인지 확실하지 않다. • 우선 추측을 시도해야지.
3. 실행: 계획을 실천하기 위한 행동의 조절 1) 국소적 활동의 수행 2) 국소적 계획의 진전과 일관성을 조사하기 3) 두 개 이상의 대안 중 유리한 것을 결정(속도 대 정확성, 우아함의 정도)	• 나는 알고리즘 수행이 서투르다. • 천천히 하는 것이 좋겠지. • 이것은 까다롭다. • 주의깊게 각 단계를 되짚어 보아야 할거야. • 이 방법은 유용하지 않아. • 다른 방법을 시도할 것이다. • 잘 추적하기 위해 하고 있는 것을 소리내어 할 필요가 있다. • 이러한 단계들을 써 내려갈 필요도 있어.
4. 확인: 행해진 결정과 실행된 계획의 성과를 평가 1) 방향 설정과 조직화의 평가 (1) 문제 표현의 적절성 (2) 계획 작성의 적절성 (3) 전체 계획과 국소적 계획의 일관성 (4) 목표와 전체 계획의 일관성 2) 실행의 평가 (1) 행동의 적절성 (2) 계획과 행동의 일관성 (3) 국소적 결과와 계획 및 문제 조건과의 일관성 (4) 문제 조건과 최종 결과의 일관성	• 나는 주의하지 않았다. • 나는 나의 단계를 확인하는 편이 좋다. • 이 계획은 적절한 것이라 생각하지 않는다. • 나는 문제를 이해했는지 확실하지 않다. • 문제를 다시 읽어야겠어. • 그 답은 너무 큰 것 같아. • 나는 내가 한 것을 검토해야 해.

그리고 앞 절에서 기술한 메타인지적 지식과 기능이 문제해결에 어떻게 관련되고 있는지를 그림으로 나타내면 다음과 같다(Silver, 1985; 조재영, 1996).

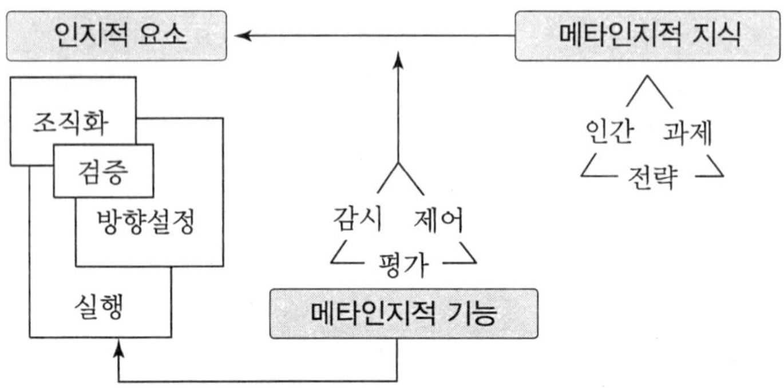

[그림 1] 인지-메타인지 모델

[그림 1]에서 인지적 요소인 방향설정, 조직화, 실행, 검증이 상호작용의 관계를 유지하고 있으며, 이들은 각각 폴리아의 문제해결 4단계인 문제이해, 계획수립, 계획실행, 검토에 대응한다고 볼 수 있다. 메타인지적 지식인 인간, 과제, 전략 변인은 문제해결 상황에서 인지적 활동에 영향을 주며, 메타인지적 기능으로서 감시, 제어 평가 변인은 메타인지적 지식의 활동과 문제해결 상황에 영향을 끼치는 유기적인 관계에 있음을 알 수 있다.

3 수학 교수·학습 활동에서 메타인지의 역할

학생들의 메타인지적 지식과 기능의 개발과 활용은 보다 성공적인 문제해결을 위해 필수적이다. 수학 교사는 학생들이 단순히 수학적 사실과 절차만을 아는 일차원적 학습자가 되도록 하기보다는, 수학적 사실과 절차가 제대로 기능할 수 있도록 돕는 메타인지를 잘 활용할 수 있는 이차원적인 학습자가 되도록 수학 수업을 구성해 주어야 한다.

3.1 메타인지를 개발하기 위한 교사의 역할

교수·학습 활동은 교사와 학생 사이의 상호작용을 통해 이루어지므로 문제해결 과정에서 학생들의 메타인지가 개발되도록 하기 위해서는 교사의 역할이 매우 중요하며, 다음과 같이 요약할 수 있다(Garofalo, 1987).

첫째, 교사는 학생들이 자신의 수학적 지식과 행동을 곰곰이 생각하고 분석하며 보고하도록 요구하는 질문을 하고 과제를 내야 한다. 교사는 반응자의 구실을 하여 학생에게 건설적인 피드백을 주어야 한다. 이를 위해서는 다음과 같은 질문 목록을 활용할 수 있을 것이다.

㉠ 문제 풀이를 연습할 때 네가 하는 모든 것을 생각해 보아라. 너는 왜 이러한 일들을 하는가?

㉡ 네가 종종 범하는 실수는 어떤 것인가? 왜 이런 실수를 범한다고 생각하는가? 너는 이런 실수를 범하지 않기 위해 무엇을 할 수 있는가?

㉢ 천천히 하는 것이 왜 중요한지에 대해서도 생각해 보아라. 이것은 항상 중요한가?

㉣ 너는 낯선 문제를 대했을 때 무엇을 하는가? 왜 그렇게 했는가?

㉤ 문제가 잘 안 풀릴 때 네가 할 수 있는 몇 가지 일을 나열해 보아라. 이러한 일들이 항상 도움이 되는가?

㉥ 네가 하고 있는 것을 추적할 수 있는 몇 가지 일을 나열해 보아라.

㉦ 너의 풀이활동을 점검하는 것이 유용한 때를 말해 보아라. 왜 그럴까? 단지 그 순간뿐일까?

㉧ 너는 수학 문제를 풀 때 해야 할 어떤 종류의 일을 잊어버렸는가?

㉨ 너는 어떤 종류의 문제를 가장 잘 푸는가? 이유는?

㉩ 너는 어떤 종류의 문제를 가장 잘 푸는가? 이유는? 이런 문제를 보다 잘 풀기 위해서 너는 무엇을 할 수 있는가?

둘째, 교사는 수행과 관계있는 수학 과제의 여러 측면을 지적하도록 노력해야 한다. 예를 들면, 교사는 다음과 같은 지적을 할 수 있다.

㉠ 모든 수학 문제가 단지 사칙연산만으로 해결되는 것은 아니다.

㉡ 어떤 문제를 해결하는 방법은 하나 이상일 수 있다.

㉢ 어떤 문제는 매우 빨리 풀리는 반면 어떤 것은 시간이 많이 걸릴 수 있다.

㉣ 어떤 때는 문제 속에 주어진 숫자를 모두 사용할 필요가 없다.

㉤ 너는 반드시 교사가 푸는 방법을 이용하여 풀 필요는 없다.

셋째, 교사가 가르치면서 조절하고 결정하는 행동을 보여줌으로써 학생이 자신의 행동을 조절하는 법을 배우도록 도와야 한다. 교사는 수업 중 학생들에게 보통 다듬어진 풀이를 보여줌으로써 교사가 풀이 과정을 계획, 조사, 평가하는 데 사용한 전략적 결정과 행동은 감춰지게 한다. 교사는 수학적 수행의 이러한 면을 가능한 한 분명히 하여 학생이 수학적 수행의 이러한 면이 언제 어떻게 생기는지를 이해하고 풀이 과정에서 이들의 역할과 가치를 이해하도록 노력해야 한다.

3.2 메타인지의 개발과 증진을 위한 교수·학습 방법

수학에서의 교수·학습 활동은 교사와 학생 사이의 상호작용을 통해 이루어지는 바, 교사의 지식과 신념이 학생들의 문제해결에 많은 영향을 끼치게 되므로 교사는 수학 수업을 통해 학생들에게 메타인지의 활성화가 일어나도록 적절한 발문을 하고 상호작용을 통해 교사의 메타인지적 기술이 학생들에게 전이되도록 수업을 조직해야 할 것이다.

그로우스(Grouws, 1992)는 교수·학습 과정에서 교사와 학생의 상호작용을 통해 메타인지가 개발되고 증진할 수 있는 수업 모델을 [그림 2]와 같이 제시하고 있다.

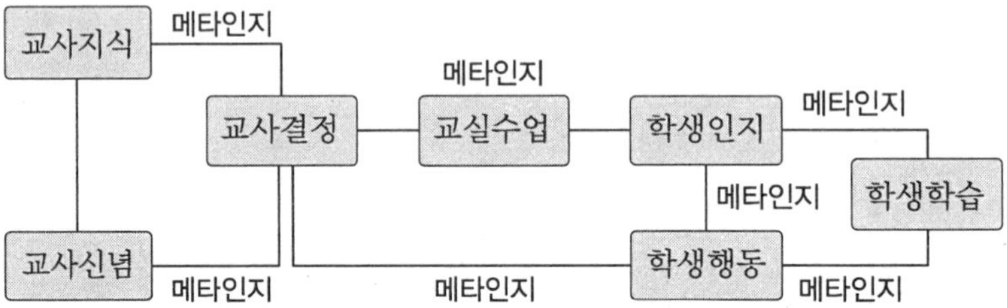

[그림 2] 교수·학습 과정에서의 메타인지 발생

수업에서의 학생은 문제해결 행동의 모범 모델로서 교사의 수업을 생각하고 있기 때문에, 교사는 가르치는 내용뿐 아니라 자신의 태도, 신념, 그리고 수학적 이해의 과정도 같이 전할 수 있다는 점을 명심하고 메타인지가 최대한 활성화되는 수업을 조직해야 할 것이다.

숀펠드(1987)는 메타인지의 교수 활동은 제한된 내용 영역의 특별한 상황에서 일어날 때 가장 효과적이며, 교사의 지휘에서 체계적으로 조직된 방법 내에서 제공될 때 가장 효과적이라고 한다. 수학 수업 활동의 구성 요소인 설명, 지시, 발문, 평가 등의 활동 중에서 특히 발문은 메타인지를 개발하는 데 중요한 역할을 하고 있는 바, 교사는 메타인지를 자극할 수 있는 적절한 발문을 고안하여 학생들과 상호작용할 필요가 있다.

숀펠드(1987)는 교실 수업에서 메타인지 기능을 개발하기 위한 수업 기법을 다음과 같이 네 가지 관점에서 제안하고 있다.

(1) 비디오테이프의 사용

많은 학생들이 자신의 사고 과정을 제대로 의식하지 못한 채 문제를 해결하는 경우가 있다. 그러나 메타인지의 중요한 측면이라고 할 수 있는 지적 행동에 대한 자각은 지적 행동을 변화시키기 위한 선행 요건이 된다. 그러므로 자기 자신의 사고 과정을 깨닫고 자신은 물론 다른 사람의 행동을 분석하여 그 분석을 바탕으로 자신의 문제해결 과정에 적용하기 위해 자신이나 다른 학생의 문제해결 활동을 비디오에 담아 분석하는 활동은 의식적으로 문제해결 과정에서의 자신의 잘못을 고칠 수 있다는 점에서 유용하다. 예를 들면, 비디오 속의 학생이 문제를 읽고 해야 할 것을 결정한 후에 다른 가능성을 배제한 채 결정한 것을 바탕으로 문제를 해결하려 했으나 실패했다고 하자. 그 학생은 분명 문제를 해결할 만한 수학적 지식을 가지고 있음에도 불구하고 한번 시도한 방법을 무작정 따랐으므로 문제 풀이에 실패했을 때, 이를 비디오로 지켜보고 분석해 보던 학생의 반응은 다음과 같을 것이다: "저렇게 바보 같을 수가 … 시간을 모두 허비하고 있잖아. 저건 문제 풀이에 전혀 도움이 안 될 텐데, …", 또한 어떤 학생은 비디오 속의 학생과 공감하면서 "나도 저럴 것 같아"라고 말한다. 이와 같이 다른 사람의 문제해결 행동을 분석해 보고, 이것을 자신에게 적용해 봄으로써 학생들은 메타인지의 기능을 개발할 수 있을 것이다(Schoenfeld, 1987).

(2) 메타인지 행동에 대한 교사의 모델 역할

일반적으로 수학 교실에서의 교사는 칠판에 문제 풀이를 쓸 때 간결하면서도 깨끗하게 표현하여 실제적인 문제해결 과정에서 일어날 수 있는 다소의 잘못된 출발, 발견법, 이로부터의 회복, 흥미 있는 통찰, 이를 이용한 방법, 풀이 과정의 경영방법 등을 학생들에게는 숨기게 되는 것이 보통이다. 그러나 이와 같은 교사의 세련된 문제풀이 방식은 학생들에게 오히려 문제 풀이의 과정을 미숙하게 만들 수 있고, 문제 풀이가 항상 우아하며 기계적이라는 인상을 주게 되어 그들의 메타인지적 기능의 발휘를 저해할 수 있다.

교사는 자신의 문제해결 과정에서 일어날 수 있는 위와 같은 사실들을 드러내어야 한다. 그것을 드러내는 한 가지 방법은 문제해결 과정을 실제 미숙한 학생이 시작하는 것과 같이 형상화하는 것이다. 교사는 문제를 이해했다고 확신하는 예를 보여주기도 하고, 문제해결에 실마리가 될 것을 찾으면서 몇 개의 시험적인 탐험을 하기도 한다. 몇 개의 합리적인 해결 방안을 만든 후 그 중 하나를 선택해 당분간은 그것을 따른다. 다시 몇 분 후에는 "문제해결을 향해 한 걸음 나아간 것일까?"를 스스로 생각한 후 적절히 행동한다. 교사는 물론 첫 번째 방법을 따라 답을 구할 수도 있고, 아니면 뒤로 물러나서 다른 방법을 찾아 해결할 수도 있다. 이러한 과정은 교사가 문제를 완전히 해결할 때까지 되풀이되고, 문제가 해결되었을 때는 검토를 하고 전체적인 풀이 과정을 다시 한 번 확인하도록 한다.

물론 이러한 교사의 모델로서의 역할은 모든 문제에 대해 이루어질 수는 없을 것이다. 이러한 방식의 수업이 어느 정도 진행되어 학생들의 관심이 메타인지 행동에 어느 정도 초점을 맞추었다고 생각될 때까지, 즉 메타인지적 습관이 익숙해졌다고 생각될 때까지는 계속되어야 한다고 생각한다.

(3) 전체 학급 토의 시 교사가 조정자로서의 역할하기

교사는 학생들과 문제를 해결할 때 자신의 수학적 지식에 기초하여 정확한 풀이로 학생들을 이끌지 말고, 토의식 수업을 유도하여 학생들의 제안을 받아 적고 조절하는 역할을 하는 것이 바람직하다. 교사의 할 일은 학생들이 만들어 낼 수 있는 방안 중에서 가장 좋은 것을 만들고 이를 어떻게 만들게 되었는지를 곰곰이 생각할 수 있도록 도와주는 것이다.

예를 들어, 수학 수업의 시작은 교사가 새로운 문제를 나누어주거나 과제 중 학급이나 집단 토론을 할 만한 것이 있는지를 묻는 것으로 시작할 수 있다. 교사가 칠판에 토의할 문제를 적고 이를 풀기 위한 어떤 제안이 있는지 묻는다. 어떤 학생이 영감에 의해 문제를 읽자마자 "X를 시도해 보자"라고 제안할 수 있다. 이 경우 X는 합리적일 수도 있고 그렇지 않을 수도 있다. 이때 교사의 할 일은 정오를 판단하거나 제안하는 것이 아니라 토의를 위한 문제를 제기하는 것이다. 토의를 통해 이치에 맞을 것 같은 모든 방안을 제안하게 한다.: 문제의 조건들을 조사하고, 도표나 그림을 그리고, 몇 가지 예를 들어보는 등등. 학생들이 어느 정도 문제의 이해가 되었다고 생각하면 교사는 처음의 제안에 대해 "X는 어때? 우리가 하려는 것이 맞니?"라고 물어본다.

만약 처음의 제안이 부적당했다면 부적당한 이유에 대해 토의를 하고, X가 유용하지 못한 것을 깨달은 학생은 그 제안을 취소하며, 교사는 학생들에게 다음과 같은 메타인지적 발문을 함으로써 중재자로서의 역할을 하게 된다:

> "네가 하나의 방법으로 시작하기 전에 문제를 이해한다고 확신했다면, 너는 계속해서

무작정 문제에 덤비지는 않았을 것이다."

이와 같은 교사의 중재자로서의 역할은 문제를 해결하는 내내 이루어지게 된다. 가령 문제해결의 도중 그 과정이 맞건 틀리건 상관없이 어느 정도의 시간이 경과하면 다음과 같은 메타인지적 발문을 할 수 있을 것이다:

"우리는 지금까지 대략 5분간 했다. 일이 잘 진행되고 있는 것 같은가? 그렇다면 계속 해야 한다. 그러나 그렇지 않다면 지금의 방법을 재고해 볼 필요가 있다."

"새로운 시도가 성공하지 못한다면 되돌아가고 싶은 생각이나 시도하고 싶은 생각이 있는가?"

이러한 과정은 학급 전체의 토의를 바탕으로 계속되며, 교사는 학생들이 답을 구했을 때 마침내 조정자로서의 역할에서 벗어나 수업을 정리해 주도록 한다. 교사는 실패한 곳 또는 학생들이 미처 사용하지 못한 풀이 방법을 지적하면서 학급이 문제해결 활동을 요약하고, 어떤 풀이 방법이 유효한지를 토의하게 하여 학생들이 판단할 수 있도록 도와준다.

(4) 소집단 문제해결

소집단의 문제해결 활동은 전체 수업 시간 중 일부 또는 전체 수업 시간 모두를 소집단으로 운영할 수 있다. 이때 중요한 것은 학생들이 생각하고 토의할 시간을 많이 주고 단순히 학생들의 질문에 답을 하기보다는 학생이 이미 알고 있는 지식을 효과적으로 이용할 수 있도록 도와줌으로써 훌륭한 문제해결자가 되게 하는 것이다. 소집단의 문제해결 지도는 학생들이 이미 알았던 수학적 지식을 효율적으로 사용하도록 돕는다는 의미에서 지적 코치이고, 학생 상호간의 의사소통 과정에서 그들 나름대로의 메타인지적 대화를 통해 문제를 해결해 나감으로써 자신의 문제해결 능력을 기를 수 있을 것이다. 교사는 문제풀이의 의논 상대로서 교실을 순회하면서 "너는 지금 무엇을 하는가? 그것을 정확히 기술할 수 있는가?", "왜 그렇게 하는가? 그것이 과연 적절한가?", "이것은 문제를 푸는 데 어떻게 유용한가? 결과를 얻을 때 이것을 가지고 무엇을 할 것인가?"와 같은 메타인지적 질문을 해야 한다. 이와 같은 교사와 학생 사이의 상호작용은 처음에는 낯설고 학생들에게 오히려 부담감을 심어줄 수도 있으나, 지속적으로 소집단 학습에 이와 같이 교사가 질문을 하고 답하는 토의 문화가 정착된다면, 학생들은 문제해결의 중간 중간에 스스로 자기 조절이나 감시의 메타인지적 기능을 발휘하여 훌륭한 문제해결자가 될 수 있을 것이다.

지금까지 메타인지를 활용한 문제해결의 지도 방법에 대해 알아보았는데, 결과적으로 교사의 수업 중 사용하는 메타인지적인 언어의 사용 활동은 장기적으로 학생의 인지 영역 속에 메타인지적 활동이 내면화되는 데 결정적인 영향을 끼칠 수 있다. 이러한 내면화 현상은 교사와 학생 사이의 상호작용에 의한 의사소통에 의해 이루어질 수 있는 바, 수업 과정에서 교사의 메타인지를 유발하는 발문과 그에 응답하는 학생의 활동을 통해 내면화가 잘 이루어지도록 교사는 메타인지에 의한 문제해결자의 모델로서 충실한 역할을 수행해야 할 것이다.

시게마츠와 카츠미(Shigematsu & Katsumi, 1993)는 수업에서 이루어지는 메타인지의 내면화 과정을 다음 [그림 3]과 같이 설명하고 있다.

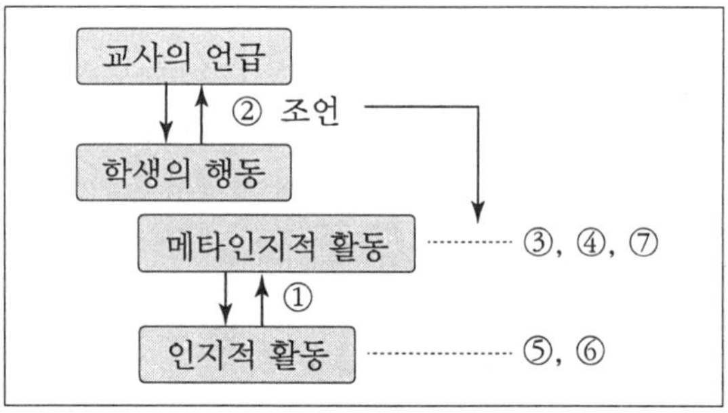

[그림 3] 메타인지의 내면화 과정

① 학생이 현재의 문제해결을 잘한다.
② 교사는 문제를 풀기 전, 푸는 동안 적당한 메타인지적 조언을 한다.
③ 학생이 문제를 풀 때, 교사가 언급한 메타인지적 조언을 회상한다.
④ 학생이 교사의 메타인지적 조언을 참고하여 문제를 풀 수 있고 좋은 느낌도 갖는다.
⑤ 학생은 교사의 메타인지적 조언을 오래 기억하려고 한다.
⑥ 학생은 교사의 메타인지적 조언을 참고하여 똑같은 문제를 풀 수 있다.
⑦ 학생은 내면의 교사(inner teacher)와 같은 메타인지를 습득한다.

이러한 메타인지의 내면화는 교사와 학생 사이의 상호작용을 통해 이루어지게 되므로 교사는 학생과의 문제해결 과정에서 적절한 메타인지적 조언을 아끼지 말아야 할 것이다.

한편 숀펠드(1987)는 문제해결을 위한 메타인지를 내면화하기 위해 다음과 같은 최소한의 세 가지 기본적인 물음을 제안하고 있다.

① 너는 무엇을 하고 있는가?(너는 그것을 정확하게 기술할 수 있는가?)

② 너는 왜 그것을 하고 있는가?(그것은 풀이에 얼마나 적합한가?)

③ 그것이 너에게 어떤 도움을 주는가?(네가 얻은 결과로 너는 무엇을 하려고 하는가?)

메타인지를 위한 위의 질문들은 학생들이 문제를 해결하는 동안 교사가 학생으로 하여금 자기의 사고를 반성하고 조정하게 하기 위해 사용할 수도 있으며, 학습자가 자신에게 질문함으로써 자기의 사고 과정을 반성하고 효율적인 방향으로 사고를 조정해 나갈 수 있다. 그리고 학생들의 메타인지의 내면화를 돕기 위한 한 방법으로 문제해결이 끝난 후 메타인지를 얼마나 사용하였는지를 정기적으로 다음 [표 6]과 같은 점검목록을 활용해 점검해 보게 하는 것도 유용한 방법이 될 수 있다.

[표 6] 메타인지 활동의 점검목록(van De Walle, 1998)

※ 다음 표의 메타인지 항목에서 '하였으면 ○, 한 것 같으면 △, 하지 않았으면 ×'를 하여라.

문제해결 전: 문제해결 시작 전, 당신은 무엇을 하였습니까?
___ 1. 문제를 두 번 이상 읽었다.
___ 2. 그 문제에 관해 가능한 모든 것을 찾으려고 노력했다.
___ 3. 나는 다음의 자문을 하였다: "문제가 묻고 있는 것을 나는 진실로 이해하고 있는가?"
___ 4. 나는 이 문제의 해결에 필요한 정보를 생각해 보았다.
___ 5. 나는 다음의 자문을 하였다: "이와 같은 문제를 이전에 풀어 본 경험이 있었는가?"
___ 6. 나는 다음의 자문을 하였다: "이 문제에 불필요한 정보가 있는가?"

문제해결 중: 문제를 해결하는 동안, 당신은 무엇을 하였습니까?
___ 1. 내가 한 것에 대하여 반성해 보았다.
___ 2. 내가 무엇을 하고 있는지, 왜 그렇게 하고 있는지 생각해 보았다.
___ 3. 내가 한 것을 단계에 따라 검토해 보았다.
___ 4. 다른 방법으로 다시 시작하였다.
___ 5. 나는 다음의 자문을 하였다: "내가 하고 있는 것이 답에 가까이 가고 있는가?"

문제해결 후: 문제해결을 끝낸 후, 당신은 무엇을 하였습니까?
___ 1. 모든 계산이 맞았는지 확인해 보았다.
___ 2. 내가 해결한 것이 좋은 방법인지 반성해 보았다.
___ 3. 나의 풀이와 답이 의미가 있는지 확인해 보기 위해 문제를 다시 읽었다.
___ 4. 그 문제의 다른 풀이 방법을 생각해 보았다.
___ 5. 문제가 묻고 있는 것 이상을 찾을 수 있는지 알아보려고 노력하였다.

지금까지의 학생들의 메타인지 개념의 활성화를 위한 지도 방법을 요약하면 다음과 같이 세 가지로 압축된다.

첫째, 학습자에게 효율적으로 문제해결 과정을 훈련시키기 위해서는 교사가 문제해결 과정을 하나의 역할 모델로 보여주고 내면화가 일어나도록 상호작용 교수·학습을 한다.

둘째, 문제해결자 자신의 사고 과정을 반성하는 능력을 기르기 위해 다른 학생의 문제해결과정을 비디오를 통해 보여주고 분석해 보고 유추하여 자기 반성의 기회를 갖도록 한다.

셋째, 자신의 사고를 제어하거나 비판하는 능력을 기르도록 하기 위해 학급 전체의 토의과정을 부여하거나 또는 소집단으로 문제를 해결하는 과정에서 의사소통에 의한 협조 체계를 통해 메타인지가 자연스럽게 습관화 되도록 한다.

결국 구성주의자들의 견해와 맥을 같이 한다는 의미에서 볼 때, 인지와 마찬가지로 메타인지도 학습자 자신이 스스로 그들의 지식을 구성하기 위한 수단으로 자리매김할 수 있도록 해야 하는 바, 메타인지는 넓게 해석하면 자기반성(self-reflection) 또는 반영적 추상화(reflective abstraction)와 같은 맥락으로 볼 수 있는 것이다.

제 6 장

문제설정과 문제해결

일반적인 형태의 수업에서 학습자들은 무엇인가를 알게 되는 과정이 '구경하는 활동'이라는 인상을 가질 수 있는 상황이 있지만 실제로는 그렇지 않다. 무엇인가를 알게 된다는 것이 '참여하는 활동'이라고 말하기 위해서는 이해하고자 하는 대상을 조작해 보고 더 나아가 그것들을 수정해 보는 과정이 필요한데, 문제설정(problem posing) 활동은 이러한 과정에서 핵심이 될 수 있다. 또한, 문제설정의 중요성은 문제해결과 관련하여 파악할 수 있는데, 문제설정은 두 가지의 서로 다른 방법으로 문제해결 활동에 깊이 자리 잡고 있다(Brown & Walter, 1983).

첫째, 생소한 문제를 해결하는 과정에서 새로운 문제들을 만들어 냄으로써 과제를 재구조화하지 않고서는 문제해결이 불가능한 경우이다. 문제를 해결하려고 노력하는 과정에서 "이 문제는 무엇을 말하는 것인가?" 또는 "문제와 관련된 요소에서 무관한 것으로 초점을 옮긴다면 어떻게 될까?"와 같은 질문들을 통해서 새로운 문제를 만들어 낼 수 있다.

둘째, 하나의 문제를 해결했다고 하더라도 그 문제에 관한 새로운 질문들을 만들어 내고 그것들을 분석하지 않으면 문제를 해결하면서 했던 활동들의 의미를 완전히 이해하지 못한다. 아마도 문제(비수학적이면서 실제적인 성격을 가진)를 해결하고 난 후에 "매우 현명했어. 그런데 내가 대체 무엇을 한 거야?"와 같은 말을 한 경험이 있을 것이다.

임문규(1992)에 의하면, 학생들은 문제를 설정하는 활동에 대해 흥미와 관심을 나타내고, 문제설정 학습을 통해 학생들의 발산적 생산에 의한 창조적 사고력의 육성이 가능하다. 또한 최근 평가에 있어서도 단순히 교사가 제시한 문제를 해결하는 능력뿐만 아니라 주어진 상황에서 문제를 고안하는 능력도 평가할 필요가 있음이 제기되고 있다. 이러한 일련의 주장과 맞물려 이전의 제 7차 수학과 교육과정에서는 학생들의 문제설정 활동을 강조하여 각 단원마다 적정량의 문제설정 활동을 지도하도록 하였으며, 최근의 개정 교육과정에서도 문제해결에서 문제설정 활동의 중요성을 강조하고 있다. 따라서 본 절에서는 문제설정의 의미, 유형, 문제설정 활동의 기법, 평가 등에 대해 논의하고자 한다.

1 문제설정의 의미

문제설정은 학자에 따라 Problem Generation(문제생성; Silver, 1982), Problem Posing (문제설정; Brown & Walter, 1983), Problem Formulation(문제의 정식화; Kilpatrick, 1987) 등의 다양한 용어로 사용되는데, 다음과 같은 두 가지 관점에서 문제설정이라는 용어의 의미를 파악해 볼 수 있다.

첫째, '문제 만들기'로서 주어진 수학 문제를 보고 새로운 문제로 바꾸어 나가거나 새로운 문제를 개발하는 활동이다.

둘째, '문제 꾸미기'로서 현실적 상황을 수학적 문제로 바꾸는 활동, 즉 현실의 문제 상황을 수학적으로 해결하는 활동이다.

문제설정은 수학화를 위한 활동의 한 과정으로서, 그리고 수학과 교육과정의 목표(수학적 지식과 기능의 습득, 수학적 사고력의 육성 및 생활의 문제를 합리적으로 해결하는 능력과 태도의 육성)를 달성하기 위한 수단으로서, 또한 문제설정 자체가 수학 교육의 하나의 목표가 될 수 있다는 점에서 의의를 갖는다. 이와 관련하여 임문규(1992)는 문제설정 교수·학습의 의의를 다음과 같은 네 가지 관점으로 분류하여 제시하고 있다.

첫째, 지식과 이해에 관한 면

① 수학의 개념 형성을 촉진하는 데 도움이 된다.

② 이해의 폭과 깊이를 확대한다.

③ 장기기억으로 연결된다.

둘째, 수학적 사고에 관한 면

① 분석력과 통합력이 길러진다.

② 실용력과 응용력이 길러진다.

③ 일반화하는 사고를 기를 수 있다.

④ 유창성, 유연성, 독창성, 정교성 등 창의적 사고력을 기를 수 있다.

⑤ 보다 발전적인 사고력을 기를 수 있다.

셋째, 관심과 태도에 관한 면

① 자주적인 학습 능력을 향상시키는 데 도움이 된다.

② 흥미와 관심을 갖게되어 적극적인 수업태도가 길러진다.

넷째, 문제설정력의 육성에 관한 면

① 수학화하는 능력이 육성된다.

② 문제해결의 발전적 활동이 가능하게 된다.

또한, 실버(Silver, 1993; 방정숙, 1994)는 문제설정의 역할과 의의에 대해 다음과 같이 정리한다.

첫째, 문제설정은 창조적 활동 중의 하나이고, 특별한 수학적 능력이다. 문제설정 활동은 창의성을 확인하거나 특별한 수학적 재능을 가진 영재아를 판별하기 위한 대부분의 검사지에 포함되어 활용되어 왔다. 창의성은 새로운 생성과 까다롭게 구조화된 문제를 푸는 것과 관련이 있다는 측면에서 볼 때, '문제설정과 창의성 사이에는 어떤 관련이 있을 것이다'는 가설을 세울 수 있을 것이다. 실제 문제설정 활동을 통해 독창성, 유창성, 유연성 등의 창의성 평가할 수 있으며, 이들 능력을 기를 수 있다는 연구 결과가 있다.

둘째, 문제설정은 탐구 지향적인 교수활동이다. 문제설정은 아동이 자발적으로 자신의 문제를 만들어 수학적 개념이나 원리를 익히고 구성할 수 있도록 도울 수 있는 탐구 지향적인 교수·학습의 방법이 될 수 있는데, 일반적으로 탐구 지향적인 교수가 갖는 세 가지 목표를 다음과 같이 제시한다.

① 학생들이 이미 알고 있는 규칙, 이론, 원리들을 구성하고 그 영역에 관한 전문가적 이해와 결합하도록 할 수 있다.

② 학생들이 자신의 질문으로부터 새로운 이론이나 원리를 구성하도록 할 수 있다.

③ 학생들에게 자문(自問)과 자기조정 방법과 메타인지 기술을 통해 문제를 해결하는 방법을 알게 할 수 있다.

탐구지향적인 교수의 목표와 관련하여 콜린스(Collins)는 ①의 목표를 구현할 수 있는 적절한 수학과의 교수 모형으로 비버만(Beberman)의 발견식 교수법을, ②의 목표에 맞는 교수 모형의 예는 직접 거론하지 않았지만 브라운과 월터(Brown & Walter)의 문제설정 기법을 제시하여 설명하였으며, ③의 목표에 적합한 수학 교수 모형으로는 숀펠드의 문제해결 교수 모형을 예로 들고 있다.

셋째, **문제설정은 특별한 수학적 활동이다.** 우리가 어떤 문제를 접했을 때, 문제의 구조가 불완전하거나 세분하여 재구성할 필요가 있는 상황이라면 창의적인 수학자가 하듯이 문제를 설정하게 된다. 문제설정은 수학의 창조적 측면을 강조할 수 있는 학습 요소이고, 학교 수학에서도 수학 전문가들이 수학을 만들어 가는 것과 같은 경험을 시킬 필요가 있다. 현실 속에서 주어진 상황만을 가지고 또는 이미 만들어진 일상의 수학적 문제를 보다 잘 해결하기 위한 문제설정의 전문가적인 수학적 활동은 학생들의 사고력 개발과 수학에 대한 이해의 증진을 위해 지도해야 한다.

넷째, **문제설정을 통해 학생들의 문제해결 능력을 기를 수 있다.** 브라운과 월터(1983)에 의하면 문제설정은 문제해결과 두 가지 방식으로 깊은 관련을 맺고 있다. 첫 번째는 사전효과로 문제를 해결하는 과정에서 새로운 의문이나 다른 문제를 제기함으로써 원래의 문제를 재해석하고 문제를 해결할 수 있는 단서가 생기게 된다는 관점이다. 두 번째는 사후효과로 원래의 문제를 해결한 후에 다른 새로운 문제를 만들고 그것을 분석해 봄으로써 문제의 의미나 이해를 한층 높일 수 있다는 관점이다. 실제적으로 임문규(1992)는 문제설정 활동이 문제해결력을 향상시키고 수학적 이해와 사고의 폭을 넓힐 수 있음을 입증하였다.

다섯째, **문제설정을 통해 학생들의 수학적 연결성을 강화할 수 있다.** 문제설정 활동을 하게 되면 학생들은 다양한 표현들 사이를 관련지어 연결할 수 있는 기회를 많이 갖게 되고, 수학의 내용들 사이의 관계를 연결할 수 있으며, 다른 교과와 일상의 생활에서 수학을 사용하여 연결해 주는 능력을 기를 수 있다.

여섯째, **문제설정은 학생들에게 수학적 이해를 보다 높일 수 있는 수단을 제공한다.** 학생들의 문제설정 활동 과정을 살펴봄으로써 그들이 수학에 대해 얼마나 이해를 하고 있는지 파악하여 지도할 수 있다. 학생들이 만든 문제에서 정확한 수학 용어를 사용하였는지, 문제에 다양한 수학적 개념을 사용하고 있는지 그리고 연산 및 단위 사용 등의 표현의 세련성 등을 파악하여 지도함으로써 그들은 수학에 대한 이해를 높일 수 있는 기회를 가질 수 있다.

일곱째, **문제설정을 통해 학생들의 수학적 성향을 개선할 수 있다.** 수업에서 문제설정 활동은 학생들에게 자주적인 학습능력의 향상은 물론 흥미와 관심을 기반으로 하는 적극적인 수업태도를 갖게 할 수 있다. 또한 문제설정을 통해 학생들은 다음과 같은 수학적 성향을 신장할 수 있다(NCTM, 1989).

① 수학을 이용하여 문제를 해결하고, 아이디어를 교환하고, 추론하는 데 대한 자신감.
② 문제해결에서 수학적 아이디어를 탐구하고, 다른 해결 방법을 찾으려는 유연성.
③ 수학적 과제를 지속적으로 수행하려는 인내심.
④ 수학을 행하는 데 있어서의 흥미도, 호기심, 창의성.
⑤ 자신의 생각과 수행 결과를 모니터하고, 반성하는 경향.
⑥ 타 교과나 일상적 상황에 수학을 적용하는 것이 갖는 가치를 알기.
⑦ 문화에 있어서 수학의 역할과 도구와 언어로서의 수학의 가치에 대해 이해하기.

2 문제설정의 유형

임문규(1992)는 문제설정의 유형을 크게 '실세계적인 상황(비수학적 세계)으로부터의 문제설정', '수학적 세계로부터의 문제설정'의 두 가지로 분류하였다. 여기서 말하는 실세계적인 비수학적 세계란 아직 수학화 되어있지 않은 상황을 의미하며, 수학적 세계란 이미 식이나 수학의 문제 및 정리화된 상황을 의미한다. 초등학교 단계에서는 많은 현실 세계의 상황으로부터의 문제설정의 교수·학습이 가능하지만, 중·고등학교에서는 추상적인 내용을 많이 다루어 현실 세계와 점점 유리되어 가므로 수학 내용과 관련되는 실세계적인 상황을 부여하여 문제설정의 교수·학습이 이루어지도록 해야 할 것이다.

2.1 실세계적 상황(비수학적 상황)으로부터의 문제설정

현실 상황으로부터의 문제설정의 교수·학습은 수학자가 실제로 문제를 만들어 내는 것과 같이 학생들에게 수학적 활동을 행하게 할 수 있다. 물론 현실 상황은 가능한 한 수학의 내용을 많이 품고 있어야 하며, 교과서의 단원 내용과 맞는 상황의 제시가 중요하다.

(1) 상황으로부터의 문제설정

① 일상생활의 일과: 가정생활, 학교생활, 시장보기, 통학, 여러 가지 행사, …
② 놀이, 게임: 술래잡기, 줄넘기, 제기차기, 운동 시합, …

(2) 대상 및 소재로부터의 문제 설정

① 뉴스의 내용: 신문, 잡지, TV, …

② 역사: 수학자와 과학자의 전기, 역사적 사실, …

③ 서적: 교과서, 참고서, 전기, …

④ 타 교과의 내용: 과학, 사회, 국어, 음악, 체육, …

⑤ 그림, 모형: 여러 가지 그림, 사진, 건축물, 다리, …

⑥ 옛날이야기: 전설, 이야기, …

(3) 현실의 가까운 주위로부터의 문제설정

① 현존의 사물: 학교, 친구, 가족, 교통기관, …

2.2 수학적 세계로부터의 문제설정

수학적 세계란 이미 수학의 내용 및 교재 안에서 다루어지고 있는 용어, 기호, 식, 정리, 문제 등이다.

(1) 수학의 문제 이외의 내용으로부터의 문제설정

① 용어: 길이, 무게, 넓이, 부피, 단위, 삼각형, 곱셈, 분수, 함수, 수열, …

② 숫자, 문자: 3, 4, 7, 50, a, b, x, y, z, S, V, …

③ 도형, 모형: 점, 선, 삼각형, 사각형, 평행사변형, 구의 모형, …

④ 그래프: 함수의 그래프, 통계의 그래프, …

⑤ 식: 여러 가지 공식, 방정식, 부등식, …

⑥ 자료: 인구통계, 학급의 키, 가계부, …

⑦ 기호, 부호: $+$, $-$, $\subset$, $\supseteq$, $\sqrt{\ }$, ∞, $\backsim$, $\int$, Σ, …

⑧ 교구: 삼각자, 각도기, 컴퍼스, …

(2) 수학의 문제로부터의 문제설정

교과서나 참고서의 문제라 하더라도 문제를 푸는 과정이나 문제를 푼 후에 그 문제와 유사하거나 새로운 문제를 만들게 하는 문제설정의 학습을 할 수 있다. 또 조건이 과·부족한 문제, 질문이 없는 문제 상황만을 제시하는 등의 문제설정 학습도 가능하다.

① 원 문제와 유사 또는 새로운 발전적인 문제설정

② 다양한 해결 방법에 따른 문제설정

③ 일반에서 특수, 특수에서 일반으로의 문제설정

④ 조건이 과·부족한 문제해결에서의 문제설정

⑤ 질문이 없는 문제 상황에서의 문제설정

2.3 문제설정의 예

(1) 학생들 주변에 가까운 임의의 상황

[상황 1] 오른쪽과 같이 한 무리의 어린이들이 있다고 하자. 이것을 보고 스스로 생각하여 여러 가지 문제를 만들어 보자.

다음은 [상황 1]에 대해서 초등학교 4학년 아동들이 만든 문제의 예이다(임문규, 1992).

① 어린이 8명이 있다. 모두 어머니에게서 100원씩 받았습니다. 세 사람이 더 와서 그들은 돈을 갖고 있지 않으므로 어떻게 돈을 나누면 될까요?

② 어린이 몇 사람이 있습니다. 그 어린이들이 50원씩 내어서 과자를 샀습니다. 합계가 400원이었습니다. 어린이는 몇 사람일까요?

③ 어린이가 18명이 있어서 가와 나의 두 조로 나눕니다. 가의 사람의 수는 나의 사람의 수보다 네 사람이 더 많습니다. 또 15명의 어린이들이 와서 가의 조에 6명, 나의 조에 9명이 들어갔습니다. 가, 나의 조에는 각각 몇 명이 되었습니까? 어느 조가 몇 명 더 많습니까? 모두 몇 명이 되었습니까?

(2) 수학적인 임의의 상황

[상황 2] 오른쪽과 같은 형태로 점이 배열되어 있을 때, 이것을 보고 여러 가지 문제를 만들어 봅시다.

다음은 [상황 2]에 대해서 초등학교 4학년 아동들이 만든 문제의 예이다(임문규, 1992).

① 금붕어를 낚는데, A군은 20마리, B군은 3마리, C군은 4마리, D군은 5마리를 낚으면 모두 몇 마리가 됩니까?

② 이 점이 사탕이라고 합시다. 1개에 10원하는 사탕을 10개 샀습니다. 모두 몇 개일까요?

3 문제설정의 방법 및 단계

3.1 문제설정의 방법

문제설정을 기반으로 하는 교수·학습 활동은 도입에서 이미 만들어진 문제, 정의, 정리, 수학적 용어 등과 같이 낯익은 것부터 시작하여 점차 어려운 실세계적 상황 및 비수학적 세계로의 문제설정으로 진행하여 가는 것이 바람직하다. 즉, 처음에는 이미 만들어진 문제에서 숫자를 바꾸거나 상황 및 속성을 바꾸어 보게 하여 문제설정에 대한 흥미와 관심을 갖게 하고, 문제를 스스로 만들 수 있다는 자신감을 가지게 하여, 임의의 실세계적인 상황으로부터 문제를 만들게 하는 것이 문제설정 교수·학습의 바람직한 순서라고 생각된다. 왜냐하면 현실 세계로부터의 수학의 문제를 발견하거나 만드는 것은 수학자의 수학적 활동과 유사한 매우 어려운 작업이기 때문이다(임문규, 1992). 앞서 논의한 문제설정의 각 유형에 공통적으로 적용될 수 있는 일반적인 문제설정의 방법은 다음과 같이 들 수 있다.

① 자유로우며 폭 넓고 다양하게 생각할 것.
② 스스로 문제를 만들 수 있다는 자신감을 갖고 시행착오를 두려워하지 말 것.
③ 지금까지의 학습경험 및 지식에서 유사한 문제 등과 연결시킬 것.
④ 여러 형태의 다양한 의문을 품을 것.
⑤ 자기 주위의 가까운 것에 대하여 생각할 것.
⑥ 자기가 생각한 것은 모두 기록하거나 발표할 것.
⑦ 새롭고 발전적인 문제를 만들려고 노력할 것.
⑧ 상황 및 속성과 숫자 등을 변경하고 역으로도 생각해 볼 것.
⑨ 처음에는 자기가 풀 수 있는 문제를 만들어 볼 것.
⑩ 일반화하든지 특수화할 것.
⑪ 차원을 확대 및 축소할 것.
⑫ 다른 도형을 생각해 볼 것.

⑬ 다른 단위 및 연산을 생각해 볼 것.

⑭ 다른 단원 및 타 교과와 연결하여 생각해 볼 것.

3.2 문제설정의 단계

브라운과 월터(1983)는 기존의 수학적 문제를 바탕으로 문제를 설정하는 단계를 다음 [그림 1]과 같이 다섯 단계로 제시한다.

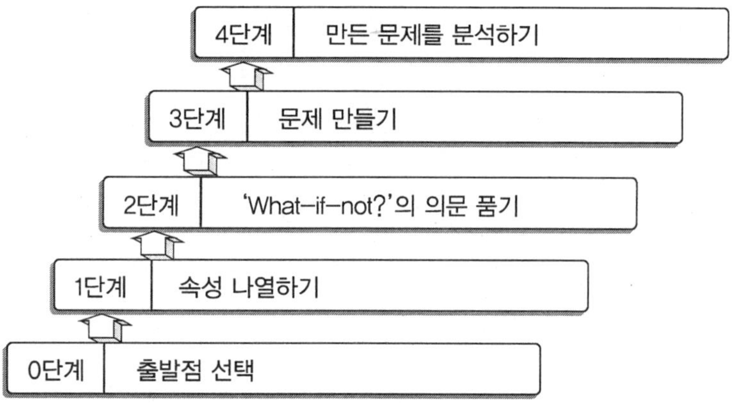

[그림 1] 문제설정의 단계

(1) 0단계: **출발점 선택**(Choose a starting point) - 해결하고자 하는 수학적 문제를 제시하고, 이를 해결한 다음 문제를 분석해 본다.

(2) 1단계: **속성 나열하기**(Attribute listing) - 문제를 구성하고 있는 요소나 속성을 모두 열거해 본다. 이때, 단일 속성이나 그 이상의 속성의 조합으로 열거해도 좋다.

(3) 2단계: **'What-if-not?'의 의문 품기**(What if not-ing) - 1단계에서 열거한 속성이 '만약 그렇지 않다면 어떻게 될 것인가?' 하는 의문을 가져본다.

(4) 3단계: **문제의 설정**(Question asking or Problem posing) - 2단계에서 생각한 대안책을 기초로 새로운 질문을 하거나 문제를 만들어 본다.

(5) 4단계: **설정한 문제의 해결**(Analyzing the problem) - 3단계에서 만든 새로운 문제들 중 몇 개를 선택하여 분석하거나 해를 구해 본다.

브라운과 월터가 제시한 문제설정의 단계들은 선형적으로만 연결되는 것은 아님에 유의해야 한다. 새로운 질문은 새로운 속성들을 야기하고 새 속성은 새로운 의문을 번갈아야기할 수 있다. 이와 같이 일부 수정된 속성들이나 의문들을 결합시켜 또 다른 새로운 속성이나 의문들을 생성해 내는 기법을 '순환(cycling) 기법'이라 한다. 이 기법을 추가적으로 활용하면 훨씬 더 창조적인 많은 문제들이 제기될 수 있다. 위의 단계에 따른 문제 설정의 예를 들어보면 다음과 같다.

(1) 0단계: 출발점 선택

문제 오른쪽 그림과 같이 윗변이 4cm, 아랫변이 10cm, 높이가 3cm인 사다리꼴의 넓이를 구해 보아라.

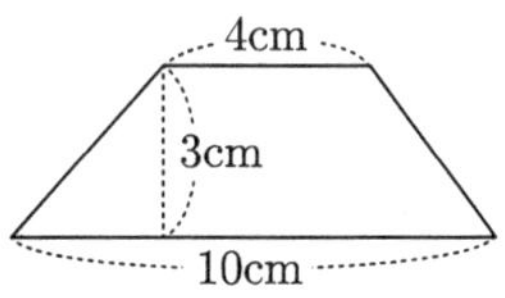

(2) 1단계: 속성 나열하기

① 4, 10, 3이라는 숫자가 있다.

② 사다리꼴을 다루고 있다.

③ 넓이를 계산하여야 한다.

④ 그림과 함께 3개의 숫자가 주어져 있다.

⑤ 윗변, 높이, 아랫변이 주어져 있다.

(3) 2단계: 'What-if not?'의 의문 품기

1단계(속성 나열하기)에서

①에 대한 'What-if not?'의 첫 번째 예: 2, 6, 8이라는 숫자가 있다.

①에 대한 'What-if not?'의 두 번째 예: 3, 7, 12라는 숫자가 있다.

②에 대한 'What-if not?'의 첫 번째 예: 삼각형을 다루고 있다.

②에 대한 'What-if not?'의 두 번째 예: 정사각형을 다루고 있다.

②에 대한 'What-if not?'의 세 번째 예: 평행사변형을 다루고 있다.

③에 대한 'What-if not?'의 첫 번째 예: 둘레를 계산해야 한다.

③에 대한 'What-if not?'의 두 번째 예: 한 변의 길이를 구해야 한다.

④에 대한 'What-if not?'의 첫 번째 예: 그림 없이 3개의 숫자만 제시되어 있다.

④에 대한 'What-if not?'의 두 번째 예: 3개의 숫자가 간접적으로 주어져 있다.

⑤에 대한 'What-if not?'의 첫 번째 예: 윗변, 아랫변, 넓이가 주어져 있다.

⑤에 대한 'What-if not?'의 두 번째 예: 아랫변, 높이, 넓이가 주어져 있다.

(4) 3단계: 문제의 설정

2단계('What-if not?'의 의문 품기)에서

①에 대한 'What-if not?'의 두 번째 예를 통한 문제 설정:

오른쪽 그림과 같이 윗변이 3cm, 아랫변이 12cm, 높이가 7cm인 사다리꼴의 넓이를 구해 보아라.

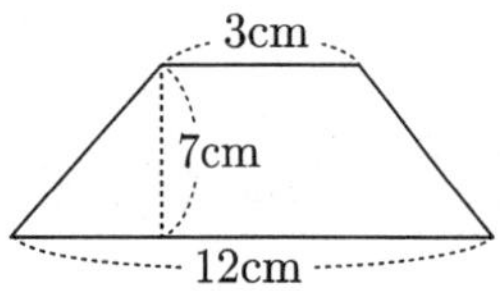

②에 대한 'What-if not?'의 세 번째 예를 통한 문제 설정:

오른쪽 그림과 같은 윗변이 5cm, 아랫변이 7cm, 높이가 4cm인 사다리꼴 두 개로 만들어지는 평행사변형의 넓이는 얼마인가?

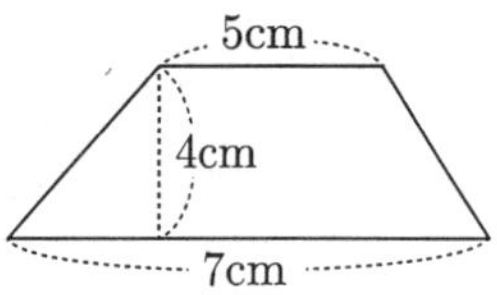

③에 대한 'What-if not?'의 첫 번째 예를 통한 문제 설정:

오른쪽 그림과 같이 한 변이 6cm인 정삼각형 모양의 종이 5장으로 사다리꼴 모양을 만들었을 때, 사다리꼴의 둘레의 길이를 구하여라.

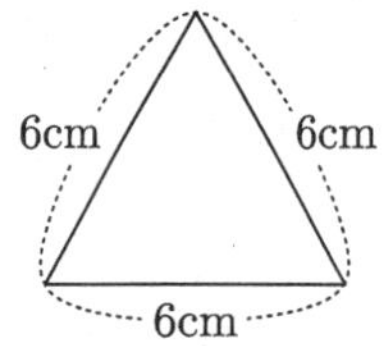

④에 대한 'What-if not?'의 첫 번째 예를 통한 문제 설정:

윗변이 3cm, 아랫변이 12cm, 높이가 7cm인 사다리꼴의 넓이를 구해 보아라.

⑤에 대한 'What-if not?'의 첫 번째 예를 통한 문제 설정:

윗변이 8cm, 아랫변이 12cm, 넓이가 $60cm^2$인 사다리꼴의 높이를 구하여라.

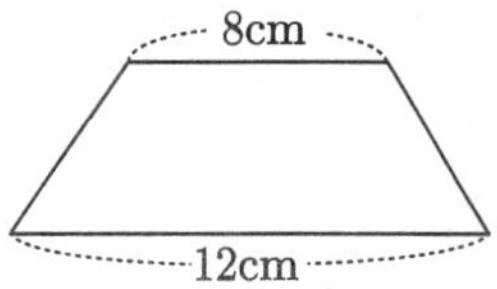

(5) 4단계: 설정한 문제의 해결

3단계에서 설정한 문제를 해결하고, 분석해 본다. 만약 해가 나오지 않거나 조건이 불충분하면 문제를 수정하여 다시 해결해 본다.

4 문제설정에 기반한 수업 활동의 전개

앞에서 논한 문제설정의 두 가지 유형에 따른 각각의 수업 전개 방법에 대하여 알아보자.

4.1 실세계 상황에서의 문제설정

현실 상황으로부터의 문제를 만드는 활동은 수학이 실제 생활에 유용하게 쓰일 수 있다는 인식을 심어줄 수 있고, 많은 수학자들이 수학을 만들어 내는 것과 마찬가지로 수학적 활동을 경험할 수 있도록 한다는 점에서 유용한 문제설정 활동이다. 다만, 현실 상황을 제시할 때는 학생들이 문제를 구성하기 쉽도록 수학적 내용을 많이 포함하고 있고, 교과서의 관련 단원의 내용과 수준에 맞는 상황을 제시해야 할 것이다. 일반적으로 실세계적 상황에서의 문제설정을 기반으로 하는 수업은 다음과 같은 여섯 가지 단계를 거치며 진행될 수 있다.

(1) 상황의 설정 및 제시

이 단계에서는 교사가 학생들과 함께 의논하여 어떤 상황을 설정할 수도 있고, 교사가 그 시간에 학습시킬 내용에 적합한 상황을 미리 연구하여 설정할 수도 있다.

(2) 학생들 개인의 문제설정 및 소집단 토의

제시된 상황으로부터 학생들 개인별로 스스로 문제를 설정해 본다. 개인별로 문제를 설정한 다음에는 소집단별로 서로 토의하여 문제를 분류하고 정리한다. 소집단 토의를 통해 개인별로 만든 문제가 불충분하거나 정보의 과·부족한 조건이나 숫자 등은 수정하여 좋은 문제가 구성되도록 같이 협력한다.

(3) 소집단 문제결정 및 해결

학생들이 개별 또는 소집단 내에서 만든 문제들 중 해결해 보면 좋은 문제를 협의를 통해 공동으로 선정하고 구성원 각자 해결한 다음 풀이 과정을 비교해 보고 소집단 문제를 결정하도록 한다. 소집단 문제의 채택에 있어서는 좋은 문제 뿐 아니라 문제가 되지 않는 것도 선택하여 잘못된 부분을 보완하여 문제를 완성시키는 것도 좋다. 또한 소집단 문제로 채택되지 못한 학생들 개인의 많은 문제들은 쉬는 시간이나 방과 후에 풀어보도록 하든지 교사가 모아 확인하고 지도해 주는 것이 좋을 것이다.

(4) 소집단 문제의 발표 및 학급 전체 토의

소집단별로 만들고 해결한 문제를 전체 학급 학생들에게 발표하게 하고, 그들이 만든 문제가 주어진 상황의 어떤 요소에 주안점을 두었고 중요한 수학적 아이디어가 무엇인지를 발표하게 한다. 이때 다른 집단의 학생들은 비판적인 사고를 바탕으로 더 좋은 문제를 구성할 수 있는 아이디어 또는 풀이 방법이 있으면 제안하도록 한다.

(5) 학급 문제의 구성 및 결정

소집단별로 발표한 문제 중에 공동 협의를 통해 학급 전체의 문제를 구성해 보고, 창의적 사고가 돋보이는 문제를 결정해 본다.

(6) 정리 및 발전적인 문제설정('What-if not?' 전략)

결정된 학급 문제의 일부 조건을 바꾸거나 원래 상황을 변경해 가면서 더 복잡하고 발전적인 구조를 갖는 새로운 문제를 만들어 보게 한다.

물론 위의 과정은 선형적으로 이루어지는 것은 아니다. 예컨대, 소집단 문제만 구성하고 전체 학급 문제의 구성은 생략될 수도 있으며, 반대로 소집단 문제는 생략하고 학급 전체 문제를 구성하는 것으로 바로 진행할 수도 있을 것이다.

4.2 수학적 문제로부터의 문제설정

우리는 보통 어떤 주어진 수학적 문제의 해결을 요구하는 경우가 많으므로 이를 바탕으로 보다 발전적인 문제설정에 대하여 관심을 두는 경우가 많으며, 처음에 문제설정을 지도할 때는 기본적인 문제를 바탕으로 그와 유사한 문제를 설정해 보도록 하는 것이 학생들의 부담을 덜어줄 것이다. 여기서는 수학적 세계 중에서 수학 문제로부터의 문제설정 수업 전개 방법에 대해 알아보기로 한다.

(1) 원문제의 설정(0단계)

먼저 학생들에게 해결하기를 원하는 초기문제를 제시한다. 초기문제는 학생이 이미 배운 지식을 활용하여 해결할 수 있고, 바꿀 수 있는 조건을 많이 포함하고 있으며, 그들의 수준에서 이해하기 쉬운 표현 방법을 사용하며, 다양한 방법으로 해결할 수 있는 문제로 선정하는 것이 좋다.

(2) 원문제의 해결

초기문제를 풀도록 한 후 그 해결 과정을 돌아보고 문제의 어떤 점에 착안하였는지, 또 어떤 아이디어를 활용했는지를 명확히 파악하도록 한다. 문제를 해결하면서 문제의 구성 요소를 의식적으로 분석해 보게 하는 것도 좋다. 소집단 활동을 한다면 먼저 개인적으로 풀고 난 다음 다른 조원과 문제해결의 아이디어를 공유하도록 한다.

(3) 발전적 문제설정(브라운과 월터의 문제설정 단계에서 단계 1~3에 해당)

초기문제에 진술된 속성들을 나열해 보고, 그 속성에 대한 'What-if not?' 전략을 이용하여 새로운 문제를 설정해 보게 한다. 소집단 활동을 한다면 개별적으로 속성을 열거하고 문제를 설정한 다음, 협의 과정을 거친 후 집단의 속성을 결정하고 'What-if not?' 전략에 의해 집단의 문제를 구성하고 결정하도록 한다. 이 단계에서 교사는 예상되는 학생의 반응을 미리 생각하고 그들의 반응에 따라 적절한 발문을 하여 동기를 유발하고 모든 학생들이 흥미를 갖고 참여하도록 한다.

(4) 만든 문제의 발표 및 분류, 정리

학생들이 만든 문제를 발표시켜 그것들을 원문제와 대비시켜 가면서 속성(개념, 원리, 상황, 풀이 방법 등)을 고려하여 분류·정리한다. 새로운 문제가 원문제와 어떤 측면에서 차이가 나는지 파악하게 하며, 학생들의 아이디어를 존중해 주는 태도가 필요하다.

(5) 문제의 해결(브라운과 월터의 문제설정 단계에서 단계 4에 해당)

학생들이 만들고 발표한 문제 중에서 전체 학생들이 해결하면 좋은 문제를 선정하여 해결하게 한다. 공동 문제를 선정할 때는 그 문제의 성격이 앞으로 학생들의 문제설정 및 해결 활동에 영향을 끼칠 수 있기 때문에 신중하게 해야 한다. 따라서 공동으로 해결하지 않은 다른 문제들도 나름대로 가치가 있음을 인식시켜주어 의욕을 잃지 않도록 해야 할 것이다. 특히 미완성되었거나 수업 시간에 해결하지 않은 문제들은 과제로 제시하여 완성하도록 한다. 소집단 활동을 한다면 집단의 문제를 선정하여 해결하게 하면 될 것이다.

(6) 정리 및 보다 발전적 문제의 설정

학습 과정을 돌아보고 창의적인 문제설정 활동이 되었는지 반성하게 하고, 원문제와 새롭게 만든 문제를 해결하는 가운데 문제에 포함된 개념, 원리, 구조 등을 보다 깊이 이해할 수 있었는지를 점검하게 한다. 더 좋은 아이디어가 있으면 이를 반영하여 새로운 관점에서 문제설정을 해보고, 소집단 또는 학급 전체가 공동으로 해결한 문제를 원문제로 하여 연속적으로 발전시켜 나가면서 문제해결의 마인드맵을 구성해 보게 한다.

5 문제설정과 문제해결

실버(1994)를 비롯한 많은 연구들에 의하면 문제설정이 학생들을 더욱 훌륭한 문제해결자가 되도록 도울 수 있는 잠재성을 가지고 있다고 보고하고 있다. 특히 문제의 재명료화(Problem reformulation)는 문제해결 과정 중에서 일어나는 문제설정 활동의 하나로서 다소 복잡한 문제의 경우 문제해결자는 보다 쉬운 해결 방법을 얻기 위해 주어진 문제를 재구성하게 되는 바, 문제의 재명료화는 주어진 문제의 진술을 바꾸어 새롭게 형성한 물음에 대한 답을 얻음으로써 원래의 문제를 해결할 수 있다는 측면에서 문제해결과 깊은 관련이 있는 것이다. 또한 원래의 문제가 복잡한 경우, 조건이나 단위 등을 단순화하여 해결한 다음 원문제를 해결하도록 도울 수 있다. 그리고 문제설정은 주어진 문제를 해결한 다음 조건이나 여러 가지 속성을 변경하거나 문제를 일반화하며, 문제 형태에 대한 통찰을 구하고자 할 때 새로운 의문을 제기할 수 있을 것이다. 문제설정 활동이 문제해결력을 향상시키는 것과 관련하여 브라운과 월터(1983)는 '사전 효과'와 '사후 효과'로 설명하고 있다.

5.1 사전효과(The Prior Effect)

문제를 풀기 위해 새로운 의문이나 다른 문제를 제기하는 것이다. 다음 문제를 살펴보자.

> **문제** 파리와 기차가 15Km 떨어져 있다. 기차는 파리를 향해 시속 3Km로 움직인다. 파리는 시속 7Km로 기차를 향해 날아간다. 파리는 기차와 만나면 출발점으로 되돌아갔다가 다시 출발점에서 기차와 만날 때까지 다시 기차를 향해 날아간다. 이 과정을 계속되풀이 할 때, 파리가 날아다닌 총 거리는 얼마인가?(단, 파리는 같은 높이를 직선거리로 움직인다고 한다.)

위의 문제는 복잡한 방정식 문제 또는 무한등비수열과 관련된 것으로 보이나 약간의 통찰 능력만 있다면 간단하게 해결할 수 있다. 이 물음은 파리에 초점을 둔 것이 분명하다. 그렇지만 초점을 기차에 두어 "기차는 얼마나 오랫동안 움직이는가?"라고 묻는다면, 문제에 이것에 대한 정보가 주어져 있기 때문에 문제는 한결 쉽게 분석할 수 있게 된다. 따라서 "그 거리를 기차가 움직이는 데 걸리는 시간은 얼마인가?"라는 물음에 답하고, 파리는 기차가 움직인 시간만큼 날아다닌다는 통찰에 의해 이 문제를 쉽게 풀 수 있다.

이와 같이 원래의 문제를 풀려고 애쓰면서 "이 문제가 정말로 말하고자 하는 본질적인 요소는 무엇인가?", "이 문제에서 분명해 보이는 요소들에서 서로 동떨어져 있는 것처럼 보이는 요소로 초점을 옮긴다면 어떻게 될까?"와 같은 의문을 제기하면서 새로운 문제를 설정함으로써 문제의 해결을 도울 수 있다는 것이다. 여기서 우리가 알 수 있는 것은 새로운 의문점을 제기하는 것이 문제해결 활동의 일부라는 것이다. 따라서 문제해결 활동은 반드시 문제설정 활동인 원래 문제의 재형성을 필요로 함을 알 수 있다.

5.2 사후효과(The After Effect)

이것은 문제해결과 문제설정 간의 내적 관련성이다. 즉, 문제설정과 문제해결 간의 자연스러운 관계를 연결해 주는 것은 문제를 풀었다고 생각한 후라는 것이다. 다음 문제를 생각해 보자.

> **문제** 1부터 100까지의 자연수의 합을 구하여라.

우리는 종종 문제를 해결한 후에 의문들을 제기할 경우가 있게 된다. 예를 들어, 위 문제의 해를 구한 다음 "과연 모든 사람들이 Gauss의 방법과 같은 일반적 공식을 취할 수 있겠는가?", "마지막 수가 100이 아니고 다른 수라고 해도 여전히 이 방법은 효과적인가?", "이것은 마지막 수가 짝수인 경우에 대한 특별한 경우에 불과한가? 마지막 수가 100대신 99라면 어떻게 될까?", "이러한 특별한 관찰에서 어느 정도 전체적인, 일반적인 상황을 파악할 수 있는가?"와 같은 의문을 가질 수 있다. 문제를 풀고 난 후 우리는 다양한 의도에서 "왜?"라는 물음을 던질 수 있고, 문제에 대한 확장과 일반화, 통합화를 할 수 있으며, 문제 내용과 구조에 대한 통찰, 즉 형태에 대한 통찰을 가짐으로써 문제해결 능력을 키울 수 있는 것이다.

6 문제설정에서 평가

문제설정은 학생들의 다양한 창의적 사고력과 문제해결 능력을 기를 수 있다는 점에서 중요한 학습 영역이다. 문제설정의 평가는 학생들이 제기한 문제를 기초로 다음과 같이 6가지 항목에 따라 평가할 수 있다. 특히 유창성, 유연성, 독창성은 창의적 사고력을 측정하기 위한 평가 항목으로서 문제설정이 바로 창의성의 육성과 관련이 있다는 점에서 중요하다 할 수 있다.

(1) 유창성

문제설정에서의 유창성은 학생이 만든 문제의 수에 따라 평가하는 것이다. 같은 수학적 개념을 가진 문제나 다른 개념을 가진 문제에 관계없이 학생이 만든 문제의 수만으로 평가하는 것이다. 단, 미완성된 문제나 틀린 문제 등은 제외된다.

(2) 유연성

이것은 유창성과는 달리 학생이 만든 문제 중에서 수학적 개념이나 원리 및 해결의 절차가 같은 문제는 모두 한 문제로 간주하고, 다른 수학적 개념이나 원리 및 해결의 절차를 갖는 문제의 수를 기준으로 평가하는 것이다. 예컨대, 덧셈의 계산문제를 숫자만 바꾸어서 여러 개를 만들었을 경우에는 하나의 문제를 만든 것으로 간주하는 것이다.

(3) 독창성

이것은 학생이 만든 문제 중에서 같은 학년 수준의 다른 학생들이 생각하지 못한 독특한 수학적 개념이나 해결 방법을 갖는 문제 또는 전체 학생들이 만든 문제 중에서 매우 근소한 비율에 속하면서 수학적 가치가 높은 문제의 수를 기준으로 평가하는 것이다. 특히 독창성은 교사의 주관성이 개입할 소지가 있으며, 학생들이 만든 문제를 유형별로 분류, 정리하여 백분율을 내야 하는 등의 번거로움이 있으므로 독창성의 적용에는 유의할 필요가 있다.

(4) 표현의 세련성

학생이 문제를 만들면서 수학적 기호, 용어 및 문장을 구성하는 어휘 선택에서 어느 정도 정확하게 적용하였는지, 하나의 문제 속에 묻고 있는 문항의 수가 몇 개인지, 문장의 내용을 다른 사람이 이해하기 쉽게 진술하였는지, 그림, 도표 등을 적절히 사용하여 표현하였는지를 기준으로 문제를 완성한 정도에 대해 평가하는 것이다.

(5) 개념의 형성 정도

이것은 학생이 만든 문제 속에 사용한 개념이 학년 수준에 비해 높은지 낮은지 그리고 하나의 문제 중에 몇 개의 복수 개념을 사용하였는지, 연산이나 단위의 종류 등을 기준으로 평가하는 것이다.

(6) 문제해결 능력

문제 설정 활동은 궁극적으로 문제해결 능력을 기르는 것이기 때문에 학생이 만든 문제를 해결하는 정도에 대해서도 평가가 같이 이루어져야 할 것이다. 문제를 만든 후에 해결할 수 있는지에 대한 평가는 잘못된 문제를 발견하여 수정하는 과정을 반드시 거쳐야 하므로 중요하지 않을 수 없다. 이때 좋은 문제를 완성하고서도 문제를 풀지 못하는 경우가 없는지에 대해서 확인해 주는 것이 필요하다. 여기서의 문제해결에 대한 평가는 문제를 풀어 답을 도출했는지, 답이 없는 문제를 찾아 수정했는지 등을 기준으로 평가하면 될 것이다. 이러한 평가 항목을 기준으로 실세계적 상황으로부터의 문제 설정에 관한 평가의 틀을 정리해 보면 다음 [표 1]과 같다.

[표 1] 실세계적 상황으로부터의 문제설정에 관한 평가의 틀

구분	평가항목	세부평가 항목
표면적 평가	문제의 수 (유창성, 유연성)	① 다른 문제의 수(개념 및 계산): 계산이 같은 다수의 문제는 한 개의 문제로 간주한다. ② 문제의 분류: 기억, 계산문제, 일상생활의 문장제, 응용문제, 열린 문제, 게임, 퍼즐문제 등 ③ 연산의 수 ④ 단위의 수
	문제의 완성도 (표현의 세련성)	① 완전한 수학문제 ② 조건 과·부족의 문제의미가 애매한 문제 ③ 수학적으로 틀린 문제 ④ 비수학적인 문제
내면적 평가	상황과의 관련도 (독창성)	① 상황과 직접 관련(설정상황의 사물과 숫자 등을 꼭 같이 사용한 문제) ② 상황과 중간정도의 관련(설정상황의 사물과 숫자를 일부만 사용한 문제) ③ 상황과 독립된 문제(설정상황의 사물과 숫자 등과 독립하여 만든 문제)
	개념의 정도 (개념의 형성)	① 개념의 고저: 각 학년의 교과과정을 기준 ② 개념의 다양성: 하나의 문제 중에 복수 개념을 사용 ③ 연산의 종류, 단위의 종류
	문제해결 능력	① 만든 문제를 풀려고 시도했는가? ② 문제를 풀어 답을 도출했는가? ③ 문제를 풀고 잘못된 문제는 수정했는가?

제 7 장

개방형 교수법

수학교육에서 추구하는 목표로 문제해결을 강조해 오면서 학교 현장에서는 일상적인 수학 문제에서부터 생소한 맥락과 개방적인 문제의 탐구에 이르기까지 다양한 문제 상황을 다루고 있다. 그렇지만 수학수업에서의 개방형 문제는 여전히 많은 수학 교사들에게 도전적인 과제로 남아있는데, 한 예로 학교 현장에서는 개방형 문제를 이용하여 문제를 해결하는 접근 방법을 수업에 적합하지 않는 요소로 생각할 수도 있을 것이다. 그렇지만 교실수업에서 개방형 문제를 다룸으로써 학생들은 자신의 수학적 지식을 개방형 문제에 적용하는 것뿐 아니라 전략을 결정하고 계획하는 개방형 문제를 해결하는 다양한 방법을 학습하게 되고, 이를 통해 수학에 대한 흥미와 자신감을 가질 수 있다. 이 장은 학교 수준에서 활용이 가능한 개방형 문제와 개방형 교수법에 대해서 자세하게 알아보고자 한다.

1 개방형 교수법과 개방형 문제

페코넨(Pehkonen, 1997)은 문제가 지닌 출발·목표 상황의 개폐 여부에 따라 문제를 닫힌 문제와 열린 문제로 분류한다. 이 중에서 닫힌 문제는 문제의 출발 상황과 목표 상황이 명백하게 설정된 문제를 말하고, 열린 문제는 출발 상황과 목표 상황 중에서 어느 하나라도 명백하지 않은 문제를 말한다. 일반적으로 학교수학 교육에서 다루는 전통적인 문제들은 대부분 문제를 제시하는 방법이나 조건이 명확하고 정답이 하나로 미리 정해져 있는 문제들로 이러한 문제들을 '완결된(complete)' 또는 '닫힌(closed)'문제라고 한다면, 문제의 제시 조건이 명백하지 않거나 풀이 과정과 정답이 여러 개인 문제들을 '미완결(incomplete)' 혹은 '열린(open)'문제라고 한다. 예를 들어, 문제 중에서 '$\frac{3}{5}-\frac{1}{2}$의 답을 구하라.'와 같은 형태는 전형적인 닫힌 문제이고, '$\frac{3}{5}$과 $\frac{1}{2}$에서 어느 분수가 큰지를 알아보는 방법을 찾아보아라.'와 같이 분모나 분자 중 어느 하나를 같게 하여 비교하거나, 수직선을 그려서, 또는 1과의 차를 생각하여 비교하는 것 등과 같이 해답을 다양하게 제시할 수 있는 문제들은 열린 문제이다.

페코넨(1997)에 의하면 개방형 교수법에서 다루는 개방형 문제(open-ended problem)는 열린 문제의 한 유형으로, [표 1]에서와 같이 출발 상황(문제의 제시, 조건)은 명백하게 설정되어 있지만 목표 상황(구하고자 하는 것)은 명백하지 않은 문제를 말한다. 또한, 핸콕(Hancock, 1995)에 의하면 개방형 문제는 하나 이상의 답이 존재하는 문제를 말하지만, 학생들에게 해결 과정에 대한 제한을 적게 둠으로써 문제해결 과정 및 방법을 다양하게 시도할 수 있는 문제를 포함한다. 따라서 개방형 문제는 (1)여러 가지 정답을 찾아야 하거나 (2)답을 얻기 위해 다양한 해결 과정과 방법을 탐구해야 문제를 의미한다고 할 수 있다(Becker & Shimada, 1997).

[표 1] 문제의 분류(Pehkonen, 1997)

목표 상황 / 출발 상황	닫힘 (상황이 명백하게 설정됨)	열림
닫힘 (상황이 명백하게 설정됨)	닫힌 문제	개방형 문제 실생활 상황 문제의 변형
열림	문제만들기 문제의 변형	프로젝트 문제

개방형 문제는 열려 있는 형태에 따라 해결방법과 과정이 열린 문제, 목표상황이 열린 문제로 구분할 수 있다. 목표상황이 열린 문제는 구하고자 하는 것이 문제에 명확하게 나타나 있지 않는 경우로 학습자가 목표상황을 스스로 추측하여 제시하고 적절한 해결과정과 답을 유도해가는 문제이며, 해결방법과 과정이 열린 문제는 출발 및 목표 상황이 존재하지만 목표에 도달하는 해법과 과정을 다양하게 요구하는 문제를 의미한다. 그렇지만 실

제적으로 두 유형 중에 어느 한 유형으로 개방형 문제를 명확하게 구분하기는 어려우며, 대부분의 개방형 문제들에서 열린 상황의 유형은 복합적으로 나타난다. 따라서 개방형 문제는 [그림 1]과 [그림 2]와 같이 출발 상황은 비교적 명확하게 드러나면서 목표상황이나 해결 방법은 열려 있어 학생들이 일정 수준에서 문제해결 방법이나 정답을 선택하고 결정하는 권한을 행사할 수 있는 모든 문제들을 지칭한다고 할 수 있다. 다음의 [그림 1]은 해결방법과 과정이 열린 개방형 문제의 유형이다.

개방형 문제 8마리의 나비가 나무 위에 앉아 있다. 여기에 7마리의 나비가 더 날아왔다면, 모두 몇 마리의 나비가 함께 앉아 있는가를 여러 가지 방법으로 구하시오.

학생 반응의 예

가. 1부터 세기 1 2 3 4 5 6 7 8 9 10 11 12 13 14 15 	나. 9부터 세기 8 9 10 11 12 13 14 15 
다. 수의 분해와 합성 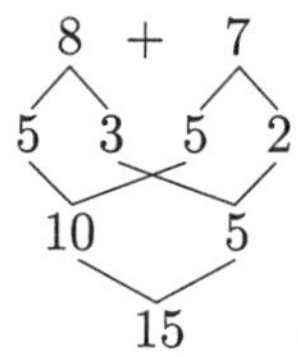	라. 수의 분해와 합성 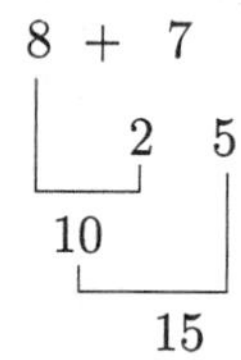
마. 수의 분해와 합성 8 + 8=16, 16 − 1=15	바. 수의 분해와 합성 7 + 7=14, 14 + 1=15

[그림 1] 해결방법과 과정이 열린 문제

다음의 [그림 2]는 목표상황이 열린 개방형 문제의 유형이다.

개방형 문제 오른쪽 정사각형 모양의 종이를 넓이가 같은 두 개의 종이 조각으로 나누어 보시오.

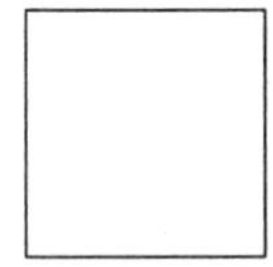

학생 반응의 예

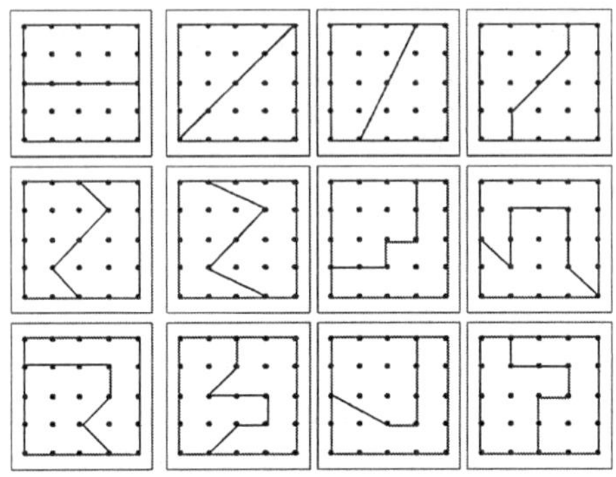

[그림 2] 목표상황이 열린 문제

한편, 정동권(1996)은 출발상황이 명확한 문제(P)에 대해서 다양한 답(A_1, A_2, $\cdots$, A_k)이 존재하는 경우로 개방형 문제를 정의하면서 다음 [그림 3]과 같이 도식화한다.

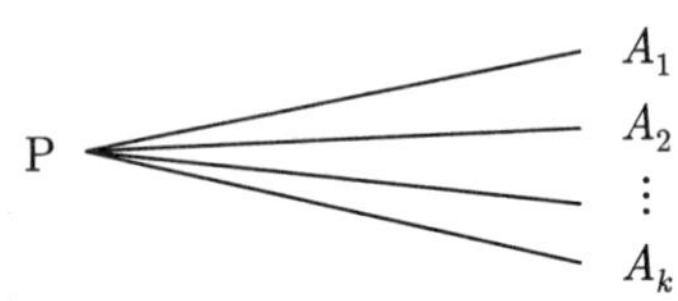

[그림 3] 개방형 문제(정동권, 1996)

살펴본 바와 같이 개방형 문제는 해결 방법이나 목표상황이 열려 있는 문제이다. 개방형 문제는 해결 과정이나 해답이 열려 있기 때문에 학생들은 문제해결 방법이나 답을 각자의 다양한 시각에서 탐색해 볼 수 있으며, 자신이 이해한 방식과 수학적 능력에 따라 문제를 자기주도적으로 해결해 나갈 수 있다는 장점이 있다. 그리고 각자의 수준에 적합한 문제해결전략을 선택하고 그에 따라 해법과 결과를 제시할 것을 요구하는 개방형 문제는 모든 수준의 학생들이 그들의 수준에서 문제해결의 성공을 경험하는 기회를 제공할 수 있다. 또한 개방형 문제는 문제의 특성상 다른 문제해결 방법이나 답이 존재할 가능성을 보장하기 때문에 하나의 해답이 발견된 이후에도 학생들에게 문제를 심도 있게 계속적으로 탐구해서 다양하고 창의적인 해답을 찾을 수 있도록 유도할 수 있다.

개방형 교수법이란 정답과 해결 방법이 미리 정해진 '완결된(또는 닫힌)' 문제가 아닌 여러 개의 정답과 해결 방법이 가능한 '미완결(또는 개방형)'의 문제, 즉 개방형 문제를 해결하면서 진행되는 교수·학습방법을 말한다(Becker & Shimada, 1997). 따라서 개방형 교수법은 개방형 문제를 과제로 삼아 그 속에 내포된 해답과 방법의 다양성을 적극적으로 수업에 활용함으로써, 그 과정에서 아동으로 하여금 기존의 지식·기능 및 사고를 적절하게 재조직하여 새로운 해답과 풀이 과정을 발견하거나, 좀 더 발전적인 시각으로 수학학습을 바라보거나, 적극적으로 학습에 참여할 수 있는 기회를 제공할 수 있다(정동권, 1996). 또한 개방형 교수법은 다른 학생들과 의사소통하여 그들이 발견한 해답이나 해결 방법을 검토하고 비교하면서 새로운 수학적인 규칙과 관계를 재발견하며, 나아가 주어진 문제를 일반화하거나 응용하여 새로운 개방형 문제를 만들어내도록 할 수 있다. 그리고 개방형 교수법은 이 과정에서 학생들의 수학적 사고력과 문제해결력 신장에 도움을 줄 수 있다.

개방형 교수법의 일반적인 절차는 교사가 학생들에게 개방형 문제를 제시하고, 이에 대해 학생들은 토론과 발표를 통해 서로 의견을 나누고 자신의 생각을 표현하면서 가능한 모든 답들을 도출해 내는 과정을 따른다. 따라서 개방형 교수법에서 학생들은 교사의 지시나 설명에 의존하기보다는 학생 본인이나 학생과 학생 또는 학생과 교사 사이의 상호작용을 통한 탐구와 반성 활동에 초점을 맞추게 되고, 문제해결 과정에서 자신의 아이디어나 풀이를 설명하고 정당화하며, 다른 학생들의 결과를 이해하기 위해 노력한다.

1.1. 개방형 문제의 유형

레섬, 로렌스, 뮤본(Leatham, Lawrence, Mewborn, 2005)은 수준 있는 개방형 문제가 가져야 할 특징을 다음과 같이 제시한다.

첫째, 의미 있는 수학이 포함되어야 한다.

둘째, 부정확함에서부터 단순과 일반화에 이르기까지 다양한 답을 유도할 수 있는 가능성을 지니고 있어야 한다.

셋째, 정보를 너무 많이 제공하는 것과 너무 적게 제공하는 것 사이의 정교한 균형을 유지해야 한다.

또한, 헤르초크(Hertzog, 1995)는 개방형 문제의 특징으로 해답이 여러 개가 있을 수 있다는 것과 문제풀이 과정에서 학생들이 자신만의 논리적 근거를 제시하여 타당한 답을 도출하는 선택권이 부여된다는 점을 제시한다. 이에 따라 교실수업에서 사용하는 개방형 문제가 갖추어야 할 조건들은 다음과 같이 좀 더 자세하게 제시된다(Becker& Shimada, 1997).

첫째, **문제는 수학적 내용이 풍부하고, 가치가 있어야 한다.** 개방형 문제는 학생들이 다양한 관점에서 사고하도록 조장해야 하고, 또한 수학적 내용이 풍부해서 수준이 다른 학생들 각자가 수학적으로 의미 있는 여러 가지 방법으로 문제를 풀 수 있을 만큼 가치가 있어야 한다.

둘째, **문제의 수학적 수준이 학생들에게 적합해야 한다.** 개방형 문제를 해결하는 학생들은 그들이 이전에 학습한 수학적 지식과 기능을 통해 문제 상황에 접근한다. 따라서 개방형 문제가 내포하는 수학적 내용은 학생들에게 이해 가능한 수준이어야 한다.

셋째, **문제는 학생들의 더 나은 수학적 발달을 이끌 수 있어야 한다.** 개방형 문제에 대한 학생들의 가능한 반응 중에서 새로운 수학적 개념과 연결되거나 관련이 있도록 문제가 구성되어야 하고, 수학적 사고력 신장을 이끌 수 있어야 한다.

이에 따라, 권오남 외(2005)는 개방형 문제를 고착화 깨기, 다양한 답, 다양한 전략, 전략 탐구하기, 문제 만들기, 활동적 탐구 과제, 논리적 사고 훈련의 7 가지로 구분하고, 츠보타코조(坪田耕三)는 관계나 법칙을 찾아내는 문제, 분류하는 문제, 수량화 문제, 역(逆) 문제, 조건불비(條件不備)의 문제, 구성활동적(構成活動的)문제의 6가지로 분류한다. 다음은 츠보타코조가 분류한 개방형 문제의 유형과 예이다(남승인 외, 2012에서 재인용).

(1) 관계나 법칙을 찾아내는 문제

여러 가지 관점에서 다양한 규칙이나 관계를 발견하도록 하는 문제로, 곱셈 구구표에서 "표에 나타나는 규칙을 되도록 많이 찾아보아라."와 같은 문제 유형이다. 학생들에게 보다 나은 방법을 찾으려는 수학적 태도를 바탕으로 귀납적인 사고를 경험하는 기회를 제공할 수 있다.

예 1 달력에서 규칙 찾기

아래 달력의 숫자들 사이에는 여러 가지 규칙이 있다. 가능하다면 많은 규칙을 찾아보자.

일	월	화	수	목	금	토
			1	2	3	4
5	6	7	8	9	10	11
12	13	14	15	16	17	18
19	20	21	22	23	24	25
26	27	28	29	30		

예시 답안

(1) 각 열에 위치한 수들은 7만큼씩 커진다.

(2) 한 수를 지정할 때, 대각선 방향에 위치한 수들은 6 또는 8만큼씩 커진다.

(3) 사각형 형태로 인접한 수들에서 대각선 방향으로 더한 수들의 합은 서로 같다.

예 2 베다식 표(Vedic table)에서 규칙찾기

인도의 베다수학에서 유래한 베다식 표는 두 수의 곱이 9보다 크면 9와 같거나 9보다 작은 값이 나올 때까지 두 수의 곱의 각 자리 숫자들을 더하는 방법으로 만든다. 다음 베다식 표에서 가능한 한 많은 규칙들을 찾아보아라.

×	1	2	3	4	5	6	7	8	9
1	1	2	3	4	5	6	7	8	9
2	2	4	6	8	1	3	5	7	9
3	3	6	9	3	6	9	3	6	9
4	4	8	3	7	2	6	1	5	9
5	5	1	6	2	7	3	8	4	9
6	6	3	9	6	3	9	6	3	9
7	7	5	3	1	8	6	4	2	9
8	8	7	6	5	4	3	2	1	9
9	9	9	9	9	9	9	9	9	9

예시 답안

(1) 모든 행과 열의 마지막 숫자는 9이다.

(2) 각 행과 열에 존재하는 모든 숫자의 합은 항상 45이다.

(3) 첫 번째 행(열)과 여덟 번째 행(열)의 숫자의 합은 항상 9이다.

(4) (1,2,3,4)와 (5,6,7,8)의 숫자들은 서로 대칭적인 형태로 위치한다.

(5) 1과 8, 2와 7, 4와 5는 반사적인 형태로 위치한다.

(2) 분류하는 문제

동일 범주에 속하는 서로 다른 구체적인 예를 열거하고, 그 중에서 어느 하나의 대상과 같은 특징을 갖는 것들을 찾아보도록 하는 문제로, "다음 도형들에서 특징이 같은 도형들을 분류하여라."와 같은 문제가 해당된다.

분류하는 문제는 대상들의 특징을 구체적으로 파악하여 분류기준을 다양하게 세울수록 창조적인 정답을 제시할 수 있다. 따라서 이와 같은 유형의 문제는 학생들에게 다양한 관점에서 대상을 관찰하며, 수학적 사실에 바탕을 두고 적합한 분류 기준을 설정할 수 있는 기회와 의사소통을 통하여 자신의 관점을 수정·발전시키는 경험을 제공한다.

예 1 평면도형의 분류

다음 그림과 같은 평면도형들을 분류할 수 있는 적합한 분류기준은 설정하고 기준에 따라 특징이 같은 도형들을 선택하여 오른쪽의 표에 ○로 표시하여라.

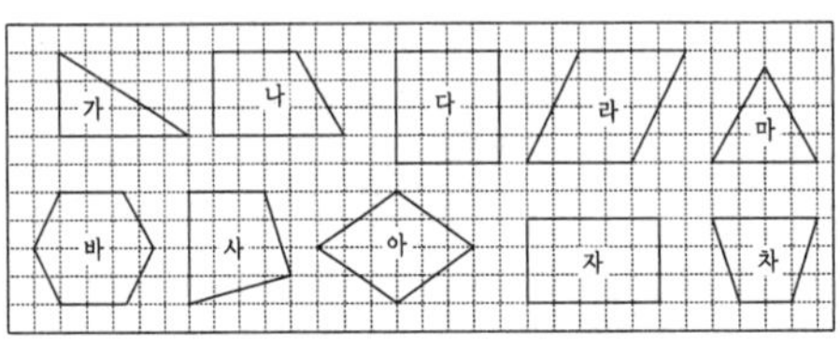

분류기준	가	나	다	라	마	바	사	아	자	차

예시 답안

분류기준	가	나	다	라	마	바	사	아	자	차
세 개의 변으로 이루어진 도형	○				○					
네 개의 변으로 이루어진 도형		○	○	○			○	○	○	○
마주 보는 한 쌍의 대변만이 서로 평행한 도형		○								○
마주 보는 두 쌍의 대변만이 서로 평행한 도형			○	○				○	○	
마주 보는 세 쌍의 대변이 서로 평행한 도형						○				

예 2 다음과 같은 분수들에 대해서 여러 가지 기준을 정해서 분류해 보아라.

$$\frac{1}{2},\ \frac{1}{3},\ \frac{2}{3},\ \frac{4}{3},\ \frac{1}{4},\ \frac{2}{4},\ \frac{3}{4},\ 2\frac{1}{3},\ 2\frac{4}{6},\ \frac{3}{6}$$

예시 답안

(1) 단위분수는 $\frac{1}{2}$, $\frac{1}{3}$, $\frac{1}{4}$이다.

(2) 동치인 분수는 $\frac{1}{2}$, $\frac{2}{4}$, $\frac{3}{6}$이다.

(3) 대분수는 $2\frac{1}{3}$, $2\frac{4}{6}$이다.

(4) 가분수는 $\frac{4}{3}$이다.

(3) 수량화 문제

문제 상황에 제시된 대상의 차이를 수량화의 방법으로 탐구하도록 하는 문제로, 풀이 과정에서 합리적인 수량화 방법을 다양하게 정해가는 문제이다. 수량화 문제를 지도할 때는 학생들이 제시한 각각의 방법이 지닌 장·단점을 찾아서 열거해보고 제시한 방법을 정교화하는 활동을 해 보도록 하는 것이 필요하다.

예 1 오른쪽 그림과 같이 세 사람 A, B, C가 구슬 5개를 던지는 게임을 하고 있다. 이 게임에서는 구슬 5개의 흩어진 정도가 가장 낮은 사람이 승리한다고 할 때, 구슬이 흩어진 정도를 수량화할 수 있는 다양한 방법을 제시해 보아라.

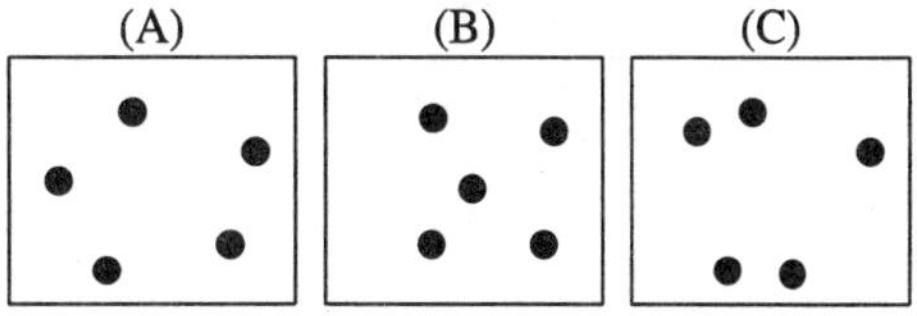

예시 답안

(1) 5개의 구슬을 꼭짓점으로 하는 오각형의 넓이를 구한다.
(2) 오각형의 둘레의 길이를 구한다.
(3) 가장 긴 선분의 길이를 구한다.
(4) 두 점을 이은 모든 선분의 길이를 구한다.
(5) 모든 점을 포함하는 가장 작은 원의 반지름의 길이를 구한다.

예 2 다음의 표는 어느 선거에서 세 명의 후보 A, B, C에 대한 유권자 7명의 선호도 순위이다. 어느 후보가 당선되는 것이 타당한지 설명해 보자.

선호도의 순위

후보자 / 유권자	A	B	C
가	2	1	3
나	1	2	3
다	1	3	2
라	1	3	2
마	3	1	2
바	3	2	1
사	3	2	1

예시 답안

(1) 다수결에 의해 투표: 다수결에 의해 투표를 한다면 첫 번째 선호도가 가장 많은 후보자 A가 당선이 된다.

(2) 다수결에 의해 투표의 결과는 최선이 아닌 최악의 결과일 수 있다. 예를 들어 유권자의 세 번째 선호도가 가장 많은 후보자도 역시 A이다.

(3) 두 후보자만을 대상으로 투표를 한다면, 후보자 A와 B 중에서는 B가 당선되고, 후보자 B와 C 중에서는 후보자 C가 당선되지만, 후보자 A와 C 중에서는 후보자 A가 당선되는 것을 알 수 있다.

(4) 역문제

"6 ■ 6은 얼마인가"의 문제를 "36은 무엇과 무엇을 곱하면 되는가"와 같은 형태로 변환한 문제로, 일반적인 수학 문제에서 조건과 결론 부분을 거꾸로 하여 답이 유일하게 설정되지 않도록 구상한 문제이다. 역 문제는 주로 수나 연산 영역에서 효과적으로 사용할 수 있으며, 문제에 주어진 조건에서 결론을 유도하는 고정된 사고의 틀에서 벗어나 학생들의 사고의 폭을 확장시킬 수 있는 효과가 있다.

예 1　합이 5인 덧셈에 대한 역문제

합이 5가 되는 덧셈을 여러 가지 만들어 보아라.

① $\square + \square = \boxed{5}$　　② $\square + \square = \boxed{5}$　　③ $\square + \square = \boxed{5}$

④ $\square + \square + \square = \boxed{5}$　　⑤ $\square + \square + \square = \boxed{5}$

예시 답안

$1+4=5$, $2+3=5$, $2.4+2.6=5$, $1+1+3=5$, $1+2+2=5$

예 2　$\frac{3}{4}$과 $\frac{4}{5}$의 차에 대한 역문제

$\frac{4}{5}$와 $\frac{3}{4}$ 중에서 큰 수를 찾는 방법을 말해보아라.

예시 답안

(1) 전체가 똑같이 1일 때

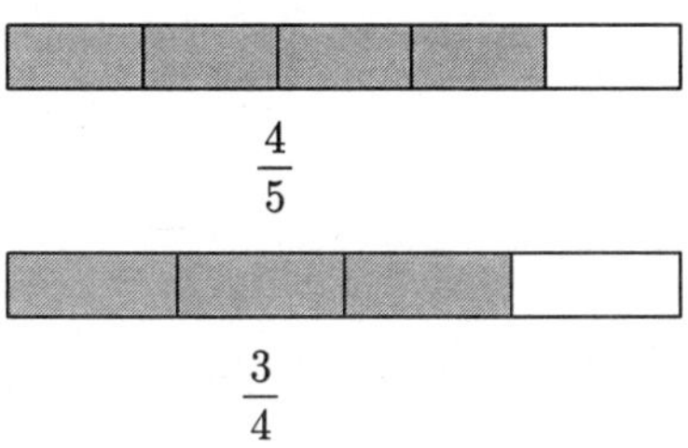

(2) 전체가 똑같이 1일 때 나머지 비교하기

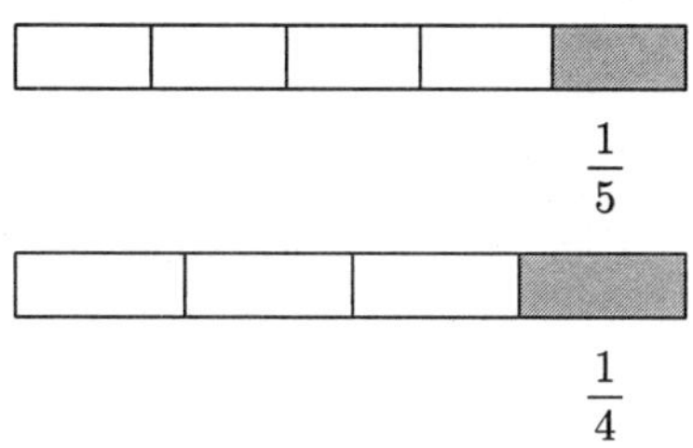

(3) $\frac{4}{5} = 4 \div 5 = 0.8 > \frac{3}{4} = 3 \div 4 = 0.75$

(4) $\frac{4}{5} = \frac{8}{10} = \frac{⑫}{15} = \cdots,\ \frac{3}{4} = \frac{6}{8} = \frac{⑫}{16} = \cdots \quad \therefore \frac{4}{5} > \frac{3}{4}$

(5) $\frac{4}{5} = \frac{8}{10} = \frac{12}{15} = \frac{16}{20} = \cdots,\ \frac{3}{4} = \frac{6}{8} = \frac{9}{12} = \frac{12}{16} = \frac{15}{20} = \cdots \quad \therefore \frac{4}{5} > \frac{3}{4}$

(5) 조건불비(條件不備)의 문제

문제해결을 위해 주어질 수 있는 가능한 조건을 스스로 다양하게 고려하여 각각의 경우에 해당하는 답을 찾는 문제로서, 부족한 조건을 스스로 탐구하고 제시하는 과정이 필요한 문제라 할 수 있다. 조건불비의 문제는 제시하는 조건의 여부에 따라 부정·불능의 문제가 될 경우도 있지만 학생들의 가설·연역적 사고를 계발하는 데 효과가 있으며, 문제를 의문의 안목으로 볼 수 있는 기회가 제공됨으로써 문제를 보는 시각이 다각화될 수 있다.

수학 문제들은 일반적으로 문제해결에 필요한 충분한 조건들이 문제에 포함돼 있어 조건들에 대한 수학적 추론을 통해 해답을 유도할 수 있지만, 페르미 문제는 학생들 스스로 문제해결에 필요한 합리적인 정보들을 탐구하고 부족한 조건들을 제시하여 수학적 계산 과정을 거쳐 타당한 결론을 이끌어 내야 하는 조건불비의 문제이다. 또한 페르미 문제(Fermi-problem)는 조건불비 문제이면서 조건을 세워 구하고자 하는 값을 수량화한다는 면에서 수량화 문제의 성격을 가지는 개방형 문제의 한 형태라고 할 수 있다.

예 1 수학적 방법을 적용하여 어떤 수에서 5000이라는 수를 이끌어 냈다. 어떤 수에 무슨 수학적 방법을 사용할 때, 5000이라는 수를 이끌어 낼 수 있을지 말해보자.

예시 답안

반올림, 올림, 버림 등의 수학적 방법을 사용할 수 있다. 수 4900에서 100자리에서 반올림하면 5000을 이끌어낼 수 있다.

예 2 페르미 문제

본인의 생각대로 각자가 합리적인 조건을 세워서 시카고(chicago)에 피아노 조율사는 몇 명이나 있을까를 알아내 보자(송설란, 2011).

예시 답안

문제해결을 위해 타당한 조건들을 다음과 같이 설정할 수 있다.

(1) 근사적으로 시카고에는 5,000,000명이 살고 있다.

(2) 평균적으로 시카고에서 한 가구는 두 명으로 구성된다.

(3) 대략 20가구당 한 가구는 정기적으로 조율을 받는 피아노를 가지고 있다.

(4) 정기적으로 조율을 받는 피아노는 평균적으로 약 1년에 한번 꼴로 조율을 받는다.

(5) 오가는 시간을 포함해서 조율사는 피아노를 조율하는 데 대략 2시간을 소모한다.

(6) 각각의 조율사는 하루에 8시간 주 5일로 일 년에 50주를 근무한다.

이와 같은 조건의 추정을 통해 시카고에서 1년 동안 이루어지는 피아노 조율 횟수를 아래와 같이 계산할 수 있다.

(시카고 인구: 5,000,000명)÷(2명/1가구)×(1개 피아노/20가구)×(1회 피아노 조율/1년)
=125,000건

유사하게 조율사가 1년 동안 작업하는 횟수를 계산할 수 있다

(50주/1년)×(5일/1주)×(8시간/1일)÷(2시간/1회 피아노 조율)=1,000회

위의 계산 결과를 종합하면

(시카고에서 1년 동안 이루어지는 피아노 조율 125,000건)÷
(한 명의 조율사가 1년 동안 작업하는 횟수 1,000회)=125명

따라서 시카고에는 피아노 조율사가 125명이 있음을 추정할 수 있다.

(6) 구성활동적 문제

학생이 실제로 무언가를 만들어 보고 구성하게 하는 활동이 이루어지도록 하는 문제로, 주로 도형 영역에서 어떤 입체의 전개도를 가지고 면을 잘라서 다른 입체도형을 구성해 보도록 하는 활동이나 기하판 위에 주어진 길이를 한 변으로 하는 이등변삼각형을 구성하는 활동 등이 이 문제에 해당된다.

예 1 오른쪽 정사각형 종이를 네 개의 넓이가 같은 종이 조각으로 나누는 방법을 가능한 많이 찾아서 사각형에 선으로 표시하여라. 그리고 자신이 찾은 방법을 친구에게 설명해 보아라.

예시 답안

⋮

예 2 오른쪽 그림과 같은 삼각자를 이용하여 만들 수 있는 각들을 말해보아라.

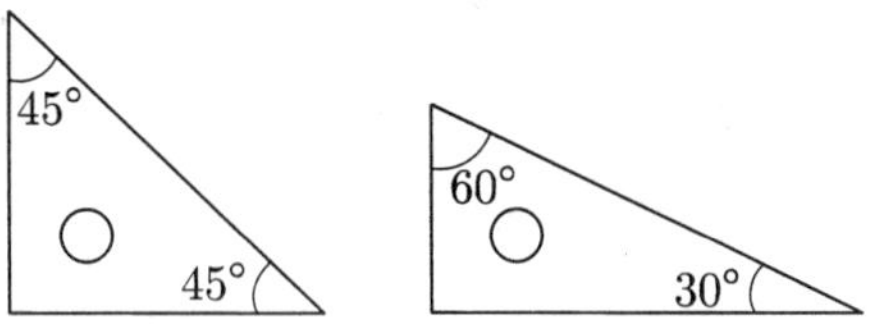

예시 답안

$30°,\ 45°,\ 60°,$

$45° + 30° = 75°,\ 45° + 45° = 90°,\ 45° + 60° = 105°,\ 45° - 30° = 15°,$

$15° + 45° + 60° = 120°,\ 45° + 60° + 75° = 180°$

1.2. 개방형 문제로서의 페르미 문제

페르미 문제는 조건이 부족한 문제 상황에서 다양한 가설을 세우고 적절한 수학적 추론을 통해 문제를 해결하는 개방형 문제의 한 유형인 조건불비의 문제라고 할 수 있다. 페르미 문제는 다른 개방형 문제들에 비해 비교적 단순한 형태로 문제가 제시되지만, 그 문제의 답을 단번에 파악하기가 어렵고 문제해결을 위해 합리적인 가정을 학생 각자가 스스로 세우고 이에 따라 적절한 해답이나 결론을 다양한 방법으로 이끌어 낼 수 있어야 한다. 개방형 문제로서 페르미 문제가 가지는 특징은 다음과 같다(송설란, 2011).

첫째, 페르미 문제는 비전형적인 개방형 문제로 학생들이 문제 상황에 대해 추측을 하고 가정하며 관련된 조건이나 양들을 수학적으로 계산하여 결과를 이끌어내는 과정을 가능하게 한다.

둘째, 페르미 문제는 관련된 정보나 조건이 주어지지 않거나 제한적으로 주어지므로 문제를 해결하는 과정에서 어떻게 문제해결을 출발할 것인지에 대해 생각하고 문제해결 과정 및 결론을 합리적으로 정당화할지에 대해 계속적으로 인지하게 하는 과정을 보여주는 특징이 있다.

셋째, 페르미 문제는 수학이 항상 잘 정의된 절차를 통해서 정확한 답을 얻는 것은 아니라는 것을 보여줌으로써 학생들에게 조건을 세우고 형성해 가는 수학에 대한 새로운 의미를 가지게 할 수 있다.

에프티미우와 르웰린(Efthimiou& Lewellyn, 2007)에 의하면 페르미 문제에서 문제해결에 필요한 조건이 주어지지 않거나 부족한 조건이 주어졌을 때, 학습자는 어떻게 문제해결에 착수할 것인지에 대해 탐구하고 공식화하는 과정이 필요하다고 말한다. 페르미 문제는 수학적으로 참과 거짓을 명확하게 구별 지을 수 없다는 특징이 있지만 아래와 같이 우리가 생활하는 실세계에서는 완전한 수학적 문제보다 페르미 문제와 같은 상황을 해결해야 하는 경우가 자주 발생하므로, 페르미 문제는 학생들에게 수학의 유용성과 학습 동기를 효과적으로 유발할 수 있는 장점이 있다.

학교수학 교육에서 활용 가능한 페르미 문제(송설란, 2011)

문제 출근 시간에 교통체증으로 두 교차로 사이에 자동차가 가득 차 있다. 교차로 사이에 모두 몇 대의 차들이 존재할까?

예시 답안

문제를 해결하기 위해서는 두 교차로 사이의 길이, 차의 길이, 차선의 개수 등을 가정해야 한다. 도로의 길이를 약 150m, 중·소형 자동차의 평균으로 차의 길이는 한 대당 3.5m, 모든 차가 안전거리를 확보하여 차간 거리는 2m, 그리고 4차선 도로라고 가정하자. 자동차의 개수를 x개라 하면 $3.5x+2(x+1)=150$이다.

$5.5x=148$이므로 차는 약 26.9대씩 있다. 그런데 4차선이므로 두 교차로 사이의 도로에는 자동차가 약 26.9×4=108대가 존재할 수 있다.

---

2 개방형 교수법에 기반한 교수·학습 활동

2.1. 개방형 교수법의 효과

개방형 교수법에서 다루는 개방형 문제들은 하나의 답을 찾았어도 또 다른 형태의 답이 존재할 가능성이 있고, 그 답에 이르는 다양한 방법을 탐색할 수 있도록 한다. 따라서 개방형 문제를 다루는 개방형 교수법에서 학생들은 탐색한 다양한 답과 풀이 방법을 발표하고 서로 비교하며 공유하는 형태로 수업에 참여하면서 적극적으로 의사소통할 기회를 갖게 된다. 또한, 개방형 교수법은 학생 각자의 능력과 흥미에 맞춰 해결할 수 있도록 설정된 문제를 다루면서 학생의 자기주도적 학습 능력을 계발하고, 다양한 해법에 따른 자유로운 발상을 통해 학생의 창의적 문제해결 능력을 신장할 기회를 제공한다. 그리고 개방형 교수법에서 학생들은 기존의 수학적 지식, 기능, 사고 방법으로 문제를 해결하는 과정에서 새롭게 필요로 하는 수학적 아이디어와 사실들을 재발명하는 경험을 할 수 있다. 교수·학습 측면에서 베커와 시마다(Becker & Shimada, 1997)가 제시한 개방형 교수법에 기반한 교수·학습 활동의 효과는 다음과 같다.

첫째, 학생들이 수업시간에 보다 적극적으로 참여하고 자신의 아이디어를 보다 자연스럽게 표현한다.

둘째, 학생들은 자신의 수학적 지식과 기술을 폭넓게 이용할 수 있는 많은 기회를 가지게 된다.

셋째, 개방형 교수법에서 모든 학생들은 자신만의 의미 있는 방법으로 문제를 해결할 수 있다.

넷째, 개방형 교수법은 학생들에게 합리성에 기초한 수학적 문제해결의 경험을 제공해 준다.

다섯째, 개방형 교수법은 학생들에게 자기주도적 발견에 대한 환희와 함께 발견한 해답과 방법에 대해 다른 학생들과 상호작용할 수 있는 경험을 제공해 준다.

권오남(2005)이 말한 개방형 교수법의 장점을 살펴보면 다음과 같다.

첫째, 다양한 풀이 방법과 해답을 찾아가는 과정에서 열린 사고를 지향할 수 있도록 한다.

둘째, 개방형 교수법은 문제의 풀이 방법과 해답을 비교하고 토론하면서, 수학적 의사소통 능력을 함양하는 데 효과적이다.

셋째, 문제해결 방법과 결과를 일반화하고 적용하며, 새로운 수학적 아이디어를 발견하는 경험을 가질 수 있다.

넷째, 여러 수준의 학생들이 나름대로 각자의 수준에서 문제해결이 가능한 개방형 교수법은 수준별 수업에 용이하게 적용될 수 있다.

한편, 베커와 시마다(1997)는 교수·학습 활동에 개방형 교수법을 활용할 때의 유의할 점을 다음과 같이 제시한다.

첫째, 개방형 교수법에서는 유의미한 개방형 문제를 만들거나 교실 상황을 준비하는 과정이 필요하다. 교사는 학생들의 수준에 적절하면서 수학적으로 의미가 있는 개방형 문제를 제시할 수 있어야 한다. 또한, 개방형 교수법에서 요구하는 개인 또는 소집단 간 탐구와 토론, 발표가 활발하게 이루어지도록 적합한 교실 상황을 구축해야 한다.

둘째, 학생들이 효과적으로 개방형 문제를 이해할 수 있도록 제시하고, 개방형 문제가 가진 다양한 해답과 풀이 과정의 존재에 대한 안내를 명확히 해야 한다. 개방형 문제를 제시할 때, 학생들이 문제의 의미를 이해하는 것을 돕기 위해 구체물이나 공학용 자료를 적절히 사용하는 것이 필요하다.

셋째, 학생들은 자신들이 제시한 답에 대하여 불안해 할 수 있다. 개방형 문제를 경험하지 못한 학생들은 가끔 문제에 어떻게 반응해야 하는지를 어려워하거나 수학적으로 유의미하지 않은 답을 유도할 수 있다. 그렇지만 교사는 학생들이 개방형 문제가 지닌 해답과 방법의 다양성을 인식하여 문제해결자로서 각자의 수학적 능력과 사고력을 열고 창의적으로 문제를 탐구할 수 있도록 지도해야 한다. 또한 이 과정에서 학생들이 제시한 답이 다른 진술과 유사하거나 일치하더라도 교사는 학생들과의 의견 수렴 과정을 통해 학생들의 반응을 적절히 통합하고 정리해야 한다.

또한, 베커와 시마다(1997)는 개방형 교수법에 기반한 교수·학습 활동안을 작성하는 과정에서 고려할 사항을 다음과 같이 제시한다.

첫째, 학생들에게 예상되는 반응을 사전에 파악한다.

개방형 문제는 다양한 문제해결 방법과 해답이 존재하므로, 개방형 교수법에 기반한 교수·학습 활동에서 학생들은 교사가 미처 예상하지 못한 창의적인 결과물들을 도출해 낼 수 있다. 또한, 개방형 문제에 익숙하지 않은 학생들은 자신의 아이디어나 생각을 수학적으로 표현하지 못하거나 문제해결 과정을 적절하게 설명하지 못할 수 있다. 따라서 교사는 학생들이 제시할 수 있는 다양한 예상 반응들을 미리 점검하고, 가능한 모든 예상 반응들에 대한 목록을 사전에 작성해 볼 필요가 있다.

둘째, 학생들이 문제의 의미를 이해하고 해결해야 할 것을 명확하게 알 수 있도록 문제를 제시해야 한다.

개방형 문제는 '~을 모두 찾아보아라.', '~을 구성하고 타당한 이유를 제시하여라.'와 같이 정형적인 문제와는 다른 형태로 제시되는 경우가 종종 있다. 따라서 학생들이 익숙하지 않은 문제의 제시와 풀이 과정, 해답 등으로 인한 혼동을 피할 수 있도록 교사는 개방형 문제가 제시되는 방법 및 절차에 대해 주의 깊은 관심을 가져야 한다.

셋째, 학생들의 수준에 적합한 흥미있는 문제를 제시해야 한다.

개방형 문제는 학생들의 수준에 적합하면서, 그들의 지적 호기심을 불러일으킬 수 있어야 한다. 해결과정에서 다양한 해답을 찾기 위해 많은 시간을 필요로 할 수 있으므로 학생들의 관심을 지속시킬 만큼 충분히 흥미가 있어야 한다.

넷째, 개방형 문제는 탐구하는 과정에서 충분한 시간을 필요로 한다.

개방형 문제는 교사가 문제를 제시하며, 학생들이 문제를 이해하고 해결하여 방법과 결과를 토의하고 학습한 것을 정리하는데 많은 시간이 필요하다. 따라서 교사는 학생들이 문제를 파악하고 탐구할 수 있는 충분한 시간을 제공해야 한다. 특히, 해결방법과 결과에 대한 토론을 위한 시간이 주어져야 하는데, 학생들 간의 그리고 교사와 학생 간의 활발한 토의는 개방형 문제해결의 중요한 측면이다.

다섯째, 교사는 학생들이 제시한 개별 또는 소집단 활동의 결과를 정리하고 통합하는 과정을 이끌어야 한다.

교사는 학생들의 문제해결 방법이나 해답이 유사하거나 중복되더라도 그 결과들을 통합되도록 지도하고 학생들을 격려해야 한다. 더욱이 어떤 결과들이 잘못되거나 불완전할 때에도 학생들의 의견을 통해서 수정하고 정리하는 역할을 담당해야 한다. 개방형 교수법에서 교사는 학생들의 반응을 적절히 분류하고 정리하면서 학습한 내용을 통합하여 다음 수업으로의 이행을 자연스럽게 이끌어야 한다.

또한, 노다시 노부히코(能田伸彦, 1983)는 개방형 교수법에서 요구하는 교사의 역할을 다음과 같이 제시한다(문성길, 2000, 재인용).

첫째, 학생의 의욕을 왕성하게 하고, 학생 스스로 성장하고 발전하고자 하는 의지를 갖도록 지도한다. 만약 학생에게 그러한 의지가 없거나 부족하면 학생이 의욕을 가지도록 격려하고 적절한 도움을 준다.

둘째, 교사는 학생 개개인의 수학적 성향과 사전 성취 수준 등을 파악하여 적절한 수준별 지도를 할 수 있는 준비를 해야 한다.

셋째, 학생의 의견과 주장을 적극적으로 수용하고 학생의 상태를 파악하여 학생의 입장에서 지도를 한다. 그리고 학생의 잘못된 점을 지적하기보다는 학생이 오류를 인식하고 그것을 해결할 수 있도록 지도한다.

넷째, 학생이 기존의 수학적 내용과 해법을 기억하지 못한다면 그 지식을 상기하는 적절한 발문을 제시하거나 재구성할 수 있도록 하는 형태로 지도를 한다.

다섯째, 교사는 수학적 내용을 지도할 경우 유사한 내용과 비교하면서 유사·차이점과 내용의 본질을 명확하게 하면서 지도한다. 또한 다루는 내용에 대한 학생의 준비성, 흥미, 관심 정도를 미리 확인하고 지도에 임한다.

여섯째, 교사는 지도하고자 하는 수학적 내용을 학생이 이해할 수 있도록 표, 그림, 그래프 등의 수학적 표현으로 번역하여 다룬다. 또한, 교사는 학생의 답이나 반응이 불충분하거나 불명확하다면 그것들을 보충하거나 반례를 제시하고, 학생의 생각이 틀리거나 내용을 잘못 이해하고 있으면 구체적인 예 또는 다른 사례를 제시하는 방법으로 지도한다.

2.2. 개방형 교수법에 기반한 교수·학습 과정

개방형 교수법은 수업에서 개방형 문제를 사용한다는 주요한 특징은 있지만 교수법 자체는 문제와 같이 개방적이어서 교수·학습 상황에서 정해진 절차가 있는 것은 아니다. 그렇지만, 개방형 교수법에 기반한 교수·학습 상황의 일반적인 과정을 도식화하여 나타내면 [그림 4]와 같다.

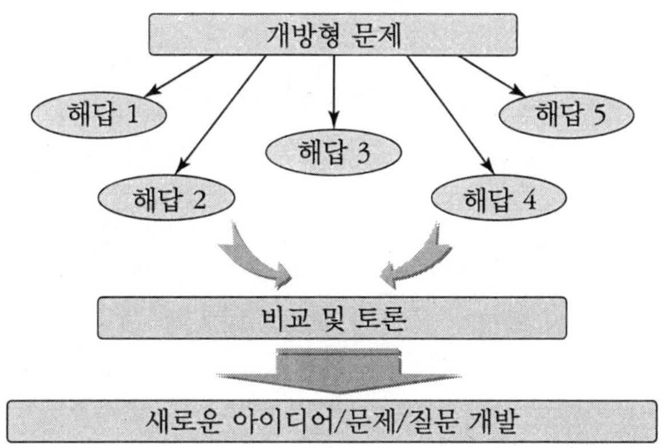

[그림 4] 개방형 교수법 적용 과정(권오남, 2000)

베커와 시마다(1997)는 개방형 교수법에 기반한 수업 과정을 문제제시, 수업조직, 학생들의 반응기록하기, 학습한 내용 요약/정리하기로 다음과 같이 제시하고 있다.

(1) 문제 제시

개방형 교수법에서 문제를 제시할 때, 교사는 학생들에게 개방형 문제의 특성상 '어떤 성질(관계, 규칙, 방법 등)을 발견할 수 있니?'와 같은 형태의 발문을 많이 한다. 그렇지만 닫힌 문제의 해결에 익숙한 학생들은 개방형 문제는 여러 가지 풀이 방법과 답이 존재할 수 있다는 사실에 낯설어 하면서 문제를 제대로 탐구하지 못하는 경우가 대부분이다. 따라서 문제 제시 단계에서는 학생들이 제시된 개방형 문제의 의미를 이해하도록 다음과 같은 방법들을 활용하는 것이 효과적이다.

㉠ OHP나 TP 자료와 같이 문제에 대해서 정리된 자료를 이용하여 학생들이 동일한

논점에 초점을 맞출 수 있게 한다.

㉡ 문제 상황을 다양하게 도입하거나, 문제에 진술에 포함된 것 이상의 구체적인 예를 제시하는 등 일반화를 위한 보다 많은 자료를 제시한다.

㉢ 문제에 대한 구체적인 발문을 통해 학생들의 사고를 제한하지 않으면서 열린 시각을 가질 수 있도록 한다.

㉣ 학생들의 문제에 대한 이해를 위해 필요한 경우 모형과 같은 구체물을 적절히 활용하여 문제를 제시한다.

(2) 수업 조직하기

개방형 교수법은 학생 각자가 선택한 문제해결 방법과 해답을 중요시하기 때문에, 특정한 한 학생의 의견이 다른 학생들에게 영향을 미치지 않도록 수업 형태를 조직해야 한다. 일반적으로 개방형 교수법에서 수업의 조직은 문제해결의 처음에는 학생들 스스로 개별적으로 문제를 해결하고, 다음에 소집단 활동을 통해서 다양하고 정교한 해로 발전시키며, 이를 다시 학급 전체 토의에서 발표하고 논의하는 과정을 거치게 된다. 개방형 문제는 다양한 해가 존재할 수 있으므로 수업이 개별학습에서 전체 토의로 진행되는 어느 과정에서도 학생들은 새로운 해답이 나타나고 정교화하는 과정을 실시할 수 있다.

(3) 학생들의 해결 방법 기록하기

개방형 문제를 개별적으로 해결하거나 소집단 토의를 하면서 필요한 내용을 기록하게 한다. 개별 또는 소집단별로 문제에 대한 반응, 해결 방법, 풀이, 해답 등을 기록하는 것은 개방형 수업 과정뿐 아니라 수업 후에도 중요하다. 공책이나 활동지를 이용하여 학생들이 자신(또는 본인이 속한 소집단)의 해결 방법을 기록하면 그 내용을 학급토의에 활용하여 더욱 주제에 밀착된 토의를 하고 개방형 문제의 다양한 해와 수학적 장단점과 의미를 심도있게 파악할 수 있다. 그리고 학생들이 기록한 내용은 수업 후에 평가 자료로 이용할 수 있다.

(4) 학습한 것을 요약/정리하기

전체 토의를 하면서 개별 또는 소집단 활동 내용을 서로 비교하고 세련시키면서 요약/정리한다. 교사는 칠판이나 실물화상기를 이용하여 학급 학생 전체가 참여하면서 발표하는 내용을 이해할 수 있도록 해야 한다. 또한 이 과정에서 학생들이 다양한 해결 방법을 범주로 구분하여 정리하여 발표하고 토론과 수정 과정을 거치면서 해답과 풀이 방법을 정교화 하는 활동을 실시할 필요가 있다.

(5) 평가하기

학생들의 반응이 다양하기 때문에 개방형 수업 후 학생의 평가는 매우 복잡하다. 개방형 수업 후 또는 개방형 수업 중에 학생들의 반응을 항목에 따라 분류하여, 반응표를 보고 기준에 따라 평가하고 부가적으로 학생들이 자신들의 반응을 범주화한 내용을 평가할 수 있다. 개방형 교수법에서 주로 사용하는 평가기준은 유창성, 융통성, 독창성의 세 가지 범주에 따른다. 앞의 두 기준인 유창성, 융통성은 양('얼마나 다양한가')을 평가하는 방법이고, 독창성은 질('얼마나 독창적이고 정교한가')을 평가하는 방법이다. 이 세 가지 평가기준은 문제나 상황에 따라 조절하여 적용하여야 한다.

2.3. 개방형 교수법의 수업 적용 예시

개방형 교수법에 따른 초등학교 수학 수업의 예시로 [표 2]와 같은 교수·학습 활동을 생각해 볼 수 있다. [표 2]의 교수·학습 과정안은 2009 개정 교육과정의 3~4학년군 중 도형 영역의 5.여러 가지 사각형과 6.다각형 단원으로 평면도형을 분류하는 주제의 수업에서 베커와 시마다(1997)가 제시한 개방형 교수법 단계에 따라 이루어지는 교수·학습 활동들을 조직한 것이다.

[표 2] 개방형 교수법을 적용한 초등학교 도형 영역의 교수·학습 과정안

<table>
<tr><td colspan="2">학습 주제</td><td>평면도형 분류하기</td><td>개방형 문제의 유형</td><td>분류하는 문제</td></tr>
<tr><td colspan="2">학습 목표</td><td colspan="3">평면도형의 성질을 알고 기준에 따라 도형을 분류할 수 있다.</td></tr>
<tr><td>학습 단계</td><td>수업 조직</td><td>교수·학습 과정</td><td>시간</td><td>유의점</td></tr>
<tr><td>문제 제시</td><td>전체 학급</td><td>선수 학습 내용의 상기 평면도형의 특징을 말해 본다. 개방형 문제 확인 다음과 같은 여러 가지 평면도형이 있다. 도형 ‘라’와 같은 특성을 가진 도형을 선택하고, 그러한 도형의 특성을 아래 표에 써라. 그리고 해당하는 모든 도형을 사선으로 표시하여라. 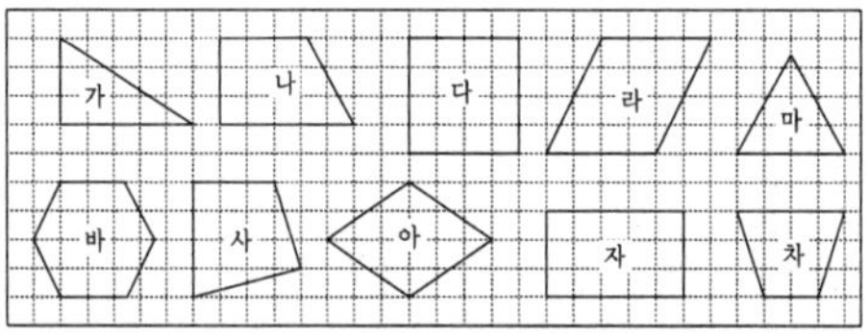 | 분류기준	가	나	다	라	마	바	사	아	자	차
										|</td><td>5′</td><td>개방형 문제의 의미를 손쉽게 파악할 수 있도록 제시</td></tr>
<tr><td rowspan="2">문제 탐색 및 해결/기록하기</td><td>개별 학습</td><td>학생 각자의 능력에 따라 문제를 해결하고 방법 및 결과를 기록하도록 한다.
도형 ‘라’ 특징을 알아본다.</td><td>15′</td><td>문제를 해결할 수 있는 충분한 시간의 제공</td></tr>
<tr><td>소집단 학습</td><td>자신이 해결한 방법을 소집단 별로 발표하고 토의하면서 정교화하도록 한다.
개별학습에서 자신이 해결한 방법을 설명하고 서로의 방법을 비교한다.</td><td>10′</td><td></td></tr>
<tr><td>학습한 것을 요약/정리하기</td><td>전체 토의</td><td>소집단 활동에서 도출했던 결과들을 발표한다.
소집단별로 발표한 내용을 기록하여 자신의 풀이와 비교한다.</td><td>10′</td><td>전체 토의에서 나온 결과를 비슷한 유형들로 분류하거나 통합하여 정리</td></tr>
<tr><td colspan="5">예상 반응에 따른 평가
1) 적절한 분류기준에 따라 타당하게 분류했는가?
2) 분류기준을 다양하게 찾았는가?
3) 독창적인 분류기준을 제시했는가?
4) 과정 및 해답이 정확하고 오류가 없는가?</td></tr>
</table>

개방형 교수법에 따른 중등학교 수학 수업의 예시인 [표 3]의 교수·학습 과정안은 2009 개정 교육과정의 중학교 1~3학년군 중 기하 영역의 3. 평면도형의 성질로 마름모의 성질을 탐색하는 주제의 수업에서 이루어지는 교수·학습 활동들을 조직한 것이다.

[표 3] 개방형 교수법을 적용한 중등학교 기하 영역의 교수·학습 과정안

<table>
<tr><td colspan="2">학습 주제</td><td>원을 구성하기</td><td>개방형 문제의 유형</td><td>구성하는 문제</td></tr>
<tr><td colspan="2">학습 목표</td><td colspan="3">원을 구성하는 다양한 방법을 제시할 수 있다.</td></tr>
<tr><td>학습 단계</td><td>수업 조직</td><td>교수·학습 과정</td><td>시간</td><td>유의점</td></tr>
<tr><td>문제 제시</td><td>전체 학급</td><td>선수 학습 내용의 상기
마름모의 정의를 말해 본다
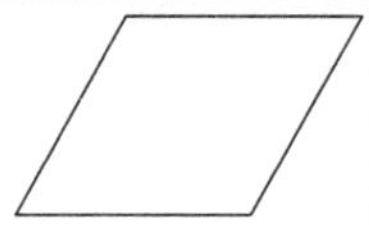
개방형 문제 확인
마름모에 대해 알고 있는 성질과 기하학적 용어를 가능한 한 많이 적으시오.</td><td>5′</td><td>개방형 문제의 의미를 손쉽게 파악할 수 있도록 제시</td></tr>
<tr><td rowspan="2">문제 탐색 및 해결/기록하기</td><td>개별 학습</td><td>학생 각자의 능력에 따라 문제를 해결하고 방법 및 결과를 기록하도록 한다.
(예)
아래는 마름모의 성질과 기하학 용어이다.
(1) 마름모의 마주보고 있는 각들은 같다.
(2) 마름모에는 두 쌍의 평행선이 있다.
(3) 마름모의 모든 각의 합은 360°이다.
(4) 모든 변이 길이가 같다.
(5) 마름모는 2개의 합동 삼각형으로 만들어 질 수 있다.
(6) 대각선들이 서로를 수직으로 이등분한다</td><td>15′</td><td>문제를 해결할 수 있는 충분한 시간의 제공</td></tr>
<tr><td>소집단 학습</td><td>자신이 해결한 방법을 소집단 별로 발표하고 토의하면서 정교화하도록 한다.
개별학습에서 자신이 해결한 방법을 설명하고 서로의 방법을 비교한다.</td><td>15′</td><td></td></tr>
<tr><td>학습한 것을 요약/정리하기</td><td>전체 토의</td><td>소집단 활동에서 도출했던 결과들을 발표한다.
소집단별로 발표한 내용을 기록하여 자신의 풀이와 비교한다.</td><td>10′</td><td>전체 토의에서 나온 결과를 비슷한 유형들로 분류하거나 통합하여 정리</td></tr>
<tr><td colspan="5">예상 반응에 따른 평가
1) 적절한 분류기준에 따라 타당하게 분류했는가?
2) 분류기준을 다양하게 찾았는가?
3) 독창적인 분류기준을 제시했는가?
4) 과정 및 해답이 정확하고 오류가 없는가?</td></tr>
</table>

3 개방형 교수법에서의 평가

예를 들어, '8개의 수 42, 52, 48, 44, 54, 55, 42, 63의 평균을 계산하시오' 와 같은 전형적인 문제들은 하나의 옳은 해답만이 존재하지만, 아래와 같은 개방형 문제들은 다양한 답이 존재하며, 학생들은 각자의 현재 수준에 맞게 문제를 해결하고 해답을 구할 수 있다.

평균이 50인 숫자 8개를 차례대로 말하시오. 평균이 50인 서로 다른 숫자 8개를 차례대로 말하시오.

위와 같은 개방형 문제에서 학생들은 '49, 51, 49, 51, 49, 51, 49, 51' 이나 '45, 55, 42, 58, 40, 60, 70, 30' 등과 같은 정답을 제시할 수 있으며, 분수나 소수 개념을 학습한 학생들은 찾아야 하는 8개의 수 집합에 분수와 소수를 포함시켜 정답을 구성할 수도 있다. 즉, 개방형 문제에서 학생이 제시한 해결 방법이나 정답은 교사에게 학생들이 지닌 수학적 이해 정도에 대한 깊은 통찰을 제공한다. 따라서 개방형 문제는 교사들에게 수준 높은 교수·학습을 시행할 기회를 줄 뿐 아니라 학생들의 수학적 이해 정도에 대한 중요한 평가의 정보를 제공한다. 일반적으로 개방형 교수법에서는 개방형 문제에 대한 학생들의 다양한 반응을 유창성, 융통성, 독창성의 항목으로 평가한다.

(1) 유창성: 얼마나 많은 해(解)를 만들어 낼 수 있는가?

유창성은 문제 상황을 해결하는 과정에서 끊임없이 아이디어를 생산하는 것으로, 의미 있는 반응의 개수가 높을수록 유창성이 높다고 할 수 있다. 학생들이 개방형 문제에서 가능한 많은 양의 아이디어를 산출해 내도록 대상에 대한 관점을 의도적으로 바꾸어 생각해 보거나 관련된 가능한 많은 것을 연상해 보고, 해결 방법을 될 수 있는 대로 많이 제시해보도록 하는 방법을 통해 유창성을 평가할 수 있다.

(2) 융통성: 서로 다른 범주의 수학적 아이디어를 얼마나 많이 발견할 수 있는가?

융통성은 상황에 맞도록 일을 처리하는 능력으로 의미 있는 반응의 유형별 가짓수가 많을수록 융통성이 높다고 할 수 있다. 학생들이 개방형 문제에서 서로 다른 범주의 아이디어를 많이 산출해 내도록 어떤 사실과 또 다른 사실을 결합하여 또 다른 새로운 상황을 창출하거나 다양한 문제해결 방법을 구상·적용하고, 어떤 방법이 실패하더라도 즉각 대안적인 문제해결 방법을 고안·적용하도록 하는 형태로 융통성을 평가할 수 있다.

(3) 독창성: 아이디어가 얼마나 독창적인가?

독창성은 기발하고 신기한 생각이나 발상을 제시하는 능력으로, 반응의 상대적 희귀 빈도와 질적인 참신성이 높을수록 독창성이 높다고 할 수 있다. 학생들이 개방형 문제에서 이전의 아이디어를 조합하여 새로운 차원의 해답을 제시하거나 다른 학생의 방법과 다르게 생각해 보고, 기존의 아이디어를 새로운 상황에 적용해보도록 하는 형태로 독창성을 평가할 수 있다.

4 수학영재 교육에서 개방형 문제의 활용

수학영재들의 행동 특성은 많은 양을 학습하면서 보다 상위 학년의 내용을 이해하거나 기존의 문제를 신속하게 해결하는 차원을 넘어, 높은 수준의 직관을 이용하여 주어진 과제의 원리를 이해하고 창의적인 해법으로 일반화하기도 하며 관련된 새로운 문제를 만들어 내기도 하는 등 보다 창조적인 활동을 즐겨 한다는 것이다. 따라서 수학 영재를 위한 학습 자료는 정규 교육과정 내용과 연계를 맺되 정규 교육과정과는 일정 부분 차별화되어 교육과정 상의 수학적 개념이나 내용의 전달에 초점을 맞추기보다는 수학적 사고 또는 문제해결 과정, 산출물에 초점을 맞추어야 한다(남승인 외, 2012). 그리고 영재교육 자료는 학생들의 창의성을 자극할 수 있는 형태가 되어야 하는데, 개방형 문제가 이를 위한 하나의 대안이 될 수 있다. NRC G/T(National Research Center on the Gifted and Talented, 1993)는 수학영재를 판별하는 방법으로 관찰, 질문에 대한 반응, 산출물을 제시하면서 기존의 문제들은 학생들의 사고 능력에 관한 정보를 알려주지 못하기 때문에 개방형 문제를 가지고 수학영재들의 창의적 사고를 측정해야 한다고 주장한다(신인선, 김시명, 2006, 재인용). 개방형 문제는 정규 교육과정과 연계되면서 동시에 차별화할 수 있는 새로운 문제의 형태로 제기될 수 있고, 수학영재들이 문제해결 과정에서 다양한 방법으로 탐구할 수 있으며, 보다 열려진 경험을 통해 창조적인 사고에의 도전 기회를 제공하며, 다양한 답을 산출하는 영재교육이 이루어지도록 할 수 있다. 또한 개방형 문제는 다양한 수학적 욕구와 다방면에서의 수학적 능력을 지니고 있는 수학영재들에게 그들의 능력을 좀 더 실제적으로 활용할 수 있는 기회를 주고, 창의적인 아이디어를 발현하게 한다. 따라서 남승인 외(2012)는 개방형 교수법이 다음과 같은 이유로 수학영재들에게 적합하다고 주장한다.

첫째, 수학적 능력이 다양한 영재들은 개방형 문제로 학습하면서 도전감을 가지고 서로의 해법에 대해 토론하고 다양한 해법을 찾기 위해 거리낌 없이 협동하게 된다. 또한, 상대적으로 낮은 수준의 영재라 할지라도 덜 위축되고 능동적으로 문제해결에 참여할 수 있게 될 것이다.

둘째, 일반적으로 수학 영재들은 수학적 창의성 수준이 높으며 창의성을 발휘할 수 있는 과제와 활동에 참여하는 것을 즐겨한다. 개방형 문제와 교수법은 수학 영재들의 창의성 과제에 대한 욕구를 충족하면서 그들의 창의성을 신장시키고 올바르게 평가할 수 있다.

셋째, 수학 영재들은 활동력과 지속성을 가지고 수학적 문제를 풀이하는 과제 집착력을 지니고 있다. 단순한 암기의 과제나 기계적인 계산 문제는 영재들의 학습 욕구를 만족시키지 못하여 과제에 대한 흥미를 유발시키거나 지속시키지 못한다. 잘 구성된 개방형 문제라면 영재 학생들은 과제에 몰입할 것이며 교사와 동료 영재 학생과의 상호작용을 통하여 과제를 다양한 방법으로 해결하기 위해 지속적인 노력을 하게 된다.

제 8 장

수학적 모델링

1 수학적 모델링과 수학적 모델

21세기 지식기반 정보화 사회는 다양한 정보와 지식을 효과적으로 활용하여 실세계에서 접하는 복잡한 현상 및 문제들을 합리적으로 해결하는 능력을 필요로 한다. 또한, 2009 개정 수학과 교육과정에서도 '생활 주변이나 사회 및 자연의 수학적 현상에서 파악된 문제를 합리적이고 창의적으로 해결하는 능력을 기른다.'(교육과학기술부, 2011)를 수학과의 목표로 제시하면서 학교의 수학교육 현장에서 수학적 지식과 사고를 활용하여 실세계의 현상을 이해하고 문제를 해결하는 활동을 강조하고 있다. 이에 수학적 모델링(mathematical modeling)이란 실세계의 현상 및 문제를 수학적 모델(mathematical model)로 변환하고 해석하여 상황에 적합한 결론 및 해결책을 모색하는 문제해결의 한 유형을 말한다. 즉, 수학적 모델링은 복잡한 실세계의 현상 및 문제를 근사화하여 수학적 표현으로 형식화한 수학적 모델로 나타내고, 그 수학적 모델을 대상으로 수학적 추론과 분석을 실시하여 결과를 도출하며, 도출한 결과를 적용하여 실세계 상황을 해석하고 유추하여 타당한 결론을 내리는 전체적인 활동이다. 따라서 실세계 문제 상황을 수학적 모델로 도출하여 문제의 답을 얻어내는 수학적 모델링은 수학의 기본적인 개념과 원리를 발전시켜 실세계 문제를 이해하고 예측하고 통제할 수 있도록 하며 현실세계를 이해하는 데 중심적인 역할을 할 수 있다.

잉글리시와 와터스(English & Watters, 2005)는 학생들이 전통적으로 가능하다고 믿어 왔던 것보다 어린 나이에 모델, 일반화, 정당화하기를 학습할 수 있는 능력을 갖추고 있으므로 수학적 모델링 지도는 초등학교에서부터 이루어져야 한다고 주장한다. 실제로 수학적 모델링은 수학의 응용과 관련된 문제해결의 한 방법으로 학교 수학교육 현장에서 중·고등학생을 대상으로 주로 이루어져 왔지만, 최근 들어서는 초등학생을 대상으로 모델링적 접근을 통해 문제해결을 지도하는 사례가 점차적으로 증가하고 있다. 수학적 모델링은 학교의 수학교육 현장에서 수학적 모델링 과제를 제시하고 학생들에게 이를 해결하도록 함으로써, 수학적 사실의 이해 및 문제해결력 향상의 한 방안으로 활용될 수 있으며, 실세계와 수학 사이의 연결성을 강조하여 학생들에게 수학적 지식이 실세계의 어떤 분야에서 어떻게 활용될 수 있는가를 인식하도록 해줄 수 있다. 또한, 수학적 모델링은 실세계의 복잡하고 열린 문제 상황을 수학화하는 경험을 제공하여 학생들에게 수학이라는 학문이 실세계의 현실에서 활용이 가능한 가치가 있는 것임을 파악하도록 할 수 있다.

수학적 모델링에서 주요한 개념으로는 수학적 모델을 들 수 있다. 사전적인 의미로 모델(model)은 어떤 복잡한 대상에 대해서 본보기나 견본이 되도록 단순화하여 만든 복제품을 말하는 것으로, 그 대상이 지닌 특징이나 문제를 탐구하고 설명하는 데 활용된다. 실세계의 어떤 대상을 연구하고자 할 때, 실제 대상에 대한 직접적인 탐구는 실세계의 대부분의 현상들이 가지는 현실적인 복잡성에 의해서 만족스런 결론을 유도하기가 쉽지 않을 수 있다. 그렇지만, 복잡한 대상을 단순화하고 근사화하여 나타낸 모델은 쉽게 조작할 수 있고 추론하기에 용이하므로 대상이 지닌 특징이나 문제에 대해서 적합한 결론을 효과적으로 탐구하고 해결할 수 있는 장점이 있다. 이와 같은 장점에 따라 수학적 모델링에서 구성하는 수학적 모델은 실세계 현상을 이루는 구성 요소와 관계의 구조를 수학적 수단으로 표현한 모델을 말한다. 다시 말해, 수학적 모델이란 실세계의 어떤 현상을 효과적으로 탐구하고 해결하기 위해서 수학적 기호, 표, 그래프, 다이어그램, 방정식, 함수, 도형 등과 같은 수학적 수단으로 표현한 구성 요소와 관계의 수학적 조합이다. 이러한 수학적 모델은 주어진 상황에 따라 이미 존재하는 수학 공식이나 알고리즘 등에서 선택되거나, 상황에 적합하도록 합리적인 방법으로 새롭게 만들어질 수 있다.

학생들은 교실수업에서 말이나 문장으로, 구체물, 도식, 그래프를 이용하여 또는 대수적 방법으로 실제의 상황을 수학적 모델로 표현할 수 있어야 하며, 타 교과와 실세계의 문제를 해결하기 위해서 수학적 모델을 개발하고 활용할 수 있어야 한다(NCTM, 1991). 일반적으로 수학적 모델은 실세계의 현상을 나타내는 실제 모델을 개발하고, 이를 다시 수학적 모델로 변환하는 과정을 통해 만들어진다. 대부분의 실세계 현상에서 제기된 문제들은 현실의 특징을 반영하여 복잡한 형태로 이루어져 있다. 따라서 복잡한 실세계의 현상들을 직접 수학적으로 다루는 것이 어렵기 때문에 먼저 현실의 문제를 합리적으로 간결하게 단순화하여 실제 모델로 나타내고, 이 실제 모델을 수학적 기호와 표현으로 대체하여 수학적 모델을 구성한다. 개발된 수학적 모델은 실세계 현상을 상세하게 나타낼 수 있으면서, 복잡한 현상에 대한 수학적 분석이 가능할 만큼 어느 정도는 단순해야 한다. 수학적 모델이 현실의 복잡한 상황을 완벽하게 있는 그대로 재현한 형태로 구성된다면 수학적인 분석을 제대로 수행하기가 어려울 수 있고, 반대로 개발한 수학적 모델이 너무 단순하다면 모델에서 유도한 결과가 실세계의 상황을 설명하기에 적합하지 않을 수 있다. 즉, 수학적 모델은 실세계 현상의 해석이 가능하면서, 실제적인 수학적 탐구를 진행할 수 있는 형태로 개발되어야 한다.

2 수학적 모델링 과정

수학적 모델링이란 일반적으로 실세계 현상을 해결하기 위해서 수학적 모델을 개발하고 활용하는 것을 말한다. 따라서 수학적 모델링 과정은 실세계 현상을 수학적 모델로 구성하고, 모델에 대한 분석을 통해 실세계 현상을 설명하고 판단하는 일련의 절차로 이루어진다고 할 수 있다. 수학적 모델링에 대한 몇몇 연구(Burghes, 1986; Blum, 1989; NCTM, 1991; 남승인 외, 2012)들에 제시된 수학적 모델링 과정을 살펴보면 다음과 같다.

우선 버그스(Burghes, 1986)는 수학적 모델링 과정을 실세계와 수학적 세계 사이에서 이루어지는 형식화 및 해석 활동의 순환 과정으로 [그림 1]과 같이 제시하는데, 제시한 모델링 과정을 단계를 나누어 설명하면 다음과 같다.

1단계: 실세계의 비수학적인 문제 상황에서 주요한 변수를 선택하고 변수 사이의 관계를 형식화하여 실세계의 문제를 수학적 문제로 변환한다.

2단계: 수학적 세계에서 변환된 문제에 대해 수학적 방법을 사용하여 해를 구하고, 구한 해를 다시 실세계의 상황에 적합하도록 해석하여 실세계의 문제를 해결한다. 이후, 수학적 모델링 과정에서 구성한 수학적 모델이 문제해결의 목적에 적합하지 않다면 모델을 수정하거나 위의 과정을 다시 반복한다.

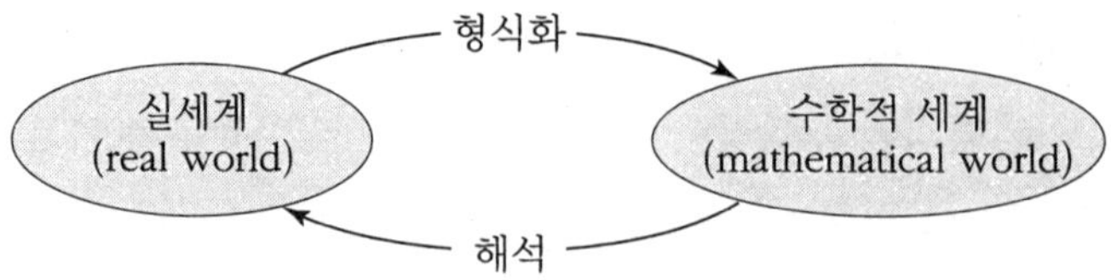

[그림 1] 수학적 모델링 과정(Burghes, 1986)

블룸(Blum, 1989)은 수학적 모델링 과정을 문제의 이상화, 번역, 수학적 추론, 해석의 4단계로 나누고 있는데, 각 단계는 다음과 같다.

1단계: 문제의 이상화 단계

현실 문제를 단순화하면서 문제해결에 유용한 요소를 추출하고, 그 요소들을 기반으로 하는 실제 모델을 개발한다.

2단계: 번역 단계

실제 모델의 일상용어와 개념을 수학적 개상과 표현으로 변환한 수학적 모델을 구성한다. 수학적 모델은 수학적 대상(수, 집합, 모형 등)과 대상들의 관계를 연결하는 표현(방정식, 함수, 그래프, 변환, 도표 등)으로 이루어진다.

3단계: 수학적 추론 단계

구성된 수학적 모델에 수학적 방법과 기술(추론, 분석, 풀이, 평가)을 사용하여 모델에 근거한 결과를 유추한다.

4단계: 해석 단계

유추한 결과를 원래의 문제 상황에 적용하고 해석하여 결론을 유도한다. 수학적 모델에서 현실의 문제 상황에 적용한 결론이 타당하지 않다면 이전의 단계를 되풀이하여 상황에 적절한 결론을 유도할 수 있도록 한다.

한편, 오픈 유니버시티(Open University, 1990)는 수학적 모델링 과정을 실생활 문제, 가설 세우기, 수학적 문제, 문제 풀기, 해를 해석하기, 모델을 정당화, 의사소통의 7단계로 [그림 2]와 같이 구분한다(조원주, 2002, 재인용). 오픈 유니버시티(Open University)의 수학적 모델링 과정은 실세계의 문제를 수학적 문제로 번역하는 가설 세우기 단계와 수학적 문제의 해를 이용해 실세계의 문제를 해석하는 해를 해석하기 단계에서 실세계와 수학적 세계를 연결해 주는 역할을 담당한다는 것과 의사소통 단계를 포함한다는 것이 특징이다. 최종 단계인 의사소통 단계에서는 순환적인 모델링 과정을 거쳐 모델의 정당화가 이루어진 후, 모델과 관련된 수학적 아이디어를 나타내고 명확화하며, 개발한 모델과 수학적 아이디어에 대해서 설명하고 토론하는 활동이 이루어진다.

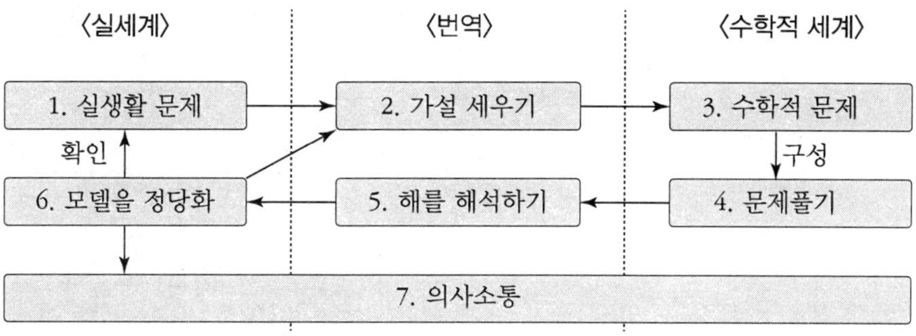

[그림 2] Open University(1990)의 수학적 모델링(조원주, 2002에서 재인용)

NCTM(1991)은 수학적 모델링을 어떤 현상의 특징을 가늠케 하는 수학적 모델을 고안해 내는 과정으로 정의하면서, 모델링 과정을 실세계 현상, 수학적 모델, 수학적 결과, 결론 및 예측의 4단계로 도식화하여 [그림 3]과 같이 제시한다.

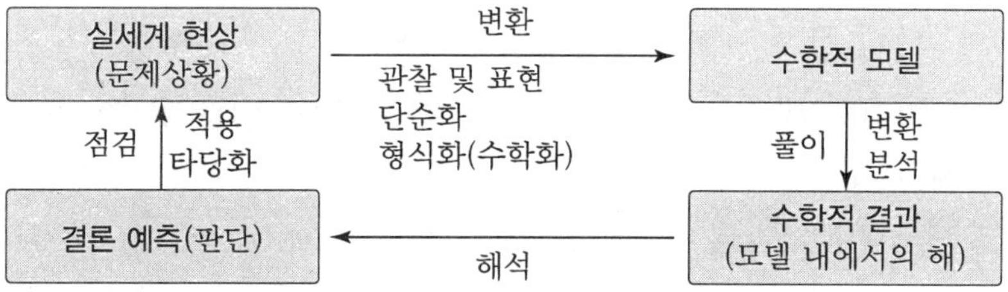

[그림 3] 수학적 모델링 과정(NCTM, 1991)

1단계: 실세계의 문제 상황 파악 단계

현상을 관찰하여 내재되어 있는 문제 상황을 서술하고, 문제에 영향을 미치는 변인(변수/매개변수)을 식별한다.

2단계: 수학적 모델 설정 단계

현상에 관한 수학적 모델을 얻기 위해 변인들 전체에 걸친 관계를 추측하고 그 관계들을 수학적으로 해석한다.

3단계: 수학적 결과 및 분석 단계

수학적 모델에서 해와 같은 결과를 이끌어 내거나 적절한 수학적 분석을 적용한다.

4단계: 결론 및 예측 단계

얻은 결과를 바탕으로 실제 상황에서 결과들을 해석하고 결론을 도출한다.

수학적 모델링 과정은 보통 4단계의 순환 과정을 거치게 되는데, 각 단계에서 이루어지는 활동들을 구체적으로 세분화하여 나타내면 [그림 4]와 같다(류성림 외 역, 2011).

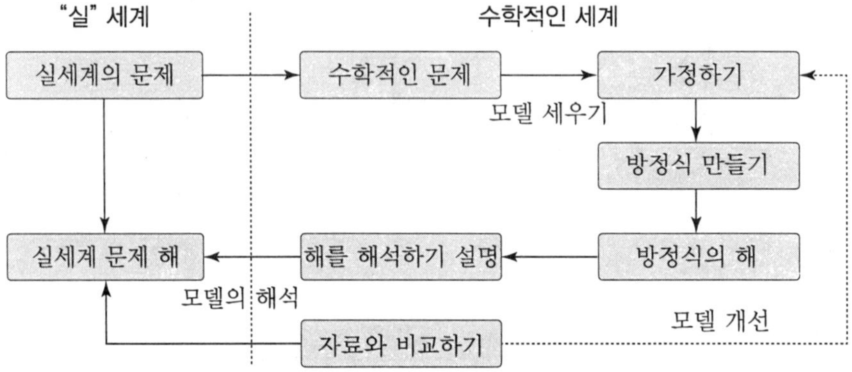

[그림 4] 수학적 모델링 과정

1단계: 문제를 수학화하는 단계

문제를 이해하고, 그 문제를 수학적 용어로 표현한다. 이 단계에서는 문제의 변수들을 정확히 파악하여 변수들 간의 연관성 및 구조를 추출하는 것이 중요하다.

2단계: 설계 단계

수학적 모델의 기본 구조를 설계하는 것이다. 이 단계에서는 몇 가지의 가정이 필요한데, 이러한 가정은 문제를 간결하면서도 다루기 쉽게 만들어 이미 알려진 방법을 통한 문제해결을 가능케 한다. 물론 이는 수학적 모델을 통하여 설계된 해결책의 질이 가정의 질에 따라 좌우됨을 의미한다. 하지만 간단한 모델에서 시작한 후 가정을 하는 것도 나쁘지 않다. 가정에 근거해 수학적 모델은 설계된다. 설계된 모델은 방정식, 연립방정식, 규칙성, 혹은 변수의 값을 구하는 방법이나 변수에 값을 부여하는 알고리즘의 형식일 수도 있다. 일반적으로 설계 단계는 수학적 모델링 과정에서 가장 중요하며, 따라서 가장 어렵다. 또한 문제에 등장하는 변수들의 물리적 값이 설계된 모델의 정당성을 입증하기 위하여 활용되는 것도 바로 이 단계에서이다.

3단계: 모델의 해결 단계

모델을 만든 다음 단계로서 설계된 모델의 방정식을 푸는 방법을 찾는 것이다. 이 과정에서 문제해결에서 흔히 사용되는 다양한 방법들과 전략들을 적용할 수 있다. 수학적 모델이 간결한 형태가 아닌 이상, 테크놀로지 도구 혹은 연산 도구가 필요할 것이다. 이 단계를 통하여 설계된 수학적 모델에 대한 하나의 혹은 다수의 해결책이 제시될 것이다.

4단계: 결론의 도출 및 해석 단계

수학적 모델의 결과나 해결책을 실생활의 문제와 연관 짓는 것이다. 이는 수학적 모델의 결과를 물리적으로 해석한다는 의미와 상통한다. 이 과정에서 그래프, 표, 정성분석, 정량분석 등과 같은 다양한 수학적 도구와 기술이 사용될 수 있을 것이다. 도출된 해결책과 수집된 자료들을 비교하여 수학적 모델의 타당성을 입증할 수도 있다. 수학적 모델링 과정의 결과와 그에 대한 해석이 담긴 보고서는 종종 수학적 모델링의 가장 큰 성과이기도 하다.

비록 마지막 단계에서 수학적 모델 과정은 종료되는 것처럼 보이지만, 관찰된 자료들과의 비교를 통하여 기존의 수학적 모델을 개선하는 방안을 찾을 수도 있다. 가장 흔한 개선 방안은 가정을 수정하거나 불필요한 가정을 제거하여 조금 더 현실적이고 합리적인 수학적 모델을 수립하는 것이다. 이에 수학적 모델을 개선하여 정교화하는 방안에 중점을 둔 수학적 모델링의 과정은 [그림 5]와 같이 제시할 수 있다(강옥기, 2010)

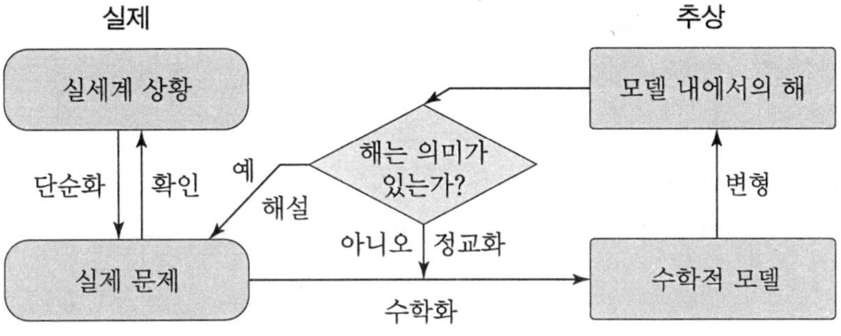

[그림 5] 수학적 모델링의 정교화 모델(강옥기, 2010)

첫째, 실세계 문제 상황으로부터 변화의 요인들을 관찰하고 자료를 수집하여 실제적인 문제를 구성한다.

둘째, 문제에 영향을 주는 가정을 구체적으로 설정하고, 실제적 문제를 수학적 문제, 즉 수학적 모델로 변환한다.

셋째, 수학적 모델을 변형하여 해를 구한다.

넷째, 수학적 모델에서 얻어진 해가 실제 문제에 의미가 있는지 조사해 보고, 의미가 만족할 정도가 아니면 수학적 모델 단계로 돌아가서 가정을 수정하거나 같은 가정 하에서 정교화된 새로운 수학적 모델을 구성한다. 의미가 있는 해가 나올 때까지 이 과정을 순환한다.

다섯째, 수학적 해가 의미가 있으면 실제 문제의 해로 해설한다.

여섯째, 만들어진 수학적 모델을 실세계의 유사한 상황에 적용한다.

3 수학적 모델링의 특징

문제해결은 주어진 문제를 해결하기 위해서 정형화된 단계에 따라 적절한 해결 전략을 찾아서 목표에 이르는 과정이다. 수학적 모델링은 문제해결의 한 유형이지만, 비수학적인 실세계 문제 상황에서 시작하는 것을 전제로 하면서 수학의 응용과 실세계와의 연결성을 강조한다는 측면에서 문제해결과는 차별화된 특징이 있으며, 실세계 문제를 해결하는 활동을 통해 학생들에게 현실에서 응용이 가능한 학문으로서 수학의 유용성에 대한 인식을 갖도록 해 줄 수 있다는 장점이 있다. 손홍찬과 류희찬(2007)은 문제해결과 구별되는 수학적 모델링의 특징을 다음과 같이 제시한다.

첫째, 수학적 모델링은 수학 외적인 실세계 상황에서 시작하여 다시 실세계 상황을 설명하고 예측하는 것으로 귀결된다.

둘째, 수학적 모델링은 실세계 상황을 보다 잘 설명할 수 있는 수학적 모델을 얻기 위해서 반성하고 수정하는 정교화 활동이 반복적으로 요구된다.

한편, 수학적 모델링의 일반적인 특징은 다음과 같이 말할 수 있다(손홍찬, 류희찬, 2007).

첫째, 문제 상황의 적절한 단순화 및 이에 부합하는 수학적 모델의 개발이 필요하다.

수학적 모델링에서는 비수학적인 현실 상황을 모델화되는 과정이 반드시 수반된다. 즉, 실세계의 근원적이고 복잡한 현상에서 출발하는 수학적 모델링은 이 현상을 해결가능한 적절한 문제 상황으로 단순화해야 하며, 이후 형식화 과정을 거쳐 수학적 모델로 개발하는 절차가 필요하다.

둘째, 구체와 추상의 연결을 강조한다.

수학적 모델링은 개발한 모델이 실세계 현상에 비춰 합리적인지를 반성하고 모델을 수정하는 정교화 활동을 필요로 한다. 이 과정에서 적절한 구체물의 활용을 적극적으로 고려해야 하며, 이는 구체(실세계 현상)와 추상(수학적 모델)의 연결을 강조한다.

셋째, 시행착오를 통한 수학적 모델링 과정의 획득이다.

수학적 모델링에서 주어진 상황에 적합한 수학적 모델을 단번에 찾기란 쉽지 않다. 따라서 실세계 현상을 수학적으로 고찰하면서 계속적으로 검증하고 수정하는 시행착오의 과정은 수학적 모델링에서 중요한 요소로 간주된다.

넷째, 수학적 모델링은 학제 간 연구와 문제해결의 장을 제공한다.

실세계의 문제는 특정한 한 분야에 한정되지 않고, 여러 분야에 걸쳐서 나타나는 경향이 있다. 그렇기 때문에 관련된 문제를 해결하기 위하여 다른 분야의 개념을 차용하는 경우가 발생할 수 있다. 따라서 수학적 모델링은 다양한 분야의 개념들을 사용하고 그 개념들 사이의 연관성을 규명하는 경험을 제공하며, 다른 분야의 전문가와 공동으로 연구할 수 있는 기회를 가질 수 있다.

다섯째, 기술공학이 중요한 역할을 담당한다.

실세계 현상의 문제는 교과서에 제시되는 문제처럼 수학적으로 정돈된 풀이와 자료가 있는 것이 아니고, 복잡한 실생활의 자료와 명확하지 않은 풀이 과정을 다루어야 할 경우가 있다. 이와 같은 경우 기술공학을 활용하여 손쉽게 결과를 도출하고 상황을 예측할 수 있다.

4 수학적 모델링 지도의 필요성

학교수학 교육에서 문제해결 지도의 한 방법으로 모델링 도입의 필요성은 수학과 실세계의 연결이라는 측면에서 1960년대의 학문중심적 수학교육에 대한 비판으로 나타난 수학교육 사조인 1970년대의 '기본으로 돌아가기' 운동에서부터 제기되었다(Blum, 1989; 손홍찬, 류희찬, 2007). 이후, 수학적 모델링에 대한 다양한 형태의 연구가 이루어져 왔으며, 1986년 개최된 국제수학 교육협의회(ICME)는 수학적 모델링이 학생들에게 수학적 아이디어, 개념, 방법, 이론을 획득하고 이해하는 것을 도와주고, 그것들을 설명하고 해석하도록 해주며 수학적 기능을 연마하는 연습 기회를 제공하기 때문에 응용과 모델링의 구성을 교실 수업과정에 포함시켜야 한다고 주장하였다(박민규, 1996). 또한, NCTM(1991)은 수학적 모델링이 실세계 문제해결의 한 형태로서, 문제해결을 위한 모델링적 접근에서 사용하는 전략과 기술들은 다른 새로운 현실의 현상에 손쉽게 전이될 수 있으며, 수학적 모델링 활동을 경험한 학생들은 현실에서 수학의 응용이라는 수학적 힘을 인식하게 된다고 하면서 학교수학 교육에서 모델링 지도의 필요성을 역설하였다. 그리고, NCTM(2000)에서도 교실 수업에서 모든 수준의 학생들은 그들의 수준에 맞게 다양한 현상을 모델링할 수 있는 기회를 가져야만 한다고 말하고 있다.

수학은 완성적인 측면을 가지면서도 본래 현실의 문제해결의 욕구로부터 출발하여 수학적 이론을 구축해가는 형성적인 측면을 가지고 있다. 수학적 모델링 활동은 수학지식의 형성적인 측면을 일깨워 실세계와 수학을 연결함으로써 실세계를 보다 잘 이해하게 할 뿐만 아니라 수학의 가치 있는 개념을 발달시키는 데 중요한 역할을 한다. 또한 수학적 모델링 활동은 실세계를 예측하고 통제하도록 도와줄 뿐만 아니라 기본적인 개념과 원리로부터 중요한 수학적 개념을 발달시킬 기회를 준다. 따라서 수학 개념과 정리를 배운 후에 이것을 적용하기보다는 학생에게 수학의 발생 상태를 경험하게 하고 교사와 함께 수학 지식을 발견하고 구성해나가는 경험을 줄 수 있다는 점에서, 그리고 수학이 가지는 응용성과 필요성에 대해서도 깊은 이해를 도모할 수 있다는 점에서 모델링 활동은 학교수학 교육에서 중요한 의미를 가진다(손홍찬, 2006). 한편, 학교수학 교육에서 수학적 모델링 지도의 효과는 사고의 형성적 측면, 실용적 측면, 동기 유발의 측면으로 구분하여 살펴볼 수 있다.

(1) 사고의 형성적 측면

수학적 모델링은 다양한 수학적 지식과 기능의 활용을 필요로 하며, 유추·해석·분석·종합적 사고와 같은 고차적인 인지 활동을 요구하는 체계적인 과정이다. 수학적 모델링 과정은 수학 외적인 실세계 상황에서 시작하여 수학적 모델을 구성하고, 다시 수학적 모델에서 실세계의 상황을 설명하고 판단하는 것으로 귀결되는 역의 단계를 모두 포함한다. 또한 실세계 상황에 영향을 미치는 요인과 요인들 사이의 관계를 파악하고 실세계 현상을 보다 잘 설명할 수 있는 수학적 모델을 얻을 때까지 반성 및 수정의 순환 과정을 반복한다. 따라서 실세계 현상과 수학적 문제 상황을 동시에 다루는 수학적 모델링은 발견 전략과 같은 특수한 문제해결 능력의 향상은 물론 좀 더 일반적인 문제해결 능력과 긍정적인 수학적 성향을 함양할 수 있는 적절한 수단이다. 수학적 모델링의 지도를 통해 학생들은 현상을 관찰하고 수학화하는 능력, 대상을 수학적 모델로 형식화하는 능력, 모델을 정당화하고 비판적으로 분석하는 능력, 수학적 모델을 분석하고 결론을 도출하는 능력, 결론을 해석·판단하여 실제에 적용하는 능력, 모델과 그 결과를 평가하고 의사소통하는 능력 등을 개발할 수 있다. 또한 수학을 활용하여 실세계 현상을 비판적·합리적으로 사고하려는 태도를 기를 수 있다.

(2) 실용적 측면

수학적 모델링은 실세계 문제해결의 한 형태로서 학생들에게 수학이 물리계 및 실제 사회 현상에 적용되는 유용성 및 실용성을 인식하도록 할 수 있다. 또한 수학적 모델링은 수학적 아이디어, 개념, 방법, 이론을 획득하고 이해하는 것을 도와주고, 그것들을 설명하고 해석하도록 해주며 수학적 기능을 엄밀화할 수 있는 연습 기회를 제공한다(박민규, 1996). 또한, 실생활 속에서 수학적 사실을 다루는 모델링 활동을 통해 구성된 수학적 지식들은 상황과 연관되어 학생에게 이해되고 내면화되며, 효과적으로 기억될 수 있다.

(3) 동기 유발의 측면

수학적 모델링은 수학 이외의 현상 즉, 사회, 문화, 자연 등의 비수학적인 실세계 현상의 이면에 숨어 있는 수학적 사실들을 발견하고 탐구하며 수학적 지식으로 재구성하게 하여 수학에 대한 흥미와 관심을 불러일으키고, 이를 통해 수학학습에 대한 학생들의 적극적인 동기를 유발할 수 있다. 또한, 수학이 이미 완성된 화석화된 지식이 아니라 인간 활동의 결과로서 만들어져 가는 산물임을 알게 한다.

가드볼드(Godbold, 1998)는 학교수학 교육에서 수학적 모델링 지도의 효과를 다음과 같이 제시한다.

첫째, 모델링 활동에서는 의사소통이 필수적이므로 학생들의 언어능력이 신장된다.

둘째, 학생들은 초등에서 고등까지 모든 수준의 수학이 생활주변과 깊이 연관되어 있음을 깨닫게 된다.

셋째, 학생들은 많은 비수학적 상황에서 수학을 발견하게 되고 수학에 대한 흥미를 키우게 된다.

넷째, 학생들은 자신들의 주위를 둘러싼 복잡성을 인정하고 정답이란 주어진 문제의 조건에 따라 완전히 달라지는 것임을 알게 된다.

다섯째, 수학적 모델링은 짧은 시간에 해결할 수 있는 과제가 아니므로 학생들은 수학적인 끈기와 인내를 배우게 된다.

여섯째, 수학적 모델링 과정에서 학생들은 자신들이 알고 있는 모든 수학을 사용하게 되므로 학생들은 수학과 상황 사이에서 뿐만 아니라 수학 그 자체 내에서도 연결성을 발전시킬 수 있게 된다.

일곱째, 수학적 모델을 수립·평가하기 위해서는 주어진 문제의 정보에서 중요한 특징과 조건이 무엇인지 어떤 수학적 개념을 사용하는 것이 적합한지 실제와 모델간의 일치 정도 등을 결정해야 하기 때문에 학생들은 모델링 과정을 통해서 의사 결정하는 것을 배우게 된다.

5 수학적 모델링 지도 방안

5.1. 수학적 모델링 문제

학교 수학교육 현장에서 수학적 모델링은 비구조화된 실생활 문제에 수학을 응용하여 해결함으로써, 학생들의 수학 학습 이해 및 문제해결력 향상의 한 방안으로 활용된다. 수학적 모델링에서 다루는 문제의 특징을 다음과 같다.

첫째, 수학적 모델링 문제는 현실성을 바탕으로 한 문제이다.

수학적 모델링은 인위적이고 단순한 문제가 아닌 현실에서 파악된 실세계 맥락의 문제를 다룬다.

둘째, 수학적 모델링 문제는 비구조화된 문제이다.

비구조화된 문제는 구조적인 문제와는 달리 문제가 정의되어야만 하거나 가능하면 재정의 되어야하는 문제로서 문제해결을 위해서 적절한 자료를 선택하고, 재정리할 필요성을 가진다.

셋째, 수학적 모델링 문제는 하나 이상의 해결 방법을 가지는 열린 문제여야 한다.

모델링 문제는 문제를 해결하기 위한 다양한 수학적 모델이 개발되어질 수 있는 문제로 학생들의 다양하고, 창의적인 아이디어를 바탕으로 해결할 수 있는 문제여야 한다. 문제를 해결하기 위해서 학생들은 이미 정해져 있는 문제를 해결할 수 있는 방법 즉 수학적 모델을 찾아가는 것이 아니라, 학생 스스로 최선의 답을 만들어가는 과정으로 모델을 직접 개발해간다.

넷째, 수학적 모델링 문제는 최종적으로 고유한 수학적 모델 형성을 수반한다.

수학적 모델링 문제를 해결하고 난 뒤에는 소그룹 협동학습을 바탕으로 하여 개발된 수학적 모델이 결과물로서 나타내어져 한다. 개발되어진 모델은 학생들이 푼 한 문제에만 국한되는 것이 아니라, 그와 유사한 다른 일상생활의 문제에서도 적용 가능한 것이어야 한다.

5.2. 수학적 모델링 과정 및 문제의 예시

(1) 초등학교 단계에서 수학적 모델링

(가) 학년군 및 영역: 5~6학년군, 측정 영역

(나) 활동 주제: 입체도형의 부피와 관련된 실생활 문제해결하기

(다) 수학적 모델링 과정

실세계 현상(문제 상황)		수학적 모델
원기둥 모양으로 반지름과 높이가 각각 3.3cm, 10cm인 음료수 캔 A와 반지름과 높이가 모두 4cm인 음료수 캔 B가 있다. 두 캔 A, B에 음료수를 담을 때, 어느 캔이 효율적인지 알아보아라.	⇒ 변환	두 캔 A, B의 효율성은 겉넓이와 비교한 부피의 비로 알 수 있다. 같은 겉넓이일 때, 보다 많은 양의 음료수를 담을 수 있다면 캔이 효율적이라고 할 수 있기 때문이다. 따라서, 두 캔 A, B의 $\frac{\text{부피}}{\text{겉넓이}}$를 비교하는 것이 필요하다.
⇑ 적용		⇓ 풀이
결과 예측(판단)		수학적 결과(모델 내에서의 해)
캔 A, B의 효율성은 각각 1.240 ⋯, 1이므로 캔 A가 캔 B보다 같은 용기의 재료로 더 많은 음료수를 담을 수 있다. 따라서, 캔 A가 더 효율적이라고 말할 수 있다.	⇐ 해석	• 캔 A의 효율성 $=\frac{3.3^2\times10\times3.14}{3.3^2\times3.14\times2+2\times3.3\times3.14\times10}$ $=\frac{33}{26.6}=1.240\cdots$ • 캔 B의 효율성 $=\frac{4^2\times4\times3.14}{4^2\times3.14\times2+2\times4\times3.14\times4}$ $=\frac{64}{64}=1$

(2) 중학교 단계에서 수학적 모델링

(가) 학년군 및 영역: 1~3학년군, 확률과 통계 영역

(나) 활동 주제: 상대도수의 분포와 관련된 실생활 문제해결하기

(다) 수학적 모델링 과정

실세계 현상(문제 상황)

다음 표는 음식점 A, B를 찾은 손님들 중 일부의 나이를 조사한 것이다. 각 음식점에서는 어떤 연령층을 대상으로 집중적인 판매 전략을 세우는 것이 타당하겠는가?

나이	A	B
10 이상 ~ 20 미만	14	36
20 ~ 30	80	90
30 ~ 40	28	33
40 ~ 50	60	120
50 ~ 60	18	21
합계	200	300

⇒ 변환

수학적 모델

두 음식점 A, B를 찾은 손님들의 합계가 각각 200명, 300명으로 같지 않으므로 단순하게 나이의 도수로 어떤 연령층이 많이 방문했는가를 비교할 수 없다. 따라서 두 음식점에 다녀간 손님의 비율을 비교하는 것이 타당할 것이다. 그리고 연령별 상대도수$\left(\text{상대도수}=\dfrac{\text{각 계급의 도수}}{\text{전체 도수의 합}}\right)$를 이용하여 판매전략을 세우는 것이 필요하다.

⇓ 풀이

수학적 결과(모델 내에서의 해)

나이	A	B
10 이상 ~ 20 미만	0.07	0.12
20 ~ 30	0.4	0.3
30 ~ 40	0.14	0.11
40 ~ 50	0.3	0.4
50 ~ 60	0.09	0.07
합계	1	1

⇐ 해석

결과 예측(판단)

음식점 A는 20대를, 음식점 B는 40대를 대상으로 집중적인 판매 전략을 세우는 것이 필요하다.

⇑ 적용

(3) 고등학교 단계에서 수학적 모델링

(가) 영역: 확률과 통계

(나) 활동 주제: 조건부 확률과 관련된 실생활 문제해결하기

(다) 수학적 모델링 과정

실세계 현상(문제 상황)

미국의 TV쇼인 'Let's make a deal'에서는 출연자에게 세 개의 문 중에서 한 개의 문을 선택할 기회를 주고, 상품이 있는 문을 선택하면 그 상품을 주는 게임을 한다. 이때, 세 개의 문 중 한 개의 문 뒤에만 상품이 있고 어느 문 뒤에 상품이 있는지는 쇼의 사회자만이 알고 있다. 단, 쇼의 규칙상 출연자가 한 개의 문을 선택하면 사회자는 나머지 두 개의 문 중에서 상품이 없는 문을 열어 보여주면서 선택한 문을 바꿀 기회를 준다.

⇒ 변환

수학적 모델

TV쇼의 출연자는 사회자가 남은 두 개의 문 중에서 하나의 문을 열어준 후, 선택한 문을 바꾸는 것이 상품을 타는 데 유리할까 아니면 바꾸지 않는 것이 더 유리할까를 판단해야 하는 문제이다.

⇓ 풀이

수학적 결과(모델 내에서의 해)

① 3개의 문을 각각 A, B, C라 할 때, 출연자가 선택한 문을 바꾸지 않는 경우에 상품을 받는 모든 경우의 수를 다음과 같이 표로 나타낼 수 있다.

	A	B	C
경우 1	○	×	×
경우 2	×	○	×
경우 3	×	×	○

(단, ○는 상품이 있는 경우, ×는 상품이 없는 경우를 나타낸다)

② 출연자가 문 A를 선택한 이후, 문을 바꾸는 경우는
경우 1: 문 A에 상품이 있고, 사회자는 문 B 또는 C를 보여줄 것이다. 이때 문을 바꾸면 상품을 탈 수 없다.
경우 2: 사회자는 문 C를 보여 줄 것이고, 문을 바꾸면 상품을 탈 수 있다.
경우 3: 사회자는 문 B를 보여 줄 것이고, 문을 바꾸면 상품을 탈 수 있다.

따라서, 문을 바꾸어서 상품을 탈 확률은 $\frac{2}{3}$이다.

⇐ 해석

결과 예측(판단)

출연자가 선택을 바꾸지 않았을 때 상품을 탈 확률은 1/3이고, 선택을 바꾸었을 때 상품을 탈 확률은 2/3이다. 선택을 바꾸는 것이 더 유리하다.

⇑ 적용

수학이 현실에 활용되는 것을 경험할 수 있을 때, 학생들은 수학을 현실에서 응용이 가능한 학문으로 인식할 수 있다. 수학적 모델링의 지도를 통해 이미 구성된 알고리즘이나 해법을 적용해야 하는 것이 아니라 모델링해야 할 상황으로써 실세계의 비수학적인 문제에 접근할 수 있어야 한다. 모델링 관점에서 수학 지도는 단순히 학생들이 가지고 있지 않은 구성을 찾거나 창안하는 것이 아니라 그들이 가지고 있는 구성 개념적 체계 또는 모델을 확장하고 수정하고 재조직하고 정련하고 조정할 수 있도록 도와야 하고 학생들을

그런 상황에 놓이도록 교수 환경을 조절해야 한다. 기본적으로 학교수학에서 수학적 모델링 지도의 목적은 실세계 현상에서 나타나는 수학 외적 문제의 해결이지만, 이외에도 모델링 활동을 통해 다음과 같은 내용들을 지도할 수 있다(Niss, 1989).

첫째, 지식의 탐구 및 응용

- 이미 알고 있거나 새로운 수학적 지식과 모델들을 응용하고 탐구할 수 있다.
- 실세계에서 나타나는 현상들을 이해할 수 있다.

둘째, 수학적 모델 구성 방법의 탐색

- 새로운 상황에 이미 알고 있는 모델을 활용하도록 한다.
- 새로운 모델을 구성하거나 이미 학습한 모델을 수정·적용하도록 한다.

셋째, 모델의 분석 및 평가

- 모델이 지닌 수학적 특성을 표와 그래프로 분석해 보는 활동을 한다.
- 문제 상황의 표상으로서 모델의 타당성과 결과를 평가해 보도록 한다.

5.3. 수학적 모델링 기반 수업의 단계

모델링 과정을 실생활 문제의 이해, 모델의 유도, 수학적 결론, 모델의 적용으로 구분하여, 수학적 모델링을 교실수업에 적용하는 단계와 각 단계에서 이루어지는 실제적인 활동들을 살펴보면 다음과 같다(김민경, 2010).

첫 번째, 실생활 문제의 이해 단계는 현실 생활의 문제가 제시됨으로써 학생들로 하여금 비구조화된 문제 상황에 직면하도록 하는 단계이다. 이 단계에서는 학급 전체 토의를 할 수 있는데, 실생활 문제가 제시되고, 제시된 문제를 학급 전체가 공유함으로써 학생들은 해결해야 할 문제 상황을 처음 접하고 문제 상황에 직면하게 되며, 학급 전체가 토의를 통하여 문제 상황 전반에 대하여 학급 전체가 이야기를 나누면서 문제 상황에 나타난 정보들을 파악하게 된다.

두 번째, 모델을 유도하는 단계로 이 단계에서 학생들은 제시된 현실의 문제 상황을 소그룹 활동을 통해 자세히 관찰함으로써 문제 상황을 이해하는 동시에 문제 상황을 단순화함으로써 자신들이 해결해야 할 문제 상황에 적절한 모델을 유도하고 개발하게 된다.

세 번째, 수학적 결론 단계는 프리젠테이션 활동 등을 통해서 모델을 탐색하는 단계로서 학생들로 하여금 자신들이 이전 단계에서 개발했던 모델을 탐색하고 해결함으로써 수학적 결론을 이끌어내도록 한다.

네 번째, 모델 적용 단계는 학급 전체 토의를 통해서 모델을 적용하는 활동을 하는 단계로 이 단계에서 학생들은 앞선 단계에서 얻어진 수학적 결론을 해석, 분석함으로써 유사한 상황에 자신들의 모델과 모델에 포함된 수학적 결론을 적용하게 되며, 나아가 자신들이 개발했던 모델들을 응용함으로써 여러 가지 모델들을 새로운 실생활 문제 상황에 재활용, 일반화하게 된다.

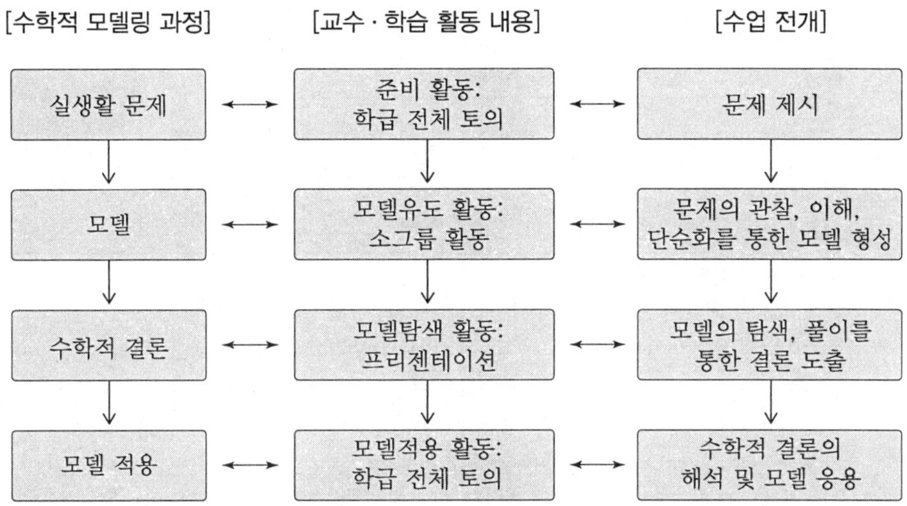

[그림 6] 수학적 모델링의 수업 적용 절차(김민경, 2010)

수학적 모델링 과정에서 교사는 실세계 현상의 문제를 제기하거나 학생들이 실세계 현상에서 문제를 발견하고 완전히 진술할 수 있도록 도와줌으로써 모델링 과정을 시작하고, 학생들에게 개인이나 소그룹 활동을 통해 문제를 분석하고 해결하도록 요구한다. 이때 교사는 그 문제를 다른 방법으로 풀거나 구조화한 학생이 있는지를 물어보는 것이 중요하다. 모델링 과정에서 여러 학생이나 그룹들은 각기 다른 방법으로 자신들의 모델을 발전시킨다. 또한 같은 문제에 대해 다른 해결이 나올 수 있다. 교사는 이러한 차이를 환영하고, 그것에 대한 학생들의 활기있는 논의를 장려해야 한다. 그렇게 함으로써 교사는 하나의 정답을 찾는 것에 초점을 맞추던 전통적인 지도에서 벗어나 다양한 문제해석에 따른 다양한 정답의 가치를 인식하는 고등사고를 지도할 수 있다(Hilkle, 1995, 조원주, 2002에서 재인용).

5.4. 수학적 모델링 기반 수업의 교수·학습 과정안 예시

초등학교에서 수학적 모델링 기반 수업으로 다음과 같은 교수·학습 활동을 실시할 수 있다. 다음 교수·학습 과정안은 초등학교 5~6학년군의 측정영역에서 평면도형의 넓이 단원으로, 넓이와 관련된 실생활 문제의 해결이라는 주제를 수학적 모델링 과정인 준비 활동 - 모델유도 활동 - 모델탐색 활동 - 모델적용 활동의 단계에 따라 교수·학습 활동을 조직한 것이다(김민경, 홍지연, 김은경, 2009).

<table>
<tr><td>단원명</td><td>5학년, 넓이와 무게</td><td>영역</td><td>측정</td></tr>
<tr><td>활동주제</td><td colspan="3">넓이와 관련된 실생활 문제해결하기</td></tr>
<tr><td>학습목표</td><td>넓이와 관련된 실생활 문제를 해결할 수 있다.</td><td>학습자료</td><td>4절 도화지,
줄자, 자 등</td></tr>
<tr><td>수학적
모델링 과정</td><td colspan="3">교수·학습 활동 내용 및 수업의 전개</td></tr>
<tr><td>실세계
문제</td><td colspan="3">◆준비활동 (학급 전체 토의)
1) 동기유발 및 과제 제시
-학습자의 실세계 맥락과 연계된 수학적 모델링 과제를 제시

○○초등학교 5학년 학생들은 학급미술시간에 설치미술 작품을 꾸미기로 하였습니다. 5학년 1～6반의 6개 학급이 같은 시간에 운동장과 그 주변 시설물들을 이용하여 작품을 만들려고 합니다. ○○초등학교 5학년 6개 학급이 가능한 같은 넓이의 공간을 사용하도록 할려면, 5학년 각 반은 어느 위치에서 얼마만큼의 넓이를 사용하여 설치미술 작품을 꾸미면 될지 축척을 결정하고 지도를 그려 나타내어 봅시다.

2) 문제 상황 확인
-주어진 문제 상황의 내용 알아보기, 문제에 주어진 정보 확인하기</td></tr>
<tr><td>모델</td><td colspan="3">◆모델유도활동 (소그룹 활동)
1) 문제 상황의 관찰, 이해 및 단순화
-문제해결을 위해 활용해야 할 정보를 선택하기
-문제 상황을 단순화하여 문제해결을 위해 해야 할 일 생각해보기
2) 모델 형성
-문제를 해결하기 위해서는 어떤 전략을 사용하여야 하며, 어떤 과정을 거쳐야 할지 계획하기
-학교 건물과 운동장 및 기타 시설물들의 실제 길이와 넓이를 측정하여 그 결과를 기록하기
-측정 결과를 지도로 나타낼 방법 정하기
-측정 결과를 바탕으로 하여 지도를 그리기 위한 축척을 결정하기
-정해진 축척에 따라 주어진 종이(4절 도화지)에 지도를 그려보기
-지도 안에 ○○초등학교 5학년의 1, 2, 3, 4, 5, 6반이 사용하게 될 설치미술 활동 장소의 영역을 나누는 방법을 결정하고 영역을 나누기
-나누어진 영역을 지도에 표현하기</td></tr>
</table>

수학적 결론	◆모델탐색활동 (프레젠테이션) -모둠별로 개발한 모델을 발표하기 -축척 결정 방법과 각 장소의 넓이를 구한 방법, 활동 장소 전체를 6개의 부분으로 나눈 방법에 대해 이야기 나누기 -모델에 포함된 수학적개념, 원리, 법칙 찾아내기(축척, 평면도형의 넓이)
모델 적용	◆모델적용활동 (학급 전체 토의) -여러 가지 모델 중에서 문제해결을 위해 보다 더 적합한 방법이 있는지에 대해 의견 공유하기 -장소(다른 학교) 혹은 학급 수(증가 혹은 감소)가 변화된 상황이 주어질 경우, 개발된 모델을 어떻게 활용할 것인지에 대하여 의견 나누기

(1) 실세계 문제 단계

이 단계에서 학생들은 학급 전체 토의를 통해 준비활동을 하게 되어있는데, 이 단계에서 학급전체 학생들은 실세계 맥락과 연계된 수학적 모델링 과제를 받게 되고, 학급 전체 토의를 통해서 주어진 문제 상황의 내용을 확인하고 문제에 나타난 정보를 확인하게 된다.

(2) 모델 단계

준비활동을 마친 학생들은 모델 단계에서 모델을 유도하는 활동을 하게 되는데, 이 단계에서 학습자들은 소그룹 활동을 통하여 문제 상황을 자세하고 구체적으로 관찰하고, 이해하고, 단순화함으로써 문제해결을 위한 모델을 개발하게 된다. 학습자들은 모둠별로 과제를 구체적으로 관찰하고 이해하는 동안 문제해결에 필요한 정보를 선택하고 자신들이 어떤 일들을 해야 하는지에 대하여 논의하게 된다. 그리고 모둠원들은 문제해결을 위한 전략과 과정을 계획한 후에 학교 건물과 운동장 및 기타학교 시설물들의 실제 넓이를 측정하고 그 결과를 기록한다. 측정이 끝나면 모둠의 학생들은 측정 결과를 지도로 나타낼 방법을 결정하게 되는데, 이 과정에서 학생들은 자연스럽게 이전 학년에서 학습했던 축척의 개념을 활용하게 된다. 주어진 크기의 종이에 지도를 그리기 위하여 적절한 축척을 결정함에 있어 학생들은 여러 번의 시행착오를 겪은 후, 가장 적합한 축척을 정하여 지도로 나타낸다.

지도가 그려지면 학생들은 6개 학급이 가능한 같은 넓이의 설치 미술 공간을 확보할 수 있도록 다양한 방법으로 구역을 나누어 본 후, 가장 합리적이라고 생각되는 방법으로 영역을 나누어 지도에 표현함으로써 모델을 완성하게 된다.

(3) 수학적 결론 단계

각 모둠별로 모델이 형성된 후에 학생들은 수학적 결론 단계에서 프리젠테이션을 통해 각각의 모둠이 개발한 모델을 발표함으로써 모델 탐색 활동을 하게 된다. 이 과정에서 학생들은 모둠별로 축척을 결정한 방법과 각 장소의 넓이를 구한 방법, 그리고 활동 장소 전체를 6개의 부분으로 나눈 방법에 대해서 이야기를 나누며, 자신들이 모델을 만들어낸 과정과 방법을 형식화하고 추상화함으로써 모델에 포함된 수학적 개념, 원리, 법칙(축척 및 평면 도형의 넓이)을 정리하게 된다.

(4) 모델 적용 단계

마지막으로 모델 적용 단계에서 학생들은 학급 전체 토의를 함으로써 모델 적용 활동을 하게 되는데, 이 과정에서 학생들은 축척의 개념과 평면도형 넓이의 개념 및 공식 등의 수학적 결론을 해석하고 분석함으로써 여러 가지 모델들 중에서 문제해결을 위해서 가장 적합한 방법이 무엇인지, 혹은 더 좋은 다른 모델이 있는지에 대하여 의견을 공유하며 나아가 장소 혹은 학급 수가 변화된 상황이 주어질 경우에 자신들이 개발한 모델을 어떻게 활용할 수 있을 것인지에 대하여 이야기를 나누게 됨으로써 모델을 다른 실세계 상황에 재활용하고 일반화할 수 있는 방법을 모색하게 된다.

6 공학을 활용한 수학적 모델링 지도

컴퓨터의 발달과 다양한 탐구형 소프트웨어들의 출현은 수학 교육 분야에서도 활용 가능성과 활용 영역을 확장하여 교수·학습의 변화를 가져오는 계기가 되었다. NCTM(2000)은 컴퓨터와 계산기를 강력한 문제해결 도구로 인식하면서 신속한 계산 기능, 그래프 표현 기능, 변인 간의 관계 파악 기능은 학생들이 수학을 수행하는 데 있어서 큰 도움을 주기 때문에 모든 학생은 계산기와 컴퓨터를 활용할 수 있어야 한다고 하면서 학교수학 교육에서 공학의 역할을 강조하였다. 우리나라에서도 제 6차 교육과정에서 학교수학 교육을 위한 기본 방향 중의 하나로 계산기와 컴퓨터를 수학적 도구로 활용하는 것을 설정하였고, 제 7차 교육과정 이후부터는 계속적으로 복잡한 계산, 수학적 개념·원리·법칙의 이해, 문제해결력의 향상 등을 위하여 계산기와 컴퓨터의 활용을 강조하고 있다(교육인적자원부, 1997; 교육과학기술부, 2011).

수학적 모델링에서 공학의 도입은 계산이나 알고리즘 위주의 모델링이 아닌 복잡한 실세계 현상을 이해하고 해결하며 예측하는 방법으로서 수학적 모델링의 본질적 지도를 가능하게 한다. 수학적 모델링의 현실 상황은 대부분 너무 복잡하여 직접 수학적으로 다루기 힘들고, 이러한 어려움을 극복하기 위해서는 현실상황을 나타내는 복잡한 수식 계산과 수식들 사이의 관계를 파악할 수 있는 환경이 필요하다. 이러한 환경을 제공할 수 있는 것이 공학을 이용한 수학적 모델링이며, 실제로 수학적 모델링에서는 다양한 공학 도구들이 자주 사용된다.

모델링 활동에서 공학의 사용은 수학적 표현을 쉽게 만들 수 있도록 돕고 수학 내적·외적 연결을 도울 뿐만 아니라 패턴의 파악을 통한 수학적 사실의 귀납적 발견을 촉진한다. 수학적 모델링 활동에는 그래프, 수식, 표, 기하학적 도형, 알고리즘, 시뮬레이션 도구 등과 같은 다양한 수학적 표현 또는 고안물이 필요하다. 이때 공학의 사용은 다양한 수학적 표현을 제공하고 그들 사이의 연결을 자유롭게 하며 복잡한 계산이나 절차적인 지식을 대신함으로써 학생들로 하여금 보다 많은 시간을 높은 일반화와 추상화 수준에서 활동하는 기회를 제공해줄 수 있다. 또한 공학에서 사용된 표현들은 수학적인 형식화된 기호체계로 인도하도록 도움을 줄 수 있다. 김용균(1999)은 수업에서 공학을 활용할 때의 효과를 다음과 같이 정리한다.

첫째, 반복적이고 순환적이며, 개념 체계를 표나 그래프로 나타낼 수 있는 문제를 간단히 다룰 수 있고 초기값, 변수를 손쉽게 변화시킬 수 있어 탐구 학습이 가능하다.

둘째, 규칙을 찾고 입력하는 과정에서 일반적인 규칙을 기호화할 수 있고 알고리즘이나 모델링을 창출하는 데 따른 직관력을 기를 수 있으며, 이를 통해 귀납적 추론능력을 배양할 수 있다.

셋째, 복잡한 계산을 대신해 주므로 남는 시간 동안 문제해결 과정에 깊은 탐구를 가능하게 한다.

넷째, 계산 과정을 화면 위에 시각화함으로써 오류 수정이 가능하고 계산결과를 한눈에 파악할 수 있다.

다섯째, 교실의 칠판 수업에서 나타내기 어려운 그래프도 쉽게 볼 수 있고 문제의 뜻을 정확히 파악하여 의미 있는 시각화 수업을 할 수 있다.

공학의 여러 가지 장점에도 불구하고, 모델링 수업에 공학을 실제로 활용할 때 몇 가지 유념해야 할 것이 있다. 공학이 제공하는 표나 그래프를 살펴보는 것이 어떤 개념이나 정리, 문제 상황을 비형식적으로 이해하는 것에는 도움을 줄 수는 있지만 그 과정 중에서 얻어지는 직관적 타당성이 곧 수학적 증명을 의미하는 것은 아니므로, 수학적으로 엄밀하게 공학으로 학습한 내용을 다시 정리할 필요가 있다. 특히, 공학을 활용한 교수·학습 상황에서 수학적 내용의 추상성, 자료의 적절성, 처리해야 할 정보의 양에 따라 학생들에게 인지적 어려움을 초래할 수 있고, 학습자가 공학 자료를 해석하고 재조작하면서 수학적 능력을 얻는 것이 아니라 도구로서 사용되는 컴퓨터에 대해서 관심을 갖는 현상이 일어날 수 있다. 또한 학생이 화면에 출력되는 결과만을 과신함으로써 수학적 상황에 대한 이해와 통찰이 발생하지 않을 수도 있다.

일반적으로 공학을 활용한 모델링 수업에서 나타날 수 있는 부정적인 현상으로 죠르단 효과와 메타인지적 이동을 들 수 있다. 죠르단 효과는 공학을 통해 모델링 활동을 할 때, 학생의 평범한 행동이나 대답이 사실은 교사의 직접적인 유도나 단서에 의해 야기된 것임에도 불구하고 학생 스스로가 수학적 사실을 발견한 것으로 받아들이는 것을 말한다. 교수·학습 상황에서 죠르단 효과를 예방할 수 있는 교사의 역할은 학생들에게 도입 부분에서 공학 자료를 활용하는 방향을 설정해 주고, 수학적 상황에 대한 정보를 제공하는 안내자로서의 역할을 해야 하며, 보다 원활하게 교수·학습 상황에 적응할 수 있도록 동기를 부여하는 객관적인 보조자로서의 역할을 수행하는 것이다. 교사는 학생들이 탐구하고 있는 수학적 내용과 그에 따른 수학적 사고의 전개를 직접적인 유도나 단서에 의해 통제해서는 안 되고, 안내자로써 학생 스스로가 올바른 방향을 찾을 수 있는 가능성을 확신하며 기다릴 수 있어야 한다. 따라서 공학을 활용한 모델링 수업에서 교사는 지식의 일방적 전수자가 아니라 학생의 지식 구성을 돕는 공동학습자와 공동탐구자로서의 역할과 함께 교실 상황에서 발생할 수 있는 여러 가지 교수 현상의 문제를 해결하는 조정자의 역할을 수행해야 한다. 또한 공학을 활용한 모델링 수업에서 교사는 지도하고자 하는 수학적 내용과 이에 따른 수학적 사고를 명확히 해야 한다.

메타인지적 이동은 교수학적 초점이 수학적 내용에서 도구인 공학으로 바뀌는 것을 말한다. 공학을 도구로 하는 모델링 활동에서 이러한 메타인지적 이동은 학생들이 수학을 추론하고 탐구하는 교실의 모습이 아니라 컴퓨터의 재미에 빠지는 모습으로 변할 수 있다. 메타인지적 이동의 또 다른 형태는 공학을 통해 수학적 지식을 추론하고 탐구하는 데 초점을 맞추기 보다는 공학을 사용하는 방법에 대한 관심으로 탐구의 이동이 일어날 수 있다는 것이다. 이러한 메타인지적 이동을 극복하기 위해 교사는 여러 가지 교수 현상의 문제를 해결하는 조정자의 역할과 함께 학생들에게 흥미가 있으면서 수학적 내용을 포함한 공학 자료를 제시하며, 이를 통해 학생들의 탐구심을 유발하고 학생들이 수학적 지식을 형식화할 수 있도록 지도해야 한다.

컴퓨터의 사용에 대한 부정적 측면이 현실적으로 존재하고 있음에도 불구하고 모델링 활동에서 공학의 활용에 대한 긍정적인 효과가 더 크기 때문에 모델링 활동의 도구로써 공학의 활용은 기존의 수학 교실과 지필 환경에서는 다루기 힘들었던 수학적 개념들을 학습할 수 있는 기회를 제공할 뿐만 아니라 보다 다양하고 깊게 탐구할 수 있도록 할 수 있다. 수학교과에서 주로 사용하는 공학으로는 Microsoft Excel과 같은 스프레드시트, Fathom, Minitab과 같은 통계 소프트웨어, TI-92, Mathematica, Maple과 같은 컴퓨터 대수 체계, 그리고 GSP, CabriⅡ와 같은 기하 소프트웨어 등이 있다.

6.1. 수학적 모델링에서 GSP의 활용 사례

GSP는 역동적으로 움직이는 도형을 관찰함으로써 기하학적 관계를 탐구할 수 있는 프로그램이다. GSP는 유클리드 기하의 도형을 완벽하게 구현할 수 있으며, 나아가 애니메이션 기능, Trace 기능 등을 통하여 도형을 시각적으로 직접 보여줌으로써 기하의 여러 가지 성질을 발견하는 데 도움이 되는 아이디어를 제공해 줄 수 있다(http://www.mathlove.kr/shop/mathlove/index.php에서 다운로드).

(1) 단계 1: 문제 상황 파악

(수학적 모델링 문제) 진규는 아빠와 민규와 함께 축구를 하면서 다음과 같은 조건으로 시합을 하였다. 시합의 조건은 각자 서 있는 위치에서 다섯 번의 슛을 해서 골대에 제일 많이 넣은 사람이 이기는 것이다. 세 사람이 그림과 같이 서 있을 때, 누가 가장 유리할까를 예측할 수 있는 수학적 모델을 만들어 보자.

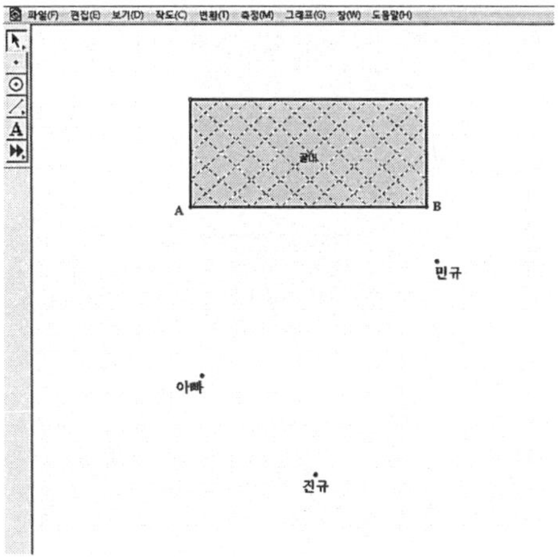

골대에 골을 넣을 수 있는 가능성은 골대까지의 거리, 그리고 골대의 양 끝과 이루는 각에 영향을 크게 받는다고 할 수 있다. 이 문제에서는 상황을 단순화하여 세 사람이 골대의 양 끝과 이루는 각을 가지고 누가 가장 유리할까를 예측할 수 있는 수학적 모델을

GSP로 만들어 보자.

(2) 단계 2: 수학적 모델로 구성

GSP의 각 측정기능을 활용하여 세 사람이 골대의 양 끝과 이루는 각 사이의 관계를 수식으로 표현한 수학적 모델로 [그림 7]과 같이 나타낼 수 있다.

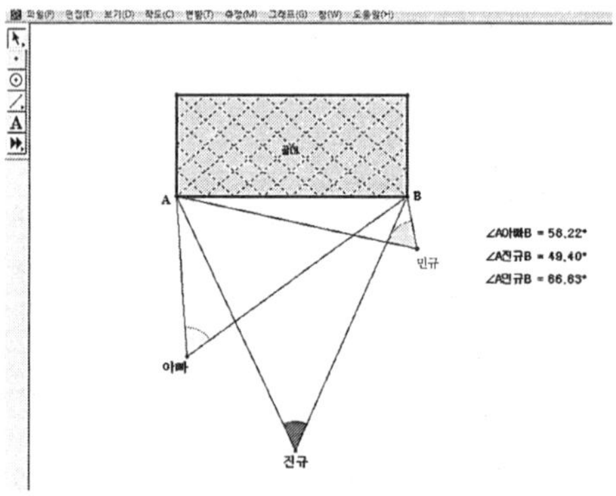

[그림 7] 초기 수학적 모델

(3) 단계 3: 수학적 모델의 정교화

골대의 양 끝 A, B와 아빠의 위치, 즉 세 점을 지나는 원을 그려보면 [그림 8]과 같이 좀 더 구체적이고 정교한 수학적 모델로 나타낼 수 있다. 이 모델에서는 원주각의 성질을 이용하여 세 사람이 동등한 가능성을 가질 위치를 손쉽게 조정할 수도 있다.

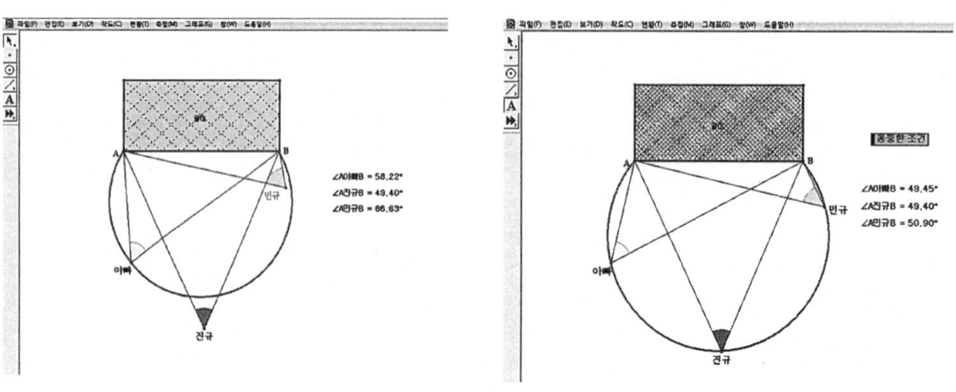

[그림 8] 정교화된 수학적 모델

6.2. 수학적 모델링에서 FATHOM의 활용 사례

Fathom은 자료 분석을 손쉽게 수행할 수 있는 통계교육용 프로그램으로 자료를 다양한 형태의 그래프(막대그래프, 산점도, 함수그래프, 히스토그램 등)로 빠르게 표현할 수 있다. 또한 슬라이더 기능을 이용하여 동적으로 자료의 값들과 함수 그래프를 변화시킬 수 있는 특징이 있다(http://www.mathlove.kr/shop/mathlove/index.php에서 다운로드).

(1) 단계 1: 문제 상황 파악

(수학적 모델링 문제) 수학적 확률은 각 근원사건이 같은 정도로 일어날 것이 기대된다는 가정 아래에서 정의되었다. 그러나 자연 현상이나 사회 현상 중에는 그 근원사건이 같은 정도로 일어나지 않는 경우가 흔히 있다. 즉, 현실에서 일어나는 일들은 수학적으로 계산되는 수학적 확률이 아닌 통계를 바탕으로 하는 확률이다. 같은 시행을 n번 반복하여 사건 A가 일어난 횟수를 r_n이라 할 때, n을 한없이 크게 함에 따라 상대도수 r_n/n가 일정한 값 p에 가까워지면, p를 사건 A의 통계적 확률이라고 한다.

실제로 주사위를 100, 1000, 2000번 던졌을 때, 즉 주사위를 던지는 횟수가 늘어남에 따라 주사위의 각 눈이 나올 확률이 어떻게 변하는지 예측해 보자.

FATHOM을 활용하여 실세계에서 실제로 수행하기 어려운 현실적 상황을 해결할 수 있는 수학적 모델을 만들어 보자.

(2) 단계 2: 수학적 모델로 구성

주사위를 100번 던졌을 때 상대도수를 그래프로 표현하기.

① Insert 메뉴를 이용하여 새로운 case table을 만든다.

② “dice”라는 attribute를 만든다.

③ dice attribute를 선택하고 마우스 오른쪽 버튼을 눌러 Edit Formula를 선택한다.

④ randominteger함수를 선택하고 1, 6을 입력한다.

⑤ 100번의 횟수를 만들기 위해 case table에서 마우스 오른쪽 버튼을 이용 New Cases...를 선택하고 100을 입력한다.

⑥ 새로운 Graph를 선택하여 만들고 case table의 dice attribute를 그래프의 x축 위로 드래그한다.

⑦ 그래프를 Histogram로 변경한다. 상대도수 히스토그램을 얻기 위해 Graph메뉴에서 Scale-Relative Frequency를 선택한다.

⑧ 각 눈이 나올 확률 $\frac{1}{6}$을 표시하기 위해서 마우스 오른쪽 버튼을 눌러 Plot Function을 선택하고 $\frac{1}{6}$을 입력한다.

위의 과정을 반복하여 주사위를 1000번, 2000번 던졌을 때 상대도수를 [그림 9]와 같은 그래프로 표현할 수 있다.

횟수	100회	1000회	2000회
그래프	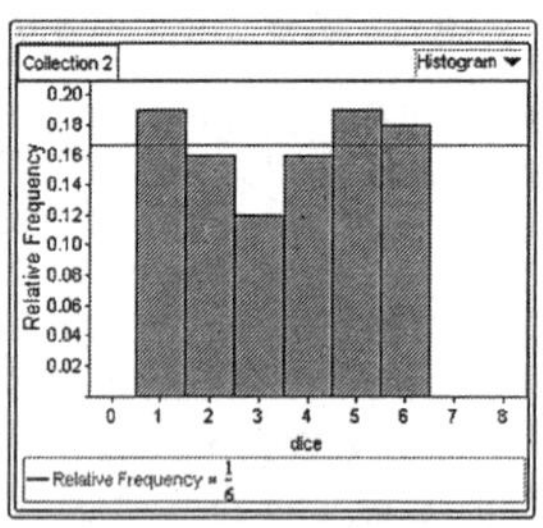	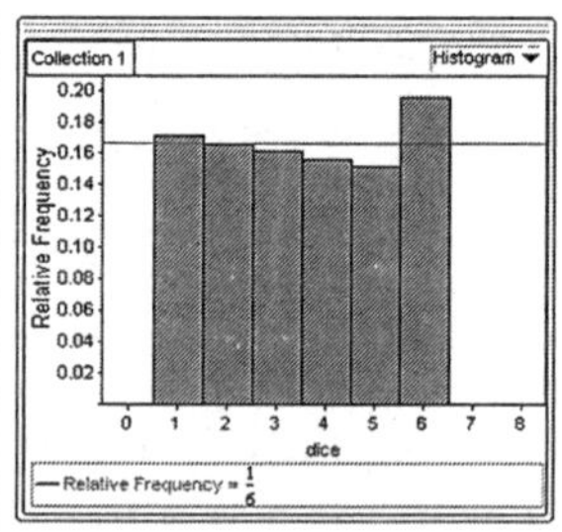	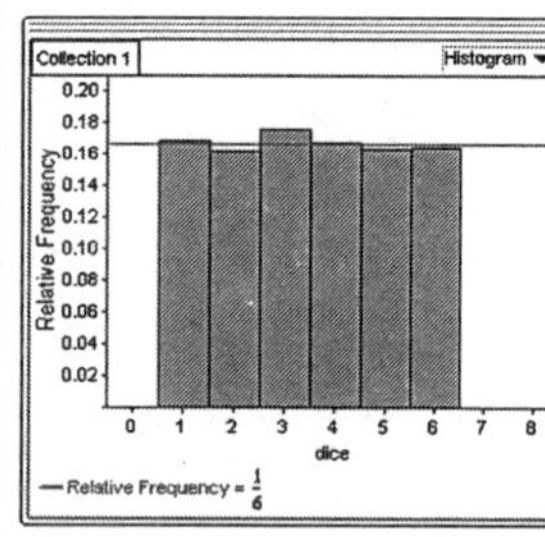

[그림 9] 수학적 모델

(3) 단계 3: 수학적 모델의 정교화 활동

횟수가 점점 많아질수록 각 눈이 나온 상대도수가 $\frac{1}{6}$에 가깝다는 것을 알 수 있다. 그러므로 던지는 횟수가 무한히 많아지면 각 눈이 나올 확률은 $\frac{1}{6}$이다.

6.3. 수학적 모델링에서 EXCEL의 활용 사례

EXCEL은 윈도우를 기반으로 학교 현장에 대부분 보급되어 있어 교실 현장에의 접근성이 가장 용이한 프로그램으로, 자동계산 기능, 차트 기능, 데이터 관리 기능, 매크로 기능 등을 제공한다.

(1) 단계 1: 문제 상황 파악

오른쪽 표는 긴장(x)과 스트레스($T(x)$)와의 관계에 대한 자료이다(신준식 외, 2013). 이 자료를 활용하여 긴장과 스트레스 사이의 관계를 예측할 수 있는 수학적 모델을 만들어 보자.

긴장(x)	스트레스(y)
1.22	4.0
1.35	8.0
1.45	13.0
1.5	20.0
1.55	22.0
1.57	28.0
1.6	33.0
1.64	40.0
1.67	44.0
1.71	60.0
1.74	71.0
1.77	83.0
1.8	95.0
1.83	109.0

주어진 자료를 활용하여 긴장과 스트레스 사이의 관계를 수학적 모델로 표현하고, 관계를 예측할 수 있도록 한다.

(2) 단계 2: 수학적 모델로 구성

엑셀의 차트 기능을 활용하여 긴장과 스트레스 사이의 관계를 그래프로 표현한 수학적 모델로 나타낼 수 있다.

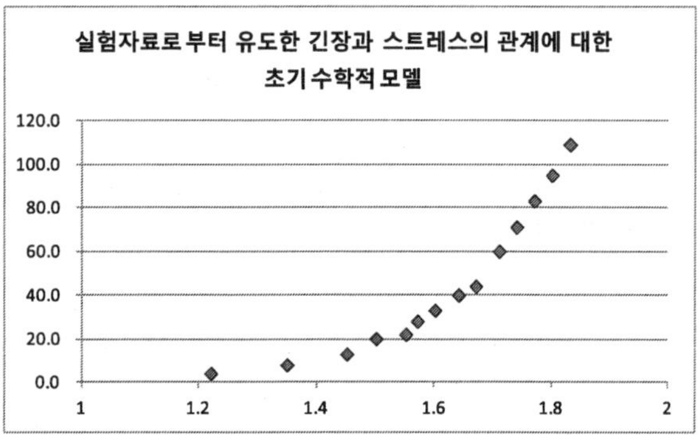

[그림 10] 초기 수학적 모델

(3) 단계 3: 수학적 모델의 정교화 활동

그래프의 분석을 통해 긴장과 스트레스 사이의 관계는 함수 $T(x)=Ae^{kx}+B$로 추정하여 수학적 모델로 나타낼 수 있다. 수학적 모델을 나타내는 함수 $T(x)=Ae^{kx}+B$ 에서 A, B, k의 값을 결정하기 위해, 먼저 스트레스가 전혀 없는 상태를 가정한다면 $T(1)=0$이다. 따라서 $B=-Ae^{k}$이므로 함수 $T(x)=Ae^{kx}+B=A(e^{kx}-e^{k})$의 형태이다. 이제, 엑셀의 해찾기(Slover) 기능을 활용하여 상수 A, k를 추정하는 활동을 진행할 수 있는데, 구해야 할 A와 k는 자료값과 함숫값의 오차를 최소화하는 값이어야 한다. 이를 위해 최소제곱법을 활용하여 식 $S=\sum_{i=1}^{n}[y_i-T(x_i)]^2$의 S를 최소화하는 A와 k의 값을 구한다. 이때, $(x_i,\ y_i)$는 관찰된 자료의 값이고, $T(x_i)$는 추정한 함수의 값을 말한다.

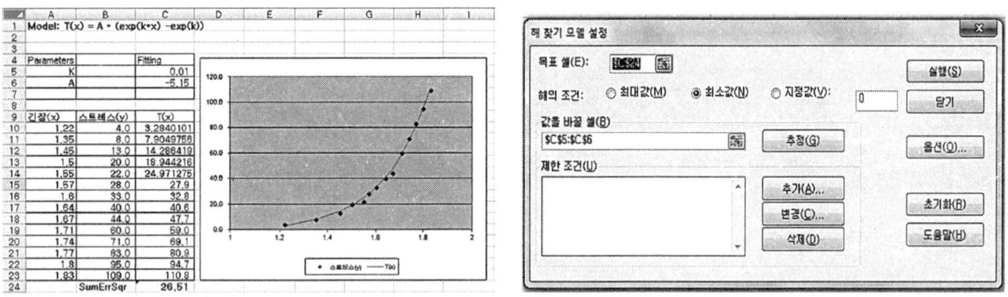

[그림 11] 해 찾기 기능

해 찾기 기능을 사용하여 $k=0.01$이고 $A=5.15$일 때, $S=26.51$의 최솟값을 가짐을 알 수 있다. 따라서 긴장과 스트레스 사이의 관계는 함수로 표현한 수학적 모델 $T(x)=5.15(e^{0.01x}-e^{0.01})$로 나타낼 수 있다.

7 문장제와 문제해결

수와 식만으로 제시된 문제는 수학만의 알고리듬과 조작에 의해 해결할 수 있는 것인 반면, 문장제는 수학이 실생활의 필요에서부터 발전되어 온 것임을 다시 한 번 상기시켜 주는 도구가 되며 그 해결에 있어 보다 복잡한 정보를 선택하고 처리하는 과정을 거치게 된다. 따라서 문장제는 수학적 모델링과 밀접한 관련이 있으며, 문장제가 학교 수학에서 다루어지는 중요한 이유 중의 하나는 수학적 모델링을 연습할 기회를 제공하기 위함이다. 문장제는 본질적으로 실제적인 측면과 형식적인 수학 두 측면을 모두 가지고 있는 모델링의 중요한 도구이기 때문에 많은 연구자들은 문장제를 수학적 모델링의 연습을 위해

사용해야 한다고 지적하고 있다(정인수, 2012)

7.1. 문장제와 문제해결

문장제는 수학적 언어와 일반 언어를 혼합하여 제시한 문제로서 하나의 상황이며, 읽고 해석해야 할 이야기 형식으로 진술된 하나의 텍스트이다(석경희, 백석윤, 2004). 따라서 문장제란 생활 속에서 일어날 수 있는 상황을 수량적 요소와 조건을 문장으로 기술한 것으로 적절한 해결 전략의 사용과 문장 해석 과정과 연산 과정을 순차적으로 밟아야 해결할 수 있는 문제라고 말할 수 있다.

튜발과 네셔(Teubal & Nesher, 1991)는 문장제란 최소한 두 개의 정보 문장과 한 개의 질문 문장으로 이루어진 문제로서, 일상생활과 관련된 상황이 구두로 혹은 질문으로 제시되는 계산 문제라고 하였고, 로젠탈과 레스닉(Rosenthal & Resnick, 1974)은 문장제란 논리적이고 분석적인 사고를 요구하는 문제로서, 언어적 기능과 산술적 처리 기능을 동시에 요구하기 때문에 문제에 대한 명확한 표상을 얻지 못한 학생은 적절한 해결 전략을 결정하지 못하여 문제해결에 실패하게 된다고 하였다. 칸토우스키(Kantowski, 1981)는 문장제는 언어적 문제(Verbal problem)로 문제의 구조를 인지한 다음 적절한 알고리즘을 선택하여 정확히 적용하기를 요구하는 문제로서 기본적인 계산 기능은 문제해결에 있어서 필수적이나 문제해결을 보장하지 못한다고 하였다. 또한 메이어(Mayer, 1987)는 문제해결과정에서 요구되는 인지과정을 문제의 표상과 문제해결의 두 가지 주요 단계로 구분하고, 다시 문제의 표상단계는 각 문장을 이해하는 해석과 문장을 읽고 나서 의미 있는 표상으로 변형하는 통합으로 구분하였다. 그렇지만, [그림 12]에서 문제의 텍스트를 읽고 해석하는 일은 서로 중첩되어 있으므로 동시에 발생할 수 있음을 나타내며, 또한 수많은 상황 속에서 기억으로부터 정보를 인출하며 하나의 해결 계획을 구상하는 과정 역

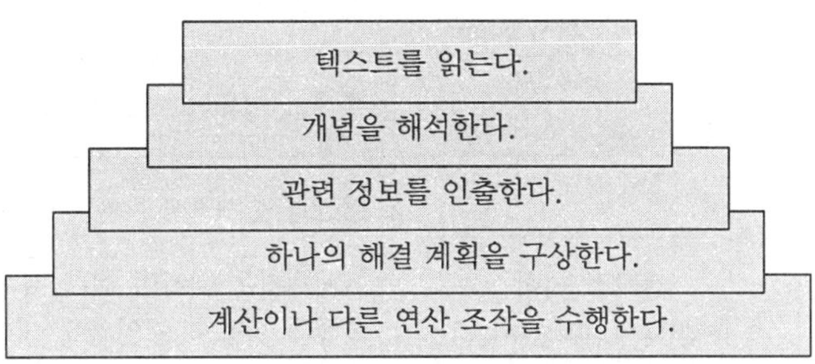

[그림 12] 문제를 해결하는 과정에 연루되는 단계

시 분리하여 해결할 수 없는 것이다. 그리고 문제의 해결 계획을 구성하는 일과 계산이나 연산 조작을 수행하는 일도 서로 상호작용을 하고 있음을 나타낸다.

메이어, 라킨과 카덴스(Mayer, Larkin & Kadance, 1984)는 수학적 문제해결의 인지적 과정들에 대한 분석을 통해 수학적 문제해결의 과정을 기본적인 국면으로 번역(translation), 이해(understanding), 계획(plannig), 실행(execution)의 네 가지로 구분하고, 각 국면에서 요구되는 지식형태가 각기 다르다는 사실을 제안하였다. 이 문제해결의 네 가지 국면과 폴리아의 문제해결의 사고과정 4단계와 비교하면 다음 [표 4]와 같다.

[표 4] 메이어, 라킨, 카덴스와 폴리아의 문제해결 과정 비교

구분	문제해결 과정				
메이어, 라킨, 카덴스	번역	이해	계획	실행	
폴리아		문제이해	계획수립	계획반성	반성

메이어, 라킨, 카덴스는 문제이해 단계를 번역 단계와 해석 단계로 더 세분화하여 문제의 문장을 읽고 이해하여 바르게 해석하는 데 더 중점을 두었으며, 계산이나 연산 조작이 끝난 후 검산 등의 반성 단계가 별도로 없는 점이 다르다고 하겠다. 메이어(1983)는 문장제를 해결하는 두 단계에 따른 다섯 가지의 지식이 요구된다고 하였는데 정리하면 [표 5]와 같다.

[표 5] 문장제 해결 단계에 필요한 지식

단계	필요한 지식	설명
해석 (translation)	언어적 지식 (linguistic knowledge)	문장 독해를 할 수 있는 단어에 대한 지식
	어의적 지식 (semantic knowledge)	수학적 사실에 대한 지식
	도식적 지식 (schematic knowledge)	문제의 형태나 구조에 대한 지식
해결 (solution)	절차적 지식 (procedural knowledge)	연산을 순서적으로 수행할 수 있는 지식
	전략적 지식 (strategic knowledge)	문제해결을 위하여 여러 형태의 유용한 지식을 어떻게 활용할 것인가에 대한 지식

언어적 지식과 어의적 지식은 문장제 해결에서 가장 중요한 단계인 문제이해하기에 필요한 지식이며, 도식적 지식은 문제 유형에 관한 지식이다. 절차적 지식과 전략적 지식은 연산이나 공식을 내적인 표상에 적용하여 미지수 값을 알아내는 것으로 어떤 순서로 어떤 연산을 실행할 것인가에 관한 지식이다.

7.2. 문장제의 유형

카펜터와 모저(Carpenter & Moser, 1983)는 선행 연구들을 종합하여 세 가지로 구분하였다. 첫째는 구문론적 분류로서 구문, 어휘수준, 문제를 구성하는 단어 어휘 수의 측면에서 분류하는 것이고, 둘째는 문장제가 표상되는 순서에 따른 수식의 유형에 의해 분류하는 것이고, 셋째는 문장제의 의미 구조에 의해 분류하는 것이다.

(1) 구문론

언어학에서 구문론은 문장의 구조적 표현 형태와 관련된다. 수학 문장제는 수학적 언어인 전문 용어와 자연 언어가 같이 주어져서 언어로 된 문제 상황을 읽고 수학적으로 해결해야 한다. 이에 문장제를 구문론적 관점에서 분석해야 할 필요성이 있는 것이다.

① 문제의 길이

문장제 문제해결에서 문제의 길이는 문제해결의 주요한 변인으로 작용하지는 않는다. 그렇지만 정보처리이론의 관점에서 볼 때, 문제의 길이가 길거나 수식이나 상황이 복잡하고 친숙하지 않은 문장제는 단기기억보다는 장기기억의 회상에 의해 문제를 이해하고, 비교적 단순하거나 짧은 길이의 문장제는 단기기억에 좀더 의존한다.

② 자료 제시와 계산 순서 불일치

튜발과 네셔(Teubal & Nesher, 1991)에 의하면, 어린 학생은 문제에서 사건이 발생한 순서를 재배열하여 문제를 해결하는 데 어려움을 겪는 반면 나이든 학생은 사건 언급의 순서를 무시하며 수학적 문장을 문제를 해결하는 데 적용할 수 있는 방향으로 재구성해 나간다고 한다.

③ 불필요하거나 불충분한 수치 정보의 포함 유무 관계

실생활 문제해결은 수학적 문제해결과 관련되므로 수학 문제는 실생활과 관계되는 경우가 대부분이다. 실생활에서 발생하는 문제상황은 불필요하거나 불충분한 수치 정보들 속에서 문제해결에 필요한 것들을 선별하여 그것들을 활용하여 문제를 해결한다. 따라서 실제로 수학 교과서에 제시된 문장제 중 불필요하거나 불충분한 수치 정보의 포함 유무 관계를 살펴볼 필요가 있다.

④ 개방형(open-ended) 질문

개방형 질문은 답이나 풀이 과정에서의 다양성과 창의성을 존중하고 인정하는 것으로, 일반적인 알고리즘에 의해서는 해결할 수 없는 비정형적인 문제가 많아서 문제해결의 바람직한 형태로 제안된다.

⑤ 문제의 재진술

문제의 재진술은 문장제의 내용을 다시 묻는 질문(예, 구하려는 것은 무엇인가?, 무엇을 구해야 하나요? 등)을 말하는 것으로, 학습자가 문제를 이해하기 위해 자기 반추의 과정을 문제 자체에서 제공하는 하위 질문의 형태이다.

(2) 의미론

최근의 연구들은 대부분 의미구조에 따른 문장제의 분류가 선호되고 있는데, 그 이유는 첫째, 의미구조에 따른 다양한 문제 유형에 대한 학생들의 수행을 알아볼 수 있고, 둘째, 서로 다른 의미구조라도 동일한 형태의 수식으로 표현될 수 있으므로 다른 분류보다 더 중요시 되는 것처럼 보이기 때문이다.

의미구조란 문제 장면을 기술하는 데 나타난 집합의 의미적 관계를 나타내는 것으로, 의미적 관계란 집합의 증가 및 감소의 변화, 상태 등에 관한 개념적 지식을 말한다(Riley, Greeno, Heller, 1983). 의미구조에 따라 문장제의 유형을 살펴보면 덧셈의 경우는 첨가(증가), 합병(결합), 뺄셈의 역연산으로 분류하고, 뺄셈의 경우는 감소(구잔, 제거), 비교(구차), 덧셈의 역연산으로 분류하고, 곱셈의 경우에는 동수누가, 곱, 배로 분류된다. 또한 나눗셈의 경우는 포함제, 등분제 등으로 분류한다(이정재, 2004).

(3) 문장제의 소재

문장제의 소재는 수학적 소재와 어휘적 소재로 구분된다. 수학적 소재는 영역이나 비와 비율, 방정식 등과 같은 것이고, 어휘적 소재는 문장제의 주제를 구성하는 소재이다. 학생들이 자신에게 의미 있는 실생활 주변의 여러 가지 문제들을 해결해 나가는 것이 수학의 적용 가능성을 경험하고, 수학 학습의 의미를 깨달으며, 흥미를 유발시킬 수 있는 좋은 기회가 되므로 문장제에 사용된 소재 역시 실생활의 문제해결과 밀접하게 관련되어 있어야 한다(김한나, 2005, 재인용).

7.3. 덧셈과 뺄셈 연산에서 문장제의 유형

덧셈과 뺄셈에 대한 문장제 유형은 여러 연구자들이 제시한 바 있는데, 카펜터(Carpenter) 외, 린드발과 탐부리노(Lindvall & Tamburino)가 구분한 유형을 많이 활용하고 있다. 이들에 대한 유형을 간단히 알아보면 다음과 같다.

(1) 카펜터 외의 유형

카펜터 외(1999)는 문제에 기술된 행위나 관계의 유형에 초점을 맞추어 다음과 같이 네 종류의 문제, 즉 첨가하기, 덜어내기, 부분/전체, 비교 등으로 분류하고 있다.

① 첨가하기 문제

첨가하기 문제는 어떤 양을 증가시키는 직간접적인 행위가 관련되어 있다. 주어진 집합에 시각이 지나면서 원소를 첨가하는 행위가 나타난다. 세 가지 유형으로 분류가 가능하다.

[표 6] 첨가하기 문장제 유형

모름	문장제 예	수식
결과 모름	은혜는 장난감 자동차 5대를 가지고 있다. 은혜의 부모님이 생일 선물로 장난감 자동차를 2대 더 주셨다. 그러면 은혜는 장난감 자동차를 모두 몇 대 가지고 있는가?	5+2=□
변화량 모름	은혜는 장난감 자동차 5대를 가지고 있다. 부모님이 생일 선물로 장난감 자동차를 몇 대 더 주셨다. 그러자 은혜는 장난감 자동차를 모두 7대 가지게 되었다. 은혜의 부모님이 생일 선물로 장난감 자동차 몇 대를 더 주셨을까?	5+□=7
처음 수량 모름	은혜는 장난감 자동차를 몇 대 가지고 있었다. 은혜의 부모님이 생일 선물로 장난감 자동차를 2대 더 주셨다. 그러자 은혜는 장난감 자동차를 모두 7대 가지게 되었다. 은혜는 원래 장난감 자동차 몇 대를 가지고 있었을까?	□+2=7

결과를 모를 때의 문제는 처음부터 있던 수량에 중 것을 합하면 되지만 변화량과 처음 수량을 모를 때의 문제가 결과를 모를 때의 문제와 같은 결과를 가져온다는 것을 처음에는 인식하지 못할 수도 있기 때문에 서로 다른 문제로 인식된다.

② 덜어내기 문제

덜어내기 문제는 첨가하기 문제와 여러 측면에서 유사하다. 시간이 지나면서 어떤 행위가 발생하지만, 이 경우에는 처음의 양이 증가하는 것이 아니라 감소한다. 또한 첨가하기 문제와 마찬가지로 덜어내기 문제에서도 세 종류의 수량이 있으며 그 중 하나를 모른다.

[표 7] 덜어내기 문장제 유형

모름	문장제 예	수식
결과 모름	수현이는 금붕어 8마리를 가지고 있었다. 수현이는 동호에게 금붕어 3마리를 주었다. 수현이에게 금붕어 몇 마리가 남았을까?	8−3=□
변화량 모름	수현이는 금붕어 8마리를 가지고 있었다. 수현이는 동호에게 금붕어 몇 마리를 주었다. 그러자 수현이에게는 금붕어 5마리가 남았다. 수현이는 동호에게 금붕어 몇 마리를 주었을까?	8−□=5
처음 수량 모름	수현이는 금붕어 몇 마리를 가지고 있었다. 수현이는 동호에게 금붕어 3마리를 주었다. 그러자 수현이에게는 금붕어 5마리가 남았다. 수현이는 처음에 몇 마리의 금붕어를 가졌을까?	□−3=5

③ 부분/전체 문제

부분/전체 문제는 특정한 집합과 서로소인 두 부분집합 사이의 정적인 관계와 관련되어 있으며 두 가지 유형으로 분류된다. [표 8]과 같이 두 부분집합이 주어지고 전체 집합의 크기를 구하는 문제와 한 부분집합과 전체집합이 주어지고 다른 부분집합의 크기를 구하는 문제로 분류된다. 이것은 명확하게 수식으로 대응시키기 어렵다.

[표 8] 부분/전체 문장제 유형

모름	문장제 예
전체 모름	6명의 남학생과 4명의 여학생이 피구를 하고 있다. 모두 몇 명의 어린이가 피구를 하고 있는가?
부분 모름	10명의 어린이가 피구를 하고 있다. 그 중 6명은 남학생이고, 나머지는 여학생이다. 몇 명의 여학생이 피구를 하고 있는가?

④ 비교 문제

비교 문제는 부분/전체 문제와 마찬가지고 첨가하거나 덜어내는 행위가 아니라 수량 사이의 관계와 관련되어 있다. 한 집합이 다른 집합과 비교되기 때문에, 한 집합은 준거 집합으로, 다른 집합은 비교 집합으로 분류된다. 비교 문제에는 한 집합이 다른 집합을 초과하는 양이라고 할 수 있는 세 번째 요소가 있다. 비교 문제에는 세 가지가 있는데 차이, 준거량, 비교량 중 어느 하나는 모르는 것이다. 이것도 명확하게 수식으로 대응시키기 어렵다.

[표 9] 비교 문장제 유형

모름	문장제 예
차이 모름	민수는 햄스터 3마리를 가지고 있다. 정미는 햄스터 7마리를 가지고 있다. 정미는 민수보다 햄스터 몇 마리를 더 가지고 있는가?
비교량 모름	민수는 햄스터 3마리를 가지고 있다. 정미는 민수보다 햄스터 4마리를 더 가지고 있다. 정미는 햄스터 몇 마리를 가지고 있는가?
준거량 모름	정미는 햄스터 7마리를 가지고 있다. 정미는 민수보다 햄스터 4마리를 더 가지고 있다. 민수는 햄스터 몇 마리를 가지고 있는가?

(2) 린드발과 탐부리노(Lindvall & Tamburino)의 유형

린드발과 탐부리노가 고안한 교수 표현은 문제에서 묘사된 상황을 모델링하는 다이어그램으로 유치원생 및 초등 1학년 학생들을 대상으로 개발한 것이다. 문제에서 대상에 해당하는 점은 집합을 나타내는 폐곡선에 의해 싸여있고, 집합 사이의 관계는 덧셈·뺄셈 문장제의 전형적인 양에 대한 다양한 유형에 대응하는 방식으로 표현된다. 덧셈과 뺄셈의 유형과 관련된 8가지 다이어그램은 [그림 13]과 같다(김조현, 2007 재인용).

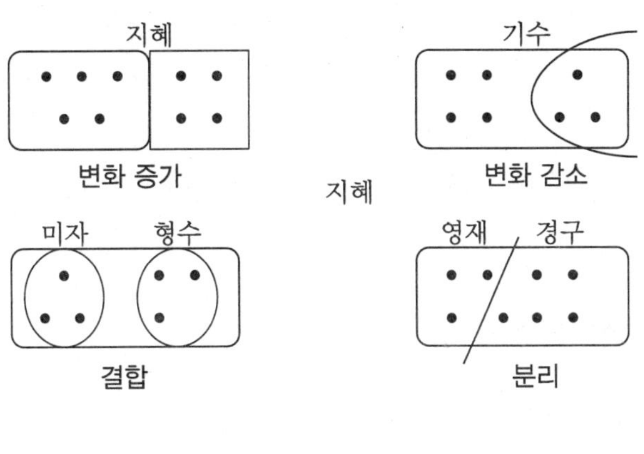

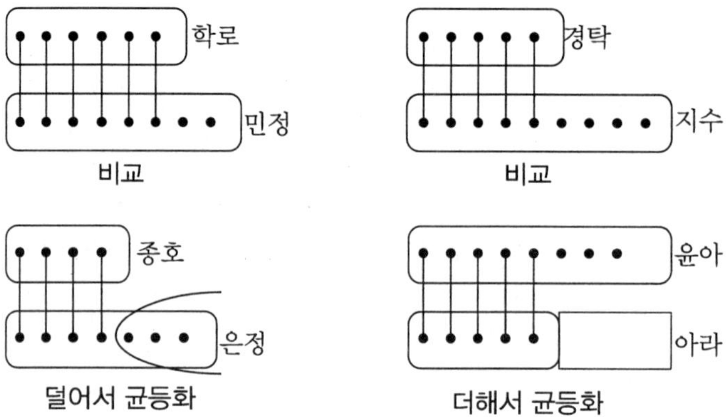

[그림 13] 문장제의 다이어그램 표현 유형

그리고 다이어그램의 표현 유형에 따른 문장제의 예는 [표 10]과 같다.

[표 10] 다이어그램의 표현 유형에 따른 문장제의 예

다이어그램 표현 유형	문장제 예
변화 증가 유형	• 지혜는 5개의 구슬을 갖고 있다. 4개를 더 얻었다. 이제 몇 개를 갖게 되었는가?
변화 감소 유형	• 기수는 7개의 과자를 갖고 있다. 그 중 3개를 먹었다. 얼마나 남아있는가?
결합 유형	• 미자는 3개의 사과를 갖고 있다. 형수는 4개의 사과를 갖고 있다. 합하여 모두 몇 개의 사과를 갖고 있는가?
분리 유형	• 영재와 경구는 합하여 8개의 장난감 자동차를 갖고 있다. 이 중 3개가 영재의 것이다. 경구는 몇 개를 갖고 있는가?
비교 유형	• 학로는 6개의 연을 갖고 있다. 민정이는 8개의 연을 갖고 있다. 민정이는 학로보다 얼마나 많은 연을 갖고 있는가?(얼마나 더 많은가?) • 경탁이는 5권의 책을 갖고 있다. 지수는 9권의 책을 갖고 있다. 경탁이는 지수보다 책을 몇 권 덜 갖고 있는가?(얼마나 더 적은가?)
균등화 유형	• 종호는 4개의 과자를 갖고 있다. 은정이는 7개의 과자를 갖고 있다. 은정이가 종호와 같은 수를 가지려면 몇 개를 더 먹어야 하는가?(덜어서 균등화) • 윤아는 8개의 반지가 있다. 아라는 5개의 반지가 있다. 아라는 윤아만큼의 반지를 갖기 위해 몇 개를 더 얻어야 할까?(더하여 균등화)

7.4. 교과서 상에서 문장제 유형의 예

본 절에서는 2007 개정 교육과정에 따라 만들어진 1학년 수학 교과서에 나오는 덧셈과 뺄셈의 문장제 유형에 대해 간단히 소개하면서 교과서에서 지도하고 있는 시각화의 예를 들어 본다.

(1) 변화 증가 유형

나뭇가지에 참새 5마리가 앉아 있습니다. 2마리가 더 날아왔습니다. 참새는 모두 몇 마리인지 알아보시오(수학 1-1, p. 60, 교육과학기술부, 2009).

[시각화의 예]

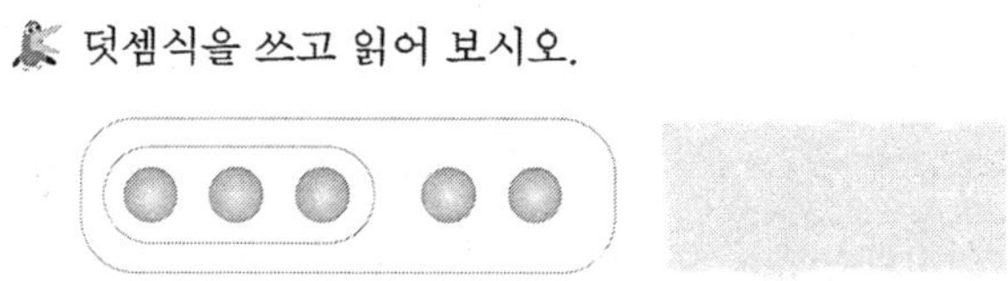

(2) 변화 감소 유형

나비 8마리가 있습니다. 그 중에서 3마리가 날아갔습니다. 나비가 몇 마리 남아 있는지 알아보시오(수학 1-1, p. 65, 교육과학기술부, 2009).

[시각화의 예]

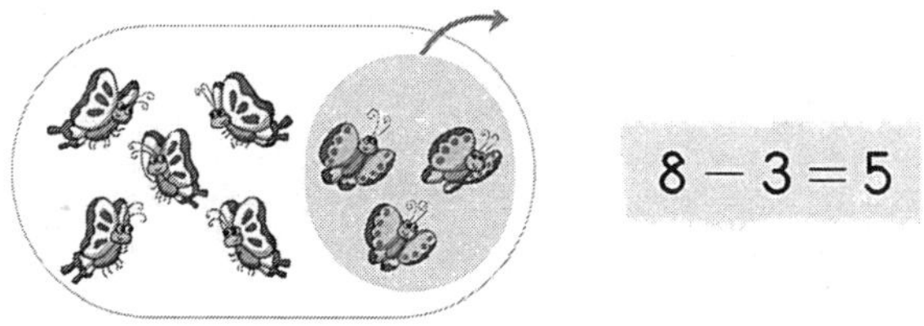

참새 12마리가 전깃줄에 앉아 있습니다. 4마리가 날아가고 잠시 후에 3마리가 또 날아갔습니다. 남은 참새는 몇 마리인지 알아봅시다(수학 1-2, p. 93, 교육과학기술부, 2009).

(3) 결합 유형

흰 강아지 3마리와 검은 강아지 5마리가 있습니다. 강아지는 모두 몇 마리인지 알아보시오(수학 1-1, p. 61, 교육과학기술부, 2009).

[시각화의 예]

덧셈식을 쓰고 읽어 보시오.

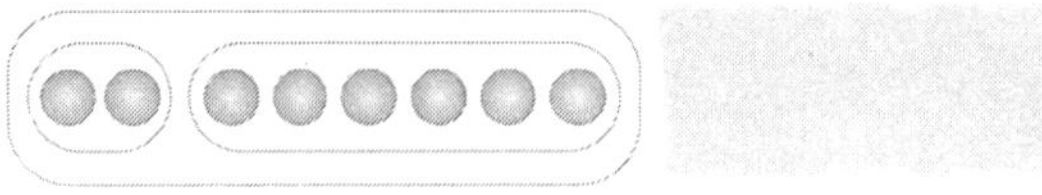

동화책이 4권, 위인전이 6권, 만화책이 7권 있습니다. 책은 모두 몇 권인지 알아봅시다(수학 1-2, p. 82, 교육과학기술부, 2009).

(4) 분리 유형

토끼에게 줄 당근이 9개 있습니다. 노란색 상자에 5개를 담고 나머지는 파란색 상자에 담았습니다. 파란색 상자에는 당근이 몇 개 있는지 알아봅시다(수학 1-2, p. 100, 교육과학기술부, 2009).

(5) 비교 유형

흰 오리 7마리와 검은 오리 2마리가 있습니다. 흰 오리는 검은 오리보다 몇 마리 더 많은지 알아보시오(수학 1-1, p. 66, 교육과학기술부, 2009).

[시각화의 예]

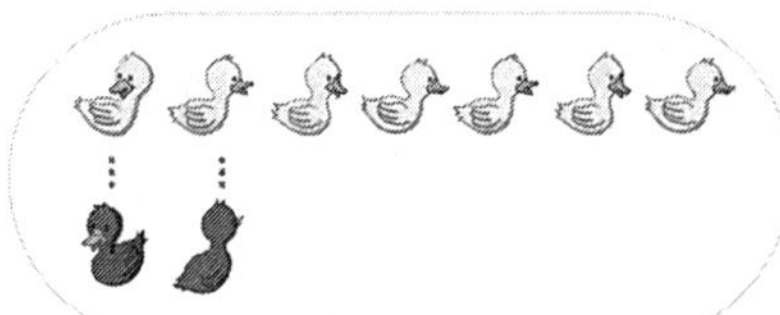

$7-2=5$

축구공이 56개, 농구공이 24개 있습니다. 축구공은 농구공보다 몇 개 더 많은지 알아봅시다(수학 1-2, p. 65, 교육과학기술부, 2009).

(6) 균등화 유형

딱지 6장을 가지고 있습니다. 딱지 몇 장을 더 따면 10장이 되는지 알아봅시다(수학 1-2, p. 42, 교육과학기술부, 2009).

[시각화의 예]

다음과 같이 수직선을 활용할 수도 있다(수학 1-2, p. 43, 교육과학기술부, 2009).

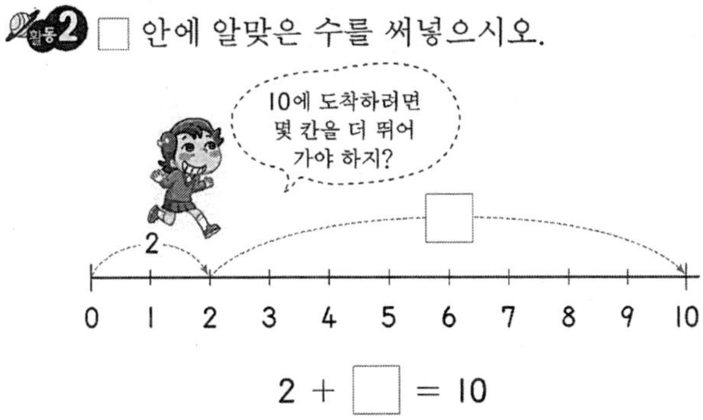

지혜는 매일 줄넘기를 40번씩 하기로 했습니다. 지혜가 오늘 줄넘기를 10번 했습니다. 지혜가 오늘 줄넘기를 몇 번 더 해야 하는지 알아봅시다(수학 1-2, p. 64, 교육과학기술부, 2009).

7.5. 문장제 해결 지도

(1) 어의(semantics) 지도

학생들로 하여금 문장제를 크게 읽어보게 하는 것은 문제해결의 어려움을 야기하는 단어와 구들을 결정하는 좋은 기술이다. 또 일상적인 글과 수학적 자료에서 비슷한 의미를 지니는 단어들을 문맥 속에서 쓰이는 정확한 의미를 파악하기 위해서 문장을 써 보는 것도 유익하다. 학생들은 문제 속에서 문제해결의 실마리를 제공해 줄 수 있는 키워드를 찾기 어려울 수도 있으므로 키워드는 문제 구조 사이에서의 관계를 가르칠 수 있는 한 가지 좋은 방법은 학생들에게 문제 풀이에 중요하다고 생각되는 단어에 밑줄 치게 하는 것이다.

(2) 구문(syntax) 지도

기술된 문제에서 질문하는 문장과 중요한 데이터의 위치를 문제의 수학적인 구조를 파악할 수 있도록 해야 하며, 유사한 수학적인 구조를 갖는 표현에 있어서 매우 다양한 자료를 가지고 지도해야 한다.

학생들이 문장제를 푸는 데 있어서 문제가 요구하는 것에 대해 깊이 생각해 보지 않고 너무 빨리 그 속에 있는 숫자에 집중하는 경향이 있으므로 학생들이 숫자에만 집중하는 것을 피하도록 돕기 위해 문제를 숫자 없이 다시 써보게 할 수 있다.

(3) 문맥(context) 지도

서로 다른 문맥적 결함이 갖는 문장제의 수학적인 구조에서 유사성을 인지할 수 있도록 그래프를 읽고 해석하는 과정을 이해하도록 한다.

(4) 해석능력(interpretation) 지도

문장제에 표가 주어질 때, 주어진 표를 어떻게 읽어야 문제를 해결하는 실마리인 규칙을 찾을 수 있는지 또는 주어진 내용에서 추가적인 정보를 추출하거나 필요한 정보가 무엇인지를 파악할 수 있도록 지도한다.

제 9 장

문제 중심 학습과 문제해결

오늘의 사회는 지식 기반 사회, 정보화 시대로 teaching이 아니라 학습자 중심의 learning 사회이다. 그러면 교육은 왜 학습자 중심이어야 하는가를 고민해 볼 때, 아마도 이것은 예전과 달라진 지식관 때문이라고 여겨진다. 예전에는 시간과 공간을 초월하여 지식은 항상 고정적인 것으로 보았다면, 현대의 지식 기반 사회에서의 지식은 우리 개개인이 생각을 하는 인지적인 과정 속에서 나름대로 인지를 하는 것, 그것을 지식이라고 한다. 연구자에 따라서는 이를 극단적인 상대주의가 아닌가라고 생각할 수도 있지만, 실제로 지식은 어떠한 검증을 통해야지만 지식으로서 인정을 받을 수 있는 것이며, 따라서 지식이 되기 위한 전제 조건으로 사회구성원의 동의와 합의가 있어야 한다. 즉, 지식의 구성과 습득은 개인의 인지적인 측면과 사회적 상호작용 측면의 상호 관계를 통해서 이루어져야 한다는 것이다.

지식과 기능은 그것이 사용되는 환경으로부터 고립되어 가르쳐질 때 그 지식과 기능의 전이는 어려워질 수 있으며, 학습내용이 유의미한 맥락에서 획득되었을 때는 맥락이 그것을 사용할 수 있도록 보조해 주기 때문에 보다 확장과 전이가 가능하게 된다. 즉, 지식이란 사회적 관계 속에서 끊임없이 구성과 재구성의 과정을 반복하며 진행되는 것이다. 이런 과정을 통해 구성되는 지식 혹은 의미는 학습자 개인마다 개별적 의미를 지니게 된다. 즉, 개인은 그가 속한 사회의 영향을 받게 되고 사회적 경험과 배경, 개인적인 인지적 활동의 상호작용 속에서 지식을 구성해 가는 것이다. 그리하여 어떤 내용이 현실 상황 속에서 개인에게 의미 있고 타당하게 선택적으로 받아들여져 특정사회의 구성원으로서 의사소통이 이루어질 수 있으면 그 지식은 가치 있다고 보는 것으로, 지식의 상대주의적 인식론을 말할 수 있다. 또한, 모든 지식은 실생활에서 의미있게 사용될 때 유용성을 지닌다.

변화된 지식관을 반영하는 문제 중심 학습(Problem Based Learning, PBL)은 수학과 교수학습의 전반에 적용가능한 열린수업 모형으로 이전의 교사중심에서 학생중심으로, 추상적인 지식을 혼자 연습하는 것이 아닌 상황 속에서 같이 하는 협동학습을 통해서 배워 가는 것으로 학교의 배움과 실생활 속에서의 배움은 같아야 한다는 전제를 기반으로 한다.

전통적인 수업 방법으로는 학습자에게 의미있는 지식을 습득하도록 하는 데 한계가 있으며, 미래 사회가 요구하는 정보처리 능력, 문제해결 능력 등의 고등정신 능력도 함양하지 못한다. 문제 중심 학습은 학생들이 실제적 문제를 가지고 과제발표와 토론을 통해 협동적으로 문제를 해결해 나가는 학습으로 자기주도적 학습력과 문제해결력 함양에 매우 유용한 학습방법이다. 또한 문제 중심 학습은 기존 교육환경이 지닌 문제점 즉 수동적인 학습자, 탈상황맥락적인 지식, 학교 지식의 비적용성 등을 해결하기 위한 대안으로 또는 정보화 시대 지식의 홍수와 급격한 사회적 변화에 잘 적응할 수 있도록 문제해결력을 향상시켜 준다는 점에서 현재의 문제 중심 학습으로서의 위상을 가지게 되었다.

문제 중심 학습의 이론적 배경은 인지주의와 구성주의에서 찾을 수 있다. 인지주의적 관점은 정보처리이론이나 상황학습이론으로 설명될 수 있는데, 먼저 정보처리 이론은 문제 중심 학습의 활동이 사전지식이나 새로운 지식의 관계를 맺는 과정이고, 실질 삶의 세태를 반영하는 문제를 통해 사전 지식의 활성화가 이루어지고, 문제의 실제적 성격으로 학습의 전이가 쉽게 이루어질 수 있다는 점에서 그 배경이 되고 있다. 상황학습이론은 문제 중심 학습의 초기에 문제를 직면하는데 이때 현실세계와의 맥락을 제공하고 있고, 이런 상황은 학생들에게 정보의 많은 양을 받아들일 준비가 되어 있음을 인식하도록 준비시켜 준다. 문제 중심 학습을 구성주의의 학습모형으로 보는 관점에서는 문제 중심 학습 과정이 성찰적 추상성, 즉 학습을 활성화시키는 요소(공동체 안에서 상호대화의 참여를 통해 의미를 구성하는 과정)를 통해 지식을 창조시킨다고 보고 있다.

1 문제 중심 학습의 의미

1.1. 문제 중심 학습의 개념

문제 중심 학습은 오래 전부터 교육사조로 등장했던 구성주의 교육 사조에 있는 수업 모형의 하나이다. 문제 중심 학습은 강의법을 지양하고, '문제(Problem)'를 제시하여 그것의 해결을 통해 학습이 이루어진다. 실제 사회에서와 같은 복잡하고 비구조적이며 실제적인 특성을 지닌 문제를 해결하기 위해서 학습자들은 문제해결을 위한 학습 목표를 토론을 통하여 스스로 정하고, 역할을 분담하여 개별학습 과제를 정하며, 과제를 해결하는 과정을 통해서 관련 지식을 익히고, 문제해결능력 및 협동학습능력과 자율학습능력을 기르는 학습자중심의 학습을 한다. 한마디로 학습자들이 당면하고 있거나 당면하게 될 수 있는 실제적인 문제를 해결해 나가는 과정과 결과를 통해 자기주도적으로 학습하는 학습 모형이다. 이러한 문제 중심 학습은 1969년 캐나다 맥마스터(McMaster) 의과대학에서 하나의 교육방법으로 시작되었다. 배로스(Barrows)는 의과대학에서 교수로서 활동하면서 느꼈던 기존 교육환경의 비현실성, 부실성 등의 문제에 대한 대안으로 문제 중심 학습을 채택하였다.

문제 중심 학습은 상대주의적 인식론에 바탕을 둔 구성주의의 학습모형이다. 상대주의적 인식론으로서의 구성주의의 특징은 학습자중심의 교육환경을 강조한다. 즉, 지식은 개인의 인지작용에 의해서만 습득되고 형성되는 것이 아니라 학습자가 속해 있는 사회의 구성원과의 상호작용 그리고 사회구성원으로 참여함으로서 지식을 습득한다고 본다. 이러한 문제 중심 학습의 인식론은 학습구조가 자율학습과 협동학습으로 구성되어지는 이론적 근거가 된다. 또한 지식의 구성이 인지적 작용과 사회적 상호작용으로 구성된다는 것은 학습자의 직접 체험학습과 특정 사회에 대한 문화적 동화의 중요성을 강조한 것이다.

1.2. 문제 중심 학습의 특징

학습자 중심의 실제적 문제 상황을 학습 활동에서 강조하는 문제 중심 학습의 특징을 학습 목표, 학습 환경의 구조의 측면에서 살펴본다. 먼저 문제 중심 학습에서의 문제의 특성에 대해 알아보자.

(1) 문제의 특성

문제 중심 학습의 가장 핵심적인 요소이자 수업의 매개가 되는 것은 바로 문제이다. 이러한 문제 중심 학습에서의 문제의 특성을 살펴보면 다음과 같다. 문제 중심 학습의 문제는 크게 네 가지의 특성을 지니고 있어야 한다.

첫째, 비구조화된(ill-structured) 문제로 해결안이나 결과가 접근하는 방식에 따라 여러 가지 결론을 얻을 수 있는 문제라야 한다. 또한 학습자의 수준과 그들의 노력에 따라서 결과물의 수준, 질 등이 다르게 나타날 수 있는 것이다.

둘째, 모든 상황에서 현실성을 바탕으로 하는 문제여야 한다. 즉, 학습자가 교육환경에서 경험한 문제들이 그가 사회에서 다루어야 하는 문제여야 한다는 것이다.

셋째, 학습자 자신들에게 꼭 필요하고 관련이 있으며 실질적인 도움을 주는 문제여야 한다. 모든 결정권(학습내용과 과정 및 자료)은 학습자에게 주어져 있다는 인식을 심어줄 수 있어야 한다. 이러한 주인의식의 강조는 내적 동기 유발을 강화하여 학습에 대한 성공과 직결된다.

넷째, 주어진 문제에 학습자의 역할과 기대되는 학습 결과물에 대한 명시가 분명히 제시되어 있어야 한다는 점이다.

문제 중심 학습에서 사용되는 비구조적인 문제의 예를 들면 다음과 같다.

> 당신은 5살 된 딸과 함께 살고 있는 36살의 직업여성입니다. 남편이 죽으면서 당신은 5000만원의 보상금과 3000만원의 주식 소유권을 받게 되었습니다. 당신 딸의 18살 생일쯤에는 그 돈에 투자한 가치를 최고로 하려고 한다면 당신은 어떤 방법을 취하시겠습니까?

(2) 학습 목표의 특성

문제 중심 학습의 학습목표는 구체적인 목표, 깊이, 내용을 학습자들이 스스로 결정할 수 있도록 하는 데 있다. 예를 들면 '학습자로 하여금 어떤 문제나 과제에 대한 해결안 혹은 자신의 견해 입장을 전개하고 제시하고 설명하며 나아가 옹호할 수 있어야 한다.'와 같이 문제 혹은 과제를 다룰 때 그 문제나 과제의 성격이 무엇인가 하는 점과 그 문제나 과제를 어떻게 만들어 낼 수 있는지를 촉진시키는 것이다.

또한, 개개인의 다양한 주장에 대한 가치 존중을 강조하며 그러기 위해서는 관련 분야에 대한 충분한 전문적인 지식이 요구된다는 점 그리고 자신의 견해를 창출해 내기 위한 일련의 문제해결을 위한 과정적 노력이 필요하다는 점 등을 학습 목표에 내포하고 있어야 한다.

(3) 학습 환경의 구조적인 특성

문제 중심 학습의 학습 환경은 문제 중심 학습의 목표와 연결지어 대략 네 가지로 특징지을 수 있다.

첫째, 관련 분야에서 실제적으로 복잡하고 비구조적인 문제들을 풀어가는 것이다.

문제를 해결해 가는 과정에서 '관련 분야의 문제해결 및 비판적 사고력'을 습득할 수 있기 때문이다.

둘째, 학습자 중심의 학습 환경이다. 문제를 풀어 가는 전 과정과 결과에 대한 책임은 전적으로 학습자에게 있으며 외부 관계자들에게 자신의 결과물과 그것을 도출해 나오기까지의 과정에 대하여 논리적으로 설득력 있게 주장 옹호할 수 있어야 한다.

또한 평가의 단계까지 학습자 자신의 견해를 반영하도록 해야 한다.

셋째, 문제 중심 학습의 과정은 크게 자율적 학습 과정과 협동 학습 과정으로 나누어져 구성된다. 즉, 문제를 받게 되면 다 같이 모여서 문제에 대한 해결안과 관련된 생각을 정리하고 그 정리된 생각을 다시 세분화하여 개개인 학습자의 자율적 학습 시간에 다루게 될 학습 과제로 부여하게 된다. 그런 뒤 각자 자율적 학습 과정을 통해 부여된 과제를 완수한 후 다시 모여 자신들의 생각을 재정리하는 과정으로 이어진다.

넷째, 다름 사람과 그룹으로서의 협동 학습을 잘 활용해 나갈 수 있는 환경을 강조한다. 협동 학습을 통해서 관련 분야에 대한 전문적인 지식을 넓힐 수 있으며, 나아가 모든 사회 현상과 문제에 늘 단일한 해결책으로 설명될 수 없는 상대주의적 관점을 익힐 수 있으며 자신의 견해, 결론에 대한 객관적인 평가를 받기도 하며 반대로 다른 사람의 견해를 자신의 입장에서 평가해 볼 수 있는 것이다.

1.3. 문제 중심 학습과 기존 학습의 차이

문제 중심 학습을 기존 학습과 비교해 보면 두 가지 차이점이 나타난다.

첫째, 기존의 학습지도안은 굉장히 구체적이며 세부적이다. 평가를 위해서는 객관적 시험이 이루어져야 하며, 지식 저장을 가장 중요한 목표로 내세운다. 하지만 문제 중심 학습안은 그 안에 지식, 기능, 태도라는 다양한 영역의 학습 요소가 들어가도록 심혈을 기울여 문제를 개발하고, 그 학습 자료를 교사가 제공해야 하는 학습안이다.

둘째, 문제 중심 학습에서는 학습 활동 시에 조별로 선생님이 참여할 수 있는 부분은 아이들이 학습과정을 스스로 알고서 하고 있는지 관찰하고, 계속해서 점검을 하도록 유도하는 것이지 빗나가는 접근을 보기만 하고 놓아두는 것은 아니다. 즉 교사는 강의식 독재

자도 아니요, 학습자들은 내버려두는 방관자도 아니라는 것이다.

그리고 문제 중심 학습은 문제해결 학습과 흔히 혼동할 수 있는데, 이들 사이에는 상당한 차이가 있다. 문제해결 학습은 둘 또는 셋 이상의 원리를 적용하여 주어진 과제를 새롭게 해결하는 지식이나 기능을 습득하는 학습 방법이다. 그러나 문제 중심 학습은 잘 설정된 문제라는 상황 속에서 그 문제를 해결하기 위해 자기가 알고 있는 지식과 더 알아야 하는 것들을 찾아내서 아동 스스로 목표를 잡고 그것을 해결해 나가는 학습으로 지식을 보는 철학적 입장에서 둘은 큰 차이가 있다.

2 문제 중심 학습의 과정

배로스와 마이어스(Barrows & Myers, 1993)가 제시한 문제 중심 학습을 위한 전개 과정을 요약·제시하면 [표 1]과 같다. 이것을 바탕으로 문제 중심 학습의 전개 과정을 살펴보도록 한다.

(1) 수업준비

교사는 문제 중심 학습을 소개하고 교사·학습자의 역할 및 자료의 활용 방법을 소개한다.

(2) 문제 상황 제시

문제는 비구조화된 문제로서 모든 상황에 있어서 현실성을 강력히 바탕으로 하고 있어야 한다. 그리고 학습자 자신들에게 도움이 되는 문제여야 한다, 또한 주어진 문제에 학습자의 역할과 기대되는 결과물에 대한 명시가 분명히 제시되어야 한다.

(3) 문제의 발견 및 정의

팀별로 문제의 본질과 문제에 포함된 요소들을 확인하고 넓은 의미에서 문제를 정의한다. 교사는 질문을 통하여 학습 목표 수준의 문제를 발견하고 정의할 수 있도록 도와준다.

이때 '팀학습'과 '자기주도적 학습'으로 나누어진다. 먼저 과제가 주어지면 팀으로 나누어 각 팀 안에서 그 과제를 통해 자신들이 학습하게 될 '학습목표'를 결정하도록 한다. 이전과 달리 학습자들로 하여금 자신들이 주어진 과제를 통해 학습하고자 하는 것을 스스로 결정함으로서 구성주의에서 말하는 학습자 주도적 학습의 첫 단계를 실천한다.

[표 1] 문제 중심 학습의 전개 과정

수업전개

1. 수업소개
2. 수업분위기 조성 (교사의 역할 소개)

문제제시

1. 문제제시
2. 문제에 대한 주인(소유)의식을 느끼도록 한다.
3. 마지막에 제출할 과제물에 대한 소개를 한다.
4. 그룹 내 각자의 역할을 분담시킨다.(칠판에 적는 사람, 그룹에서 적는 사람 연락망)

생각(가정)	사실	학습과제	실천계획
주어진 문제에 대한 학생들의 생각을 기록: 원인과 결과, 가능한 해결안 등	개인 혹은 그룹학습을 통해 제시된 가정을 뒷받침 할 지식과 정보를 종합한다.	주어진 과제를 해결하기 위해 학생들 자신이 더 알거나 이해해야 할 사항 기록	주어진 과제를 해결하기 위해 취해야 할 구체적인 실천계획

5. 주어진 문제의 해결안에 대하여 깊이 사고를 한다.: 칠판에 적힌 다음 사항에 관하여 과연 나는 무엇을 할 것인가를 생각해 본다.

생각(가정)	사실	학습과제	실천계획
확대/집중시킨다.	종합/재종합한다.	규명과 정당화한다.	계획을 공식화한다.

6. 가능할 법한 해결안에 대한 생각을 정비한다.(비록 학습되어야 할 것이 많이 남아 있는 상태지만)
7. 학습과제를 규명하고 분담한다.
8. 학습자료를 선정하고 선택한다.
9. 다음 번 토론 시간을 결정한다.

문제 후속 단계

1. 활용된 학습자료를 종합하고 그에 대한 의견을 교환한다.
2. 주어진 문제에 대하여 다시 새롭게 접근을 시도한다. 다음 사항에 대하여 나는 무엇을 할 것인지를 생각해 본다.

생각(가정)	사실	학습과제	실천계획
수정한다.	새로 얻은 지식을 활용하여 재종합한다.	(필요하다면)새로운 과제 규명과 분담을 한다.	앞서 세웠던 실천안에 대한 재설계

결과물 제시 및 발표

문제 결론과 해결 이후

1. 배운 지식의 추상화(일반화)와 정리작업(정의, 도표, 목록, 개념, 일반화, 원칙들을 만들어 본다.)
2. 자아평가(그룹원들로부터 견해를 들은 후에)
   - 문제해결과정에 관한 논리적 사고
   - 적합한 학습자료를 선정하여 필요한 지식과 정보를 얻어내었는지
   - 주어진 과제를 잘 수행함으로서 그룹원들에게 협조적이었는지
   - 문제해결을 통해 새로운 지식 습득이 이루어졌는지 혹은 심화되었는지

(4) 해결책 고안 및 실행(팀학습)

학습목표가 팀별로 결정되면 주어진 과제를 '가정/해결안', '알고 있는 사실들', 그리고 '더 알아야 할 사항들'의 세 단계에 따라 진행시킨다. 배로스(Barrows)는 문제 중심 학습의 문제해결 도구로서 다음 [표 2]와 같이 세 가지 과정을 제시하고 있다.

[표 2] 문제 중심 학습에서 문제해결을 위한 과정

가정/해결안	이미 알고 있는 사실	더 알아야 할 사항
이 문제를 해결할 수 있는 방법은 무엇인가?	이 문제의 해결에 도움이 될 이미 알고 있는 사실은?	이 문제를 해결하기 위해 좀 더 알아야 할 사항은?

이때, '가정/해결안'이라는 것은 주어진 과제를 해결하기 위한 상태, 혹은 새로운 해결안 탐색 등을 일컫는다. 이것은 과제 해결이 진행됨에 따라 언제든지 수정, 보완이 가능하다. 팀별로 작성되기도 하고 학급 전체에 의해 같이 작성되기도 한다. 주어진 과제로부터 알 수 있는 사실 외에 자신이 어디선가 들은 사실, 알고 있는 사실을 중심으로 작성한다.

다음 과정은 '이미 알고 있는 사실' 이다. 이 항목의 의미는 학습의 출발은 학습자의 수준, 배경 지식, 관심에서 출발한다는 원칙과 연관지을 수 있다. 따라서 '이미 알고 있는 사항'에 해당하는 것은 주어진 과제로부터 혹은 과제에 관해 알 수 있는 사실들을 중심으로 작성된다. 마지막으로 '더 알아야 할 사항' 은 바로 학생들이 궁극적으로 학습을 통해 습득해야 할 사항들을 포함한다. 따라서 이 부분이 학습자들이 집중적으로 학습할 내용에 해당된다. 이를 위해 주어진 학습 자료를 참고하여 소그룹이나 개별 학습을 통해 학습을 수행한다.

이때 교사는 이미 알고 있는 지식과 경험을 적용할 수 있도록 도와주며 교과서 이외의 활용 가능한 모든 자원을 활용하도록 안내한다. 그리고 자신의 관심 분야에 따라 과제를 선정할 수 있도록 도와준다.

이상의 세 가지 단계는 학습자들이 학습을 진행함에 따라 수정, 변화하게 된다. 흔히 이 과정을 적어도 2번 정도는 되풀이하여 최종 결론에 도달하게 된다.

(5) 자기주도학습

팀활동을 통해 앞의 3단계의 여러 사항들이 결정되고 나면 아동들은 개별적인 학습 시간을 갖는다. 교사는 수업 시간 중에 행할 수 있으면 수업 시간 내에 이 활동을 포함시키고, 만일 그렇지 못하면 다음 수업 시간 전까지 집에서 수행하도록 한다.

(6) 팀원들간의 정보 공유

자기주도학습을 통한 개인 과제에 대한 학습의 결과를 반드시 팀원들과 공유하는 단계이다. 즉 서로 학습한 것을 공유하여 공동 작품으로 다시 재구성하여 정리하는 단계이다. 이때 주의할 점은 주어진 과제해결이 단지 개별적 과제들의 단편적인 조각 모음의 합이 되어서는 안 된다는 사실이다.

(7) 가설/해결안에 대한 수정·보완

팀학습과 자기주도적학습의 결과 처음 결정된 '가설/해결안'에 대한 수정이 불가피하다는 결론이 내려질 경우, 수정·보완을 할 수 있는 단계이다. 지식 구성이라는 것은 새로운 경험과 성찰을 통해 지속적인 재구성을 반복하는 것이기 때문이다.

(8) 과제 해결안 정리 및 평가

문제의 해결 이후 배운 지식을 추상화하고 정리하는 작업(정의, 도표, 목록, 개념, 일반화, 원칙)을 한다.

그리고 평가는 다양한 각도에서 이루어지는데 강사의 평가, 개인 스스로 평가, 팀원 간의 평가가 이루어진다. 학습자 스스로 학습의 생각을 정리·검토하며 프로그램 전후를 비교한다. 그리고 지식의 습득을 확인해 볼 수 있는 질문을 활용한다. 객관적, 주관적 자료를 모두 활용하여 종합적으로 평가한다.

문제 중심 학습의 전 과정에 걸쳐서 자기 성찰적 질문들이 이루어지고 그것은 생각 공책에 적어가며 사고 과정의 흔적을 남기게 된다. 교사는 이 생각 공책을 참고하여 학생의 문제해결 과정에 대하여 단계별로 점검하고 수업을 자체 평가하며 그 결과를 다음 수업에 반영한다.

다음은 문제 중심 학습에 의한 수학 학습지도안을 구안하는 방법을 살펴보기 위한 하나의 예시이다.

○ 학년: 5학년

○ 단원명: 10.여러 가지 문제(2)

○ 제재명: 여러 가지 도형의 둘레와 넓이 구하기

○ 본시 학습목표: 여러 가지 도형의 둘레와 넓이를 구할 수 있다.

○ 교수·학습 활동 전개

① 학습 문제 제시 및 결정

- 다양한 사각형의 둘레와 넓이를 구하기(직사각형, 사다리꼴, 평형사변형)

• 팀별로 학습 문제 결정하기.

– 팀별로 여러 가지 사각형 둘레와 넓이를 구하는 문제를 선택할 수 있도록 문제를 제공

② 팀별 학습 목표 결정

• 팀별로 결정한 학습 문제에 대한 학습 목표를 결정하기.

③ 팀학습

■ 가정/해결안 말하기

– 팀별로 학습 문제를 해결하기 위해 필요한 지식에 대해 정보 수집 및 조사하기

– "직사각형의 둘레를 구하기 위해서는 가로변과 세로변의 길이를 모두 알아야해."

– "우리가 모든 변의 길이를 알 수 있다면 모두 합하면 그 직사각형의 둘레를 구할 수 있어."

– "사다리꼴의 넓이를 구하기 위해서는 사다리꼴의 넓이 구하는 공식을 알아야 해."

■ 이미 알고 있는 사실들 말하기

• 팀별로 조원들이 미리 알고 있는 사실을 알아보기.(리더와 서기를 팀별로 정하게 한다.)

– "우리 저번 수업 시간에 사각형 둘레의 길이를 구해 보았잖아. 어떻게 구하지?"

– "그때 모든 변의 길이를 더했잖아. 직사각형도 모든 변의 길이를 더하면 그 직사각형 둘레의 길이를 알 수 있어."

■ 더 알아야 할 사항들 말하기

• 팀의 조원들이 앞으로 더 알아야 할 사항들에 대해 말한다.

– "사다리꼴의 넓이를 구하기 위해서는 저번 시간에 배운 사다리꼴의 넓이 구하는 공식을 알아야 해."

④ 팀별 토의

• 팀별로 주어진 학습 문제를 풀기 위해 주어진 자료를 가지고 토의를 한다.

– "왜 사다리꼴의 넓이 구하는 공식이 {(윗변+아랫변)×높이}÷2가 될까?"

⑤ 개별 학습

• 개인별로 주어진 학습 문제와 관련된 자료를 나누어 학습한다.

⑥ 정보 공유

• 개인이 학습한 내용을 팀의 조원들과 정보를 공유한다.

 – "난 사다리꼴의 넓이 구하는 공식에 대해 다시 알아보았는데 사다리꼴의 넓이는 {(윗변+아랫변)×높이}÷2야. 이 공식은 사각형 넓이 구하는 공식을 다시 생각하면 알 수 있어"

⑦ 학습 문제에 대한 정리 및 문제해결하기

• 팀별로 학습 문제를 풀기 위해 필요한 사실에 대해 정리하기.

• 조원들이 각자 학습한 내용을 토대로 주어진 문제 풀기.

⑧ 수정 / 보완하기

⑨ 본시 학습 내용 정리

⑩ 과제 제시

• 학습지 제공: 과제로 비슷한 유형의 문제 풀어보기

⑪ 차시예고

• 분수를 이용한 문제풀기

3 문제 중심 학습에서 교사와 학습자의 역할

문제 중심 학습에서는 문제를 스스로 파악하고 해결 방법을 모색해 보아야 하는 학습자의 역할이 매우 중요하며, 이 과정을 조력해야만 하는 교사의 역할 또한 강조된다. 이처럼 문제 중심 학습을 구성하고 있는 것에서 중요한 요소인 문제의 특성, 학습자의 역할, 교사의 역할을 중심으로 문제 중심 학습의 구성 원리에 대해 알아보자.

3.1. 교사의 역할

문제 중심 학습에서 교사의 역할을 순차적으로 일부분만 제시해 보면 문제를 제시한 후에 모둠을 만드는데 문제가 배경이 다양할수록 유리한 문제일 경우에는 학생들의 배경, 수준이 다양하게 뒤섞인 모둠을 구성하고, 단일 배경과 단일 수준의 학생을 요구하는 것일 경우에는 수준별, 배경별로 모둠을 구성하는 것이 좋다. 교사는 모둠이 구성되고 나면, 모둠 내에서 서기, 모둠 리더를 각각 1명씩 결정하도록 한다.

그 다음으로 교사의 할 일은 미리 주어진 과제 해결에 도움이 될 학습 자료들을 수집하여 학생들에게 제시하는 것이다. 이때 인터넷을 활용하는 웹 기반 학습(web based instruction)이나 도서관에서 제공하는 참고 자료 목록 등이 필요하다. 이때 가급적 특정 과제 해결에만 필요한 자료가 아니라 주어진 과제해결과 연결되어 다른 유사 환경에서도 사용할 수 있는 자료들로서 폭넓게 제시하는 것이 바람직하다. 더 구체적으로 살펴보자.

문제 중심 학습에서 교사는 학습을 돕는 입장에서 지속적인 피드백으로 학습의 주체가 학습자 자신임을 인식시키고 자기 스스로 문제를 해결할 수 있도록 자신감을 주어야 한다.

문제 중심 학습에서 교사의 역할은 학습자들이 자아 성찰적 비판적 사고를 할 수 있도록 하며, 그리고 그것이 하나의 문제해결의 도구처럼 습관화가 될 수 있도록 도와주는 조력자의 역할을 한다.

학습자에게 자율성과 권위를 부여함으로써 능동적인 참여를 유도하여 내적인 동기가 부여될 수 있도록 하기 위해서 교사는 내용을 전달하기에 충실할 것이 아니라 학습에 있어서 조언과 코치 역할을 수행하여야 한다는 것이다.

이러한 문제 중심 학습에서의 교사의 역할은 실제 수업실시 이전과 수업과정 중으로 나누어 볼 수 있다.

수업 실시 이전에는 문제개발 및 평가방법 결정, 학습자료 선정 및 준비 등으로 요약되며, 실시 과정 중에는 다음과 같은 역할이 요구된다.

첫째, 문제 중심 학습 방식의 수업에 대한 설명이 필요하다. 즉, 문제 중심 학습은 무엇이고, 중요한 학습목표는 무엇이며 기대되는 학습자의 역할은 무엇인지를 간단히 소개한다.

둘째, 학습자들이 문제해결을 진행해 나가는 데 중요한 비판적(자기 성찰적) 사고를 질문을 통해 구체적으로 시연(modelling)해 보여야 한다.

셋째, 학습자들이 어려움에 처하면 교사는 여러 가지 질문을 제시하거나 추가적인 학습자료를 제공하여 그들 스스로 위기에서 벗어날 수 있도록 도움을 주어야 한다.

넷째, 교사의 중요한 역할은 종합정리(debriefing)하는 역할이다. 한 과제가 끝나면 그 내용에 관한 종합정리하는 시간을 갖도록 한다. 그리하여 다른 팀의 문제해결과정을 비교·분석하기도 하며 특정문제해결의 경험을 다른 유사한 경우에 어떤 식으로 일반화하여 적용시킬 수 있을지를 논의하기도 한다.

3.2. 학습자의 역할

문제 중심 학습은 학습자 중심으로서 교수(teaching)에서 학습(learning)으로의 전환을 의미한다. 교사(조력자로서의 입장)의 권위는 학습자에게 위임되고 문제의 규명부터 문제해결의 전 과정과 결과에 대한 책임은 전적으로 학습자에게 있으며 학습결과에 대하여 논리적으로 설득력있게 주장·옹호할 수 있어야 한다. 또한 평가의 영역에까지 자신의 견해를 반영하도록 하는 것이다. 그럼으로써 자신의 학습이 얼마나 어떻게 이루어졌는지 무엇이 앞으로 필요한지를 스스로 인식하고 깨달을 수 있도록 하는 것이다.

문제 중심 학습에서 가장 강조되는 교수 학습의 구성요소는 학습자이다. 여기에서 '학습자(active learner)'는 능동적 정보 처리자, 탐구자 등으로 불리며 학습 환경 즉, 교사와 학생, 또는 학생 상호간의 상호작용을 통해 스스로 학습해 나가는 존재로 그들이 갖고 있는 '지식의 구조' 내지는 '내적상태'가 문제 중심 학습에서는 주로 강조된다.

문제 중심 학습에서 학생의 역할은 학습 초기에 '초심자(Novice)'에서 학습을 통해 새로이 '전문가(Expert)'로 변화하는 과정을 겪게 되는데 이는 그동안의 학습자가 수동적이고 소극적인 역할을 하는 것에서 벗어나 학습의 목표를 정하고, 지식을 구성하는 과정을 겪으면서 자신에게 알맞은 학습방법을 적용시켜 지식을 구성해나가는 능동적이고 적극적인 역할을 담당하는 것을 의미한다.

3.3. 문제 중심 학습의 설계 시 고려사항

문제 중심 학습의 전제가 바로 학습자 개개인의 경험과 지식수준으로부터의 출발인 만큼 그것은 자칫 개별적인 경험에 대한 추론, 의견 등으로 흐를 위험이 있다.

이를 방지하기 위해 교사는 과제 관련 여러 학습 자료를 제시해야 하며 그것들을 직접 활용하여 자신들이 세운 가정이나 해결안을 계속 검증하도록 해야 한다. 또한 개별 학습을 통해 학습자 개인의 내면적 성찰을 하고, 토론들을 통해서는 자신의 견해에 대한 다른 사람들의 검증을 통해 개별적, 공개적 성찰을 모두 하도록 한다. 이러한 개별적·공개적 성찰의 결과로서 학습자는 개별화된 경험과 지식에 대한 일반화를 추구할 수도 있도록 돕는다.

이때 검토해야 할 사항은 다음과 같다.

① 학생들이 다양한 해결안을 제시할 수 있는가?

② 학생들의 깊은 사고와 탐색을 요구하는가?

③ 통합교과적 성격을 지니고 있는 과제인가?
④ 주어진 문제에서 학습자의 역할, 제출해야 할 결과물 등이 분명히 명시되어 있는가?
⑤ 주어진 수업시간(예를 들어 80분씩 2~3차시) 내에 해결할 수 있는 문제인가?

4 문제 중심 학습의 의의

문제 중심 학습이 수학 학습에 주는 의의 및 그 필요성은 다음과 같이 요약할 수 있다.

첫째, 학생들의 수학적 사고 및 문제해결력을 배양한다.

문제 중심 학습은 현실과 직결된 문제 상황을 학생들에게 제고하여 문제를 풀도록 함으로써 학생들의 수학적인 사고 능력과 문제해결력을 배양시킬 수 있다.

둘째, 학생들이 수학에 대한 흥미를 가질 수 있다.

현재까지의 대부분의 학생들은 현실과 괴리된 수학 문제를 풀면서 내가 왜 이 문제를 풀어야만 하는가에 대한 문제의식이 없이 수학 문제를 풀었기 때문에 수학 교과에 대한 흥미가 없었으며, 따라서 적극적인 수학 학습이 이루어지지 못했다고 생각한다.

문제 중심 학습에서 학생들은 자신의 생활과 직결된 문제를 풀어 봄으로써 수학 자체에 흥미를 가지고 수학 학습에 좀더 적극적으로 참여할 수 있다.

셋째, 자기 주도적인 학습이 가능하다.

문제 상황에 스스로 흥미를 가지고 문제를 해결할 수 있기 때문에 자기 주도적인 학습이 가능하다. 자기 스스로 문제에 대한 과정을 생각하면서 문제를 해결해 볼 수도 있고, 협동학습을 통하여 친구들과 함께 문제를 해결해 나가는 과정을 통해서 수학 학습에 적극적으로 임할 수 있다.

넷째, 창의적 사고력과 고등정신 능력을 배양할 수 있다.

여러 가지 문제 상황에 대한 여러 가지 해결 방법 등을 생각해 봄으로써 미처 생각하지 못했던 다양한 방법들을 생각해 낼 수 있으므로 창의적인 사고를 육성시킬 수 있다.

수학에서는 특히 창의적인 문제해결 능력이 요구되기 때문에 문제 중심 학습의 도입은 필요하다고 본다.

다섯째, 다양한 현실 상황에 대처해 나갈 수 있는 능력을 기를 수 있다.

현대는 지식이 폭증하고 급격하게 변화되는 사회이므로 현실에 대처하기 위해서는 다양한 사고와 다양한 대처방안을 학생들이 익힐 필요가 있다. 따라서 문제 중심 학습은 이러한 다양한 사회에 대처해 나갈 수 있는 능력을 길러 줄 수 있다.

이상에서 언급한 이외에 여러 가지 다양한 능력－논리력, 합리적 능력 등－을 기를 수 있다는 점에서도 문제 중심 학습이 주는 의의는 크다.

다음 [표 3]은 문제 중심 학습을 적용한 수학 교수·학습 본시 지도안을 작성하여 활용하는 예이다.

[표 3] PBL 학습을 적용한 본시 학습 지도안

단 원	4학년 나눗셈	차 시	2/9	일 시	년 월 일 요일 교시	교사	
학습 제재	금귤을 이웃에게 나누어주기						
학습 목표	* 주어진 사물을 일상 생활에서 사용하는 여러 가지 방법으로 나눌 수 있다. * 사물을 나누는 여러 가지 방법의 장단점을 알고 이를 상황에 따라 적절하게 이용할 수 있다.						

단계	학습 요항	교수·학습 활동	유의점 및 자료
도입	전시학습 상기	◉ 전시 학습 내용 상기하기 • 어제 배운 점을 발표하기	• 경험을 이야기하고, 비디오를 보며 학습 문제를 생각한다.
	동기유발	◉ 나눗셈이 필요한 여러 가지 상황을 제시한다. • 시장 상인들의 물건 파는 모습을 테이프로 보기 • 가족들과 과일이나 과자를 먹는 경험 이야기하기 • 물건을 나누어 본 경험 이야기하기	
전개 (문제 탐색 및 문제 해결)	문제상황 제시	◉ 교사가 아동이 해결해야 할 문제를 제시한다. • 병수네 가족은 지난 토요일과 일요일에 제주도 관광을 하고 집으로 돌아오면서 제주도에 갔다온 기념으로 함께 살고 있는 아파트의 이웃에게 나누어 줄 수 있는 것을 사기로 하였습니다. 가족끼리 의논한 결과 제주도의 특산품인 금귤을 한 상자 사왔습니다. 집에 돌아온 병수네 가족은 이 금귤을 어떤 방법으로 나누면 좋을지 생각해 보았습니다. 금귤의 개수는 630개이고 나누어 주어야 할 이웃은 모두 12가구였습니다. 병수네 가족은 어떤 방법으로 금귤을 나누어 주었을까요? 이제부터 여러분들이 직접 골고루 나누어 줄 수 있는 여러 가지 방법을 생각해 보고 가장 좋다고 생각되는 방법을 팀별로 나누어 보세요.	• 문제의 뜻을 정확히 파악하고, 팀별로 학습목표와 문제해결 과정을 쓴다.

<table>
<tr><th>단계</th><th>학습 요항</th><th colspan="3">교수·학습 활동</th><th>유의점
및 자료</th></tr>
<tr><td rowspan="6"></td><td rowspan="4">팀별 활동</td><td colspan="3">◉ 제시된 문제를 읽고 아동들이 문제해결 과정에 들어가도록 한다.
• 각 조원들의 역할을 분담한다.
• 토의 규칙을 정하고 사회자, 기록자 등을 서로 정한다.
◉ 주어진 학습문제를 충분히 토의한 후 학습목표를 정한다.
• 학습목표: 금귤을 똑같이 나누어주는 방법을 알아보자.
◉ 다음과 같은 가설/해결안, 아는 사실, 알아야 할 사항 등을 결정한다.</td><td>• 진행 순서에 따라 학습을 해 나가도록 한다.</td></tr>
<tr><td>가설/해결안</td><td>이미 알고 있는 사실</td><td>더 알아야 할 사항</td><td rowspan="2">• 개방적인 분위기를 조성한다.</td></tr>
<tr><td>• 개수를 세어서 똑같이 12로 나누어 보기
• 무게를 재어보고 그 무게를 똑같이 12로 나누기
• 되에 똑같이 담아서 12로 나누어 보기 등</td><td>• 금귤의 개수 =630
• 나누어주어야 할 가구 수: 12</td><td>• 금귤의 무게</td></tr>
<tr><td colspan="3">◉ 학습자료를 선정한다.
• 금귤 또는 이와 유사한 재료(밤, 방울토마토, 은행열매 등)와 저울, 되, 여러 가지 크기의 용기, 비닐봉투 등을 제시한다.
• 여러 가지 물건을 파는 모습을 담은 사진과 저울, 되 등의 사용에 대한 자료를 모든 학습자가 공유할 수 있도록 소개한 후 자료를 책상 위에 올려놓는다.
• 교사는 아동이 알고자 하는 자료를 찾는 데 도움을 준다.</td><td>• 다양한 자료 확보를 위해 교사도 여러 가지 자료를 준비하여 제공한다.</td></tr>
<tr><td>개별 학습</td><td colspan="3">◉ 문제해결을 위한 개인 학습 과제를 분담한다.
• 자신의 흥미와 관심에 따른 과제를 정한다.
◉ 자신이 과제해결을 위해 필요한 내용을 요약·정리한다.
• 금귤을 똑같이 12로 나눈다.
• 금귤의 무게를 재어서 똑같이 그 무게를 12로 나눈다.
• 되로 금귤을 12가구로 나눈다.
• 주어진 용기에 금귤을 담아 똑같이 12개로 나누어 본다.</td><td>• 각종 자료를 이용하여 친구들끼리 도움을 준다.</td></tr>
<tr><td>팀별 활동</td><td colspan="3">◉ 문제해결을 위한 개인 과제를 선정하고 해결하도록 돕는다.
• 630을 12로 나누는 방법을 연구하고 해결한다.
• 금귤의 무게를 재어서 그것을 12로 나누고 나누는 방법을 스스로 연구하고 해결한다.(예컨대, 무게가 5.4kg일 때, 5400÷12를 해결하는 방법을 연구한다.)
• 되로 재어 금귤을 똑같이 12로 나누어 본다.
• 여러 가지 용기로 담아 보아 되로 재었을 때와 마찬가지로 12가구로 나누어 본다.(여러 가지 용기에 담아 양을 똑같이 맞춘다.)
◉ 개별로 해결해 온 과제를 발표하고 그에 대한 의견 교환을 한다.</td><td>• 개인 학습장에 기록하도록 한다.</td></tr>
</table>

<table>
<tr><th>단계</th><th>학습 요항</th><th colspan="3">교수·학습 활동</th><th>유의점 및 자료</th></tr>
<tr><td rowspan="6">정리 및 평가</td><td rowspan="4">결과물 제시 및 발표</td><td colspan="3">• 금귤 630개를 12가구로 나누니 한 가구당 52개를 주고 5개 남았다.
• 금귤 5400g을 한 가구당 450g씩 나누어 주면 된다.
• 작은 용기로 두 번씩 담아서 12가구에 나누어주면 된다.</td><td rowspan="6">• 평가는 수업 활동 과정을 관찰로 평가할 수도 있다.</td></tr>
<tr><td>가설/해결안</td><td>이미 알고 있는 사실</td><td>더 알아야 할 사항</td></tr>
<tr><td>• 되의 크기가 너무 커서 정확하게 잴 수 없다.(수정 과정)</td><td>• (세 자리수)÷(두 자리수)의 몫과 나머지를 구하기(새로 알아낸 사실)</td><td>• (필요하다면 새로운 과제를 부과한다.)</td></tr>
<tr><td colspan="3">◉ 금귤을 나누어 본다.
• 나눈 방법이 적당한지 점검한다.
• 정한 방법대로 실제 나누었는지 점검한다.
• 나눈 결과를 반드시 확인한다.
• 최종 보고서를 작성한다.</td></tr>
<tr><td>팀별 학습</td><td colspan="3">◉ 팀별로 발표를 한다.
• 실제 나눈 방법을 간단하게 시연해 보이며 발표한다.
• 다른 조의 발표를 들으며 다른 조원들과 여러 가지 견해나 관점을 교환하며, 지식을 나눈다.</td></tr>
<tr><td>개별 학습</td><td colspan="3">◉ 학습 내용을 정리한다.
• 교사와 함께 이번 문제 속의 수학적 지식의 일반화를 통해 정리한다.
• 정의, 도표, 개념, 일반화, 원칙 등을 만들어 보고 정리한다.
◉ 학습 활동을 평가한다.
• 수업의 만족도 평가, 자기평가, 팀별 활동 평가를 한다.
◉ 차시 예고를 한다.</td></tr>
</table>

제10장

문제해결에서 평가

평가는 모든 학생들이 알아야 내용과 할 수 있는 수학을 반영해야 한다. 평가 내용 그 자체는 중요하면서도 가치가 있어야 한다고 볼 때, 평가를 통하여 학생들이 중요하고 가치 있는 수학이 무엇인지를 알 수 있도록 해야 한다(남승인 외, 2012).

현재 수학 교육의 세계적인 추세는 사고력과 문제해결력을 강조한다. 수학의 절차적인 기능만으로는 학생들이 미래 사회의 요구에 부응할 수가 없기 때문에 교과서에 제시된 단편적인 지식이나 기능에 초점을 둔 평가가 아니라 교육과정에서 요구하는 종합적인 수학 능력(수학적인 문제해결력, 의사소통능력, 추론능력, 연결성, 표현력 등)에 초점을 두어야 한다(남승인 외, 2012). 본 장에서는 평가의 전반적인 의미와 문제해결과 관련된 평가에 대해서 밝혀보고자 한다.

1 문제해결에서 평가 내용

수학학습의 평가의 목적은 다음 네 가지 범주에서 실행된다고 볼 수 있다(NCTM, 2000).

첫째, 수학학습 평가는 학습목표를 향한 학생들의 진전 정도를 모니터링함으로써 그들의 학습을 개선하여 성장을 촉진시키는 것이다.

둘째, 수학학습 평가의 중요한 목표는 수업에 대한 의사결정을 하거나 교수학적 결정을 내려 수업을 개선하는 것이다.

셋째, 수학학습 평가는 어떤 특별한 기간에 학생들의 성취도를 평가하여 성취도를 인정하거나 도달정도를 확인하는 것이다.

넷째, 수학학습의 평가는 수학학습 지도 프로그램을 평가하여 수정함으로써 지도 프로그램을 잘 운용할 수 있도록 하는 것이다.

수학학습의 평가는 그 목적에 따라 평가의 과정이 다를 수 있지만 네 가지 공통 단계(평가 계획의 단계, 증거 수집의 단계, 증거 해석의 단계, 결과의 활용 단계)를 가지며, 목표와 관련지어 나타내면 다음 [그림 1]과 같다.

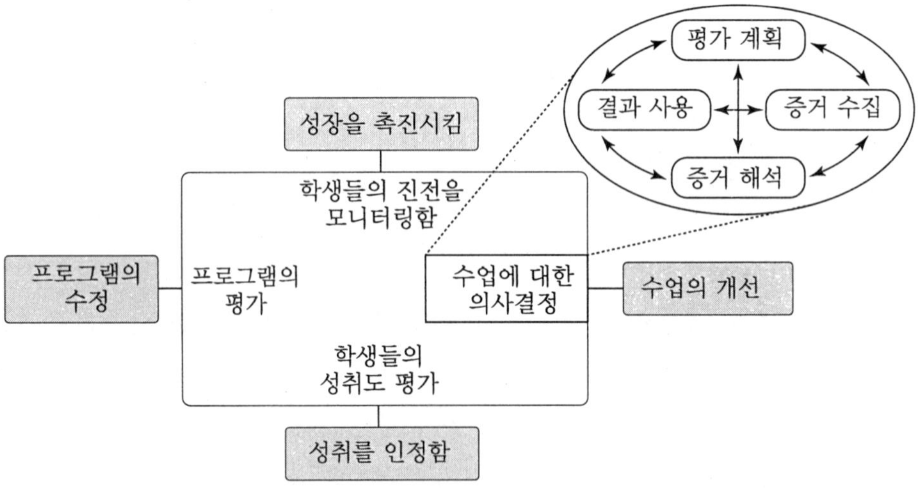

[그림 1] 수학 학습 평가의 목적과 평가 과정의 단계

1.1. 문제해결에서 평가 내용

문제해결이 학교 수학의 초점이 되기 위해서는 평가의 초점도 되어야 한다.

문제를 해결하는 학생의 능력은 많은 문제를 풀어 보고 실생활 상황과 자주 접함으로써 발달되어 간다. 문제해결에서의 평가는 여러 가지 상황에서 문제를 푸는 학생들의 능력과 자신감의 향상 정도에 대해 체계적이고 신중하게 또 계속적으로 이루어져야 한다. 문제해결의 평가는 다음 사항을 다루어야 한다(NCTM, 1989).

(1) 문제를 구성하기

단순히 제시된 문제를 해결하는 능력뿐 아니라 주어진 상황에서 문제를 구성(formulate)하는 능력도 평가해야 한다.

(2) 문제의 질문을 이해하고 형식화하기

문제의 질문의 의미를 이해하는 것은 문제에서 제시된 특별한 단어의 의미를 이해하고 또한 질문이 그 문제 내의 다른 진술들과 어떻게 관련되어 있는지를 인식하는 것을 포함한다.

(3) 그 문제 내의 조건과 변인 이해

문제해결자는 조건과 변인의 이해뿐 아니라 조건들과 변인들이 서로 어떻게 관련되는지 파악해야 한다.

(4) 문제를 해결하는 데 필요한 자료 선택

문제해결자는 필요한 자료를 확인할 수 있어야 하며 부적절한 자료를 무시하고 그래프, 표, 지도, 공식 또는 어떤 다른 형식으로 표현될 수 있는 자료들을 모아서 사용할 수 있어야 한다. 자료 선택 과정은 질문이나 조건 그리고 변인들을 이해하는 과정과 밀접하게 관련되어 있다.

(5) 하부 목표를 형식화하고 수행할 해결 전략 선택하기

문제해결을 계획하는 동안에 문제해결자는 해결되어야 할 하부 문제가 있는지 또는 하부 목표가 있는지를 결정해야 하며 이러한 하부 목표들이 수행될 순서에 대해서도 결정해야 한다. 또한 수행할 해결 전략을 적절히 잘 선택해야 한다. 전략 수행은 계산하기, 논리적으로 추론하기, 등식 풀기, 정보를 조직화하기 등을 포함한다.

(6) 해결 전략의 이행과 하위 목표 도달

문제해결자는 선택된 전략을 정확히 수행할 수 있어야 한다. 또한 하부 목표들을 확인하고 순서화한 후에 문제해결자는 하부 목표에 도달할 수 있어야 한다.

(7) 문제에서 요구된 조건으로 해답을 해석하기

문제해결자는 한 문제에 대해 단순히 숫자상의 답을 얻는 것으로 충분하지 않다. 계산

결과를 문제의 주어진 조건에 맞게 기술할 수 있어야 한다.

(8) 해답의 합리성을 평가하기

문제해결자는 해답의 합리성 여부를 확인해야 한다. 이 과정은 문제를 다시 읽고 적절한 정보(질문, 조건, 변인)에 어긋나는지를 점검하는 것을 포함한다.

(9) 해를 일반화하기

문제를 푸는 것을 넘어서 주어진 조건이 변화되었을 때 답이 어떻게 바뀌며 답이 어떻게 일반화될 수 있는지를 파악할 수 있어야 한다.

2 문제해결과 수행평가

2.1. 2009 개정 수학과 교육과정에서의 평가

1990년대 이후로 우리나라에서도 수학 학습 평가와 관련된 많은 논의가 있었고, 1990년대 후반에는 수행평가에 대한 연구가 진행되어 오고 있다. 수행 중심의 평가는 '학생 스스로가 자신의 지식이나 기능을 나타낼 수 있도록 산출물을 만들거나, 행동으로 나타내며, 답을 작성하도록 요구하는 평가방식'이다. 이때, 직접 또는 간접적 관찰이 강조되는 것은 학생들이 수학 탐구 활동을 수행하기 위하여 수학을 계획하고 모델링하고 적용하는 것을 관찰할 때 그들의 성취 능력 정도에 관하여 가장 타당한 판단을 내릴 수 있기 때문이다. 우리나라 2009 개정 수학과 교육과정에서의 평가 부분은 다음과 같이 진술되어 있다(교육과학기술부, 2011).

가. 수학 학습의 평가는 학생의 인지적 영역과 정의적 영역에 대한 유용한 정보를 제공하고, 학생 개개인의 수학 학습과 전인적인 성장을 돕고 교사의 수업 방법을 개선하는 데 활용되어야 한다.
나. 수학 학습의 평가에서는 학생의 인지 발달 수준을 고려하고, 교육과정에 제시된 내용의 수준과 범위를 준수한다.
다. 수업의 전개 국면에 따라 진단평가, 형성평가, 총괄평가 등을 적절히 실시하되, 지속적인 평가를 통하여 다양한 정보를 수집하고 수업에 활용한다.

라. 수학 학습의 평가에서는 선택형 형태의 평가를 지양하고 지필평가, 관찰, 면담, 자기평가 등의 다양한 평가 방법을 활용하여 수학 학습에 대한 종합적인 평가가 이루어질 수 있게 한다.

마. 인지적 영역에 대한 평가에서는 학생의 수학적 사고력 신장을 위하여 결과뿐만 아니라 과정도 중시하여 평가하되, 수학의 교수·학습에서 전반적으로 요구되는 다음 사항을 강조한다.

(1) 수학의 기본적인 개념, 원리, 법칙을 이해하고 적용하는 능력

(2) 수학의 용어와 기호를 정확하게 사용하고 표현하는 능력

(3) 수학적 지식과 기능을 활용하여 추론하는 능력

(4) 다양한 상황에서 발생하는 여러 가지 문제를 수학적으로 사고하여 해결하는 능력

(5) 생활 주변 현상, 사회 현상, 자연 현상 등의 여러 가지 현상을 수학적으로 관찰, 분석, 조직하는 능력

(6) 수학적 사고 과정과 결과를 합리적으로 의사소통하는 능력

(7) 수학적 지식과 기능을 바탕으로 창의적으로 사고하는 능력

바. 정의적 영역에 대한 평가에서는 학생의 수학에 대한 긍정적 태도를 신장시키기 위하여 수학 및 수학 학습에 대한 관심, 흥미, 자신감, 가치 인식 등의 정도를 파악한다.

사. 수학 학습의 평가에서는 평가하는 학습 내용과 방법에 따라 학생에게 계산기, 컴퓨터, 교육용 소프트웨어 등의 공학적 도구와 다양한 교구를 이용할 수 있는 기회를 제공한다.

이상에서 제시된 내용으로부터 우리나라 수학과 평가 동향을 살펴보면, 평가를 통해 학생들의 등급을 매기기보다는 학생과 교사에게 도움을 주는 것을 강조하고 있으며, 문제해결의 평가는 최종 결과의 평가보다는 '수학적 활동과 그러한 경험'을 평가할 수 있는 과정에 대한 평가를 지향하고 있다. 따라서 이러한 방향에 따라 수학과의 평가는 선택형 일변도에서 벗어나 지필평가, 관찰, 면담, 자기평가 등 다양한 평가 방법을 활용하여 인지적 영역뿐 아니라 수학 및 수학 학습에 대한 관심, 흥미, 자신감, 가치 인식 등에 대한 정의적 영역의 평가를 포함할 것을 권장하고 있다. 또한 다양한 교구를 활용한 실습과제와 테크놀로지를 활용한 평가 기회를 제공할 것을 주문하고 있다.

2.2. 문제해결에서의 수행평가 방법

스텐마크(Stenmark, 1991)는 수행평가를 '학생에게 수학적 과제, 프로젝트나 탐구 등의 수행과제를 하도록 하여 그 결과를 근거로 학생들이 실제로 아는 것과 할 수 있는 것이 무엇인지를 평가하는 것'으로 보고 있다. 수행평가의 보다 세밀한 의미는 다음과 같이 국립교육평가원에서 제시하고 있는 수행평가의 일반적인 특징을 통해 잘 알 수 있다.

① 아동이 문제의 정답을 선택하게 하는 것이 아니라, 자기 스스로 정답을 작성하거나 행동으로 나타내도록 하는 평가방식이다.

② 추구하고자 하는 교육목표를 가능한 실제 상황 하에서 달성할 수 있는지의 여부를 파악하고자 한다.

③ 교육의 결과뿐만 아니라 교육의 과정도 중시하는 평가방식이다.

④ 단편적인 영역에 대해 일회적으로 평가하기보다는 아동 개개인의 변화, 발달과정을 종합적으로 평가하기 위해 전체적이며 지속적으로 하는 것을 강조한다.

⑤ 아동 개개인을 단위로 평가하기도 하지만 집단에 대한 평가도 중시한다.

⑥ 아동의 학습과정을 진단하고 개별학습을 촉진하는 데 그 목적이 있다.

⑦ 아동의 인지적 영역뿐만 아니라 개개인의 행동발달 상황이나 흥미, 태도 등의 정의적 영역, 신체적인 영역에 대한 종합적이고 전인적인 평가를 중시한다.

또한 훌륭한 수행평가를 위해서는 수행에 필요한 과제의 성격이 중요한 바, 스텐마크(Stenmark, 1991)는 수학에서 특징적인 수행과제로 다음 세 가지를 들고 있다

① 답이 여러 개이거나 또는 그 문제를 해결하는 데 여러 가지 접근이 가능한 과제

② 실제 생활과 관련이 있고 적용이 가능한 문제

③ 문제해결에 사용된 과정이나 결과에 대해 반드시 교사의 검토가 필요한 과제

일반적으로 수행평가 방법의 유형으로는 서술형 검사, 구술법, 토론법, 실험·실습법, 자기평가, 동료평가, 프로젝트형, 문제만들기, 컴퓨터를 활용한 방법, 포트폴리오 등 여러 가지가 있다. 이들 각각에 대한 정의, 특징, 채점 방법에 대해 요약하면 다음 [표 1]과 같다.

[표 1] 수행평가의 유형

구분	정의	특징	채점, 평가 방법(도구)
서술형 검사법	주어진 문제에 대해 서술, 논술형 등의 지필검사	• 문제풀이에 수학적 사고 과정을 잘 드러낼 수 있고 풀이과정이 고착되지 않아 반응의 자유도가 큼 • 문항의 제작이 비교적 용이함 • 통합교과적인 문제와 실생활과 접목되는 문항을 출제하기도 쉬움	총괄적 채점법 분석적 채점법
프로젝트 또는 연구보고서법	주제에 따라 정보를 수집, 분석, 결론(검증)짓는 창의적인 주제탐구학습 활동의 종합적인 연구 활동 능력을 평가하는 방법	• 수학적 사고력을 이용하여 실생활과 직접 관련되는 수학적 상황을 해결 • 결과가 정형화되어 있지 않아 열린 반응을 요구함	명료하고 구체적인 기준이 마련된 채점틀
토론 및 관찰법	소집단별로 토론이나 활동을 하는 동안 개인이 기여하는 정도와 역할, 활동내용 등을 누가기록표나 체크리스트를 이용하여 관찰하며 평가함	• 협력학습을 권장함 • 한두 가지 측면에 초점을 맞추고 이에 대해 집중적으로 관찰하며 누가 기록함 • 학생의 수학적 능력과 성향을 판단하는 보조 자료로 활용	관찰 누가기록표 체크리스트
구술·면접법	문제를 해결하는 아동을 관찰하고 체계적으로 질문하여 아동들의 사고과정, 문제해결능력이나 태도를 깊게 조사하는 방식	• 문제해결에 심각한 어려움을 겪는 아동을 진단할 때 유용 • 개인의 문제해결 수행능력을 깊이 있게 조사할 수 있음	일화 기록지 등급 매기기 점검목록
자기 평가 및 동료 평가	개인 활동에서의 자신의 수행 정도, 또는 협동활동이나 프로젝트의 결과 그룹이나 개인이 얼마나 잘 참여했는지를 묻는 질문지 형식의 평가	• 학생 개인이 수행한 방법에 대해 주의를 집중할 수 있음 • 개인의 행동과 관련시키지 않고 성공한 사례나 어려운 사례에 관하여 수업시간에 논의할 시간을 가짐	주요 질문에 대한 점검 목록
실험, 실습	칼, 자, 풀, 컴퍼스 등의 도구와 계산기, 모형 등의 구체적 조작물을 직접 조작하여 해결할 수 있는 과제	• 개인 활동 및 소집단 활동의 평가가 가능 • 실생활과 관련된 소재를 다룰 수 있음	분석적 총괄적 자료모음집
컴퓨터 과제	수학 학습에 활용할 수 있는 소프트웨어의 기능을 학습한 뒤, 이 소프트웨어를 이용해서 활동할 수 있는 과제	• 소프트웨어의 활용한 탐구 능력 측정 • 실험, 실습형 평가과제로도 활용 • 협동 과제로도 활용 가능	관찰 누가기록표

구분	정의	특징	채점, 평가 방법(도구)
문제 만들기	일정한 규칙을 갖는 문제를 먼저 제시하고 규칙을 찾게 한 뒤 그 규칙에 맞는 문제를 스스로 만드는 과제	• 창의적 사고력을 기대할 수 있음	독창성, 유창성, 유연성 등의 채점 기준표
포트 폴리오	교사 또는 학생이 일정한 기간 동안의 학습 자료와 결과물을 폴더에 모은 것을 가지고 학생의 학습활동에 대한 수행 정도를 평가하는 방식 (앞의 유형들을 포함할 수도 있음)	• 평가과정에 학생을 적극적으로 참여시킴 • 학생의 성취결과를 가지고 다른 학생과 의사소통하도록 촉진할 수 있음	교사나 학생자신이 수집한 작품집, 서류폴더, 기록철 등

위의 표와 같이 수행평가의 유형에 따라 채점 또는 평가 방법이 다르고 다양할 수 있다. 수학과에서는 수행평가 방법 중에서 서술형 검사, 관찰법, 면담법, 자기평가 방법이 많이 활용되며, 특히 인지적 영역의 평가는 주로 서술형 검사에 의존하는 경향이 강하므로 다음에서는 서술형 검사의 평가방법에 대해 주로 논의하기로 한다.

2.3. 평가의 채점 방법

문제해결의 평가는 학생들의 정답을 체크하는 것 외에 많은 것을 포함한다. 그것은 그들의 문제의 답뿐만 아니라 문제해결에 대한 그들의 믿음, 그들의 동기, 문제 출제와 해결할 때의 그들의 사고과정 평가를 포함한다. 문제를 해결하는 학생들의 능력을 평가하는 한 가지 방법은 개인적으로, 소집단별로, 전체 교실 토론에서 문제를 푸는 것을 관찰하는 것이다. 학생들이 문제해결 과정을 논의하는 것을 들으며 평가 문항과 숙제, 일지 등을 분석한다. 학생에게 주어지는 피드백은 지필이나 구두 코멘트나 구체적인 연습 문제에 대한 점수 등 여러 가지 형태가 있다. 문제해결 과정을 평가하는 주관식 방법에는 세 가지 방법이 있다. 분석적 채점법, 총괄적 채점법, 전반적 인상 채점법 등이 있으나 실용성을 고려하여 여기서는 앞의 두 가지 방법만 제시한다.

2.3.1 분석적 채점법(analytic scoring)

(1) 분석적 채점법의 의미와 준거의 예

분석적 채점법은 문제해결 과정의 여러 국면에 대하여 각각 점수를 할당하는 방법이다.

[표 2] 분석적 채점 척도(문제해결의 범주, 퍼트(Putt)의 3단계 평정법)

문제의 이해 (U)	0: 문제를 완전히 이해하지 못한 경우 1: 문제를 부분적으로 이해하지 못한 경우 2: 문제에 대한 완전한 이해를 한 경우
풀이의 계획 (P)	0: 시도를 하지 않거나 완전히 잘못된 계획을 세운 경우 1: 문제에 대하여 일부 올바르게 해석한 바에 따라 부분적으로 옳은 계획을 세운 경우 2: 적절하게 실행된다면 올바른 답을 도출할 수 있는 계획을 세운 경우
해답의 도출 (A)	0: 답을 구하지 않았거나 부적절한 계획에 기초한 오답을 적은 경우 1: 옮겨 적는 데 있어서의 오류, 계산상의 오류, 다단계 문제에서 일부만 정답인 경우 2: 정확한 답과 답에 대한 정확한 이름을 붙인 경우

따라서 분석적 등급을 개발하기 위한 첫 번째 단계는 흥미 있는 문제해결 과정의 국면을 찾는 것이다. 두 번째 단계는 각각의 국면에 대하여 가능한 점수의 범위를 정하는 것이다. 여기서 제시할 점수의 범위는 0～2점이다.

(2) 분석적 채점법의 장·단점

분석적 채점법의 장점은 다음과 같다.

① 단순한 답이 아닌, 문제해결의 여러 과정을 고려한다.

② 학생들의 답에 대하여 점수를 배정하는 수단을 제공한다.

③ 교사가 특정한 영역에 있어서의 강점과 취약점을 지적하는 데 유익하다.

④ 다양한 지도 활동의 효율성에 대하여 구체적인 정보를 제공한다.

⑤ 등급을 구성하는 범주에 대하여 차별화된 가중치를 줄 수 있다.

분석적 채점법의 단점은 다음과 같다.

① 어떠한 경우는 학생의 답이 개개인의 사고과정에 대하여 충분한 정보를 주지 못하므로 교사가 확신을 가지고 한두 개의 범주에 대하여 점수를 배정할 수 없다.

② 분석적 등급을 구성하는 범주는 지도의 과정에서 직접적인 관심의 대상이 되어야 하므로 등급은 지도의 프로그램과 신중하게 연관되어야 한다.

③ 학생들의 점수는 조심스럽게 비교되어야 한다는 점이다. 왜냐하면 두 학생이 같은 총점을 받았을지라도 그들의 문제해결 양태는 아주 다를 수 있기 때문이다. 예를 들어 2-1-1점과 2-2-0점을 받은 학생은 각각 전혀 다른 수행을 하였다고 볼 수 있다.

(3) 분석적 채점척도의 작성절차

분석적 채점척도를 작성하는 절차는 다음과 같다.

① 문제해결 과정 중 평가에 초점을 맞출 범주를 정한다.

② 각 범주의 가치에 따라 점수의 폭을 결정한다.

③ 각 범주의 점수에 대해 아동의 활동 단계에 따라 점수준거를 결정한다.

(4) 분석적 채점의 예

분석적 채점은 앞의 [표 2]와 같이 문제해결 과정의 국면에 따라 범주를 정하여 점수를 할당하는 방법, 문제해결 과정에서 각 해결 단계의 요소에 대해 점수를 할당하는 방법, 다음 [표 3], [표 4]와 같이 각 인지적 범주별로 수준이나 점수를 부여하는 루브릭(채점기준)을 이용하는 방법이 있다. 다음 [문제 1]과 [문제 2]를 대상으로 분석적 채점 방법에 대한 각각의 예를 들어보면 다음과 같다.

문제 1 영희와 철수는 할아버지의 농장을 방문하였다. 헛간 앞마당에 닭과 돼지가 있었다. 영희가 "내가 보니 모두 18마리 있어"라고 말했다. 철수는 "그래, 그리고 다리 수를 세어 보니 모두 52개야"라고 대답하였다. 헛간 앞마당에 있는 닭과 돼지는 각각 몇 마리인가?

위의 문제를 퍼트의 3단계 평정법에 의한 채점의 예는 다음과 같다.

풀이1 표를 만든다.

닭	돼지	다리 수의 합
18	0	18×2=36(너무 적다)
12	6	12×2+6×4=48(여전히 너무 적다)
10	8	10×2+8×4=52(이거야!)

따라서 닭 10마리, 돼지 8마리

점수: U - (2), P - (2), A - (2)　총점: (6)

풀이2

9c　　　　9p

9×2=18　　　　9×4=34　　　　18

$$\begin{array}{r} 18 \\ +\ 34 \\ \hline 52 \end{array}$$

점수: U - (2), P - (1), A - (1)　총점: (4)

풀이3 9 + 9 =18

답: 돼지 9마리, 닭 9마리

점수: U - (1), P - (1), A - (1)   총점: (3)

또한, [문제 1]을 '식 세워 풀기' 전략에 의해 문제를 해결하는 과정에서 각 해결 단계의 요소에 대해 점수를 할당하는 방법은 [표 3]과 같이 채점 기준표를 정하여 채점할 수 있다.

[표 3] 문제해결 요소별 분석적 채점 기준표

과 정	요 소	점 수
미지수 정하기	• 미지수를 바르게 정한 경우 • 미지수를 정하지 않은 경우	1점 0점
식 세우기	• 연립방정식을 바르게 세운 경우 • 방정식 중 하나만 맞을 경우 • 식이 모두 틀린 경우	2점 1점 0점
식 풀기	• 풀이 과정이 모두 맞는 경우 • 풀이 과정이 일부 생략되었거나 약간의 오류가 있는 경우 • 풀이 과정이 없거나 전혀 틀린 경우	2점 1점 0점
정 답	• 정답이 모두 맞는 경우 • 정답이 하나만 맞는 경우 • 정답이 모두 틀린 경우	2점 1점 0점
총 점	(모두 맞을 경우)	7점

문제 2 여러 가지 활동들이 포함되는 전형적인 학교생활에 여러분들이 얼마나 많은 시간을 소비하는지 설명하기 위한 그래프를 그리세요. 여러분은 자는 시간, 먹는 시간, 학교에 있는 시간, 숙제하는 시간, 텔레비전 보는 시간, 친구들과 있는 시간, 운동하는 시간, 취미 활동 시간 등을 생각할 것입니다.

여러분은 여러분들의 정보를 조직하기 위해 표를 만들어야 합니다. 그리고 사용할 그래프의 가장 좋은 형태를 선택해야만 할 것입니다. 예를 들면, 막대 그래프, 꺾은선 그래프, 또는 원 그래프가 있습니다. 덧붙여서 여러분들의 모든 계산을 보여주고, 여러분들이 만든 그래프와 그래프를 만들 때 사용한 방법을 선택한 이유를 간단히 쓰세요.

◎ 준비물

그래프용지(모눈종이), 자, 컴퍼스와 각도기(원그래프를 위한), 계산기

◎ 수학적 개념

이 과제는 학생들이 정보를 그래프, 표 또는 차트를 통하여 수집하고, 분석하고 전달하는 것을 요구한다. 그들은 우선 간단한 자료표를 만들어야 하고 전형적인 하루 일과 중에 각각의 주요 활동에 소비되는 시간의 수를 계산해야 한다. 이 활동은 그들이 지난 시간을 어림잡아 계산하는 것을 요구할 것이다. 게다가 그들은 그들의 전형적인 하루일과 속에서 시간의 수가 합해서 24시간이 된다는 것을 확실하게 할 것이다. 다음으로 학생들은 그들의 결과를 전달하기 위해 적당한 그래프나 도표를 선택해야 한다. 그림 통계 도표, 파이 모양 도표, 그리고 막대 그래프는 모두 적당하다. 꺾은 선 그래프는 적당하지 않다. 왜냐하면 잠자고, 숙제하고, 먹는 등의 그래프에 그려지는 사건들은 별개의, 즉 연속되지 않는 사건들이기 때문이다. 원 그래프는 학생들이 각각의 활동에 쓰여지는 시간에 의해 나타내어지는 원의 각도를 계산해야 할 것이다. 마지막으로 학생들은 그들의 방법에 대한 설명을 써야 한다. 이러한 설명은 그들의 추정 기술과 그래프 형태 선택에 있어서의 판단력, 그리고 모든 활동들의 합계는 24시간이라는 인식을 반영한다.

◎ 분석적 채점 기준표

[표 4] 분석적 채점 기준표(Rubric)

범주 \ 수준	1수준	2수준	3수준	4수준
정보의 조직	매우 무질서하게 쓰여진 시간에 대한 정보	몇 개의 자료 조직은 분명하나 전체는 그렇지 못 함	자료는 잘 조직됨	게다가 자료가 확실하게 나타남
그래프	선택된 그래프가 주제에 부적합하거나 매우 빈약하게 작성됨	선택된 그래프가 적당하나 작성이 빈약함	적당한 그래프 형태와 적당한 작성	게다가 그래프가 매우 정확하고 깔끔하게 나타남
계산	계산상의 중대한 실수가 있음	계산상의 실수가 적음	계산상 거의 실수가 없음	계산상의 실수가 전혀 없음
설명 (의사소통)	매우 혼란스러운 설명	이해하기에 힘든 설명	이해하기에 충분하고 명확한 설명	설명이 매우 명확하고, 다른 종류들의 그래프의 상대적인 장점에 대한 포괄적인 이해를 보인다.

◎ 풀이의 예

답은 학생들의 일상생활에 따라 다양할 것이다. 다음은 원 그래프에서 균형적인 각도를 나타낸 하나의 예시 답안으로서, 모든 범주에서 4수준에 해당하는 예이다.

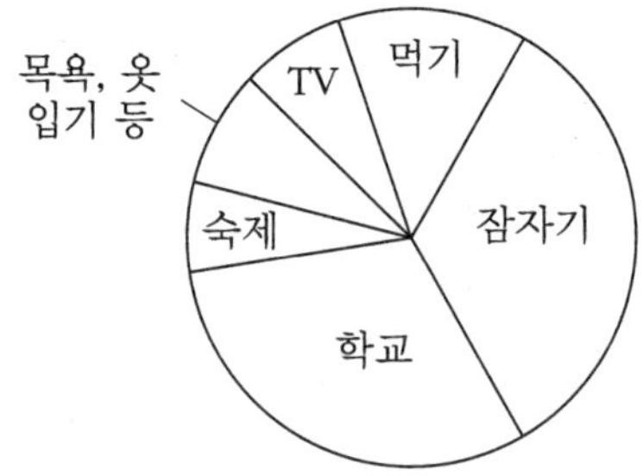

활동	시간(시간)	원의 각도(°)
먹기	3	45
잠자기	8	120
학교	7	105
숙제	2	30
목욕, 옷입기 등	2	30
TV	2	30
합계	24	360

2.3.2 총괄적 채점법(focused holistic scoring)

(1) 총괄적 채점법의 의미와 준거의 예

총괄적 채점법은 학생의 문제해결에 대하여 단일한 점수를 산출하는 것이다. 총괄적 채점은 답만이 아닌 풀이 전체를 대상으로 하므로 총괄적이며, 문제해결에 수반되는 사고과정과 관련된 특정한 기준에 의하여 하나의 점수를 배정하므로 단일화된 것이다. 분석적 등급과는 달리, 총괄적 채점은 사고과정의 몇 가지 범주에 대하여 점수를 각각 배정하는 것이 아니라, 해결과정 전체에 대하여 단일한 점수를 매기는 것이다.

(2) 총괄적 채점법의 장·단점

총괄적 채점법의 장점은 다음과 같다

① 학생들의 답안에 대하여 비교적 신속한 평가를 할 수 있다.

② 해답뿐만 아니라 과정을 중시한다.

③ 답안을 채점하는 구체적인 기준을 제공한다.

④ 수행에 대하여 단일한 점수를 준다.

또한, 총괄적 채점법의 단점은 다음과 같다.

① 학생의 특정한 장점이나 단점을 날카롭게 지적하지 못하는 경향이 있다.

② 일부 학생의 답안은 사고과정에 대하여 충분한 정보를 주지 못하기 때문에 교사가 확신을 가지고 채점할 수 없다.

③ 문제해결의 사고과정에 대하여 다른 가중치를 적용할 수 없다.

[표 5] 총괄적 채점의 예(멀론(Malone)의 5단계 평정법)

	답지가 다음 특징 중 하나를 가지고 있을 때
0점	• 응답 없음 • 오답 이외에 아무 것도 없는 경우 • 문제의 정보를 단순히 옮겨 쓰기만 했을 뿐 그 정보를 전혀 사용하지 않았거나 뭔가 써놓았지만 문제를 분명히 이해하지 못한 경우
1점	• 자료를 그대로 베끼는 수준을 넘어 답을 발견하기 위한 시작은 하였으나 정답을 유도할만한 접근 방법을 택하지 못하였다. • 부적절한 전략을 시작하였으나 수행하지는 못했고, 다른 전략으로 바꾸려는 시도를 하지 않은 경우, 즉 한 가지 접근방법을 시도했지만 이를 수행하지 않은 채 포기한 경우 • 하위목표 달성을 위한 시도는 하였으나 성공하지 못했을 때
2점	• 부적절한 전략을 사용하여 답은 틀렸으나 문제를 어느 정도 이해한 듯이 보일 때 • 적절한 전략을 이용하였으나, a) 답을 구할 만큼 전략을 충분히 수행하지 않았다.(예를 들어, 표를 만들어 2개 정도만 기입했을 때) b) 전략을 정확하게 이행하지 못하여 답에 이르지 못했거나 오답을 도출한 경우 • 하위목표에는 성공적으로 도달했으나 더 이상 진전시키지 못했을 경우 • 정답을 제시하였지만, a) 풀이 과정을 이해할 수 없게 썼을 때, b) 과정을 나타내지 않았을 때
3점	• 정답에 이르는 바른 전략을 사용했지만, 문제의 일부를 잘못 이해했거나 문제의 일부 조건을 무시했을 때 • 적절한 해결 전략을 바르게 적용했지만, a) 분명하지 않은 이유로 틀리게 답했을 때, b) 답의 숫자 부분은 바르게 썼지만, 단위가 없거나 잘못 썼을 때, c) 답이 없을 때 • 정답을 구했고, 적절한 해결전략을 선택한 흔적이 있지만, 전략의 이행이 아주 명확하지 않을 때
4점	• 적절한 해결전략의 수행 과정에서 약간의 오류가 있었지만, 이 오류가 문제나 전략에 대한 이해 부족에서 비롯된 것이 아니라, 단순히 옮겨 쓰기 또는 계산상의 오류일 때 • 적절한 전략을 선택하여 이를 실행했고, 문제에 지시된 대로 답을 썼을 때

(3) 총괄적 채점법의 작성 절차

총괄적 채점척도를 작성하는 절차는 다음과 같다.

① 점수의 폭을 결정한다. 각 점수에 대해 구체적 기준을 만들어야 하므로 5개 이하의 범주가 적당하다.

② 각 점수 범주에 대한 기준을 만든다. 분석적 채점척도를 만들 때와 유사하게 문제해결의 사고과정에 관련된 행동을 정하고, 이 행동에 줄 점수를 결정한다. 총괄적 채점척

도를 만들 경우, 그것을 모든 답지에 적용하기 전에 몇 개의 답안지를 뽑아 적용해 보고, 수정·보완하는 것이 필요하다.

(4) 총괄적 채점법의 예

문제 탁구 리그에 8명이 참가했다. 각 선수는 다른 선수와 한 번씩 경기를 가져야 한다. 우승자를 가리기 위해서 모두 몇 경기를 치러야 할까?

풀이1 위의 문제를 멜론의 5단계 평정법에 의한 채점의 예는 다음과 같다.

A B C D E F G H
B C D E F G H
C D E F G H
D E F G H
E F G H
F G H
G H
H

7 + 6 + 5 + 4 + 3 + 2 + 1 + 0 = 28

우승자를 가리는 데 28경기가 필요하다. 점수: (4점)

풀이2

	16
8	8 (2회전)
× 2 (1경기에)	+ 4 (3회전)
16	28

답: 28경기 점수: (2점)

풀이3

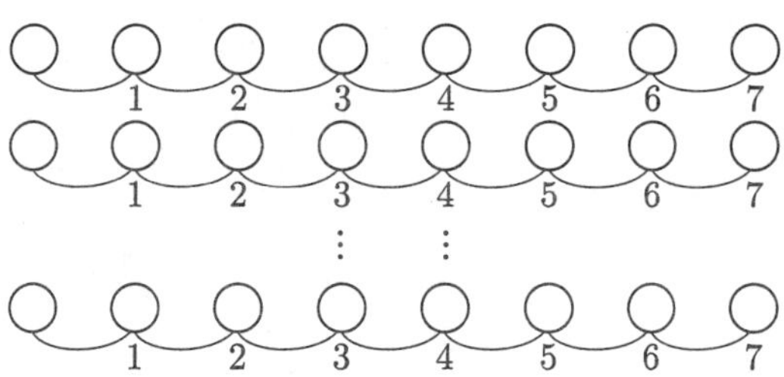

56번

점수: (2점)

3 수학과 평가도구 개발 절차

3.1. 수학과 평가 절차

평가를 하고자 할 때 단계마다 고려해야 할 사항은 다음과 같다.

첫 번째, '어떤 목적으로 평가할 것인가'를 결정하는 것이다. 수업에 대한 피드백을 얻기 위해서는 진단평가, 형성평가를, 성취능력을 측정하고 등급화하기 위해서는 총괄평가를 실시할 수 있을 것이다. 이처럼 평가 목적에 따라 평가 내용, 방법, 시기 등 진행되는 평가의 전체적 모습이 다르게 나타난다.

두 번째, 첫 번째 단계에서 결정한 평가 목적에 따라 평가 영역을 설정하고, 해당 영역의 주요 교육목표가 무엇인지 확인해야 한다.

세 번째, 일관된 틀 안에서 효율적으로 평가하기 위해 평가틀을 개발하는 것이다. 평가틀은 평가 영역의 교육 목표를 분석하여 이를 잘 반영할 수 있도록 설정된 행동 영역과 내용 영역, 성취 기준, 평가에 활용될 문항 유형, 그리고 각 요소별 문항 출제 비율 등을 포괄적으로 포함한다.

[그림 2] 수학과 평가의 절차

네 번째, 평가틀 개발과 함께 평가 목적, 평가 영역, 교육목표를 토대로 이에 부합되는 평가 방법(서술형 검사, 구술법, 토론법, 실험·실습법, 자기평가, 동료평가, 프로젝트형, 문제 만들기, 컴퓨터를 활용한 방법, 포트폴리오 등)을 결정한다.

다섯 번째, 실제적으로 평가에 사용되는 평가도구를 개발하는 것이다. 평가도구는 문항의 양호도, 검사 시행의 시간 소요 및 절차상의 문제, 평가틀의 여러 구성 요소에 맞추어 개발되어야 하며, 모범답안 및 채점기준이 개발되어야 한다.

여섯 번째, 마지막으로 평가를 실시하고 난 후 채점하여 그 결과를 보고하도록 한다.

3.2. 문항개발 평가 틀의 제안

먼저 문항 개발을 위한 틀을 구성하기에 앞서 논의한 PISA 평가틀과 신준식 외(2011), 그리고 2009 개정 교육과정에서의 평가에 대한 유의사항을 기반으로 다음과 같은 6가지 형태로 평가 문항을 구별할 수 있다.

㉠ 기능별 문항: 단원별로 진단평가, 형성평가, 총괄평가를 위한 평가문항 개발

㉡ 유형별 문항: 선택형, 서답형 등 다양한 유형의 평가문항 개발

㉢ 수준별 문항: 문항의 수준을 상, 중, 하의 3수준으로 구분하여, 수준별 학습이 가능한 평가문항 개발

㉣ 내용 영역별 문항: 교육과정의 5개 내용 영역을 평가할 수 있는 평가문항 개발

㉤ 행동 영역별 문항: 계산, 이해, 추론, 문제해결, 의사소통, 창의성 등을 평가할 수 있는 평가문항 개발

㉥ 상황/맥락별 문항: 일상생활, 타교과, 수학내의 연결성을 평가할 수 있는 평가문항 개발

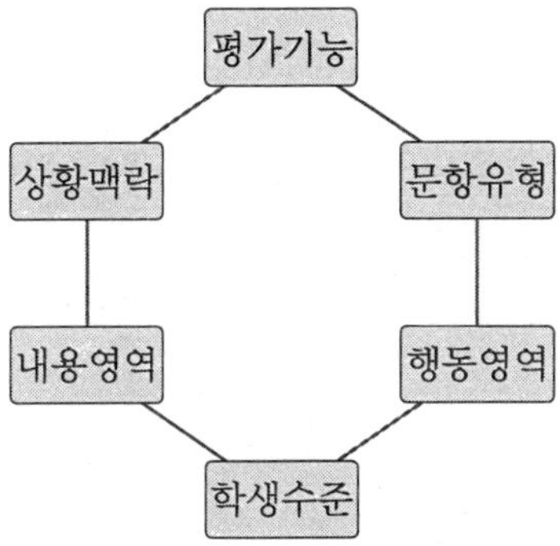

[그림 3] 문항 개발의 6각형 모델

이 중에서 특히 수학적 사고 능력을 검사하는 문항을 개발하는데 기본 틀이 지녀야 할 3가지 요소는 수학 내용, 행동 영역(수학적 능력), 상황의 3개의 범주를 정하고, 학생수준(난이도)을 또 하나의 범주로 첨가하여 문항 개발의 평가틀을 제안한다. 문제 유형은 하단에 추가하여 나타낼 수도 있다.

[표 6] 새로운 평가문항 개발 평가틀

(진단 / 형성 / 총괄) 평가																
내용	상황	행동 영역														
		계산 및 단순지식			통합적 이해			추론			문제해결			의사소통		
		상	중	하	상	중	하	상	중	하	상	중	하	상	중	하
수와 연산	일상생활															
	타교과															
	수학내															
도형	일상생활															
	타교과															
	수학내															
측정	일상생활															
	타교과															
	수학내															
확률과 통계	일상생활															
	타교과															
	수학내															
규칙성과 문제해결	일상생활															
	타교과															
	수학내															
문제 유형		선택형			단답형			서술형			다답형			문항 수		
문항번호	상															
	중															
	하															
문항 수																

(1) 평가 기능

평가 기능에 따라 진단평가, 형성평가, 총괄평가로 구분한다.

㉠ 진단평가: 학생들의 선수 학습 정도를 파악

㉡ 형성평가: 수업에서 학생 성취 파악 및 후속 수준별 학습 결정

㉢ 총괄평가: 중간시험이나 기말시험 등 종합적 평가에 활용

(2) 수학 내용

검사틀을 분석한 결과 세 연구는 수학 내용을 하나의 범주로 삼았다. [표 6]에서도 첫 번째 범주를 수학 내용으로 하였다. 현재 2009 개정 수학교육과정으로 학습하는 학생들을 대상으로 하므로, 수학 내용의 하위 영역은 교육과정 상의 내용영역을 따르는 것이 적절하다고 보인다. 교육과정의 내용 구분을 따르지만, 학교급별로 교육과정상의 특성이 다르므로 약간의 수정이 필요하다.

초등학교는 '수와 연산, 도형, 측정, 확률과 통계, 규칙성과 문제해결'의 5개 영역으로 나누어 개발하는 것이 좋을 것이다.

(3) 행동 영역(수학적 능력)

평가에서 인지영역, 수학적 과정, 행동 수준 등의 용어들은 모두 수학문제를 해결하면서 동원되는 다양한 수학적 능력을 말하는 것으로 볼 수 있다. 여기서는 수학적 능력을 '계산 및 단순 지식, 통합적 이해, 수학적 추론, 문제해결, 의사소통'으로 분류하였다. 이 5가지 수학적 능력은 수준의 개념으로 구분할 수 있지만 엄격한 위계를 이루지 않는 것으로 보인다. 수학적 능력에 따라 문항을 개발하기 위해서는 각 능력을 검사하는 문항이 어떤 문항인지를 구체화할 필요가 있다. 다음에서는 각 능력을 검사하는 문항은 어떤 문항인지를 예를 들어 설명한다.

첫째, 계산 및 단순 지식

㉠ 직접적인 관찰이나 매우 간단한 추론으로부터 정보를 찾아내는 구조화되고 단순한 상황의 문제

㉡ 관련된 정보가 모두 제시되고 질문이 분명하게 정의된 익숙한 맥락에 관한 문제

㉢ 계산 알고리즘을 적용하여 해결하는 계산 단계가 단순한 문제

㉣ 계산 알고리즘이 적용되는 교과서 문장제와 유사한 문제

㉤ 단순한 개념의 예와 반례를 찾는 문제

㉥ 단순한 원리(해당 학년까지의 한 차시 또는 2, 3차시에 걸쳐 다루어진 원리)의 이해를 묻는 문제

예 1 오른쪽 나눗셈 과정에서 ㉮의 4가 나타내는 수는 무엇입니까?

① 4×1　　② 4×10　　③ 4×7

④ 6÷2　　⑤ 68－28

$$\begin{array}{r} 17 \\ 4\,\overline{)\,68} \\ 4\ \cdots ㉮ \\ \hline 28 \\ 28 \\ \hline 0 \end{array}$$

둘째, 통합적 이해

㉠ 문제의 중요한 특징과 관련된 자료들을 종합적으로 이해하는 능력이 요구되는 문제

㉡ 문제와 관련된 직접적인 진술을 점검하기 위하여 몇 가지 정보를 동시에 사용할 수 있는 능력이 요구되는 문제

㉢ 몇 가지 절차를 연속적으로 또는 동시에 실행하도록 요구하는 문제

㉣ 몇 가지 유형의 사고가 복합된 타교과, 일상, 수학 내 문제

㉤ 상황을 수학적인 용어, 기호, 그래프로 표현하는 능력이 요구되는 문제

㉥ 수학적 개념, 원리, 법칙의 구조적 이해를 요구하는 문제

㉦ 수학적 개념, 원리, 법칙 사이의 관련성 이해를 요구하는 문제

예 2 다음은 어떤 두 분수의 크기를 비교하기 위해 그림으로 나타낸 것입니다. 식으로 바르게 나타낸 것은 어느 것입니까?

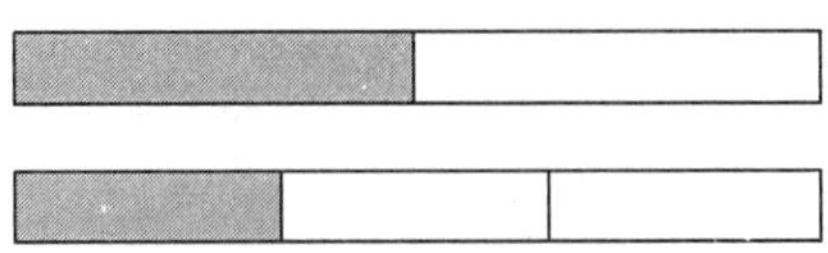

① $\frac{1}{2} > \frac{1}{3}$　② $\frac{1}{2} < \frac{1}{3}$　③ $\frac{2}{2} > \frac{1}{3}$　④ $\frac{2}{2} < \frac{2}{3}$　⑤ $\frac{1}{5} < \frac{2}{5}$

셋째, 수학적 추론

㉠ 규칙성을 인식하고 가설을 설정하는 데 귀납적 추론을 사용하는 문제

㉡ 수학적 명제에 대한 개연적 논증을 전개하기 위해 추론을 사용하는 문제

㉢ 비례추론과 공간추론 문제

㉣ 결론을 내리고 논증의 타당성을 판단하며, 타당한 논증을 하는 문제

ⓜ 수학의 공리적 성질을 이해하는 문제

ⓗ 추론과 증명의 방법을 선택하고 사용해야 하는 문제

ⓢ 제한 조건을 포함하거나 가설을 설정해야 해결할 수 있는 문제

ⓞ 반례를 제시하여야 하는 문제

예 3 상자 안에 0부터 9까지 적힌 종이 카드가 10장 들어있습니다. 임의로 한 장을 뽑아 들었을 때 보일 수 없는 모양은 어느 것입니까?

① 

② 

③ 

④ 

⑤ 

넷째, 문제해결

ⓖ 적절한 문제해결 전략을 선택하고 비교하고 평가하는 문항

ⓝ 모델링에 근거해서 정보를 개념화해야 하는 문항

ⓓ 문제를 해결하기 위해 적절한 전략들을 적용하고 조절해야 하는 문제

ⓡ 수학적인 문제해결과정을 반성하는 문제

ⓜ 문제 상황에서 발견한 관계에 대한 정보를 평가하는 문제

예 4 그림자의 길이가 오후 2시에는 원래 물체의 높이의 2배가 되고, 4시에는 3배가 된다고 합니다. 높이가 73m인 나무의 그림자는 오후 4시에 몇 m가 됩니까?

① 73m ② 146m ③ 219m

④ 292m ⑤ 300m

다섯째, 의사소통: 수학적 아이디어의 말하기, 듣기, 쓰기와 관련됨.

ⓖ 지필, 구두, 시각적으로 표현된 수학 용어, 기호, 표, 그래프 등의 수학적 표현 이해와 사용

ⓝ 수학적 아이디어를 말과 글로 설명하고 시각적으로 표현하기

㉢ 수학적 어휘와 기호 체계, 구조를 사용한 아이디어의 표현, 관계성의 기술, 상황의 모델링

예 5 점판의 도형을 친구가 만들 수 있도록 설명하시오.

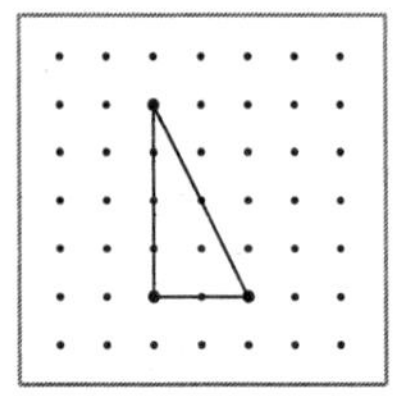

(4) 문항 유형

평가 문항의 유형에 따라 초등학교 3, 4학년에서 적용하기 용이한 것으로 선택형, 서답형 및 기타 평가로서 관찰, 면담, 자기평가 등을 들 수 있다(신준식 외, 2011).

㉠ 선택형은 선다형, 연결형, 진위형으로 나누어진다.

㉡ 서답형은 단답형, 완성형, 서술형, 개방형으로 나누어진다.

㉢ 정의적 영역의 자기 평가를 위한 단원별 체크리스트 개발

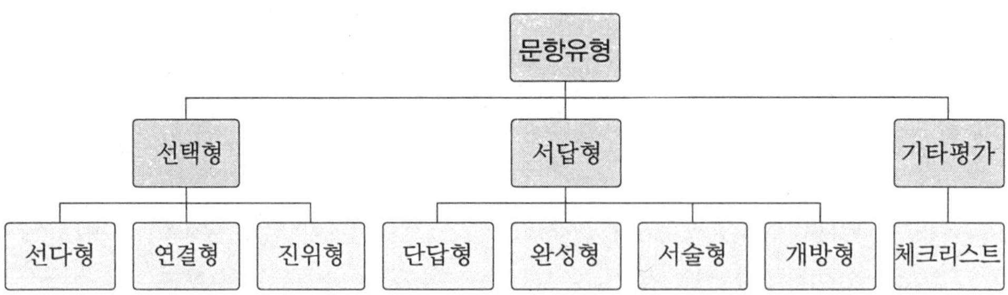

[그림 4] 문항 유형

(5) 문제 상황

PISA에서 분류한 상황과 맥락은 개인적 상황, 교육적 상황, 직업적 상황, 공적 상황, 학문적 상황이다. 이들 상황 구분은 초중등 학생들에게 적용하기에 너무나 세부적이고 학생들에게 의미없는 상황이 포함되어 있다. 여기서는 문제 상황을 일상생활 속의 문제를 수학적으로 해결해야하는 상황, 수학 이외의 다른 교과에 해당하는 문제를 수학적으로 해결해야하는 상황, 순전히 수학으로만 이루어진 문제 상황으로 구분한다.

(6) 학생 수준

수학적 능력의 네 영역 즉, 계산 및 단순 지식, 통합적 이해, 수학적 추론, 문제해결은 수준 상에서 어느 정도 위계를 띠지만 서로 중첩되며 단선적인 관계는 아니다. 또한 하나의 수학적 능력이나 수학 영역에서도 난이 수준이 다른 문항으로 능력을 검사해야 한다.

3.3. 문항 카드의 개발

문항을 개발하여 원안을 작성하기 이전에 한 문항에 대한 문항 카드를 이용하여 개발하고 이 중에서 문제를 평가틀에 따라 선제해야 한다. 따라서 하나의 문항을 개발할 때 평가틀을 반영한 다음과 같은 문항카드를 이용해야 한다.

[표 7] 문항 카드 예시

문항번호		학년/단원	학년-학기-단원	기 능		유 형	
수 준		내용영역		행동영역		상 황	
평가목표							
문 제							
풀이/답							
채점기준							

여기서는 앞에서 설명한 문항 개발 평가틀에 의해 학생들의 성취도를 측정할 수 있는 문항을 몇 가지 예로 들어 앞에서 제안한 문항 카드의 예를 들어보겠다.

예 1 선다형

<table>
<tr><td>문항번호</td><td>01</td><td>학년/단원</td><td>6-1-1</td><td>기 능</td><td>총괄</td><td>유 형</td><td>선다형</td></tr>
<tr><td>수 준</td><td>중</td><td>내용영역</td><td>수와 연산</td><td>행동영역</td><td>통합적 이해</td><td>상 황</td><td>수학 내</td></tr>
<tr><td>평가목표</td><td colspan="7">단위분수와 소수의 크기를 이해할 수 있다.</td></tr>
<tr><td>문 제</td><td colspan="7">다음 중 분자가 1인 단위분수가 가장 많이 들어있는 범위는 어느 것입니까?
① 1이상 2 이하 ② 0.1이상 0.2 이하
③ 0.01 이상 0.02 이하 ④ 0.001이상 0.002 이하
⑤ 0.0001이상 0.0002 이하</td></tr>
<tr><td>풀이/답</td><td colspan="7">(풀이 1) 수직선에서 단위분수인 곳을 표시해보면 0에 가까울수록 단위분수가 많이 분포되어 있다.
(풀이 2) $\frac{1}{2}$이 가장 큰 단위분수이므로, 1과 2사이에는 단위분수가 없다.
0.1은 $\frac{1}{10}$, 0.2는 $\frac{2}{10}$ 즉, $\frac{1}{5}$이므로 둘 사이에는 $\frac{1}{5}$, $\frac{1}{6}$, …, $\frac{1}{10}$ 6개가 있다.
0.01은 $\frac{1}{100}$, 0.02는 $\frac{2}{100}$ 즉, $\frac{1}{50}$이므로 둘 사이에는 $\frac{1}{50}$, $\frac{1}{51}$, …, $\frac{1}{100}$ 51개가 있다.
0.001은 $\frac{1}{1000}$, 0.002는 $\frac{1}{500}$이므로 둘 사이에는 $\frac{1}{500}$, $\frac{1}{501}$, …, $\frac{1}{1000}$ 501개가 있다.
0.0001과 0.0002사이의 단위분수를 추론해 보면 5001개가 있다.
[답] ⑤</td></tr>
<tr><td>채점기준</td><td colspan="7">맞으면 5점</td></tr>
</table>

예 2 단답형

<table>
<tr><td>문항번호</td><td>04</td><td>학년/단원</td><td>6-2-8</td><td>기 능</td><td>총괄</td><td>유 형</td><td>단답형</td></tr>
<tr><td>수 준</td><td>중</td><td>내용영역</td><td>규칙성과
문제해결</td><td>행동영역</td><td>추론</td><td>상 황</td><td>수학 내</td></tr>
<tr><td>평가목표</td><td colspan="7">정사각형이 증가하는 규칙을 발견하여 여덟 번째 정사각형의 개수를 구할 수 있다.</td></tr>
<tr><td>문 제</td><td colspan="7">아래의 그림은 일정한 규칙을 가지고 정사각형이 늘어나고 있는 모양입니다. 8째 번 모양에는 정사각형이 모두 몇 개 있습니까?
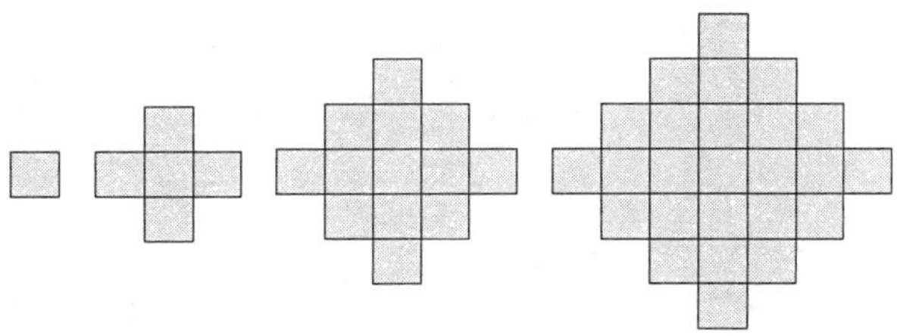
… ?
첫 번째 두 번째 세 번째 네 번째 … 여덟 번째</td></tr>
<tr><td>풀이/답</td><td colspan="7">첫 번째: 1
두 번째: 1+4
세 번째: 1+4+8
네 번째: 1+4+8+12
⋮
여덟 번째: 1+4+8+12+16+20+24+28=113
[답] 113</td></tr>
<tr><td>채점기준</td><td colspan="7">맞으면 5점</td></tr>
</table>

예 3 서술형

<table>
<tr><td>문항번호</td><td>05</td><td>학년/단원</td><td>4-1-5</td><td>기 능</td><td>총괄</td><td>유 형</td><td>서술형</td></tr>
<tr><td>수 준</td><td>중</td><td>내용영역</td><td>수와 연산/
확률과통계</td><td>행동영역</td><td>문제해결</td><td>상 황</td><td>일상생활</td></tr>
<tr><td>평가목표</td><td colspan="7">분수와 막대그래프가 통합된 문제를 해결할 수 있다.</td></tr>
<tr><td>문 제</td><td colspan="7">3학년 1반 학생들이 가장 좋아하는 과일을 조사하여 막대그래프로 나타내었습니다. 귤을 좋아하는 학생의 수는 사과를 좋아하는 학생의 수의 $\frac{2}{3}$ 일 때, 막대그래프를 완성하고, 우리 반 학생은 모두 몇 명인지 구하시오.
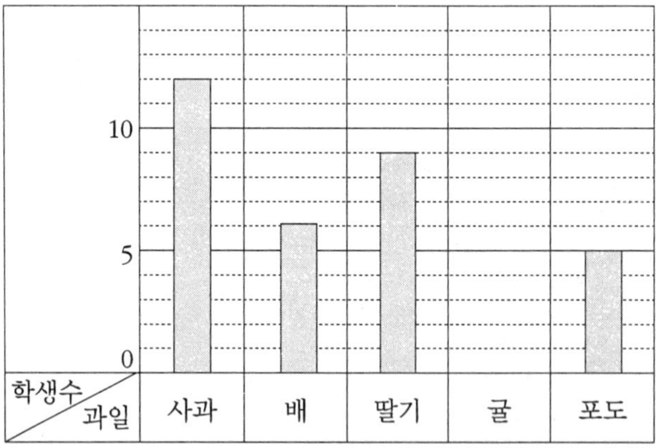
</td></tr>
<tr><td>풀이/답</td><td colspan="7">사과를 좋아하는 학생의 수는 12명이므로, 귤을 좋아하는 학생의 수는 12의 $\frac{2}{3}$ 인 8명이다. 따라서 막대그래프는
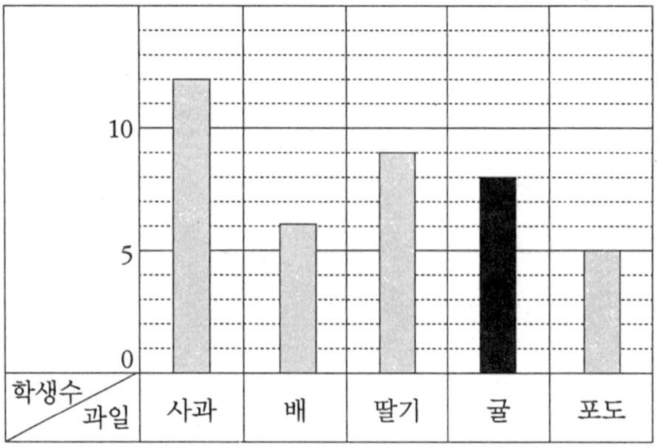

이다. 그리고 전체 학생 수는 $12+6+9+8+5=40$(명)이다.
[답] 풀이 참조</td></tr>
<tr><td>채점기준</td><td colspan="7">그래프와 전체 학생 수를 모두 바르게 구한 경우 4점
그래프는 바르게 그렸으나 전체 학생 수를 구하지 못한 경우 3점
그래프는 바르지 않으나 전체 학생 수를 바르게 구한 경우 2점
그래프를 그리려고 시도했으나 틀린 경우 1점
무응답 또는 의미 없는 답 0점</td></tr>
</table>

예 4 선다형(의사소통)

<table>
<tr><td>문항번호</td><td>06</td><td>학년/단원</td><td>3-1-4</td><td>기 능</td><td>총괄</td><td>유 형</td><td>선다형</td></tr>
<tr><td>수 준</td><td>중</td><td>내용영역</td><td>도형</td><td>행동영역</td><td>의사소통</td><td>상 황</td><td>수학 내</td></tr>
<tr><td>평가목표</td><td colspan="7">정확한 용어를 이용하여 직사각형을 설명할 수 있다.</td></tr>
<tr><td>문 제</td><td colspan="7">윤지는 정민이에게 다음 [그림]을 그려오도록 전화로 말하려고 합니다. 가장 적절하게 말하고 있는 것은 어느 것입니까?
[그림]
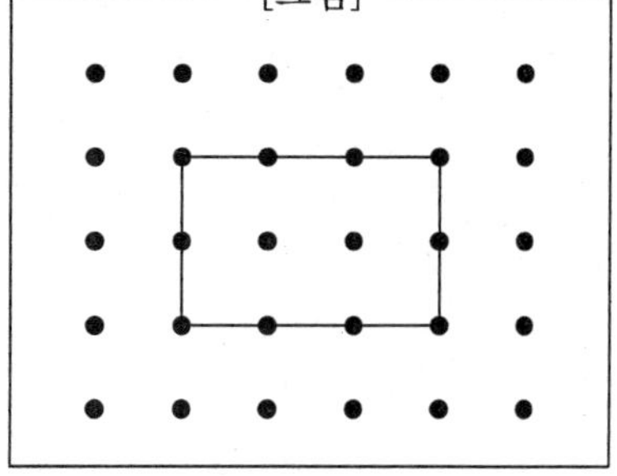
① 네 각이 모두 직각인 직사각형이야.
② 가로가 3cm이고, 세로가 2cm인 직사각형이야.
③ 가로가 3cm이고, 세로가 2cm인 정사각형이야.
④ 가로가 3cm이고 네 각이 모두 직각인 직사각형이야.
⑤ 세로가 2cm이고 네 각이 모두 직각인 직사각형이야.</td></tr>
<tr><td>풀이/답</td><td colspan="7">그림에 주어진 도형은 가로가 3cm, 세로가 2cm인 직사각형이다.
[답] ②</td></tr>
<tr><td>채점기준</td><td colspan="7">맞으면 5점</td></tr>
</table>

예 5 다답형

문항번호	07	학년/단원	4-2-4	기 능	총괄	유 형	다답형
수 준	상	내용영역	도형	행동영역	문제해결	상 황	수학 내
평가목표	막대를 이용하여 정사각형을 만들 수 있다.						

문 제

길이가 1cm, 2cm, ⋯, 10cm인 막대가 각각 한 개씩 있습니다. 10개의 막대 중 몇 개를 선택하여 정사각형을 만들려고 합니다. [보기]를 참고하여 한 변의 길이가 11cm보다 크거나 같은 정사각형을 만들려고 합니다. 서로 다른 방법을 [보기]의 표와 같은 방법으로 모두 찾아 쓰시오. (단, 막대 2개 또는 여러 개를 이어서 한 변으로 할 때 끝점끼리 이어야 하며, 서로 겹쳐서는 안 됩니다.)

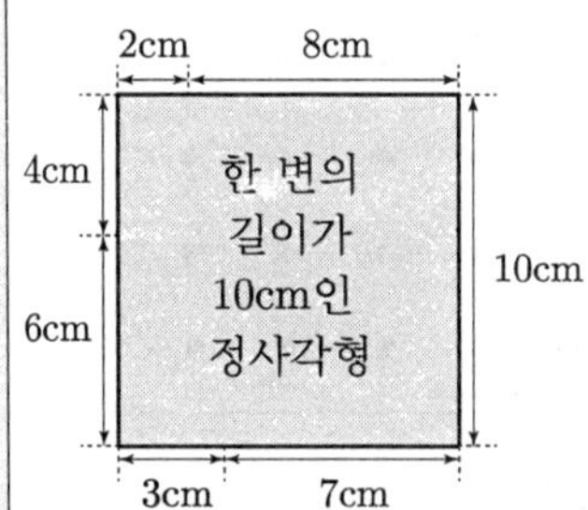

• 한 변의 길이가 10cm인 정사각형 길이 나타내기(예)

한 변의 길이(cm)	각 변의 길이(cm)			
10	2+8	10	3+7	4+6

• 위의 답과 중복인 경우(변 혹은 앞뒤의 숫자 위치만 바꿀 경우)는 같은 답으로 인정한다. (예)

한 변의 길이(cm)	각 변의 길이(cm)			
10	10	2+8	7+3	4+6

풀이/답

$(1+2+3+\cdots+10)\div4=\frac{55}{4}<14$이므로 정사각형의 한 변의 길이는 14보다 크지 않다. 또한 조건에서 한 변의 길이가 11보다 크거나 같다고 했으므로 한 변의 길이가 13cm, 12cm, 11cm인 세 가지 경우에 대해서만 알아보면 아래와 같다.

① 한 변의 길이가 13cm일 때:
(3+10, 4+9, 5+8, 6+7), (1+2+10, 4+9, 5+8, 6+7)의 두 가지

② 한 변의 길이가 12cm일 때:
(2+10, 3+9, 4+8, 5+7), (2+10, 3+9, 4+8, 1+5+6)의 두 가지

③ 한 변의 길이가 11cm일 때:
(1+10, 2+9, 3+8, 4+7), (1+10, 2+9, 3+8, 5+6), (1+10, 2+9, 4+7, 5+6), (1+10, 3+8, 4+7, 5+6), (2+9, 3+8, 4+7, 5+6)의 다섯 가지

한 변의 길이가 10보다 작거나 같을 때는 선택할 수 없다.

한변의 길이	각 변의 길이	한변의 길이	각 변의 길이
13cm	3+10, 4+9, 5+8, 6+7	11cm	1+10, 2+9, 3+8, 5+6
13cm	1+2+10, 4+9, 5+8, 6+7	11cm	1+10, 2+9, 4+7, 5+6
12cm	2+10, 3+9, 4+8, 5+7	11cm	1+10, 3+8, 4+7, 5+6
12cm	2+10, 3+9, 4+8, 1+5+6	11cm	2+9, 3+8, 4+7, 5+6
11cm	1+10, 2+9, 3+8, 4+7		

채점기준	• 9개 다 맞는 경우 12점 • 8개 맞는 경우 10점 • 7개 맞는 경우 8점 • 6개 맞는 경우 6점 • 5개 맞는 경우 5점 • 4개 맞는 경우 4점 • 3개 맞는 경우 3점 • 2개 맞는 경우 2점 • 1개 맞는 경우 1점 • 맞지 않을 경우 0점 * 유의점: 오답 시 1개당 1점씩 감점(예를 들어 3개 맞고 1개 틀린 경우 3－1=2점이 됨) 단, 답을 쓰지 않아서 틀린 것은 오답으로 인정하지 않는다.

강완, 김진호, 신혜진(1997). 문제해결 과정의 평가기법. 서울: 동명사.

강완, 백석윤(1998). 초등수학교육론. 서울: 동명사.

강옥기(2000). 수학과 학습지도와 평가론. 서울: 경문사.

강옥기(2010). 수학적 모델링의 정교화 과정 연구. 수학교육학연구.

강옥기 외(1985). 수학과 문제해결력 신장을 위한 수업방법 개선 연구. 한국교육개발원.

강인애(1998). 문제중심학습. 김종문 외 공저(1998). 구성주의 교육학. 서울: 교육과학사.

강지형 외(1999). 7차 교육과정에 의한 초등수학교육. 서울: 동명사.

권오남, 박정숙, 박지현, 조영미(2005). 개방형 문제 중심의 프로그램이 수학적 창의력에 미치는 효과. 수학교육.

교육인적자원부(2007). 수학과 교육과정. 교육인적자원부 고시 제 2007-79호.

교육과학기술부(2009). 2009 개정 교육과정 총론. 교육과학기술부 고시 제 2009-41호.

교육과학기술부(2009). 수학 1-1. 서울: 두산동아.

교육과학기술부(2009). 수학 1-2. 서울: 두산동아.

교육과학기술부 (2011). 수학과 교육과정. 교육과학기술부 고시 제 2011- 361호.

김민경(2010). 수학적 모델링. 서울: 교우사.

김민경, 홍지연, 김은경(2009). 수학적 모델링 사례 분석을 통한 초등 수학에서의 지도 방안 연구. 학습자중심교과교육연구.

김언주(1993). 인지심리학. 서울: 정민사.

김용균 (1999), Excel을 이용한 통계 학습자료 개발, 한국교원대학교 석사학위 논문.

김윤민(2005). 좋은 문제에 대한 중등 수학 교사들의 인식 조사. 이화여자대학교 대학원 석사학위 논문.

김조현(2007). 문장제 해결 능력의 신장을 위한 시각화 프로그램의 개발 및 적용-초등학교 1학년을 대상으로-. 진주교육대학교 교육대학원 석사학위 논문.

김한나(2005). 초등수학교과서에 제시된 문장제 유형 분석, 부산교육대학교 교육대학원 석사학위논문.

남승인, 류성림, 권성룡, 김남균, 신준식, 박성선, 박만구, 최근배, 권점례(2012). 2009 개정교육과정에 의한 초등수학교육론. 서울: 경문사.

류성림, 최창우, 남승인, 김상룡, 최재호, 김진호 역(2011). 수학 문제해결 교육 어떻게 할 것인가? 서울: 양서원.

문성길(2000). 개방형 교수법에 의한 수학지도가 문제해결력과 신념 형성에 미치는 효과. 한국교원대학교 대학원 석사학위 논문.

박민규(1996). 중학교 수학에서 모델링 지도가 수학적 응용력에 미치는 영향. 한국교원대학교 대학원 석사학위 논문.

방정숙(1994). 문제설정(problem posing)을 통한 국민학생의 문제해결 지도. 청람수학교육 제4집. 한국교원대학교 수학교육연구소.

석경희, 백석윤(2004). 초등수학의 문장제 해결 과정에 나타난 오류분석. 한국 초등 수학 교육학회지.

손홍찬(2006). 스프레드시트를 활용한 수학적 모델링 활동에서의 수학적 발견과 정당화. 한국교원대학교 대학원 박사학위 논문.

손홍찬, 류희찬(2007). 수학적 모델링에서 스프레드시트 환경이 수학적 모델의 정교화 과정에 미치는 역할. 학교수학.

송설란(2011). 페르미 문제에 대한 문제해결력과 정당화 과정. 한국교원대학교 대학원 석사학위 논문.

신인선, 김시명(2006). 개방형 문제해결과정에서 수학 영재아와 수학 우수아의 행동 특성 분석. 수학교육논문집.

신준식, 고정화, 박문환, 박성선, 서동엽(2011). 수학적 사고력 측정을 위한 평가 도구의 개발. 한국초등수학교육학회지.

신준식, 최창우, 김상룡, 류성림, 최재호, 박문환, 김진호, 이종학, 손교용(2013). 수학다운 수학 가르치고 배우기 – 수학수업에 숨어 있는 코끼리 –. 서울: 경문사

신현성, 김경희(1997). 수학적 문제해결. 서울: 경문사.

양인환(1990). 수학적 문제해결에서의 소집단 활동의 인지적 효과분석. 한국교원대학교 대학원 박사학위 논문.

이용남 외(1993). 인지심리와 교수-학습. 서울: 교육과학사.

이용률 외(1997). 초등수학교육론. 서울: 경문사.

이정재(2004). 초등수학교육론. 형설출판사.

임문규(1992). 수학교육에서 문제설정과 문제해결의 관련에 관한 연구. 日本 廣島大學 教育學 博士學位 論文.

전경희(2005). 수학 문장제 해결에서의 그림 그리기 전략 연구. 경인교육대학교 교육대학원 석사학위 논문.

전평국(2001). 정보처리이론. 수학사랑 2001년 6/7월호 통권27호. 서울: (주)디딤돌.

전평국, 박성선(1991). 정보-처리 이론과 문제해결. 한국교원대학교 청람 수학교육 제1집.

전평국, 양인환, 류희찬(1994). 국민학교 수학과 교수법 및 평가. 한국교원대학교.

정동권(1996). 아동의 발전적 사고력을 기르기 위한 Open-ended Problem의 활용. 경인교육대학교 논문집.

정인수(2012). 수학적 모델링 학습이 문장제 해결 능력 및 모델링 과정에 미치는 효과. 한국교원대학교 대학원 박사학위 논문.

조원주(2002). 중학교 함수 영역에서 수학적 모델링을 활용한 수행과제와 구체적 평가 기준안 개발. 이화여자대학교 대학원 석사학위 논문.

조재영(1996). 수학 교수활동 과정에서 학생의 메타인지적 능력 신장 방안 탐색. 한국교원대학교 대학원 박사학위 논문.

황혜정 외(2001). 수학교육학신론. 서울: 문음사.

健三, 中島(1981). 算數教育を見なおす. NHK: 教師の時間.

古藤 怜(1985). 問題解決におけるストラテジーの指導. 東京: 明治圖書.

梅澤敏夫(1994). 數學學習の理論と問題解決. 東京: 培風館.

石田淳一 外(1986). 樂しく學べる算數の問題解決ストラテジ-. 東京: 東洋館出版社.

新算數教育研究會(2000). 問題解決と總合的な學習の展開. 東京: 東洋館出版社.

片桐重男(1988). 數學的な考え方の具體化. 이용률 · 성현경 · 정동권 · 박영배 공역(1992). 수학적인 생각의 구체화, 서울: 경문사.

片桐重男(1988). 問題解決過程と發問分析. 이용률 · 성현경 · 정동권 · 박영배 공역(1992). 문제해결과정과 발문분석. 서울: 경문사.

Barnett(1984). The Study of syntax variables. G. A. Goldin & C. E. McClintock(Eds.), *Task variables in mathematical problem solving*. The Franklin Institute Press.

Barrows, H. S., & Myers, A. C. (1993). *Problem based learning in secondary schools*. Unpublished monograph, Springfield, IL: Problem Based Learning Institute, Lanphier High School, and Southern Illinois University Medical school.

Becker, J., & Shimada, Y. (1997). *The open-ended approach: A new proposal for teaching mathematics*. Reston, VA: National Council of Teachers of Mathematics

Begle, E. G. (1979). *Critical variables in mathematics education: Findings from a survey of the empirical literature*. Washington, DC: Mathematical Association of America and National Council of Teachers of Mathematics.

Blum, W. (1989). *Applications and modelling in learning and teaching mathematics*. Ellis Horwood Limited.

Brown, S. I., & Walter, M. I. (1983). *The art of problem posing*. Philadelphia: Franklin Institute Press.

Brownell, W. A. (1942). *Problem Solving. Psychology of Learning*. The 41st Yearbook of the National Society for the Study of Education, Part Ⅱ, Chicago. 415-443.

Burghes, D. N. (1986). Mathematical modeling - Are we heading in the right direction? In J. S. Berry(ed.), *Mathematical modeling methodology, models and micros*. UK: Ellis Horwood Limited.

Carpenter, T. P., Fennema, E., Franke, M. L., Levi, L., & Empson, S. B. (1999). *Children's mathematics; cognitively guided instruction*. NH: Heinemann. 김수환 외 역(2006). 어떻게 수학을 배우지?-CGI에 의한 수학학습. 서울: 경문사.

Carpenter, T. P., & Moser, J. M. (1983). The acquisition of addition and subtraction concepts. In R. Lesh & M. Londan(Eds.), *The acquisition of mathematical concepts and processes*. NY: Academic press.

Charles, R. I., & Lester, F. K. (1982). *Teaching problem solving-what, why & how*. Palo Alto, C. A.: Dale Seymour Publicating.

Copley, J. V. (1999). *Mathematics in the early years*. Reston, VA: The National Council of Teachers of Mathematics, Inc.

Davis, G. A. (1966). *Current status of research and theory in human problem solving*. Psychological Bulletin.

Diezmann, C. M., & English, L. D. (2001). Promoting the use of diagrams as tools for thinking. In A. A. Cuoco & F. R. Curcio (Eds.), *The roles of representation in school mathematics: 2001 Yearbook* (pp. 77-89). Reston, VA: National Council of Teachers of Mathematics.

Efthimiou, C. J., & Lewellyn, R. A. (2007). *Cinema, Fermi problems and general education*. Physics Education.

English, L. D., & Watters, J. J. (2005). Mathematical modeling in the early school years. *Mathematics Education Research Journal*.

Frederiksen, N. (1984). Implications of cognitive theory for instruction in problem solving. *Review of Educational Research.*

Freudental, H. (1973). *Mathematics as an educational task.* Dordrecht, The Netherlands: Reidel.

Gagne, F. (1985). *Giftedness and talent: Reexamining a reexamination of the definitions*. Gifted Child Quarterly.

Garderen D. V. (2006). Reaching visual representation for mathematics problem solving. In M. Montague & A. K. Jitendra (Eds.), *Teaching mathematics to middle school students with learning difficulties* (pp. 77-89). NY: The Guilford Press.

Garofalo, J., & Lester, F. K. (1985). Metacognition, cognitive monitoring, and mathematical performance. *Journal for Research in Mathematics Education.*

Garofalo, J. (1987). Metacognition and school mathematics. *Arithmetic Teacher.*

Godbold, L. (1998). Why modelling matters. The nature and role of algebra in the K-14 curriculum. Proceeding of a National Symposium.

Greeno, J. G. (1997). *Response: On claims that answer the wrong questions*. Educational Researcher.

Grouws, D. A. (1992). Handbook of research on mathematics teaching and learning. NY: Macmillan Publishing Company.

Hancock, C. L. (1995). Enhancing mathematics learning with open-ended questions. *The Mathematics Teacher.*

Henderson, K. B., & Pingry, R. E. (1953). Problem solving in mathematics. In H. G. Fehr (Ed.), *The learning of mathematics: Its theory and practice*. Washington, DC: National Council of Teachers of Mathematics.

Hertzog, N. (1995). *Investigating the nature of open-ended activities*. doctoral dissertation, University of Illinois, Champaign-Urbana.

Howard, G. (1983). *Frames of mind: The theory of multiple intelligences*. NY: Basic Books.

Kantowski, M. G. (1981). *Mathematics education research implications for the 80's problem solving.*

Kerr, D. R., & Maki, D. (1979). Mathematical models to provide applications in the classroom. In S. Sharron & R. Reys (Eds.), *Applications in school mathematics*.

Reston, VA:NCTM.

Kilpatrick, J. (1987). Problem formulating: where do good problems come from? In A. H. Schoenfeld. (Ed.), *Congnitive science and mathematics education,* New Jersy, Lawrence Erlbaum Associates, Inc.

Köhler, W. (1925). *The mentality of apes*. London: Routledge & Kegan Paul

Köhler, W. (1969). *The task of gestalt psychology*. Princeton: Princeton U. Press.

Krulick, S., & Reys, R. E. (1980). *Problem solving in school mathematics, 1980 Yearbooks*. Reston, VA: The National Council of Teachers of Mathematics, Inc.

Krulick, S., & Rudnick, J. (1984). A *sourcebook for teaching problem solving*. Allyn and Bacon, Inc.

Krulik., S., & Rudnick, J. A. (1989). *Problem solving*. Allyn and Bacon, Inc

Leatham, K. R., Lawrence, K., & Mewborn, D. S. (2005). *Getting started with open ended assessment*. Teaching Children Mathematics.

Lenchner, G. (1983). *Creative problem solving in school mathematics*. Boston MA: Hougton Miffilin Co.

Lester, F. K. (1978). Mathematical problem solving in the elementary school: Some educational and psychological considerations. In L. L. Hatfield & D. A. Bradbard (Eds.), *Mathematical problem solving: Papers from a research workshop*. Columbus, Ohio: ERIC/SMEAC.

Mayer, R. E. (1983). *Thinking, problem solving, cognition*. N.Y.: W. H. Freeman and Company.

Mayer, R. E. (1987). *Educational psychology: A cognitive approach.* Boston: Little Brown.

Mayer, R. E., Larkin, J. H., & Kadance, J. (1984). *A Cognitive analysis of mathematical problem solving ability.* In R. sternberg(Ed.), Advances in the psychology of human intelligene. Hillsdale: Erlbaum.

Montague, M. (1997). Cognitive strategy instruction in mathematics for students with learning disabilities. *Journal of Learning Disabilities,* 30, 164-177.

Musser, G. L., & Burger, W. F. (1994). *Problem-solving study guide*. Prentice Hall Inc.

Musser, G. L., & Burger, W. F. (1997). *Mathematics for elementary teachers: A contemporary approach*. Prentice Hall Inc.

NCTM (1980). An agenda for action: *Recommendations for school mathematics of the 1980's*. Reston, VA: The National Council of Teachers of Mathematics, Inc.

NCTM (1989). *Curriculum and evaluation standards for school mathematics*. Reston, VA: The National Council of Teachers of Mathematics, Inc. 구광조, 오병승, 류희찬 공역(1992). 수학교육과정과 평가의 새로운 방향. 서울: 경문사.

NCTM (1991). *Mathematical modeling in the secondary school curriculum*. Reston, VA: The National Council of Teachers of Mathematics, Inc.

NCTM (1999). *Reflecting on practice in elementary school mathematics*. Reston, VA: The National Council of Teachers of Mathematics, Inc.

NCTM (2000). *Principles and standards for school mathematics*. Reston: VA. National Council of Mathematics Education. 류희찬 외 5인(공역)(2007), 학교 수학을 위한 원리와 규준. 서울: 경문사.

Newell, A., & Simon, H. A. (1972). *Human problem solving*. Englewood Cliffs, NJ: Prentice-Hall.

Niss, M. (1989). *Aims and scope of application and modelling in mathematics curriculum*. UK: Ellis Horwood Limited.

NRC G/T(1993). *Perspectives on school mathematics measuring up: prototype for mathematics assessment*. Mathematical Sciences Education Board National Research Council. National Academy Press, Washington, D.C.

Pehkonen, E. (1997). *Introduction to the concept 'open-ended problem'*. Helsinki University.

Polya, G. (1957). *How to solve it?* Princeton, NJ: Princeton University Press. 우정호 역(1986). 어떻게 문제를 풀 것인가? 서울: (주)천재교육.

Polya, G. (1962). *Mathematical discovery*. NY.: John Wiley & Sons, Inc.

Riley, M. S., Greeno, J. G. & Heller, J. I. (1983). *Development of children's problem solving ability in arithmetic*. NY: Academic Press.

Rosenthal, D. J. A., & Resnick, L. B. (1974). Childeren's solution processes in mathematic word problem. *Journal of Educational Psychology*.

Schoenfeld, A. H. (1985). *Mathematical problem solving*. N.Y.: Academic Press.

Schoenfeld, A. H. (1987). What's all the fuss about metacognition? In A. H. Schoenfeld (Ed.), *Cognitive science and mathematics education*. Hillsdale,

NJ: Erlbaum.

Schoenfeld, A. H. (1992). Learning to think mathematically: Problem solving, metacognition, and sense making in mathematics. In D. A. Grouws (Ed.), *Handbook of research on mathematics teaching and learning*. MacMillan, New York.

Schwartz, A. E. (1997). *Guided imagery for groups: Fifty visualizations that promote relaxation, problem solving, creativity, and well-being*. Whole Person Associates.

Shigematsu, K., & Katsumi, Y. (1993). Metacognition: The role of the "Inner Teacher"(5): Research on the process of internalization of "Inner Teacher". *17th International conference on the psychology of mathematics education.*

Silver, E. A., Branca, N., & Adams, V. (1980). Metacognition: The missing link in problem solving? In R. Karplus, (Ed.), *Proceedings of the fourth international conference for the psychology of mathematics education*. Berkeley, CA: PME.

Silver, E. A. (1982). *Teaching and learning mathematical problem solving*. Hillsdale, N.J.: LEA.

Silver, E. A. (1985). Research on teaching mathematical problem solving: Some underrepresented themes and needed directions. In E. A. Silver (Ed.), *Teaching and learning mathematical problem solving: Multiple research perspectives*. Hillsdale, NJ: Lawrence Erlbaum.

Silver, E. A. (1994). On mathematical problem posing. *For The Learning of Mathematics, 14*, 19-28.

Simon, H. A. (1989). The Scientist as problem solver. In D. Khlahr & K. Kotovsky (Eds.), *Complex information processing: The impact of Herbert A. Simon*(pp. 375-398). Hillsdale, NJ: Lawrence Erlbaum Associates.

Souviney, R. J. (1981). *Solving problems kids care about*. Scott, Foresman and Company.

Stenmark, J. K. (1991). *Mathematics assessment: Myths, models, good questions, and practical suggestions*. Reston, VA: National Council of Teachers of Mathematics.

Teubal, E., & Nesher, P. (1991). *Order of mention vs order of events as determining factors in additive word problems: A developmental approach*. GB: Open University Press.

Thorndike, E. L. (1949). *Selected writings from a connectionist's psychology.* New York: ACC.

Trafton, P. R., & Thiessen, D. (1999). *Learning through problems: Number sense and computational strategies*. Heinemann.

Troutman, A. P., & Lichtenberg, B, P. (1974). Problem solving in the general mathematics classroom. *Mathematics Teacher*.

Van de Walle, J. A. (1998). *Elementary and middle school mathematics: Teaching developmentally*. Addison-Wesley Pub Co.

Vygotsky, L. S. (1987). Thinking and speech. In L. S. Vygotsky (Ed.), *Collected works*. NY: Plenum.

Wertheimer, M. (1945). *Productive thinking*. New York, NY: Harper & Row.

Zweng, M. (1979). One point of view: The problem of solving story problems. *Arithmetic Teacher*.

찾아보기 Index

예비교사와 현직교사를 위한
수학 문제해결 교수 학습법

지은이 남승인·류성림·이종학
펴낸이 박문규
펴낸곳 경문사
펴낸날 2014년 3월 5일 1판 1쇄
1979년 11월 9일 제313-1979-23호
주 소 121-818, 서울특별시 마포구 와우산로 174
전 화 (02)332-2004 팩스 (02)336-5193
이메일 kyungmoon@kyungmoon.com

값 14,000원

ISBN 978-89-6105-771-4

★ 경문사 홈페이지에 오시면 즐거운 일이 생깁니다.
http://www.kyungmoon.com

한국과학기술출판협회 회원사